国内外经典教材辅导系列·新闻类

方汉奇《中国新闻传播史》（第3版）笔记和课后习题（含考研真题）详解（新修版）

主编：圣才考研网
www.100xuexi.com

中国石化出版社

内 容 提 要

本书是普通高等教育“十一五”国家级规划教材《中国新闻传播史》(第3版，方汉奇主编)的学习辅导书。本书共分为15个专题，每个专题由三部分组成：第一部分为复习笔记(含结构脉络图)，总结本专题的重难点内容，勾勒本专题的结构脉络；第二部分是课(章)后习题详解，对该教材的所有习题都进行了详细的分析和解答；第三部分为考研真题与典型题详解，精选了部分名校近年的考研真题和典型题，按概念题、简答题、论述题等形式对考研真题与典型题进行了整理，并进行了详细的解答。

圣才考研网(www.100xuexi.com)提供方汉奇《中国新闻传播史》网授精讲班【教材精讲+考研真题串讲】、电子书、题库。购书即可享受大礼包增值服务【本书电子书+全国名校新闻传播史论考研真题详解(含视频详解)电子书】。手机扫码(本书封底)领取本书大礼包。

图书在版编目(CIP)数据

方汉奇《中国新闻传播史》(第3版)笔记和课后习题(含考研真题)详解/圣才考研网主编.—3版.—北京:中国石化出版社，2021.9
(国内外经典教材辅导系列·新闻类)
ISBN 978-7-5114-5999-2

Ⅰ.①方… Ⅱ.①圣… Ⅲ.①新闻事业史-中国-研究生-入学考试-自学参考资料 Ⅳ.①G219.29

中国版本图书馆CIP数据核字(2021)第172691号

中国石化出版社出版发行

地址:北京市东城区安定门外大街58号
邮编:100011 电话:(010)57512500
发行部电话:(010)57512575
http://www.sinopec-press.com
E-mail:press@sinopec.com
武汉市盛宏源印务有限公司印刷
全国各地新华书店经销

*

787×1092毫米 16开本 16.5印张 418千字
2021年10月第3版 2021年10月第1次印刷
定价:58.00元

序　言

国内外经典教材辅导系列是一套全面解析当前国内外各大院校权威教科书的辅导资料。我国各大院校一般都把国内外通用的权威教科书作为本科生和研究生学习专业课程的参考教材，这些教材甚至被很多考试(特别是硕士和博士研究生入学考试)和培训项目作为指定参考书。为了帮助读者更好地学习专业课，我们有针对性地编著了一套与国内外教材配套的复习资料，并提供配套的名师讲堂和题库。

方汉奇主编的《中国新闻传播史》(第3版)是我国高校采用较多的新闻传播史权威教材之一。作为该教材的学习辅导书，本书具有以下几个方面的特点：

1. 框架图表体系，通俗易懂易记

本书每专题的知识梳理框图，在全方位把握重要考点的同时，提纲挈领地以知识框架思维导图形式，呈现重要的考点、难点，脉络清晰，一目了然，更容易记忆。

2. 下划线+星级标记，透彻剖析必考点

本书每专题的复习笔记均对该章的考点难点进行了整理，全书考点均按重要程度分为一星(一般了解)至五星(熟练掌握)，并对关键词用下划线进行了标记，方便考生更有针对性地复习。

3. 解析课后习题，提供详尽答案

本书参考大量新闻传播学相关资料对方汉奇《中国新闻传播史》(第3版)的课后习题进行了详细的分析和解答。

4. 精选考研真题，补充典型习题

本书精选了部分名校近年的新闻传播学考研真题，并补充了典型习题。所选习题涵盖的知识点全面，特别注重理论联系实际，凸显当前热点。

要深深牢记：考研不同一般考试，概念题(名词解释)要当作简答题来回答，简答题要当作论述题来解答，而论述题的答案要像是论文，多答不扣分。有的论述题的答案简直就是一份优秀的论文(其实很多考研真题就是选自一篇专题论文，完全需要当作论文来回答)！

购买本书即可享受大礼包增值服务！手机扫码(本书封底)领取本书大礼包。具体包括：①本书电子书；②全国名校新闻传播史论考研真题详解(含视频详解)电子书。

圣才考研网(www.100xuexi.com)是圣才学习网旗下的考研考博专业网站，提供全国各高校新闻传播学专业考研辅导班【一对一辅导(面授/网授)、网授精讲班等】、电子书、题库、全套资料(历年真题及答案、笔记讲义等)、国内外经典教材名师讲堂、考研教辅图书等。

考研辅导：kaoyan.100xuexi.com(圣才考研网)

资格考试：www.100xuexi.com(圣才学习网)

圣才考研网编辑部

目　录

专题一　中国古代的新闻传播活动

1.1　复习笔记

【知识框架(庖丁解牛)】

- 中国古代的新闻传播活动
  - 古代
    - 文字之前　口头传播(谣谚)　辅助手段(结绳、图画、烽烟、木铎等)
    - 文字之后
      - 甲骨、金属铸件(金文)、岩石是最早的文字传播载体
      - 3000年以前的上古时代出现集市贸易和最初的商业广告
  - 两汉和三国魏晋时代
    - 两汉时期　文字传播为主　传播载体主要是竹简、木简和绢帛露布
    - 三国和魏晋南北朝　新闻传播发达　载体多元(布告、露布、简牍、帛、纸等)
  - 唐代
    - 进奏院(留邸或邸)　进奏官(邸吏)　进奏院状(特点)　最早官报的雏形
    - “开元杂报”和“敦煌进奏院状”(特点、地位)
    - 其他传播活动
      - 官方：烽燧、露布、檄文、告示等
      - 非官方：士人传播、民间传播和商业信息的传播
  - 宋代
    - “邸报”
      - 在政府中枢部门统一管理下统一发布的正式官报　特点(与唐代相比)
      - 都进奏院　“邸报”发布机构
      - 发报制度　“定本”制度
    - “小报”　始于北宋盛于南宋　最早的非官方报纸　载于《宋会要辑稿》
    - 其他传播活动　“榜”(政府发布、公布战况)、悬帜、牌匾、最早印刷商品广告
  - 元代
    - 官方信息传播　驿传制度、中书省官文收发
    - 民间新闻传播媒体　“小本”　民间私自雕印发卖　内容是朝廷方面的政事　言禁严厉
    - 其他传播活动　印刷水平高　学术思想、科举信息、经济信息
  - 明代
    - 官报“邸报”
      - 发行环节和步骤　通政司　六科　提塘
      - 没有固定报头　别称甚多　每日发行
      - 抄本《万历邸钞》　文集附录《天变邸钞》　原件《急选报》(民办)
    - 民间报房和抄报行
    - 其他传播活动
      - 官方：塘报和告示
      - 民间：竹筹、揭帖、旗报和牌报
  - 清代
    - 官报
      - 发布方式和发行渠道与明代十分接近　逐日发行
      - 内容基本是宫门钞、上谕和臣僚奏章
    - 提塘报房和提塘小报　受到限制的三种情况
    - 民间报房与京报
      - 私营、旨在营利　分离自提塘报房
      - 京报的特点和内容　自乾隆以后，基本上都是印刷的
    - 地方新闻传播
      - 主要机构：省塘和府一级提塘、还有以个人名义从事新闻传播活动
      - 辕门抄：报道地方官场消息为主的非官方报纸，出版于各省省会和一些重要府城，由熟悉当地官场情况的抄报人和报房采写编印发行
  - 中国古代的邸报有1200多年的历史，小报有近千年的历史，民间报房出版的邸钞、京报有近四百年的历史，但从形式到内容无大变化，根本原因在于封建自然经济基础的制约

【专题概要(提纲挈领)】

本专题主要论述了中国古代各朝代新闻传播活动的相关知识，考点以名词解释以及简答题为主，在学习时，需要着重对唐宋元明清时期的新闻传播活动、中国古代的报刊形式演变等内容加以把握，并重点了解“邸报”、“小报”、民间报房的发展过程等内容。

【考点难点归纳(厚积薄发)】

考点一：中国新闻传播活动溯源(见表1－1) ★★★

表1－1　中国新闻传播活动溯源

时期	具体内容	
古代	文字出现前	①最早出现的传播新闻信息的方式是口头传播。 ②结绳、标识、图画、雕刻、烽烟、旗鼓等都是口头传播的辅助。 ③在口语传播工具发展的基础上，人们又发明了木铎等音响传播工具。这是中国传播史独有的
	文字出现后	①目前已发现的早期文字传播形式，主要有刻有各类文字信息的甲骨、金属铸件、岩石等。甲骨大多是殷商时代的遗物，金文刻铸之风盛行于周代，而在岩石上刻字则是周代以后的一种信息传播形式。 ②约3000年前的上古时代，中国已经存在集市贸易，以及相伴而生的商业广告雏形。 ③中国古代传播活动频繁，许多典籍中都记载了大量的传播相关活动。自春秋战国起，已经有很多学者和思想家开始进行传播理论和传播实践的研究
两汉	①汉代高度中央集权，疆域辽阔，邮驿畅通，全国分成许多郡、国。各郡、国在京都设有许多办事处，称为“邸”，其主要任务是向诸侯或藩镇通报消息、传递文书，但尚未具备官报发布的功能。同时还有“御史”和“公车司马令”等，封建统治王朝的信息传播网络日趋健全。 ②以书面形式传播新闻开始于汉代，其典型方式是颁发诏书。最早的记录是公元前125年左右，汉武帝为晋封萧庆而向全国发布的公告。但汉代还没有专用于新闻传播的媒介。 ③两汉正式迈入文字传播时代。文字信息传播的物质载体以竹简、木简和绢帛为主。造纸术发明后，文字载体转变为纸张	
三国、魏晋	①三国、魏晋时代是新闻信息的传播与交流十分活跃的时代。为了能及时地获得信息和加快信息传递的速度，魏蜀吴三国的驿传活动都深受当局的重视。 ②露布的起源很早，三国时就用它来宣扬战绩、发布捷报；到了征战连年的北魏，更是盛极一时。它的样子就像一面写着告捷奏报的旗旗，实际上就是不加检封的官文书。 ③烽燧这种传统的报警手段能够及时传递军事信息，因此被传承下来，并得到了进一步改良与发展。 ④这一时期社会广泛使用的信息传播手段是谣言和童谣。 ⑤这一时期信息的载体趋向多元，有木牍、木简、竹简等简牍，也有纸和绢帛。 ⑥此时还未形成官报发行体制	

考点二：唐代的新闻传播与早期的官报（见表1－2）★★★★

表1－2　唐代的新闻传播与早期的官报

<table>
<tr><th>要点</th><th colspan="3">具体内容</th></tr>
<tr><td>政府官报及其发行制度</td><td colspan="3">①自唐代起，一种被后人称为“邸报”的古代报纸开始出现。这一中国封建王朝传播新闻信息的主要手段，在性质上与近代意义上的报纸最为相似，直至清王朝的覆灭而最终消亡。
②在唐代，中央政府每日条布于宫门外的朝政公报，可能是最早出现的古代报纸的表现形式。
③由进奏官发给各藩镇和地方诸道州府，用来介绍朝廷政事动态和各项消息的报告，在当时并没有固定的称呼，后来统称为“进奏院状”。它以传报朝廷方面的信息为主要内容，由地方一级军政单位在首都的派驻机构向下传发，因而带有一定的官方性质，但并不是中央政府统一审定发布的正式官报。
④唐代的报纸，是由地方诸道派驻京都的邸吏向地方传发的一种报状，属地方政府管辖，不具备中央统一官报的性质。唐代报纸一开始就作为封建统治阶级的传播工具。唐代虽已具备印刷报纸的物质条件，但唐代报纸均为手抄形式</td></tr>
<tr><td rowspan="4">“开元杂报”和“敦煌进奏院状”</td><td>开元杂报</td><td colspan="2">唐代孙樵撰写的《经纬集》中一篇题为《读开元杂报》的短文，是现存最早的一份述及朝政公报的历史文献。该文对“开元杂报”的形式、外观和内容进行了具体的描述，是唐代人记述“开元杂报”情况的唯一资料。孙樵把这种朝政简报称为“条报朝廷事者”，可见当时并无一种固定的名称。至后唐时代，这种朝政简报作为中央政府公开发布宫廷新闻的工具，直接向民众宣布，并开始被通称为“朝报”</td></tr>
<tr><td rowspan="2">敦煌进奏院状</td><td>概述</td><td>唐中叶以后，又出现了“进奏院状”等古代报纸的新形式，即由进奏官提供给节度使的新闻信息材料，被称为“进奏院状”，目前尚有两份存世，均出自唐代驻守沙洲（现为敦煌）的藩镇——归义军派驻京都的进奏院。这两份“进奏院状”是世界上仅存的、最早的原始状态的报纸，于1900年在敦煌莫高窟藏经洞出土，后分别被英籍匈牙利考古学家斯坦因和法国汉学家伯希和从敦煌盗走</td></tr>
<tr><td>特点</td><td>①没有报头，开头结尾部分保留了不少官文书的痕迹，但并不等同于官文书。
②发报方式为派驻朝廷的进奏官发给各藩镇和地方诸道。
③所有的信息都由进奏院官员收集、归纳，内容主要是朝廷要事以及和本地区相关的要事，实际上发挥了新闻传播媒介的作用</td></tr>
<tr><td>联系</td><td colspan="2">“开元杂报”和“敦煌进奏院状”是唐代报状的代表，属于一种由官文书向正式官报转化过程中的原始状态的报纸，与宋代的邸报相似</td></tr>
<tr><td>其他传播活动</td><td colspan="3">①唐代还有檄文、榜文、告示、烽燧、露布等信息传播途径。
②民间的传播活动和士人间的传播活动是唐代两种主要的非官方传播活动：
a. 民间的传播活动，以招徕为目的，包括歌谣谚语、民间说唱、街谈巷议等，信息载体主要是“灯笼”和“旗帜”。
b. 士人传播活动，是指士人间进行的书信、著述、赋诗等人际交往与信息传播</td></tr>
</table>

考点三：宋元时期的传播活动（见表1－3） ★★★★★

表1－3　宋元时期的传播活动

<table>
<tr><th>时期</th><th colspan="3">具体内容</th></tr>
<tr><td rowspan="4">宋代</td><td>邸报</td><td colspan="2">①宋代开始出现在封建政府中枢部门统一管理下发行的官报。在宋代官报的众多异称中，使用频率最高的首推邸报和进奏院状报，其次是朝报。邸报这一名称，最早出现于宋朝。
②宋代设立都进奏院，负责“邸报”发布，进奏官负责具体的信息采集和传达任务。
③宋代邸报的内容日益丰富，并趋于规范化，其基本内容是：皇帝谕旨及起居动态、臣僚章奏、官吏任免、法律条令、刑罚、战报等。
④宋代的朝廷官报与唐代比，报纸特征更明显，封建官报色彩更浓厚：
a. 与唐代报纸相比，宋代把由各地方当局自行设置的进奏院自行发报改为由中央政府中枢部门统一发报。因此，宋代的报纸已完全具备中央官报性质。
b. 从官文书中完全脱离，作为官方的一种重要新闻传播手段，成为政府政事传播的重要载体。读者范围扩大，京朝官、地方各级行政官员、士大夫知识分子等均可以阅览。
c. 内容有了较大扩充，具体内容也基本定型，包括朝政简报、明发上谕、大臣奏章等。
d. 从非定期出版改为定期出版，时效性也得到增强。
e. 出现了商品化的进步趋向</td></tr>
<tr><td>定本制度</td><td colspan="2">①为了加强对封建官报的控制，钳制舆论，宋朝还制定了对官报的“定本”审查制度。这是我国新闻事业史上最早出现的有文献可查的新闻检查制度。所谓“定本”，是指进奏院要将编好的官报样本送枢密院或当权的宰相们审查，经审查通过的样本为“定本”。进奏院必须以“定本”为准向全国传发，不得擅自增减。
②“定本”使宋王朝中央政府实际上控制了官方新闻信息的发布与传播，从而也使古代报纸在宋代产生了一系列的重大变化与改进</td></tr>
<tr><td rowspan="2">小报</td><td>概述</td><td>古代报纸在宋代得到长足发展的另一重要表现，就是小报的出现与盛行。这是中国历史上最早出现的非官方报纸。小报是中国古代民间私自抄发的新闻信息传播形式，最早出现于北宋末年，盛行于南宋，是宋代社会动荡不安、内忧外患严重的产物。进奏院状的商品化趋向，是小报得以产生的内在因素</td></tr>
<tr><td>特点</td><td>①“小报”的主要任务是刊载新闻和政治性讯息。报头和名称不固定。
②为小报提供新闻信息的人员，大多是有公职的中央各官署的下级官员、大吏的差官和新贵的家人，也有进奏院的官吏，其动机完全是为了谋利。由于他们的信息来源不同，因而有所谓内探、省探、衙探等多种称呼，分别探听宫廷、中央机关和各级官署的内部消息。
③宋朝的印刷业发达，印刷成本低，“小报”既有手写的，也有印刷的。
④由于两宋政局动荡，一般下级官吏和民众很需要各类新闻消息，因而小报在当时十分受欢迎，人们为之奔走相告，“以先得者为功”。作为一种非法传播手段，小报出现后即受到政府的压制和打击，但始终未能根绝。
⑤小报是我国古代报纸发展过程中的一种重要现象。它标志着我国古代报纸由封建官报一统天下局面的终结，是民间办报历史的开端。小报自宋代产生后，直到清代，一直是民众获得新闻信息的重要途径。然而，小报虽然是一种比封建官报更具有新闻特征的传播媒介，但内容仍没有超出为封建统治阶级服务的范畴，是邸报的一种补充。小报没有自己的言论，且受到官方的查禁，往往不能保证连续发行。因此，其业务仍处于原始状态</td></tr>
</table>

续表

时期	具体内容	
宋代	其他传播活动	①两宋时期，除官办"邸报"和民办"小报"外，还有大臣章疏、边报、诏书、传单、榜文、檄文、科举范文、名人诗文、碑传、铭志、制词、行状，以及四川、福建等地出版的书籍。 ②在各类传播活动中，"榜"影响最大。"榜"这种传播手段由来已久，是一种由政府部门发布的、以张贴单状的方式公布信息的新闻传播手段。平时，"榜"用来公布法令和某些亟须向公众宣布的诏旨、章奏和赏功罚罪方面的事例。非常时期，则用来及时向公众公布战讯和群众关心的朝廷政事消息。"榜"的信息量较大，时效性也较强，成为发行范围较小的邸报的重要补充。 ③商业传播活动也较为繁荣。牌匾得到广泛应用，还出现了纸质印刷广告
元代	驿传	①有关元代报纸的史料极少，其原因除了元朝立国时间不长、政府机构运作体制不完备以外，还有语言文字方面的困难。元代究竟有无邸报，至今仍是疑问。 ②元代有着较为完备的驿传制度，确保军情和官文书的及时传输。中书省是元代官方新闻传播活动的核心机关，负责收发官文书
	小本	"小本"是元代民间信息传播活动的主要载体。"小本"由民间私下印制刊发，报道朝廷官方政事讯息，言禁十分严格
	其他传播活动	凭借发达的印刷术，元代利用印刷开展信息传播活动十分频繁，生产了大量学术思想信息、科举信息、经济信息等方面的印刷制品

考点四：明代的新闻传播事业（见表1－4） ★★★★★

表1－4 明代的新闻传播事业

要点	具体内容	
官方传播活动	抄传发行制度	①明代恢复宋代邸报抄传制度，但不设进奏院这样地方政府在京的办事机构，而由中央政府统一安排封建官报的传发。 ②负责官报传发的机构主要是通政司。此外，还有六科和提塘参与其事： a. 通政司为明王朝要害部门，极受朝野人士重视。通政司主官通政使往往由皇帝直接任命，或由宰相与宦官委派心腹担任。明王朝对掌管朝廷政事信息传发部门的青睐，从一个侧面证明了其对舆论的重视。 b. "六科"为吏、户、礼、兵、刑、工六科的简称。各科设给事中，直接辅助皇帝处理公务。 c. 提塘官，简称为"提塘"，是各省巡抚、总兵委派的在京师处理文书的官员，这个职位是从明代开始设置的，其职责略似唐宋时代的进奏官。他们将在京城抄录的邸报，按其所需，加工复制，发回本省
	邸报	①明代邸报的内容，比宋代更为丰富。有皇帝谕旨、宫廷消息、官员动态、军事活动以及臣僚奏疏等，还有农事、天象、灾害报道和社会新闻。 ②同唐宋时代一样，明代邸报没有报头，所以称谓不一。大多称邸报，也有称朝报、邸抄、钞报、京报、报帖。 ③明代邸报是逐日发抄，每日一本，形式为书册式。 ④明中叶以前，邸报的抄传基本上还是以手书形式。活字印刷的邸报出现于明末。邸报的活字印刷，是我国新闻传播技术的重大发展。 ⑤明代"邸报"的受众以政府官员和士大夫知识分子为主。明代还有些文人有收集、抄录邸报的习惯，以此作为积累资料、分析时政、研究学术的途径

续表

要点			具体内容
民间传播活动	民间报房和抄行		①明朝中叶以后，政府允许民间自设报房，传抄部分邸报内容，公开出售，出现了以“送邸报为业”“博锱铢之利”的民间“抄报行”。 ②在明代，民间抄报人又称“京报人”或“刷写文报者”，因而“京报”这一名称在明末也开始出现。 ③早期民间报房大多是从官方提塘报房中独立而来的。民办报房的许多官方消息依旧来自六科或提塘报房。 ④明代的邸报一般还是手抄本，在明末才开始出现活字印刷本。 ⑤明代的民间报房主要是在北京。此外，一些商品经济比较发达的地区，如南京、苏州、江陵、杭州等地也有。 ⑥除“邸报”的抄传和发行外，民间报房还从事印卖缙绅录、报录，出版时事小本[临时编印]、鼎甲单等活动。 ⑦明代言论出版禁令严格。政府打击“邸报”抄传，使很多官员和士绅无法知晓国家大事
	代表报刊	《万历邸钞》	是神宗万历元年至四十八年间的邸报抄件，共32册，但其中有不少缺失，抄录时也经过整理，因此并没有完全反映当年“邸报”的全貌。台北于1969年出版了《万历邸钞》的影印本，共3册
		《天变邸钞》	在明清两代多种著作中都可见到。全文2000多字，翔实记载了熹宗天启六年五月初六北京地区发生的灾异事件
		《急选报》	明万历八年四月二十二日在北京出版。“急选报”三字加框；内容为吏部奉旨“急选”的162名官员的姓名、籍贯、职务。有的中国新闻史学者认为，这是我国现存最早的印刷报纸原件
其他传播活动	官方	塘报	是一种由地方向中央、由下到上汇报军事信息的新闻传播工具。塘报在名称、内容和传播对象上，与邸报都有所不同。塘报是传播军事信息的，通报何时何地发生了战事以及战况、战果等。但就根本性质而言，塘报和邸报都是官方新闻传播工具
		告示	是一种由中央到地方、由上而下公布信息的新闻传播工具。中枢部门以下的各级政府机关、皇帝和各级政府长官均可以发布告示
	民间	竹筹	是一种记录着各种紧急事件信息的竹签
		揭帖	是明末起义农民使用较多的新闻传播工具。“揭纸”“报纸”都指的是揭帖，样子有点像近代的小字报或传单。为了广泛传播，人们还使用了刊刻即印刷的手段
		旗报	是一种书写于帛、外形类似旗子的信息传播工具。旗报保持了它的渊源——露布的特征。旗报传播捷报，也发表声讨明王朝的政治檄文
		牌报	是一种书写于木牌之上的信息传播工具。牌报内容庞杂，包括起义军的战报、政策法令等，既为读者提供新闻信息，又在他们当中进行宣传鼓动

考点五：清代早期和中期的新闻传播活动(见表1－5) ★★★★★

表1－5 清代早期和中期的新闻传播活动

要点	具体内容
官报	①清朝因袭明朝的邸报抄发制度，其抄发所经渠道和环节与明代十分相似，由通政司收受臣僚题奏，将应抄发部分交由六科传抄，然后由各省驻京的提塘官将允许向下传报的皇帝谕旨、臣僚章奏抄录后传报至各地。抄发内容受王朝的严厉控制，往往由皇帝亲自过问。

续表

要点	具体内容
官报	②清代官报的内容主要由宫门钞、皇帝谕旨和臣僚章奏三部分组成。这些内容来自内阁或各省塘务处，没有自采新闻，更没有言论。从内容上看与邸报没有什么区别。 ③朝廷政府官员是官报的主要读者
提塘报房	①清朝提塘包括京塘和省塘。京塘为各省在北京设立的提塘。其任务为向中央上报地方公文以及向本省下达中央各公文和邸报。省塘为驻派在各省省会的提塘，负责所属范围内的塘务工作，承担当地官报发行的重要工作。 ②除了发行官报外，清代的提塘还曾发行过小报，又称小钞，这是前代所没有的。不同于邸报，小报是科抄之外的非官方产品，因而容易出现泄密、失实、歪曲等现象，因此受到当局查禁。这种小报在清代——主要是在康熙、雍正、乾隆年间多次出现，有人为此被判刑，甚至丧命
民间报房	①清代民间报房的出现与发展，与提塘这一机构有密切关系。在清代，提塘负责官报的抄发工作。清代初期，出现了提塘自设的报房，以便利官报的传发。 ②随着提塘自设报房的发展，一部分人逐渐分离出来，以发报为生，乃至自立门户，私设报房。可以说，清代民间报房源于提塘这一官方机构自设的报房。 ③民间报房推动产生了在明清时代具有重要影响的报纸“京报”。“京报”是出版于北京民间报房的报纸。此外，也有人称之为邸报、邸钞、除目、朝报。 ④同官方发抄的邸报一样，京报的稿件也是从宫廷有关部门抄出来的，只是在选择上略有差别。各家报房出版的京报，内容大同小异。公开发行的京报，可以满足人们的新闻需求，能够起到一些“解渴”作用。而且京报的稿件来自权威部门，因此为社会各界所重视。当近代报刊在中国出现后，京报仍有其存在的价值，一些近代报刊还转载或翻印京报。京报是中国古代报纸发展最成熟的形态。 ⑤辕门抄是一种以报道上谕、本省公文、本省官府与官员动态为主的非官方报纸。其信息来源一部分由报房采访所得，另一部分由官员自行提供，最后汇集成册出版
其他传播活动	①除官报外，清朝政府还使用过榜、告示、帖示等工具进行官方消息传播活动。 ②民间报房除发行京报外，还出版发行其他的一些刊物，主要内容包括新闻信息和文学艺术信息等。 ③这一时期大量出版的书籍、历书、年画、商品包装纸、商业传单等印刷品，为清代中后期的商品广告兴起奠定了基础

1.2　课后习题详解

1. 中国的新闻传播事业起始于什么时代？中国的古代报纸是怎么诞生的？

答：(1)中国新闻传播事业的起始时代。

自唐代起，一种被后人称为“邸报”的古代报纸开始出现，是官报的最早雏形。这一中国封建王朝传播新闻信息的主要手段，在性质上与近代意义上的报纸最为相似，直至清王朝的覆灭而最终消亡。在唐代，中央政府每日条布于宫门外的朝政公报，可能是最早出现的古代报纸的表现形式。因此，中国新闻传播事业的起始时代是唐朝。

(2)中国古代报纸的诞生。

唐中叶后实行藩镇和节度使制度，各藩镇节度使设立进奏院。进奏院是唐代各地方当局(节度使、观察使)的驻京办事处，主要职责是招待各地来京办事的官员、转递公文、收集情报等。进奏官是进奏院的负责人。这些早期“报纸”由进奏官发给各藩镇和地方诸道，用来介绍朝廷政事动态和各项消息的报告，在当时并没有固定的称呼，后来统称为“进奏院状”。它以传报朝廷方面的信息为主要内容，由地方一级军政单位在首都的派驻机构向下传发，因而带有一定的官方性质，但并不是中央政府统一审定发布的正式官报。其中，“敦煌进奏院状”被认为是世界上仅存的、最古老的原始状态的报纸。

2. 前报纸时代的中国新闻传播活动都有哪些特点？

答：前报纸时代的中国新闻传播活动是指在报纸诞生之前，即唐朝之前的新闻传播活动，这一时期新闻传播活动的特点参见本专题考点难点归纳相关内容。

3. 唐代官报的编辑发行工作都有哪些环节？由哪些部门负责？

答：(1)唐代官报的背景。

参见本专题课后习题第1题答案。

(2)唐代官报的编辑发行工作及负责部门。

①唐朝官报信息有两种获取途径，一是进奏官们自行采集，二是进奏官们在朝廷动态消息中进行筛选。编辑工作分为采、编两个环节，进奏官既是唐朝官报的记者又是编辑，编辑工作的负责部门是进奏院。

②唐朝官报的发行方式是由各藩镇派驻朝廷的进奏官们直接发给他们的主官。负责部门是唐朝覆盖全国的邮驿系统。

4. “开元杂报”和“敦煌进奏院状”的性质如何？为什么称它们是中国最早的报纸？

答：(1)“开元杂报”和“敦煌进奏院状”的性质。

“开元杂报”和“敦煌进奏院状”是唐代报状的代表，属于一种由官文书向正式官报转化过程中的原始状态的报纸，与宋代的邸报相似。所有的信息都由进奏院官员收集、归纳，内容主要是朝廷要事，以及和本地区相关的要事，实际上发挥了新闻传播媒介的作用。发报方式为派驻朝廷的进奏官发给各藩镇和地方诸道。没有报头，开头结尾部分保留了不少官文书的痕迹，但并不等同于官文书。类似于作为西方近代报纸前身的16世纪欧洲的“新闻信”。两者都是前报纸时期的新闻传播工具，所不同的是：一个属于官方，传播于上下级官僚机构之间，一个具有营业性质，公开接受订户；一个以封建王朝的内部政治信息为主，一个以社会、经济信息为主；一个为封建统治阶级服务，一个为新兴的资产阶级服务。

(2)“开元杂报”和“敦煌进奏院状”被称为中国最早报纸的原因。

①在唐代，中央政府每日条布于宫门外的朝政公报，可能是最早出现的古代报纸的表现形式。唐代孙樵撰写的《经纬集》中一篇题为《读开元杂报》的短文，是现存最早的一份述及朝政公报的历史文献，据这篇短文记载，在唐开元时期，朝政简讯每天条布于宫门之外，有人将这种朝政简讯抄录后传往外地。孙樵把这类朝政简讯的抄件称为“开元杂报”，并将其内容与编年史《开元录》作了比较，发现条条都有根据。至后唐时代，这种朝政简报，作为中央政府公开发布宫廷新闻的工具，直接向民众宣布，并开始被通称为“朝报”。

②“开元杂报”的原件已经失传。唐中叶以后，又出现了“进奏院状”等古代报纸的新形式。这种由进奏官提供给节度使的新闻信息材料，被称为“进奏院状”，目前尚有两份存世，均出自唐代驻守沙洲(现为敦煌)的藩镇——归义军派驻京都的进奏院。这两份“进奏院状”，于1900年在敦煌莫高窟藏经洞出土，后分别被英籍匈牙利考古学家斯坦因和法国汉

学家伯希和从敦煌盗走。它们是世界上现存最早的两份原始状态报纸。

【真题链接】简述“开元杂报”和“敦煌进奏院状”。(黑龙江大学2021年研)

5. 宋代“邸报”的发行制度有哪些特点？进奏官在“邸报”编发工作中处于什么样的地位？

答：宋代“邸报”是在政府中枢部门统一管理下统一发布的正式官报。负责“邸报”发布工作的机构是都进奏院。

(1)宋代“邸报”的发行制度的特点。

参见本专题考点难点归纳相关内容。

(2)进奏官在“邸报”编发工作中的地位。

①进奏官负责具体的信息采集和传达任务，包括上呈和下传章奏案牍等官文书，向有关方面传报官文书以外的朝廷政事消息。进奏官的日常工作之一，就是到中枢有关部门抄录可以通报的文件和朝廷政事消息，向他所联系的部门和单位传报。抄录的过程，也是选择和采集的过程。就这一点来说，进奏官的这一部分工作带有邸报记者的性质。

②进奏官承担一定的编辑职能。自元朝政府改组后，邸报内容要经过枢密院审核，甚至由枢密院官员(后为门下省官员)编定，进奏院与进奏官只负责提供材料和发抄。进奏官主要参与传报工作，还会对审核通过允许传报的内容，进行一定的删节和筛选。

6. 宋代“小报”具有哪些特点？为什么屡禁不绝？

答：(1)古代报纸在宋代得到长足发展的另一重要表现，就是小报的出现与盛行。这是宋代新闻信息传播活动发展的一个全新的现象。小报是中国古代民间私自抄发的新闻信息传播形式，最早出现于北宋末年，盛行于南宋。“小报”这种民办报纸的特点参见本专题考点难点归纳相关内容。

(2)“小报”屡禁不止的原因。

①“小报”是宋代社会动荡不安、内忧外患严重的产物。但是，进奏院状的商品化趋向，是小报得以产生的内在因素。由于两宋政局动荡，一般下级官吏和民众很需要各类新闻消息，因而小报在当时十分受欢迎，人们为之奔走相告，“以先得者为功”。因此，朝廷严禁小报的命令，往往只是一纸空文。即使被查实的私办小报者，所受的处罚也不重，一般是流放到500里外的地方接受当地政府的管束。

②引人注目的内容和及时便捷的传播，是小报生存的主要因素。宋代的各个皇帝都曾明令禁止小报，甚至罚款、捕人、科刑、奖励告发，直到发配边疆，但小报始终禁而不绝，特别是南渡以后，甚至出现“以小报为先，以朝报为常”的局面。

【真题链接】

(1)小报(名词解释，中央民大2020年研；中传2016年研；南京大学2016年研；暨南大学2014年研)

(2)简述宋代小报的主要特征。(中南财大2018年研)

7. 明代官报的发行制度和宋代比较起来有哪些不同？

答：明代官报的发行制度与宋代比较起来，主要有以下不同点：

(1)明代邸报的内容，比宋代更为丰富。有皇帝谕旨、宫廷消息、官员动态、军事活动以及臣僚奏疏等，还有农事、天象、灾害报道和社会新闻。

(2)明代恢复宋代邸报抄传制度，但不设进奏院这样的地方政府在京的办事机构，而由中央政府统一安排封建官报的传发。负责官报传发的机构主要是通政司。此外，还有六科和提塘参与其事。宋朝"邸报"稿件由中枢部门负责采编和整理工作，门下省负责审定工作。

(3)明代的提塘报房是提塘官们抄传"邸报"的地点，朝廷不统一安排，由提塘官们自行建造。而宋朝的进奏院则在朝廷中枢部门管理下统一设置。

(4)明代邸报是逐日发抄，每日一本，形式为书册式。宋朝"邸报"则为定期发行，但刊期不确保前后一致。

8. "急选报"和"天变邸钞"是什么性质的新闻传播媒体?

答: "急选报"是保存至今的两份明代报纸原件的其中之一；"天变邸钞"不是明代"邸报"的原件，而是某些明人文集附录中所抄作的当时"邸报"刊载过的内容。

(1)《天变邸钞》。

①内容。《天变邸钞》是被一些明人的文集被抄作附录辑入文集保存下来的一篇有关一次特大灾异事件的报道。《天变邸钞》在明清两代多种著作中都可见到。它全文约两千余字，翔实记载了熹宗天启六年五月初六北京地区发生的灾异事件。被明熹宗称为"天变"的这次事件，发生在北京内城西南隅，以王恭火药库附近一带为中心，波及周围近百里地区，当时的许多史书均有记载，并把报道这一事件的邸报称为《天变邸钞》，其原件现在已经无存。

②性质。《天变邸钞》是关于特大灾异事件的报道，由民间发布，经抄报人独自编写而成。因此来自官方提塘报房的可能性不大，很有可能出自临时刊发、大规模复印出售、广泛传播的那一类民间报房。

(2)《急选报》。

①概述。《急选报》可能是现存唯一的一份明代邸报实物，出版于明万历八年四月二十二日(公元1580年5月5日)，用雕版印刷，长为24.6厘米，宽为14.4厘米，现存于北京图书馆。"急选报"三字加框；内容为吏部奉旨"急选"的162名官员的姓名、籍贯、职务。有的中国新闻史学者认为，这是我国现存最早的印刷报纸原件。

②性质。《急选报》未标明编辑发行人和出版单位，极大概率出自民间报房。有可能单独刊发，也有可能随"邸报"以附件身份刊发。

【真题链接】《天变邸钞》(名词解释，湖南大学2021年研；华南理工2021年研；暨南大学2016年研；华中师大2014年研)

9. 清代官报的发行制度有哪些特点?

答: 清朝因袭明朝的邸报抄发制度，其抄发所经渠道和环节与明代十分相似，由通政司收受臣僚题奏，将应抄发部分交由六科传抄，然后由各省驻京的提塘官将允许向下传报的皇帝谕旨、臣僚章奏抄录后传报至各地。抄发内容受王朝的严厉控制，往往由皇帝亲自过问。也有自己的特点:

(1)清代发行渠道包含通政使司、六科、提塘三个步骤。

(2)清代官报发行周期与谕旨和章奏同步，均为逐日进行。

(3)清代官报的内容主要由宫门钞、皇帝谕旨和臣僚章奏三部分组成。这些内容来自内阁或各省塘务处，没有自采新闻，更没有言论。从内容上看与邸报没有什么区别。朝廷政府官员是官报的主要读者。

(4)清代官报的内容和抄传发行凭皇帝意愿决定。清代中央集权高度集中，没有设置类似进奏院的专门负责发行的部门。官报发行制度由皇帝最终定夺。

10. 清代的提塘、提塘报房和民间报房之间的关系如何？为什么说报房办的“京报”不是政府官报？

答：(1)清代的提塘、提塘报房和民间报房之间的关系。

①清朝提塘包括京塘和省塘。京塘为各省在北京设立的提塘。其任务为向中央上报地方公文以及向本省下达中央各公文和邸报。省塘为驻派在各省省会的提塘，负责所属范围内的塘务工作，承担当地官报发行的重要工作。

②民间报房分离自提塘报房。清代民间报房的出现与发展，与提塘这一机构有密切关系。在清代，提塘负责官报的抄发工作。清代初期，出现了提塘自设的报房，以便利官报的传发。随着提塘自设报房的发展，一部分人逐渐分离出来，以发报为生，乃至自立门户，私设报房。可以说，清代民间报房源于提塘这一官方机构自设的报房。

(2)报房办的“京报”不是政府官报的原因。

民间报房推动产生了在明清时代具有重要影响的“京报”。“京报”是出版于民间报房的报纸，报房也主要集中于京城，故名“京报”。此外，也有人称之为邸报、邸钞、除目、朝报。但是京报与政府官报并不相同。

①虽然京报的内容大致上是宫门钞、皇帝谕旨和臣僚章奏，同官方发抄的邸报一样，其稿件也是从宫廷有关部门抄出来的，但其读者对象与发行渠道跟官报并不相同。

②民间报房负责京报的发抄，读者主要是官绅士大夫和市井小民。政府官报则需要通过通政使司、六科、提塘三个环节，由官方统一发行，读者主要是政府内部官员。

③民间报房出版京报，以营利为目的，商品化程度较高。而政府官报则不需要考虑营利，主要是为官员们参与政治活动服务的。

1.3 考研真题与典型题详解

一、填空题

1. 我国现存最早的古代原始形态的报纸是唐代的(　　)。(中传2016年研)

【答案】敦煌进奏院状

【解析】据考证，现在还被保留下来的仅存的两份唐代的官报，是1900年在敦煌莫高窟出土的两张“进奏院状”的残页，分别保存在英国伦敦不列颠图书馆和法国巴黎国立图书馆。9世纪初，随着藩镇势力的发展，各节度使纷纷在首都长安设立办事机构，开始称“邸”，代宗时改称“上都知进奏院”，简称“进奏院”。进奏院的负责人简称“进奏官”，又称“邸使”或“邸吏”。经由进奏官传发给各藩镇、用来介绍朝廷政事动态和各项消息的书面报告，是最早的官报雏形，有“进奏院状”“状报”“报状”“上都留后状”“留邸状报”“邸吏状”“报”等各种名称。这种由长驻首都的进奏官们传发到地方的原始状态的报纸，其性质接近于后来的“邸报”，已经具有一定的报纸的性质。它是一种在当时的政府机构内部发行和传递的官报，一种原始状态的报纸。

2. 我国最早出现的民间报纸是南宋时期的“小报”，当时还出现了我国最早的新闻记者的雏形——专门探听消息的人，叫作(　　)。(中传2016年研)

【答案】内探、省探、衙探

【解析】“小报”始见于宋代，是中国历史上最早出现的非官方报纸。“小报”的发行人包括邸吏(进奏官)、使臣(地方各州军郡临时派驻首都的官员)、在省寺监司等政府机关内工作的中下级官员和从事书籍印售工作的“书肆之家”。应“小报”发行者的请托，在各处访录朝廷信息的，有所谓的“内探”“省探”“衙探”。“内”指的是大内，即皇帝居住和处理政事的地方。“省”指的是尚书省、中书省、门下省等中央一级的政府机关。“衙”指的是寺监司等省以下的一般政府机关。“内探”“省探”“衙探”是指在上述那些地方为“小报”探听和访录新闻的人。这些都是“小报”新闻的重要提供者。

二、概念题

1. 露布(南京师大2020年研；华东师大2018年研；厦门大学2016年研；电子科技大学2011年研)

答：“露布”，又称“露报”，原意指不加封检的、公开发布的文书。“露布”是进行宣传鼓动或传播新闻的一种方式。它直接面向大众，能取得现场实效。所以，汉代及其以后的封建王朝更多地将它用于发布军事捷报，偶尔也用于传播政治性檄文。主要传播方式是将最新消息写在丝帛或木板上，高高悬起，以吸引读者。这是一种有效的新闻传播方式。

2. 进奏院状(中传2013年研)

答：进奏院状是指由进奏官提供给节度使的新闻信息材料，是唐代报状的代表，属于一种由官文书向正式官报转化过程中的原始状态的报纸，与宋代的邸报相似。具体参见本专题考点难点归纳相关内容。

3. 开元杂报(华东师大2021、2018年研；华中师大2013年研；清华大学2006年研)

答：开元杂报是指开元年间(公元713～741年)，中央政府每日条布于宫门外的朝政公报，可能是最早出现的古代报纸的表现形式，属于进奏院状一类。具体参见本专题考点难点归纳相关内容。

4. 敦煌进奏院状(西南大学2020年研；暨南大学2016年研；中传2013年研)

答：“敦煌进奏院状”是指1900年在敦煌莫高窟出土的两张“进奏院状”的残纸，是唐僖宗时期，驻地在沙州的归义军节度使张淮深派驻朝廷的进奏官，从陕西凤翔、长安等地，发回沙州的两份进奏院状。这两份进奏院状的内容，都与张淮深派遣的专使们代张淮深赴朝廷求旌节有关。由于沙州在今天的敦煌地区，两份进奏院状又都长期被封存在敦煌莫高窟，属于敦煌文物，所以被称为“敦煌进奏院状”。它们为我们提供了我国古代报纸出现于唐代这一论断的直接实物证明。20世纪80年代，先后发现在英国伦敦大不列颠图书馆和法国巴黎国立图书馆各藏有一份唐代归义军的进奏院状。英国收藏的是唐僖宗光启三年(公元887年)前后，驻京城的归义军进奏院发回给归义军节度使的，主要内容为报告归义军派往朝廷专使觐见皇帝及与大臣交涉的情况；法国收藏的是唐僖宗乾符五年前后，驻京城的归义军进奏院发回给归义军节度使的，主要内容为报告归义军专使在京活动的情况。两者都是用毛笔写在纸上的。

5. 邸报（中山大学2021年研；中央民大2021年研；大连理工2021年研；厦大2020年研；华南理工2019年研；西南交大2018年研；东北财大2018年研；汕头大学2018年研；人大2017年研；中传2016年研；北外2015年研；大连理工2012年研）

答：邸报是指在封建政府中枢部门统一管理下发行的官报，宋代开始出现，又名进奏院状报、邸状、邸吏状、朝报、邸吏状报等。具体参见本专题考点难点归纳相关内容。

6. “定本”制度（湖南师大2021年研；复旦大学2020年研；南昌大学2020年研；华中师大2019年研；暨南大学2018、2017年研；广西大学2018年研；中传2011年研）

答：“定本”制度是为中央集权服务的一种新闻检查制度，出现于宋朝。这是我国新闻事业史上最早出现的有文献可查的新闻检查制度。其目的是加强对封建官报的控制，钳制舆论。具体参见本专题考点难点归纳相关内容。

7. 《万历邸钞》

答：《万历邸钞》是神宗万历元年至四十八年间的邸报抄件，共32册。《万历邸钞》的抄本，末署原抄录者姓名，但抄录笔迹不止一种。抄本所抄万历年间的邸报，时间跨度长达45年。它将万历一朝的邸报，按照时间的先后顺序抄录而成。抄录者在抄录的过程中做了删节、增加摘抄理由和注释性的说明、整合等编辑整理工作。因此，这部抄本确实保存了大量当年邸报的原文，但并不全都是原文。它只是部分地反映了当年邸报的面貌。台北于1969年出版了《万历邸钞》的影印本，共3册。此外，《万历邸钞》中还有不少涉及军士作乱、民变、日蚀、地震、雷击、彗星、天鼓鸣、水旱灾害和宫廷失火等历来为封建统治者所忌讳的信息。

8. 旗报和牌报

答：旗报和牌报是在明末起义军中被广泛应用的两种信息传播工具。旗报是一种书写于帛、外形类似旗子的信息传播工具。将文字写在旗帜上，大旗招展，引人注目。有的骑快马传递，让人们尽快看到；有的插在众人聚集的地方，可以围观。旗报保持了它的渊源——露布的特征。旗报传播捷报，也发表声讨明王朝的政治檄文。牌报是一种书写于木牌之上的信息传播工具，将文字写在木牌上，也是一种可以流动传观，或固定围观的新闻宣传方式。牌报内容庞杂，包括起义军的战报、政策法令等，既为读者提供新闻信息，又在他们当中进行宣传鼓动。

9. 报房京报（人大2018年研；复旦大学2015年研；湖南大学2010年研）

答：报房京报是指由北京的民间报房制作、出版、售卖，以营利为目的的报纸。民间报房推动产生了这种明清时代具有重要影响的报纸“京报”。“京报”是出版于民间报房的报纸，报房也主要集中于京城。此外，也有人称之为邸报、邸钞、除目、朝报。同官方发抄的邸报一样，京报的稿件也是从宫廷有关部门抄出来的，只是在选择上略有差别。各家报房出版的京报，内容大同小异。公开发行的京报，可以满足人们的新闻需求，能够起到一些“解渴”的作用。而且京报的稿件来自权威部门，因此为社会各界所重视。当近代报刊在中国出现后，京报仍有其存在的价值，一些近代报刊还转载或翻印京报。京报是中国古代报纸发展最成熟的形态。

10. 辕门抄(北大2008年研)

答:辕门抄是一种以报道上谕、本省公文、本省官府与官员动态为主的非官方报纸。信息来源一部分由报房采访所得，另一部分由官员自行提供，最后汇集成册出版，形式与京报相同。在地方"抄日报"人所办的各类报纸中，辕门抄最受官绅们注意。"抄日报"人由省中官吏的听差和各道州县的驻省的听差兼职，或由另外一些人专门担任。熟悉各地官场情况的抄报人，分别编印发行当地的辕门抄。显然，它是一种私营报纸。辕门抄的内容包括上谕、江藩牌示和出版者自行采录的官场信息。上谕部分所占的比重极小，也不是每期都有，主要是人事任免之类的谕旨。江藩牌示部分一般照发牌示的原文，内容主要是省内各级官员的差委任免。官场信息部分比较庞杂，包括省内官员们的请假、转假、销假、禀到、辞行、就医、丁忧、起复、升黜等各方面的消息。有一些消息很明显是抄报人采访来的。直到19世纪末20世纪初，辕门抄才逐渐从历史舞台上消失。

三、简答题

1. 简析小报出现的背景与意义。(华科2006年研)

答:(1)"小报"出现的背景。

①"小报"是宋代社会动荡不安、内忧外患严重的产物。但是，进奏院状的商品化趋向，是小报得以产生的内在因素。由于两宋政局动荡，一般下级官吏和民众很需要各类新闻消息，因而小报在当时十分受欢迎，人们为之奔走相告，"以先得者为功"。

②宋代文化空前进步，理学、文学、史学、艺术以及科学技术领域硕果累累，"二程"、朱熹、欧阳修、苏轼、司马光及沈括等优秀人物，享誉千古，为"小报"创造了文化条件。

③精神追求越发迫切，宋朝在经济发展的同时有了强烈的文化需要，国民丰富的闲暇时间、审美趣味的提高与对生活情趣的需求都促成了宋朝的文化高度繁荣，为"小报"提供了精神文化土壤。

④经济的繁荣和物质生活的富足，为"小报"的产生创造了物质条件。

⑤活字印刷为"小报"的产生创造了技术条件。

⑥封建王朝对官报严厉控制，人们很难通过官方传媒了解时局变化的真实情况，这就特别需要在官方信息渠道之外，另辟新的信息来源。

(2)宋代"小报"是中国新闻史上最早出现的带有一定民间性质的报纸，其重要意义主要有以下几点：

①"小报"是一种从11世纪初期起就风行社会的非官方的报纸。这种报纸为读者提供了不少官报所不载的和官方禁止发表的文件和新闻，成为"邸报"的一个重要补充。

②在民族矛盾尖锐的时候，"小报"还常常被主战派官员和各阶层的爱国人士用来刊载一些呼吁抵御外侮、要求惩治汉奸的大臣奏疏和前方克敌制胜的消息。

③"小报"是民间办报历史的开端，它的产生标志着我国古代报纸由封建官报一统天下局面的终结。小报自宋代产生后，直到清代，一直是民众获得新闻信息的重要途径。然而，小报虽然是一种比封建官报更具有新闻特征的传播媒介，但内容仍没有超出为封建统治阶级服务的范畴，是邸报的一种补充。小报没有自己的言论，且受到官方的查禁，连续发行

往往不能保证。因此，其业务仍处于原始状态。

2. 简述中国封建王朝对朝廷官报的一般管理措施。

答：中国古代官报在封建统治阶级内部发行，其管理、发行与古代历朝封建行政制度紧密相连。古代合法的报纸基本上是官报，按官营体制运作。自唐代有原始形态官报后，各朝主管报纸和发行的机构如表1－6所示。

表1－6　各朝主管报纸和发行的机构

朝代	主管官报机构		主官		职责
	初名	更名/新设	称呼	职称/下辖官	
唐朝	邸 上都留后院	上都知进奏院	进奏官	上都邸务留后使，上都知进奏院官	呈递章奏，下达文书
宋朝	进奏院	（新设）都进奏院	门下省 给事中	（下辖） 进奏官	报行天下
元朝	通政院（负责驿传）		中书省（负责收发官文书）		未建官报体系
明朝	通政司—六科—提塘		通政使—给事中—提塘官		
清朝	通政使司—六科—提塘		通政使—给事中—提塘官		自上而下抄传政事信息

（1）唐朝官报的管理措施。

唐朝的进奏院状属于一种由官文书向正式官报转化过程中的原始状态的报纸，是古代官报的早期形态。唐中叶后实行藩镇和节度使制度，各藩镇节度使设立进奏院。进奏院是唐代各地方当局（节度使、观察使）的驻京办事处，主要职责是招待各地来京办事的官员、转递公文、收集情报等。进奏官是进奏院的负责人，只对各自的藩镇长官负责，不受朝廷的管辖，任务是为所代表的长官呈递章奏，下达文书，也为地方了解、汇集、通报朝廷和全国的政治消息。

（2）宋朝官报的管理措施。

宋代开始出现在封建政府中枢部门统一管理下发行的官报。设立都进奏院，负责“邸报”发布。进奏官负责具体的信息采集和传达任务。具体措施包括：

①新闻审查。由中书省、门下省的检正、检详官负责宋代官报的内容审定，决定稿件的取舍。皇帝和进奏官有时也部分参与，对涉及灾异、军情、朝廷机密等方面的信息和未经批准公布的臣僚章疏，都限制发布。

②“定本”制度。进奏院要将编好的官报样本送枢密院或当权的宰相们审查，经审查通过的样本为“定本”。进奏院必须以“定本”为准向全国传发，不得擅自增减。

③宋朝的官报经复制和传抄后可以在社会上公开发售。

（3）元朝无正式官报。

有关元代报纸的史料极少，其原因除了元朝立国时间不长、政府机构运作体制不完备以外，还有语言文字方面的困难。元代究竟有无邸报，至今仍是疑问。元代有着较为完备的驿传制度，确保军情和官文书的及时传输。中书省是元代官方新闻传播活动的核心机关，负责收发官文书。

(4)明代的传抄发行体系。

①官报的发布体制。官报通过一个周密的体系由中央政府统一安排发布和抄传，其过程包括：a. 通政司收集章奏、地方上报等各类消息；b. 六科汇总和发布相关诏旨和章奏；c. 提塘将在京城抄录的邸报，按其所需，加工复制，发回本省。除了层层传递和官员转抄于同僚与亲友之间的方式之外，还有一种互相借阅和互相寄看的方式。

②对新闻传播的限制。明代未出台专门法规，但《明会典》中包含许多对新闻传播的管制。禁止在邸报上抄传的内容包括：a. 观点与皇帝及当权大臣相悖逆的；b. 军事机密；c. 涉及诛戮大臣事件的章奏；d. 各种机密。

(5)清代：明代发行体系的沿袭。

①官报发行体制。清朝因袭明朝的邸报抄发制度，其抄发所经渠道和环节与明代十分相似，由通政司收受臣僚题奏，将应抄发部分交由六科传抄，然后由各省驻京的提塘官将允许向下传报的皇帝谕旨、臣僚章奏抄录后传报至各地。抄发内容受王朝的严厉控制，往往由皇帝亲自过问。也有自己的特点：

a. 清代发行渠道包含通政使司、六科、提塘三个步骤。

b. 清代官报发行周期与谕旨和章奏同步，均为逐日进行。

②清代的两种提塘：京塘和省塘。京塘为各省在北京设立的提塘。其任务为向中央上报地方公文以及向本省下达中央各公文和邸报。省塘为驻派在各省省会的提塘，负责所属范围内的塘务工作，承担当地官报发行的重要工作。

③官报内容控制。

a. 清代官报的内容和抄传发行凭皇帝意愿决定。清代中央集权高度集中，没有设置类似进奏院的专门负责发行的部门，官报的内容与发行由皇帝最终定夺。

b. 清代官报的内容主要由宫门钞、皇帝谕旨和臣僚章奏三部分组成。这些内容来自内阁或各省塘务处，没有自采新闻，更没有言论。从内容上看与邸报没有什么区别。朝廷政府官员是官报的主要读者。

四、论述题

1. 试论中国古代“邸报”在维护政府统治中的作用。(中国青年政治学院2008年研)

相关试题：邸报和《每日纪闻》的异同点。(简答题，南京师大2021年研)

答：中国是世界上最早出现报纸的国家，最先出现的是官报，即“邸报”。“邸报”在不同的朝代有不同的名称，比如“状”“朝报”“状报”“邸抄”“报”“邸吏报”等。自唐代起，“邸报”这一古代报纸开始出现并不断发展。它作为封建王朝传播新闻信息的主要手段，直至清王朝覆灭后才退出历史舞台。“邸报”在维护政府统治中的重要作用主要如下：

(1)作为一种传播媒介，“邸报”的主要社会功能是传播人需要的信息，而这些信息主要是政治方面的。为了加强对封建官报的控制，钳制舆论，宋朝还制定了对报纸的“定本”审查制度。所谓“定本”，指的是进奏院要将编好的官报样本送枢密院或当权的宰相们审查，经审查通过的样本为“定本”。进奏院必须以“定本”为准向全国传发，不得擅自增减。“定本”使宋王朝中央政府实际上控制了官方新闻信息的发布与传播。

(2)“邸报”被历代封建王朝用作宣扬王权、颁施恩德、奖宠官员、推行政策的工具，是封建统治者进行意识形态控制，维护统治地位的重要手段。

(3)“邸报”还成为跻身仕途的封建知识分子的必读教本，为封建官僚体系的平稳运行发挥着纽带作用。

(4)历代封建王朝都将“邸报”作为修史的重要参考资料。

2. 试述中国古代报纸没有演进成近代报纸的原因。

答：中国古代报纸，从唐至清，经历了漫长的发展过程，先后出现“邸报”、小报和报房京报等类报纸。办报者从官员扩展到私人，报业由政治工具到社会行业，从以官办为主到以民办为主，从类似信件的手抄品到活字印刷的小册子，从非卖品到沿街叫卖收费订阅，总的趋势是逐渐进步的。但是，它却没有能够演进成近代报纸并最终走上了没落之路。究其原因主要有以下几个方面：

(1)政治方面。在封建专制统治中，古代报纸被严格定位在有利于专制统治的框架内，内容长期囿于朝政信息，停滞在抄传官文书的简单状态，不能在质上取得变化和发展，而始终只能充当封建专制的体制内事物。封建专制政府倒台后，这种与之相适应的古代报纸形态也必然走向终结。

(2)经济方面。古代报纸是与封建时代自给自足的自然经济相适应的。综观世界新闻发展史，近代报刊的产生是与市场经济的发展同步的，是在商品经济的基础上产生的。中国封建社会自给自足的自然经济条件下不可能产生近代报纸。

(3)鸦片战争后外报的进入从客观上切断了中国古代报纸自主演变为近代报纸的可能。鸦片战争后，封建“闭关锁国”政策被打破，西方资本主义经济打进中国市场。近代化新式报刊开始出现，兼有新闻、评论、广告和文学作品等多方面内容，可读性较强、信息量较大、新闻时效性较强，中国古代报纸根本无法与其竞争，必然走向没落。

总之，中国古代报纸是不可能演进成近代报纸的，因为它是中国封建统治者的信息传播工具，是自给自足的自然经济和皇权至上的君主专制制度的具体反映，它只能陪同封建制度走向终结。

专题二　中国近代报刊的产生与初步发展

2.1　复习笔记

【知识框架（庖丁解牛）】

- 中国近代报刊的产生与初步发展
  - 中国近代报业的开端（鸦片战争前）
    - 宗教性中文报刊
      - 境外
        - 《察世俗每月统记传》　1815　马六甲　米怜
        - 《特选撮要每月纪传》　1823　巴达维亚　麦都思
        - 《天下新闻》　1828　马六甲　纪德
        - 《依泾杂说》　1827　葡萄牙占据的澳门　士罗
      - 境内
        - 《东西洋考每月统记传》　1833　广州　郭士立　《新闻纸略论》
        - 《各国消息》　1838　广州　麦都思
    - 外文报刊
      - 澳门
        - 《蜜蜂华报》　葡文周刊　1822　境内第一家外文报纸
        - 《澳门杂文编》　1828　澳门第一份、中国第二份英文报纸
      - 广州
        - 英办
          - 《广州纪录报》　1827　中国境内第一份英文报纸
          - 《广州杂志》　1831　东印度公司主办
          - 《广州周报》　1835　林则徐的“澳门新闻纸”译于此
        - 美办
          - 《中国差报与广州钞报》　1831　伍德　美在华第一份报
          - 《中国丛报》　1832　传教士裨治文
  - 鸦片战争后的香港报业
    - 英文商业报纸
      - 《香港钞报》　1841　香港第一份英文报刊
      - 《中国之友》　1842　1850年后持反对政府立场　重视中国新闻
      - 《香港纪录报》（原《广州纪录报》　1843年迁入香港）
      - 《德臣报》　1845～1974　港史上出版时间最长、影响最大的英文报
      - 《孖剌报》　1857～1941　香港最早英文日报
      - 《香港电讯报》　1881
    - 中文宗教刊物——《遐迩贯珍》　1853 英国传教士麦都思创办　香港最早的中文刊物（铅印），以新闻为主
    - 中文商业报纸
      - 《香港船头货价纸》　1857　孖剌报馆　中国第一份中文商业报纸　后改名《香港中外新报》　1873年改为日报，脱离孖剌报馆
      - 《中外新闻七日报》　1871　《香港华字日报》　1872　德臣报馆　后者为香港近代出版时间最长的中文报纸
      - 《近事编录》　1864　英国传教士创办　国内最早的中文日报之一
  - 上海报业的崛起（在华外报的历史作用）
    - 外文报刊和通讯社
      - 《北华捷报》　1850　奚安门　上海第一份英文报刊　“英国官报”
      - 《字林西报》　综合性日报　1864　字林洋行　上海历史最长、影响最大的英文报刊
      - 《华洋通闻》　1874
      - 《文汇报》　1879　上海主要晚报之一　后并入《大美晚报》
      - （以上三者：19世纪90年代“三足鼎立”）
      - 路透社远东分社　1872　上海
    - 中文宗教性报刊
      - 《六合丛谈》　1857　上海第一份中文报刊　综合性新闻期刊
      - 《万国公报》　1868　林乐知（美）　主要内容是时事政治　经常就中国时政发表评论　以传播西方知识的行家自居
      - 《格致汇编》　1876　我国最早的科学杂志
    - 中文商业性报刊
      - 《上海新报》　1861　北华捷报馆创办　上海最早的中文商报
      - 《申报》　1872　美查　中文商业报纸的典范　办报方针和特点
      - 《字林沪报》　1882　字林洋行　我国第一个副刊“消闲报”
      - 《新闻报》　1893　与《申报》竞争激烈

【专题概要(提纲挈领)】

本专题主要论述了中国近代报刊事业发展的相关知识，考点以名词解释以及简答题为主，在学习时，需要着重对鸦片战争前的新闻报刊、鸦片战争后香港报业和上海报业的发展等内容加以把握，并重点了解《察世俗每月统记传》《东西洋考每月统记传》、外文报刊的发展、中国宗教性报刊和商业性报刊的发展等内容。

【考点难点归纳(厚积薄发)】

考点一：我国近代报业的开端 ★★★

1. 近代报刊传入我国的背景(见表2-1)

表2-1　近代报刊传入我国的背景

要点	具体内容
概述	鸦片战争前夕，随西方列强的入侵，近代新闻事业的基本运行模式传入中国
经济背景	西方国家爆发资产阶级革命，为适应商品经济的发展，规模化、系统化、组织化的新闻传播事业诞生了，商业报刊开始出现
技术背景	以英国为首的西方国家先后进行了工业革命，机器生产取代了手工业，社会生产力进一步提高，大规模的印刷传播成为可能
政治背景	西方国家掀起了殖民扩张的热潮。为加强对殖民地的控制，服务殖民者，19世纪初，西方殖民者将《圣经》与近代报刊带入中国

2. 第一批中文近代报刊的出现

英国传教士在东南亚创办了世界上第一批中文近代报刊，具体见表2-2。

表2-2　第一批中文近代报刊的出现

要点	具体内容
马礼逊	①翻译《圣经》，编纂《华英辞典》，编写宣传基督教义的小册子。 ②将中国《京报》翻译成英文出版。其中，1815年由东印度公司出版的《中文原本翻译》是迄今发现最早的系统翻译《京报》的出版物
威廉·米怜	①1815年8月5日在马六甲创办了《察世俗每月统记传》，是中国历史上第一份中文近代报刊，揭开了近代中国新闻事业的序幕。 ②《察世俗每月统记传》为纯宗教性刊物，月刊，读者对象是华人，采用仿照中国人习惯的线装书形式，主要内容是阐发基督教教义，“灌输知识”，“砥砺道德”；大量采用章回体小说的形式，语言通俗生动；写作文体丰富。1821年12月因米怜病重停刊。共出7卷。 ③创造了“孔孟加耶稣”的对华宣传模式

考点二：鸦片战争前澳门、广州的近代报刊 ★★★

1. 澳门出版的葡萄牙文报刊(见表2-3)

表2-3 澳门出版的葡萄牙文报刊

报刊名	具体内容	
葡文周报《蜜蜂华报》	创办时间	1822.9.12
	创办人	澳门立宪党的首领巴波沙、医生阿美达等
	报刊立场	支持立宪革命，以鼓吹立宪派的主张为宗旨，以立宪派机关报和新政府公报自居
	主要内容	大量篇幅刊登立宪派人士的言论以及政情消息、会议记录、名人演说、议事会与市民的往来信函、王室谕旨与报告等政治性报道，也刊登当地报道
	地位	中国境内出版的第一份外文报纸
《澳门报》	创办时间	1824.1.3
	创办人	与立宪派相对立的保守派人士
	主要内容	宣传保守派的政治主张
	地位	澳门历史上的第二份葡文报纸

2. 在澳门出版的中、英文报刊(见表2-4)

表2-4 在澳门出版的中、英文报刊

报刊名	具体内容	
《杂闻篇》	创办时间	1833.4.29[共出版3期]
	创办人	马礼逊
	主要内容	是外国人在中国境内出版的第一份中文报刊，大部分内容是宣传基督教。《杂闻篇》第二期上刊登了文章《外国书论》，最早介绍了西方报业的活字印刷术，引入了"新闻纸"的概念
《传教者与中国杂报》	创办时间	1833.5.1
	创办人	马礼逊
	内容	以中、英文合刊的形式介绍中国文化知识、宗教知识及教义，同时刊登各地消息及评论
《广州杂志》	创办时间	1831.6[共出版5期]
	创办人	澳门东印度公司
	内容	月刊，是澳门历史上的第一份英语报刊，内容多涉及文化、历史

3. 在广州出版的英文商业报刊(见表2-5)

表2-5 在广州出版的英文商业报刊

报刊名	具体内容	
《广州纪录与行情报》	创办时间	1827年创刊，次年改名为《广州纪录报》
	主要人物	英国鸦片商马地臣出资创办，第一任编辑是美国商人伍德，撰稿人有马礼逊、施赖德等

续表

报刊名		具体内容
《广州纪录与行情报》	地位	中国境内第一份英文报纸，在当时广州的外文报刊中影响最大
	内容	是商业性报纸，致力于传播商贸信息[货价行情、航运消息]，为英国的侵华政策、鸦片贸易服务，攻击中国官员，维护外商利益，主张英国政府对中国采取强硬政策
《广州周报》	创办时间	1835. 9. 12
	创办者	英国自由贸易派商人
	内容	报道面广，言论有见地，受到颠地洋行的支持，不断抨击东印度公司垄断对华贸易，与《广州纪录报》展开争论
《中国差报与广州钞报》	创办时间	1831. 7. 2
	创办者、编辑	美国商人伍德
	地位	是美国人在华创办的第一份报纸
《中国丛报》	创办时间	1832. 5. 31
	创办者、编辑	美国第一个来华的新教传教士裨治文
	地位	出版时间最长、内容最丰富的、影响最大的外文报刊
	内容	月刊，多报道与评述中国的政治经济、军事外交、地理历史等各方面的情况，很少刊登有关宗教的文章

4. 在广州出版的宗教性中文报刊(见表2－6)

表2－6 在广州出版的宗教性中文报刊

要点	具体内容
报刊名	《东西洋考每月统记传》
创办时间	1833. 8. 1
创办人和主编	马礼逊、郭士立等任主编
办刊宗旨	“维护广州和澳门的外国人的利益”
办刊内容及目的	宣扬西方文化的优越，征服中国人骄傲自大的排外心理，其内容包括政治、经济、科学文化知识等，宗教内容居于次要地位。除介绍西方的情况外，还大量介绍东南亚各国和印度的情况，旨在打破中国人闭关自守的观念，美化英国殖民统治。1834年1月，《东西洋考每月统记传》发表《新闻纸略论》一文，是在中国国内发表的第一篇新闻学专文，介绍了报纸的起源、新闻自由思想和西方国家的报纸出版概况

考点三：鸦片战争后近代报业在香港的兴起 ★★★

1. 英文商业报纸的发展历程

鸦片战争后，香港出现了一批英文商业报纸，香港成为外国人在华办报的重要基地，具体见表2－7。

表2-7 英文商业报纸的发展历程

时间	报业事件	具体内容
1841.5.1	《香港钞报》创刊	在香港出版的第一份近代报刊，是香港英文商业报刊的起点
1842.3.17	《中国之友》创刊，小马礼逊等担任主笔	①发展概况：与《香港钞报》合并，改名《中国之友与香港钞报》，1844年恢复本名单独发行。 ②内容立场：该报内容反对政府，敢于揭露腐败行为。并对太平天国运动做过系列报道，这在香港外文报刊中是少有的，因而引起舆论界的关注
1843	《广州纪录报》由澳门迁至香港出版，改名为《香港纪录报》	该报反对香港政府，译载大量中国材料。曾将《三国演义》译成英文在报上连载，开创在华报刊连载长篇小说之先河
1845.2.20	《德臣报》创刊，英国出版商肖德锐是创办人兼主笔	①内容立场：持亲政府态度，后来成为官方出版机构，刊印香港政府公报。 ②意义：《德臣报》历时129年，是中国历史上出版时间最长、影响最大的英文报纸
1857.10.1	《孖刺报》创刊	①发展概况：是香港最早出版的英文日报，创办人和第一任主编是美国人赖登，后来其主编一职改由莫罗继任。 ②内容立场：在政治上对港英政府基本上持批评态度，曾刊登抨击怡和洋行的评论

2. 香港中文报刊的产生(见表2-8)

表2-8 香港中文报刊的产生

要点	具体内容
报刊名	《遐迩贯珍》
创办时间	1853.8.1
地位	中国香港出版的第一份中文近代报刊，该刊每期印3000册，除香港外，还在广州、福州、厦门、宁波、上海发行，是当时极有影响的中文报刊
创办人、主编	由马礼逊教育会主办，英华书院印刷发行。主编先后是英国传教士麦都思、奚礼尔和理雅各
内容	内容主要是时事新闻和评论，宗教宣传比重很小。在报道中国内部消息时，因不必顾及清政府的干涉而比较客观，如关于太平天国、小刀会起义的报道等都较及时准确地反映了事实真相。该刊在新闻业务近代化方面取得了重大进展，其消息、通讯、短讯、评论都已具雏形
重要举措	1855年1月还增出附刊《布告篇》，刊登各类广告并开始收费，开中国中文报刊刊登商业广告之先河

3. 中文商业报纸的崛起

(1)中文商业报纸的崛起历程，见表2-9。

表2-9 中文商业报纸的崛起历程

报刊名	创办时间	创办者(馆)	具体内容
《香港船头货价纸》	1857.11.3	孖刺报馆	①我国历史上第一份中文商业报纸、最早的经济类报纸和最早的以单页报纸形式两面印刷的中文报纸，是《孖刺报》的中文版。 ②内容以船期、商业行情和广告为主，主要受众是公司职员。 ③1873年，改版为日报后脱离了《孖刺报》，到1919年停刊前，《香港中外新报》一直是国人自办报

续表

报刊名	创办时间	创办者(馆)	具体内容
《香港新闻》	1861.8.10	德臣报馆	①1871年3月18日，德臣报馆又创办中文版《中外新闻七日报》，并在1个月后停刊。 ②1872年4月，德臣报馆发行的《香港华字日报》，是香港近代出版时间最长的中文报纸
《近事编录》	1864年	英国传教士罗郎也	①国内最早的中文日报之一，主要刊登商业信息和新闻，是当时所有中文报刊中最早报道巴黎公社起义消息的报纸。 ②著名政论家王韬曾担任主编

(2)香港中文商业报纸崛起的意义，见表2-10。

表2-10 香港中文商业报纸崛起的意义

要点	具体内容
提高了新闻时效性观念	香港中文商业报纸缩短了原先的以月、周为单位的出版周期，日刊开始出现，这意味着新闻的时效性得到了重视
提高了新闻采编水平	为适应报业日益激烈的行业竞争，相应的通讯技术手段不断改进发展，印刷技术也同步得到了完善
丰富了报刊的版面编排	旧的书本样式的报刊形式渐渐被淘汰，近代报纸散页出版的雏形开始形成
凸显了报纸的新闻特性	随着商业报纸的诞生，更多高质量、体量庞大、真实、及时的信息被刊登出来，而休闲娱乐性质的志怪传奇之作逐渐被取代
为中国新闻事业提供了样板	为上海、北京等地的国人办报、外国人办报提供了一定的借鉴

考点四：第二次鸦片战争后上海报业的崛起(见表2-11) ★★★★

表2-11 第二次鸦片战争后上海报业的崛起

地点	具体内容		
上海英文报刊的出版	《北华捷报》周刊	创办时间	1850.8.3
		创办人	英国商人亨利·奚安门
		发行单位	英商字林洋行
		地位	上海出版的第一份英文报刊，因为支持英国在华商人的利益，被视为“英国官报”
	综合性日报《字林西报》	创办时间	1864.7.1
		创办人	北华捷报馆
		概况	大量刊载航务、商业等方面的信息，但日益加强新闻报道工作，该报对言论十分重视，其基本态度是为英美侵华活动辩护，有星期附刊《北华捷报》
		地位	中国上海出版的第一份近代报纸，上海出版时间最长的英文报纸

续表

地点	具体内容		
中文宗教性报刊的出版	《六合丛谈》	创办时间	1857.1.26
		编辑	英国传教士伟烈亚力任主编，王韬曾任编辑
		概况	16开本月刊，一册16页。由墨海书馆出版发行，每册售价12文。内容有宗教、科学、文学、新闻等，大部分都出自伟烈亚力之手。经常撰稿者还有慕维廉、艾约瑟以及中国人李善兰等。1858年迁至日本，不久即停刊。日本方面曾将该刊翻译出版，在原文旁注上日本文法符号，以便日本人阅读，称作《官版六合丛谈》
	《万国公报》	发展历程	1868年9月由美国传教士林乐知在上海创办并主编，周刊。1874年9月5日改名《万国公报》。1883年7月，出至第750期休刊。1889年2月复刊，改为月刊，册次另起，成为同文书会的机关刊物。1907年12月，出至第227期停刊。参加编辑的外国传教士有慕维廉、艾约瑟和李提摩太等人；中国人有沈毓桂、蔡尔康、范祎等人
		概况	初期以宣传宗教为主。复刊后，成为综合性时事政治刊物，注重刊登时论及介绍西方社会政治学说与自然科学等译著。在中国上层官绅和知识分子中有广泛影响。年发行量最高时约4.5万份
		地位	在传教士所办的中文报刊中，《万国公报》是历史最悠久、发行地域最广泛、影响力最大的报刊
中文商业报纸的发展	《上海新报》	创办时间	1861.11.19
		创办单位	由北华捷报馆创办，字林洋行出版
		地位	是上海最早的中文商业报纸，是国内最先使用白报纸印刷的报纸
		概况	伍德为首任主编，内容主要是广告和航运、行情等商业材料。1868年2月革新版式，白报纸，双面印刷。1869年刊登“伦敦电报行情”，为上海中文报纸最早刊登的通过欧亚电报线得到的电讯。该报也刊载新闻，主要是选录《京报》和本埠新闻。1872年7月2日，为和新创刊的《申报》竞争，该报改为日报，内容有所调整，且压低报价，终因亏损严重，于同年年底停刊
	《申报》	创办者	英国商人美查等
		编辑	蒋芷湘、钱昕伯等中国文人
		特色	①内部组织上，在外国人所办的报刊中，《申报》是第一家一直由中国人主持笔政的报刊。 ②技术上，在国内报纸中最早使用了电报。 ③新闻报道面上，大量报道社会新闻，重视报纸言论工作。 ④新闻业务上，重视副刊性文字
上海早期报业竞争	①19世纪80~90年代，《字林沪报》《新闻报》创刊，形成了“申”“新”“沪”三报鼎立的格局。 ②字林洋行于1882年5月18日创办中文日报《沪报》，同年8月10日改名《字林沪报》。《字林沪报》于1897年创办我国报纸的第一个副刊“消闲报”。 ③《新闻报》(1893)通过采取低价推销办法同《申报》展开竞争。为吸引读者，1893年12月，《新闻报》出版画报单页，随报附送石印画报，这是我国首例定期附送画页的日报。 ④19世纪90年代，上海取代香港成为全国报业中心		

考点五：在华外报网的形成与外报的历史作用 ★★★

1. 鸦片战争后广州、澳门的外报(见表2-12)

表2-12 鸦片战争后广州、澳门的外报

地点	具体内容
广州	①广州的第一份近代报刊是《广州探报》，于1843年创刊，内容均为当地新闻，主要受众是澳门英商。 ②1845年后，《中国丛报》迁回广州出版。 ③1860年，英文《中国之友》[台仁特主编]从香港迁往广州，是鸦片战争后广州的第三份近代报刊。 ④19世纪60年代，广州出版的外报还有中文《中外新闻七日录》和《广州新报》
澳门	《镜海丛报》(1893)是第一份对中国社会发展产生较大影响的澳门报刊。该报刊有各类新闻、言论等内容，与孙中山联系紧密，不仅头版经常有孙中山撰写的针砭时弊的社论，其它栏目也刊登过与孙中山相关的新闻报道。该报代派处中，有孙中山在广东香山县开设的医疗机构石岐中西药局。出版2年后停刊

2. 近代报刊在其他东南沿海城市的出现(见表2-13)

表2-13 近代报刊在其他东南沿海城市的出现

地点	具体内容
宁波	外国传教士主办的《中外新报》于1854年创刊，美国浸礼会传教士玛高温、应思礼等先后担任主编，内容分宗教、科学、文学、新闻等类，1861年停刊
福州	1858年创刊的《福州信使报》是福州最早创办的英文报刊，由英国人主办。福州最早的中文报刊是《教会使者报》。此外还出现了如《福州广告报》《福州捷报》《福州每日回声报》《中国纪录报》等英文报刊
厦门	第一份近代报纸是英文《厦门航运报道》，1872年创刊。1886年，《厦门新报》创刊，为当地出版的第一家中文月刊。1888年，《漳泉公会报》创刊，这是第一份用闽南方言编写的基督教教会刊物。1889年，《厦门画报》创刊，为教会方面主办的儿童画报

3. 第二次鸦片战争后外报在中国腹地的扩展(见表2-14)

表2-14 第二次鸦片战争后外报在中国腹地的扩展

地点	具体内容
汉口	1866年1月，英文商业报纸《汉口时报》创刊，这是汉口出版的第一份近代报刊。汉口中文报刊始于1872年创刊的《谈道新编》。1887年2月，《益文月报》创刊，这是由外国人主办的中文月刊，主要介绍自然科学知识
天津	1880年，主要刊登海关贸易统计消息的《北方邮报》创刊。1894年3月，英商天津印刷公司创办英文《京津泰晤士报》，该报支持天津英租界工部局的立场，主要聚焦京津地区新闻
北京	1872年8月，《中西闻见录》月刊创刊，“在华实用知识传播会”的机关刊物，时任主编是美国传教士丁韪良、英国传教士艾约瑟等人。《中西闻见录》是北京乃至华北地区最早的近代报刊

4. 法、德、日、俄等国在华办报的兴起(见表2-15)

表2-15　法、德、日、俄等国在华办报的兴起

<table>
<tr><th colspan="2">地点</th><th>具体内容</th></tr>
<tr><td colspan="2">法国</td><td>1870年，法文周刊《上海新闻》在上海创刊，是国内出版的第一份法文报刊。在上海，法文报纸是影响力仅次于英国的外文报刊</td></tr>
<tr><td colspan="2">德国</td><td>1886年，德国人在上海创办了国内第一份德文报纸《德文新报》，是德国在华的言论机关</td></tr>
<tr><td colspan="2">日本</td><td>日本人在华经营的第一份中文日报是《汉报》。1900年前后，日本人还创办了《闽报》《上海新报》《亚东时报》《同文沪报》等中文报纸，作为其操控舆论的工具</td></tr>
<tr><td rowspan="2">俄国</td><td>杂志</td><td>1898年年底，中东铁路护路队军官古奇科夫创办中国东北地区出版的第一份杂志——《哈尔滨》杂志，该杂志主要反映哈尔滨第一批俄国居民的生活情况</td></tr>
<tr><td>报纸</td><td>在旅顺创办的《新边疆报》(1899)是俄国在华出版的第一份俄文报纸，也是我国东北的第一家报纸。1904年，沙俄在旅顺创办的中文《关东报》，以及在沈阳创办的中文《盛京报》，则是东北地区出版最早的一批中文报纸</td></tr>
</table>

5. 在华外报的历史作用

(1)外国人在华办报活动本质上是一种殖民主义文化侵略活动。

(2)在华外报客观上促进了中西文化交流。

(3)在华外报的办报经验为中国民族报业的发展奠定了基础。

2.2　课后习题详解

1. 简述中国近代报刊产生的历史背景。

答：参见本专题考点难点归纳相关内容。

2. 简述英国传教士在东南亚出版中文报刊的情况。

答：世界上第一批中文近代报刊是由英国传教士创办的，最早出现于东南亚一些华人聚居地区，其中马礼逊和威廉·米怜的活动最为典型。具体参见本专题考点难点归纳相关内容。

3. 简述《察世俗每月统记传》的办报经过、宗旨和特点。

答：(1)《察世俗每月统记传》的办报经过。《察世俗每月统记传》是世界上第一份中文近代刊物，也是中国历史上第一份近代化报刊。该刊于1815年8月5日由英国伦敦布道会的传教士米怜在马六甲创办，米怜、麦都思任编辑。主要撰稿人是米怜、马礼逊、麦都思，版工为梁发。《察世俗每月统记传》为月刊，木版雕刻，因读者对象是华人，所以该刊仿照中国人习惯的线装书模样，每期一册，每册5至7页，最初印500册，后增至1000册，大部分在东南亚华人中免费散发，少部分运往广州等地分送。该刊绝大部分内容是阐释基督教教义，其次是宣讲伦理道德，再次是介绍天文学等科学知识。后期增辟专栏，介绍世界各国概况，并开始涉及时政。1821年底，《察世俗每月统记传》因主编米怜病重而停刊。

(2)《察世俗每月统记传》的宗旨和特点。《察世俗每月统记传》以传教为宗旨，以“阐发基督教义为根本要务”。

(3)该刊的特点。

①《察世俗每月统记传》的主旨不在报业经营，而是一种政治性很强的宣传情报。

②在内容上，以宗教内容为主，也有一些宣传西方文化与近代科技知识的文字，但大多也与传教有关，目的都是宣传上帝的全德全能。后期开始有一些时事评论性文章。新闻报道方面的内容很少。

③在排版布局上，采用中国书本式排版装订，以迎合中国人的阅读习惯。

④在宣传策略上，创造了“孔孟加耶稣”的对华宣传模式，采用中国本土化策略，处处“附会儒学”，将基督教义与孔孟之道相比附，每期封面都印有一行孔子语录：“子曰：多闻，择其善者而从之。”以此增强中国读者对他们所宣传内容的亲切感。

【真题链接】

(1)简述《察世俗每月统记传》的创办情况、宗旨、特点。(中青政治学院2009年研)

(2)《察世俗每月统记传》是在哪里创刊的？创刊者是中国人吗？从事什么职业？(深圳大学2018年研)

(3)《察世俗每月统记传》(名词解释，山东大学2021年研；上海财大2020年研；长安大学2020年研；中央民大2018年研；华东师大2017年研；湘潭大学2017年研；清华大学2016年研；西北大学2016年研；复旦大学2015年研)

4. 简述澳门近代报业产生的条件与早期发展情况。

答：中国境内的近代报刊，最早是由葡萄牙人在澳门创办的。当时的澳门不仅出版葡文报刊，还同时出版中、英文报刊，成为中国近代报业的一个重要起源地。

(1)澳门近代报业产生的条件。

①技术条件：1450年前后，德国人古登堡发明创造了西方活字印刷术，深刻地影响了西方人的精神生活和文化发展。时隔100多年后，这种印刷设备传入中国(首先传入中国澳门)。

②政治条件：1820年8月，葡萄牙本土的立宪党人发动军事政变，推翻了帝制，建立了君主立宪制度。1821年，葡萄牙新政府通过了新闻自由法案，解除出版禁令，促进了葡萄牙海外殖民地报刊的诞生。

(2)澳门近代报业早期发展情况。

①葡文报刊在澳门的出版。

a. 17世纪初，葡萄牙的第一份近代报刊《本宫及来自其他国家的新闻专刊》诞生。

b. 1822年9月12日，澳门立宪党的首领巴波沙创办了葡文周报《蜜蜂华报》，主要刊载政府通告、会议记录、澳门政情。《蜜蜂华报》是中国境内出版的第一份外文报纸。

c. 1824年1月31日保守派创办了澳门历史上的第二份葡文报纸《澳门报》，其目的是宣传葡萄牙国内保守派的主张。

d. 1833年后，葡文报刊在澳门成批出现，如《澳门钞报》《帝国澳门人》《真正爱国者》《澳门政府公报》等。

②在澳门出版的中、英文报刊。

a. 1833年4月29日，马礼逊在澳门创办了近代中文报刊《杂闻篇》，该报刊是外国人在中国境内出版的第一份中文报刊，主要用于宣扬基督教的思想。

b. 1833年5月1日，马礼逊创办了以中、英文两种文字合刊的《传教者与中国杂报》，内容包括文化、宗教、新闻评论等。

c. 1831年6月，澳门东印度公司创办了澳门历史上的第一份英语报刊《广州杂志》，其内容以文化、历史为主。

5. 简述鸦片战争前广州英文报刊的出版情况。

答：鸦片战争以前，在广州创办的英文报刊中，最有代表性的是《广州纪录与行情报》《广州周报》《中国差报与广州钞报》《中国丛报》。

(1)《广州纪录与行情报》。1827年11月8日创刊，是中国境内的第一份英文报纸，初为双周刊，后改为周刊。1828年，该报改名为《广州纪录报》，由英国鸦片商马地臣出资创办，马地臣和马礼逊担任编辑。作为一张商业性报纸，货价行情、航运消息占《广州纪录报》的主要篇幅。该报在当时对商业贸易产生了很大影响，甚至吸引了来自南洋、印度、英美的读者。

(2)《广州周报》。1835年9月12日，英国人创办周刊《广州周报》，篇幅较《广州纪录报》为多，为广州另一家颇有影响的英文报纸。该报为英国自由贸易派商人所办，在经济上受到颠地洋行的支持，不断抨击东印度公司垄断对华贸易。

(3)《中国差报与广州钞报》。于1831年7月28日由美国商人伍德创办并任编辑，是美国人在华创办的第一份报纸。1832年4月14日实行改版，改用简称《中国差报》出版，1833年9月底停刊。

(4)《中国丛报》。1832年5月31日出版，创办者、编辑是美国第一个来华的新教传教士裨治文，先后在广州、澳门、香港三地出版近20年，该报主要报道与评述中国的政治经济、军事外交、地理历史等各方面的情况，有关宗教的文章很少。

以上报刊一般都以外国读者为受众，新闻业务综合水平都较高，是其本国新闻事业发展水平在中国的体现。

【真题链接】《广州纪录报》(名词解释，暨南大学2017年研)

6. 简述《东西洋考每月统记传》的办报经过、宗旨和特点。

答：(1)《东西洋考每月统记传》的办报经过。《东西洋考每月统记传》于1833年8月1日由普鲁士传教士郭士立在广州创刊。1837年2月，《东西洋考每月统记传》由“在华实用知识传播会”在新加坡复刊，郭士立、小马礼逊等任主编，新闻报纸在广州编辑后寄至新加坡印刷发行。

(2)《东西洋考每月统记传》的宗旨。其宗旨是宣扬西方文化的优越性，征服中国人骄傲自大的排外心理。

(3)《东西洋考每月统记传》的特点有：

①在内容上，该刊虽然仍是一份宗教性报刊，但宗教已退居次要地位，主要以宣传西方科学文化为主。

②就新闻信息的传播而言，《东西洋考每月统记传》每期必有一定数量的新闻，绝大部分译自外报，少数为广州、澳门的地方新闻，后期也摘录一些《京报》上的材料。

③在编辑业务上，《东西洋考每月统记传》文字通俗简短，栏目固定，刊有目录方便

阅读。

④在宣传策略上，附会儒学来进行自我包装，封面上也印有中国传统格言，左下角注有“爱汉者纂”。

【真题链接】

(1)《东西洋考每月统记传》(名词解释，复旦大学2021、2015年研；西南大学2021年研；暨南大学2020年研；山东大学2020年研)

(2)《东西洋考每月统记传》的创刊及传播对传播史的意义。(中山大学2021年研)

7. 简述鸦片战争后外报在香港的发展情况。

答：鸦片战争后，香港为英国侵略者所占据。此后，由于大量英国移民进入香港，该地区的外国侨民居全国首位，为报刊发展创造了极为有利的条件。因此，鸦片战争后，香港报业率先发展，是外国人在华办报的一个重要基地。鸦片战争后外报在香港的发展主要包括英文商业报纸的出现、中文宗教报刊的产生和中文商业报纸的崛起三方面，具体参见本专题考点难点归纳相关内容。

8. 简述鸦片战争后外报在上海的发展情况。

答：19世纪50年代后，上海报业开始起步。第二次鸦片战争后，上海报业蒸蒸日上，上海成为全国的报业中心。鸦片战争后，外报在上海的发展包括外文报刊的发展、中文宗教性报刊的创办和中文商业性报刊的迅猛发展等三方面，具体参见本专题考点难点归纳相关内容。

【真题链接】简述鸦片战争后到19世纪末上海商业报纸的发展。(华中师大2007年研)

9. 简述在华外报网的形成过程。

答：鸦片战争后，除香港、上海外，来华人士还在广州、宁波、福州、厦门等通商口岸办起了一批近代报刊，形成了在华外报网，具体参见本专题考点难点归纳相关内容。

10. 综合分析在华外报的历史作用与影响。

答：在华外报对中国近代报业及中国近代社会发展的历史作用与影响，可分为消极作用和积极作用两部分：

(1)消极作用。外人在华办报活动本质上是一种殖民主义文化侵略活动，其出现和深入与西方殖民势力的入侵和扩张密不可分。报刊通过宣传基督教和西方文明，为英国倾销鸦片政策辩护，为新的侵略扩张行为制造舆论。一些外报特别赞扬西方殖民主义统治下的印度，鼓吹中国应走印度的道路，具有明显的殖民主义的立场。

(2)积极作用。

①一定程度上促进了中西文化交流。自《察世俗每月统记传》创办以来，自然科学知识、各国的地理、历史知识、政治制度、经济制度和社会制度不断流入中国，开阔了中国读者的眼界，在客观上促进了中西文化的交流。

②对中国读者具有深刻的启蒙作用，外报中西方各国政治开明、社会繁荣，介绍西方的富强之道，自由、平等、博爱等资产阶级革命的口号在中国也逐渐深入人心。

③促进了中国近代报业的诞生和发展。西方的办报经验为中国报业发展开辟了一条捷径，西方的新闻采访与编辑业务、新闻事业的管理方法和发行、广告、印刷等技术也陆续

为中国人所掌握，同时，外报为中国培养了第一代新闻工作者，如王韬、钱昕伯、蔡尔康、何桂笙、高太痴等。

【真题链接】

(1)谈谈你对19世纪外国人在华办报活动的认识与评价。(中传2011年研)

(2)如何看待外国人在华办报？请简要回答。(湖南师大2015年研)

(3)外人在华办报的影响。(广西大学2021年研)

2.3 考研真题与典型题详解

一、概念题

1.《蜜蜂华报》(扬州大学2021年研)

答：参见本专题考点难点归纳相关内容。

2.《德臣报》

答：《德臣报》是在华出版的历史最久的英文报纸，又译《中国邮报》。1845年2月20日创刊于香港。创办人和首任主编为英国出版商肖德锐。英商德臣初为报馆的管理人兼助理编辑，1858年成为报纸的发行人。1906年改由德臣报公司经营。圣因特、邓尼斯、黎德、端纳、勃朗等先后任主笔。初为周刊，1876年与《香港晚邮报与船期录》(Hongkong Evening Mail and Shipping list)合并，改为日报，用China Mail的名义出版。自创刊至1858年，获得刊印香港政府公报的合同，成为官方出版机构。支持英政府对华基本政策。1974年8月停刊，历时129年。

3.《孖剌报》

答：《孖剌报》又名《孖剌西报》《孖剌沙西报》，1857年10月1日，由赖登创办并任主编，是香港最早出版的英文日报。该报经常批评港英政府的弊政。1858年，该报刊登了攻击怡和洋行的评论，赖登被判处有期徒刑6个月，其主编一职改由莫罗继任。1941年日军侵占香港后停刊。

4.《遐迩贯珍》(上海大学2021年研；湖南大学2014年研；复旦大学2013年研)

答：参见本专题考点难点归纳相关内容。

5.《字林西报》(浙传2020年研)

答：《字林西报》是上海出版时间最长、影响最大的英文报纸，其前身是1856年由《北华捷报》增出的日刊《每日航运新闻》，1864年更名为《字林西报》，成为独立出版的日报。《字林西报》形式上为英国报纸的风格，内容主要为行情、船期、广告等商业性材料，但始终有很强的政治性，被视为英国驻沪领事馆和租界当局的喉舌。该报重视时政新闻，有中外新闻和本埠新闻等栏目。1872年与路透社上海远东分社签约，在中国长期独享该社的电讯。《字林西报》也重视言论，经常就中国政局、中外关系等问题发表评论。但其言论总是站在外国侵华势力，特别是英国在华势力的立场上。该报出至1951年停刊。

6.《六合丛谈》(华中师大 2010 年研)

答：参见本专题考点难点归纳相关内容。

7.《万国公报》(上海)(重庆大学 2021 年研；福建师大 2018 年研；中传 2012 年研；人大 2011 年研)

答：参见本专题考点难点归纳相关内容。

8.《上海新报》

答：参见本专题考点难点归纳相关内容。

9.《申报》(西南交大 2020 年研；华南理工 2019 年研；大连理工 2017 年研；中传 2016 年研；中国政法 2016 年研；重庆大学 2016 年研；广西大学 2015 年研；湖南大学 2014 年研；南京大学 2012 年研)

答：《申报》是中国近代历史悠久、影响广泛的商业性报纸，创刊于 1872 年，由英商美查创办，以营利为首要目的，因而十分注重办报质量。由于在经营管理和内容等方面采取多种办法，创刊 4 个月，销数即增至 3000 份，挤垮了《上海新报》。《申报》在 1912 年转让给史量才，在他的主持下，《申报》逐渐发展为中国最有影响的著名大报之一。“九一八”“一·二八”后，报纸态度趋向激烈，反对国民党一党专政，主张实行“宪政”，反映民族资产阶级的抗日要求，发表宋庆龄严厉批评国民党的文章，登载有关人权保障同盟的报道；并出刊“自由谈”副刊，刊载民主自由言论，鲁迅、茅盾、陶行知、巴金等常在该报发表文章。1934 年 11 月，史量才被蒋介石反动集团杀害后，言论重趋保守。1937 年 7 月，《申报》改组为股份有限公司。同年 12 月 15 日，因日军检查新闻，自动停刊。抗战期间，曾在日伪控制下出版。抗战胜利后，该报被国民党接收，1949 年上海解放时停刊。《申报》前后历时 78 年，记录了从清末到民国近八十年间政治、军事、经济、文化、社会各方面的情况，具有很高的史料价值，被称为“近现代史的百科全书”。

10.《申报》《上海新报》经营竞争

答：1872 年 4 月 30 日，《申报》创刊甫始，同最早在上海创办的中文报纸《上海新报》展开激烈的经营竞争。为争夺读者，《申报》采用降低售价办法以打击对方。《上海新报》零售价每份铜钱 30 文，《申报》每份只售 8 文。前者的销数由此锐减。《上海新报》被迫于 1872 年 6 月 27 日起也将每份零售价降为 8 文。《申报》采用较为廉价的土产毛太纸，而《上海新报》则用上等的印刷纸印刷，入不敷出，终因不能承受长期严重亏损而于 1872 年 12 月 31 日宣布停刊。《上海新报》停刊后，《申报》将零售价提高 2 文。这是中国报刊史上运用商业竞争手段击败对手的首次记录。

11.《点石斋画报》

答：《点石斋画报》是中国最早的新闻画报，1884 年 5 月 8 日创刊于上海。旬刊，每期刊登 8 幅图画。由《申报》附设的点石斋石印书局用连史纸印刷。主编为晚清写实派画家吴友如。参与编纂的主要画家有张志瀛、金蟾香、顾月洲等。该报以报道战事新闻和社会新闻为主，刊有关于中法战争、中日战争作战议和情况的新闻画，关于兴办铁路、钢船下水等经济建设方面题材的新闻画以及大量关于市井生活的社会新闻画。画法细腻、构图紧凑、线条简洁，并结合西洋绘图的透视法，对以后的连环画、年画影响颇大。1896年底出至第473期停刊。

12.《字林沪报》

答：《字林沪报》是近代上海著名的中文商业报刊。1882年由字林洋行出资创办，原名《沪报》，同年8月10日改名为《字林沪报》。该报吸取《上海新报》的教训，从报名到版式，从用人到内容，都尽量中国化，聘用曾在《申报》工作过的中国人担任主笔，用连史纸印刷，定价合理，重言论、新闻和文艺。在内容方面，曾撰文抨击法军，鼓励中国军民抗击到底。在新闻方面，因和《字林西报》属于同一报系，享有独家刊用路透社电讯的特权，因此经常刊登电传上谕和国外电讯。该报1888年还连载小说《野叟曝言》，随报送阅，是中文报纸连载长篇小说的开端。1897年，该报出版专载文艺作品的副刊"消闲报"，被认为是中国报纸的第一个副刊。1900年初，《字林沪报》被转售给日本东亚同文会并改名为《同文沪报》。

二、简答题

1. 外报是在何种历史条件下产生的？为什么外报能够一度在中国报业中占居垄断地位？

答：(1)外报产生的历史条件。参见本专题考点难点归纳相关内容。

(2)外报能够一度在中国报业中占居垄断地位的原因。

①中外新闻传播发展环境和程度的差别。

a. 中国长期处于封建专制统治之下，以农业小生产为本，商品经济不发达，新闻传播发展迟缓，没有成为独立的社会行业。直到19世纪，邸报、京报等古代报纸仍然是主要的新闻传播媒介。

b. 西方资本主义国家的报刊，处于相对先进的国家制度和文明的社会环境里，受产业革命的推动，迅速实现近代化和大众化，具有先进的办报方法和印刷设备，在报业中运用近代科学技术成果和经营管理方法，报刊面向社会大众，报业成为独立的社会行业之一。中国古代报纸相形见绌，竞争力低下，同时，国人自办的近代报纸还未出现或形成相当的实力，所以，此时外报能够一度在中国报业中占居垄断地位。

②西方资本主义的入侵和殖民统治的建立为外报的刊行创造了极为有利的条件。在19世纪，西方资本主义国家，特别是英国，开拓商品市场与进行殖民扩张的势头正旺，一批又一批的商人、传教士、政客、冒险者来到东方，来到中国。他们带来了鸦片和各类商品，还有西式的学校、医院和报馆，也带来了他们的文化观念和宗教意识。这些以提供情报和新闻信息为主的外报，就新闻业务而言，采、写、编、评各方面都达到了较高水平。

③外报中的中文报刊多为传教士创办，编辑熟悉中国语言文化，报刊迎合中国人的性格和阅读习惯，儒学与宗教结合，大量引介先进的科学知识，拓展了国人的视野，吸引有识之士的目光。通商口岸的开放，导致外商云集，外文报刊也大量出现。

2. 1840年到1860年外国在中国办报活动主要在香港，1860年后从香港转移到上海，上海的新闻事业迅速发展，从以"港"为中心转移到以"沪"为中心的原因是什么。(湖北大学2010年研)

答：以“港”为中心转移到以“沪”为中心的原因主要有以下几点：

(1)社会环境与政治时局的影响，是办报地点转移的决定性因素。1860 年之前，香港作为办报中心，其影响力至多只在中国华南地区，中国内地处在清政府统治下，外报的言论很难渗入。而在第二次鸦片战争后，上海逐渐成为办报中心，外报的影响力开始逐步扩张，呈现出以上海为中心向南北扩散之势。

(2)地理位置上，上海更具备办报优势。香港位置偏南，使得香港外报在华的影响有限。上海位于中国南北海岸的中心点，北界长江，东濒东海，南临杭州湾，作为优良的通商口岸，对外交往十分便利，优越的运输条件把上海和中国辽阔的内陆密切地联结起来。

(3)经济中心的转移。自 19 世纪 60 年代起，外商纷纷在上海投资，中国私人资本也被纷纷吸引到上海，外报在上海的大发展就是在这样的基础上形成的。

可见，考察中国近代报业由“港中心”向“沪中心”转移的动因，以两次鸦片战争为轴线，政治环境的变化、地理位置的比较、经济重心的转移，这些构成了办报地点转移的因素。

3. 外国传教士在中国早期报刊发展中扮演了什么角色？怎样评价他们在中国的办报活动？(人大 2007 年研)

答：外国传教士在中国早期报刊发展中扮演着十分重要的角色，具体表现与评价如下：

(1)思想理论方面。西方传教士报刊推动了中国近代报刊的产生，同时也带动了一批先进的知识分子逐渐认识到报刊发布消息的重要性，他们积极投身报界，引进“西学”，自办报刊。

①传教士报刊首先是在思想上解放了中国人，在维新运动中，康有为等人创办的第一份报刊《中外纪闻》就是模仿《万国公报》的，后来其他维新人士也纷纷创办报刊作为宣传变法改革的思想阵地。与此同时，一个中国人自主创办报刊的高潮在全国范围内出现了，由此可见，传教士报刊的思想启蒙作用功不可没。

②中国古代报纸都只是封建政权的传声筒，根本没有新闻和言论自由的权利。而“新闻自由”是近代报刊的一个重要特性。德国传教士郭实腊创办的《东西洋考每月统纪传》第五期中发表了《新闻纸略论》一文，首次在中国提出了这一观念，而传教士办报的实践活动真正意义上在中国确立了这一观念。因此，对突破中国思想言论自由的禁锢具有重要的作用。

(2)印刷技术方面。

①以铅活字印刷术为首的近代印刷术在西方国家出现，并且逐渐传入中国。从 1815 年起，澳门东印度公司印刷所陆续出版了马礼逊编写的中、英文大型工具书《中国语文词典》，从当时的技术工艺来看，雕版既无法与铅活字拼接，也不能采用机械印刷。因此，要出版这部书只有采用中文铅活字排印。为此，澳门东印度公司印刷所制造出了世界上最早的一批中文铅活字。

②通过西方传教士，石印术也传入中国，1833 年广州出版了石印中文月刊《东西洋考每月统纪传》，继之有石印中文月刊《各国消息》的出版。1874 年，石印技术传入上海，最有代表性的是 1876 年点石斋石印书局成立。铅印和石印技术都为中国近代报刊发展提供了有利的条件，而且传教士还引进了一批西方近代化的印刷设备，使中国报刊摆脱了落后的手工印刷方式。

(3)编辑实务方面。

①开始使用标题，这是封建官报不具备的。

②对新闻采访工作的重视程度提高了，这是近代报刊的特色之一。

③出现了“电讯”“号外”和其他一些新闻文体，早期图片新闻也出现了。

④出现了商业广告的刊载，这也是近代报刊的重要标志之一。

(4)人才培养方面。处于封建社会的中国自身无法提供大量的办报人才，于是一批曾在传教士报刊供职的中国人成了中国自办报刊的主力军，一些著名的报人如王韬、钱昕伯、蔡尔康等，都是在传教士的办报实践中成长起来的。

综上，有了从传教士那里学到的先进办报经验和由传教士引进的近代化技术和设备，中国报刊迈向近代化的速度加快了。

4. 近代中文商业性报刊的兴起与发展。(中传2012年研)

相关试题：

(1)从《申报》的发展谈现代报业的特点。(重庆大学2021年研)

(2)试论《申报》发展各阶段的业务特色及其对于当下新闻实践的启示。(南京师大2017年研)

答：(1)近代中文商业性报刊的兴起。鸦片战争后，外国人获得在中国任意办报的权利，外报数量急剧增加。从19世纪40年代到90年代，外国人逐渐垄断中国的报业，并形成以香港和上海两地为中心的外报网络。在整体的外文报刊系统中，外文商业性报刊迅猛发展并取代传教士报刊而成为报业主流。随着西方列强对华经济活动日益拓展，出版面向中国商人与普通消费者的中文商业性报刊已成为外人在华开展商贸活动的迫切需要。19世纪60年代后，中文商业性报刊迅速崛起，打破传教士垄断中文报刊的局面，出现《申报》《新闻报》等具有很大影响的商业性报刊。

(2)近代中文商业性报刊的发展。

①19世纪60年代的商业报纸，其主要刊载内容为商务信息，以服务于商业为目的，营利并不是重要的考量因素；且多与外文商业报纸联系密切，作为外文报馆的附属出版物。1861年创刊的《上海新报》由英商字林洋行主办，是上海第一份中文商业报纸。创刊时将各种商业信息的传播置于首位，以大部分版面刊载商业信息，且主要为字林洋行的商贸活动服务。该报每期均用大量篇幅，并以专栏形式刊载广告、船期、商业行情。

②19世纪70年代后，办报已成为一项有利可图的事业，作为贸易中心的上海出现一批以营利为目的的报纸。这些报刊在经营方式、报刊业务、内容拓展诸方面展现的崭新态势，标志着外人办报高潮的来临。其中，《申报》最具代表性，且最为成功。《申报》于1872年4月30日创刊于上海，由英国商人美查、伍华德等人合资创办。《申报》以营利为目的，采取一些措施来吸引读者，提高销量。

a. 针对当时订阅报刊者多为封建士大夫知识分子的特点，《申报》聘请熟谙中国典章制度、风土人情的文人学士如蒋芷湘、何桂笙、钱昕伯、吴子让等担任主笔或编辑，拉近与读者的距离。

b.《申报》采用廉价纸张，压低报价。

c.《申报》重视论说，每期必载一篇，置于首页，内容涉及新闻观念、自然科学知识、反对传统陋习、提倡封建伦理等许多方面。

d.《申报》注重新闻报道，新闻量多、面广，尤其是社会新闻，注重反映社会实际生活，揭露社会黑暗。

e.《申报》注重新闻时效，早期用快车快船传递信息。1882 年 1 月，该报刊发由驻京记者拍发的一条清廷查办一名渎职官员的专电，这是迄今发现的中国最早一条由报社记者所发的电讯。

f.《申报》注意刊载文艺作品和广告，文艺作品成为它的必备栏目。1872 年 11 月，《申报》出版文艺性月刊《瀛寰琐记》，这是我国最早的文艺期刊。

g.《申报》的广告占有相当大的篇幅，且内容广泛，形式多样。

字林洋行出版的《上海新报》在与《申报》的竞争中败北，宣布停刊。

③《申报》后，上海又出现两张具有广泛影响的中文商业报纸。首先是 1882 年 5 月 18 日创刊的《字林沪报》，由字林洋行主办。《字林沪报》仿效《申报》的经营方式，在报业市场站稳脚跟。1893 年 2 月创刊的《新闻报》，由英商丹福士等主办，这是一份在旧中国具有广泛影响的报纸，1949 年 5 月方才停刊，前后出版达 56 年。

专题三　国人办报活动的兴起与发展

3.1　复习笔记

【知识框架(庖丁解牛)】

- 国人办报活动的兴起与发展
  - 国人办报的先声：林则徐《澳门新闻纸》、魏源
  - 洪仁玕、王韬《循环日报》和郑观应《盛世危言》(办报主张)
  - 19 世纪 70 年代后，国人自办报刊兴起
    - 汉口　《昭文新报》　1873　艾小梅　国人自办报刊之首
    - 上海
      - 《汇报》　1874　容闳　国人自办　上海首家中文日报
      - 《新报》　1876　冯焌光
    - 广州
      - 《述报》　1884　国人在广州自办第一份报纸
      - 《广报》　1886　邝其照
    - 香港　《循环日报》　1874.2　王韬　改良变法、政论
  - 19 世纪 90 年代中期，维新报刊的创办
    - 《万国公报》　1895　北京——→《中外纪闻》
    - 《强学报》　1896　上海
    - 《时务报》　1896　上海　梁启超　维新派影响最大
    - (以上)冲破“言禁”“报禁”
  - 第一次国人办报高潮(1897～1898)及特点
    - 《知新报》　1897　澳门　康有为　维新派报刊中出版时间最长
    - 《国闻报》　1897　天津　严复　维新派第一份日报
    - 《湘学新报》　1897　长沙　唐才常
    - 《湘报》　1898　长沙　谭嗣同　日报　南学会机关报
  - 维新运动中近代新闻立法的有益尝试　维新报刊对中国新闻事业的贡献

【专题概要(提纲挈领)】

本专题主要论述了国人办报活动的相关知识，考点以名词解释、简答题以及论述题为主，在学习时，需要着重对国人办报活动的兴起、第一批国人自办报刊及其特点、维新运动与国人第一次办报高潮等内容加以把握，并重点了解王韬与《循环日报》、维新派报刊代表康有为与梁启超等人的新闻思想与报刊实践等内容。

【考点难点归纳(厚积薄发)】

考点一：国人办报活动的兴起　★★★★

1. 国人早期的办报活动(见表3-1)

表3-1 国人早期的办报活动

要点	具体内容	
林则徐的译报活动	背景	1839年3月，林则徐抵广州，就任钦差大臣。鉴于当时中国"沿海文武员弁不谙夷情，震于英吉利之名，而实不知其来历"，及"中国政府全不知外国之政事，又不询问考求，故至今中国仍不知西洋"的状况，林则徐一到广州，就立即进行调查研究，亲自详考禁令，检查海防，并立即着手在其官署中组织了一个专门从事翻译外文书籍报刊的班子，想方设法罗致翻译人才，从事编译工作
	目的	"时常探访夷情，知其虚实"，"定控制之方"，即探查敌方情况，并由此制定对敌方案
	内容	译稿的内容主要包括西方国家的历史、地理、法制、时事及鸦片的生产、运输、来源等，以供反侵略的外交斗争中制定政策、策略时参考。还包括外国的科学技术[侧重军事方面]，其目的主要是探求西方科学技术，为了改变我国当时军事上的落后状况，同时，也为引进西方的炮船等军事设备时作参考
	影响	①林则徐组织译编的《澳门新闻纸》是国人自办报刊活动的前奏和先声。但该报不公开发行，还不是严格意义上的报纸。 ②近代著名的地主阶级改革派人物魏源、冯桂芬、薛福成、王韬，资产阶级改良派康有为、梁启超等人，都是沿着林则徐开拓的这条了解西方、勇于探索新知的道路前进的，从而一步步地打破了闭关锁国的禁锢局面。魏源在《海国图志》中提出了"师夷长技以制夷"的观点
洪仁玕的办报思想	背景	1859年，太平天国的洪仁玕在《资政新篇》中提出了许多重要的新闻主张和新闻思想，是近代中国最早系统阐述办报思想的一次活动
	主要观点	①报纸是强化中央集权、维系中央政权的重要手段。 ②报纸具有改变社会风气和教育作用。 ③办报是实施民主政治的重要途径，报纸可以畅通民众和太平天国领导集团之间的沟通渠道，可以防止上情不能下达、中间"壅塞弄弊"情况的发生。 ④设置新闻机构，可以报道全国各地的时事政治、物价高低，沟通各地政治、经济情况，了解其变化和发展。 ⑤新闻官的道德品质是"诚实不阿"；新闻官的特殊职权是专门收集全国各地及世界各国的报纸，"以资圣鉴"；新闻官具有相对独立性，"不受众官节制，亦不节制众官"，众官也无权对新闻官"褒贬赏罚"。可保证言路的畅通。 ⑥报纸不仅具有一般意义上的宣传、舆论机关的职能，而且包含西方资本主义制度中独立于行政体制之外的监察机构的某些属性
	评价	洪仁玕参照了西方的报业模式来规划中国新闻事业，将西方的新闻理论引入中国并加以实践，是不切实际的。但其办报思想带有资本主义色彩，具有一定的进步意义
王韬的新闻思想	办报情况	①主办《循环日报》，从1874年创刊到1884年的10年间，都由王韬主编，洪干甫从旁协助。 ②著有《弢园文录》《瓮牖余谈》《弢园文录外编》等
	主要观点	①办报的目的。借助报纸使得其变法自强、发展近代民族工业等政治主张得到宣扬。 ②报纸有四项主要功能，即"达内事于外""通外情于内""民隐得以上达""君惠得以下逮"。 ③主张新闻自由和言论自由，倡导民间自由办报。 ④认为报纸的文风应该直抒胸臆。 ⑤提出报纸编辑应该知识储备丰富，博览群学，品德高尚，客观公平

续表

要点	具体内容	
郑观应的新闻思想	概述	1893年，郑观应发表论著《盛世危言》，提出了涉及经济、政治、舆论、教育等方面社会改革的方案，同时提出许多重要的新闻思想
	主要观点	①日报是国家实施民主政治的重要手段，可以“通民隐，达民情”。 ②中国想要变法图强，必须创办自己的报纸。 ③清政府应该取消只允许外国人办报不允许国人办报的错误政令，要开放新闻自由，允许国人办报。 ④要通过新闻立法，规范报刊发行行业，保护公众的言论自由、出版自由、新闻自由等正当权利

2. 第一批国人自办报刊及其特点(见表3-2)

表3-2　第一批国人自办报刊及其特点

要点	具体内容	
自办报刊情况	汉口《昭文新报》(1873.8.8)	是国人于国内创办的第一份报纸。创刊于汉口，主办人艾小梅。该报是仿照香港、上海报纸办起来的。起初每日出版，后改为5日一期。刊载的内容中，以“奇闻轶事居多，间有诗词杂作”。出版不久即停刊
	香港《循环日报》(1874)	是第一批国人自办报纸中最具影响力的报纸。从1874年创刊到1884年的10年间，都由王韬主编，洪干甫从旁协助。在此期间，该报曾发表大量以评论时政、宣传变法自强、鼓吹发展近代民族工业等为内容的政论文章，在当时影响极大。所刊文章常被内地报刊转载。后期由何冰甫、何雅选任总编辑。1941年日军侵占香港后停刊。抗战胜利后又恢复出版，到1959年最后停刊。该报历史悠久，但其影响最大的是最初王韬主持的那一段时期
	上海《汇报》(1874.6.16)、《新报》(1876.11.23)	①中国人在上海创办最早的日报，由中国近代留学第一人容闳筹备创办。1875年7月16日易名为《益报》，改聘朱莲生为主笔。该报维持到1875年12月初，因朱氏辞职，只好停刊。 ②《新报》由上海道台冯焌光筹备创办，袁祖志担任主笔
	广州《述报》(1884.3.27)、《广报》(1886.6.24)	①《述报》是我国最早的一份石印报纸，由多宝大街海墨楼石印书局印刷发行。日报，每月汇编成一卷，称《中西近事汇编》。内容除新闻、评论外，还刊载不少石印的新闻插图，转载和译载了中西不少报纸的稿件，是我国近代极富特色的一份中文报纸。创办人及编辑人均已失载。 ②《广报》，创办人为曾留学美国的粤人邝其照。先后担任主编的有吴大猷、林瀚荣、肖竹朋、罗佩琼、劳保胜等。《广报》版面一如当时《申报》。后改名《中西日报》。1900年，《中西日报》因刊登义和团打败八国联军的消息，又被租界当局查封。邝其照等人再次将报名改为《越峤纪闻》，继续出版。但不久也停刊
特点	办报主体	办报主体身份复杂多元，如洋务派官员、商人或部分先进知识分子等，大多是洋务运动的拥护者。第一批国人自办报刊处于洋务运动的发生期，报刊本身就是洋务运动的重要组成部分
	办报地域	大多局限于沿海大城市，影响范围较窄

续表

要点	具体内容	
特点	办报属性	大部分是私营性质的。大部分办报经费来自私人集资，个人所有，自负盈亏，自主经营，属于新兴资产阶级的民办报刊
	报纸内容	宣传和拥护洋务运动，主张发展工商业，学习西方先进科学技术
	政治立场	反侵略爱国思想成为报刊主流。虽然报刊接受了西方新闻观念，在新闻的表现形式上与外国报刊相似，但却拥有完全不同的思想内核。这些报刊抵制外国侵略势力，抨击不平等条约，提醒政府防备西方列强，支持抗法战争
	业务工作	在外国人出版中文报纸的模式基础上进行创新，如图文并茂、改进标题等
	报业环境	处境大多非常艰难，在“夹缝中生存”： ①经济上存在困难。不仅缺乏足够的广告收入，还缺乏政府的财政资金支持。 ②政治上存在困难。封建统治阶级采用放宽外国人办报但禁止国人办报的方针政策，因此不敢畅所欲言。 ③面临殖民势力的阻挠。《字林西报》《申报》等中外文外报也阻挠和反对国人报刊的创办
评价	第一批国人自办报刊大多规模小、数量少、发行时间短、地域范围窄，且常常依附于政府、租界以求得生存，社会影响薄弱	

考点二：维新运动与国人第一次办报高潮 ★★★★★

1. 维新派报刊的代表、业务特点与历史作用(见表3－3)

表3－3 维新派报刊的代表、业务特点与历史作用

要点	具体内容		
代表	《万国公报》(1895.8.17)	①《万国公报》是维新派办的第一家报刊，创刊于北京，双日刊，格式与京报相似，木刻雕版印刷，雇卖京报者随宫门抄免费赠送给京师官绅。 ②1895年11月京师强学会成立，决定将《万国公报》改名《中外纪闻》出版，作为维新派第一家正式机关报。1896年1月20日，光绪皇帝被迫下令查封京师强学会，禁止它的一切活动，《中外纪闻》停刊，仅出版1个月又5天	
	《强学报》(1896.1.12)	①上海强学会机关报，由康门弟子徐勤、何树龄主编，5日刊。 ②《强学报》已不是一般地作空泛议论，而是在推动维新变法的实现。虽仅存在14天，存在时间最短，但影响却大于《万国公报》和《中外纪闻》	
	《时务报》(1896.8.9)	维新派影响最大的机关报刊，创刊于上海。基本内容为谕旨、奏折、论说、京外近事、域外报译等。汪康年为总经理，负责馆内事务与外间应酬；梁启超为总主笔，负责文字工作	
	其他主要报刊	《知新报》	是维新派的华南地区舆论主阵地。1897年2月22日在澳门创刊，1901年1月20日停刊
		《湘学新报》(1897.4.22)、《湘报》(1898.3.7)	是戊戌变法时期维新派的华中地区舆论主阵地。均创刊于长沙。《湘报》的主要撰稿人是谭嗣同，该报于1898年被迫停刊
		《国闻报》(1897.10.26)	是戊戌变法时期维新派的华北地区舆论主阵地。创刊于天津，严复是主要创办人

续表

要点	具体内容
业务特点	①是一种全新的报刊政论形式。 ②夹叙夹议，在新闻报道中进行评论。 ③改进了报刊编辑工作。 ④新闻采访得到高度重视。 ⑤图文并茂，开始运用新闻照片丰富报道内容
历史作用	①是一种宣传资产阶级思想的启蒙运动。 ②是一场宣传爱国主义和民族主义的教育活动。 ③通过报刊宣传，有力促进了维新运动的发展。 ④打破了统治阶级对报刊发行的控制与枷锁。 ⑤经由政治家办报，提高了报刊行业的社会地位。 ⑥推动了我国新闻事业的良性发展

2. 国人第一次办报高潮(见表3-4)

表3-4 国人第一次办报高潮

要点	具体内容
特点	包括：①报刊数量多；②办报地区广；③新报刊类型出现；④对封建政府影响明显
新的报刊类型	①文摘类报刊。如长沙的《博文报》，上海的《集成报》《萃报》，江西萍乡的《菁华报》。 ②妇女、儿童报刊。 ③专业类、行业类报刊。如《利济学堂报》《算学报》《农学报》。 ④消闲性文艺小报。如上海的《笑笑报》《指南报》《趣报》《游戏报》《奇闻报》《采风报》、广州的《嘻笑报》、杭州的《笑林报》。 ⑤白话报。如《演义白话报》《民报》
主流形态	以宣传变法维新为目的的、维新派主办的政论性报刊

3.2 课后习题详解

1. 试析国人对近代报刊的早期认识。

答：国人对近代报刊的早期认识主要分为三大阶段：首先是林则徐、魏源的初步认识；然后是太平天国洪仁玕的进一步认识；最后是王韬、郑观应的深入认识。

(1)林则徐、魏源的初步认识。国人中最早认识到报刊社会功能的是林则徐。他在广州设立翻译馆，下令搜集外国人在广州、澳门出版的各种报刊进行翻译。所译材料，称为《澳门新闻纸》，供清朝要员阅读，作为同侵略者斗争的决策依据。这种文摘式的译报汇编，不具备近代报刊因素，属情报范畴。魏源又进一步弘扬和发展了林则徐的译报思想。1843年出版的《海国图志》是第一本由国人编写的分析世界各国情况的著作。魏源对外国报纸十分看重，他认为报纸具有不可忽视的社会政治功能。

(2)太平天国洪仁玕的进一步认识。参见本专题考点难点归纳相关内容。

(3)王韬与郑观应的新闻思想。继洪仁玕之后，比较系统地阐述自己办报主张的是王韬和郑观应。二者的新闻思想参见本专题考点难点归纳相关内容。

2. 简要评述王韬对中国近代新闻事业的贡献。

答：王韬是中国近代著名思想家，我国历史上第一位报刊政论家。他对中国近代新闻事业的贡献主要有三方面：

(1)他首开我国政论报纸的先河。我国古代报纸以传抄上谕、奏折为主要内容，而近代早期报纸又以刊载经济信息、商业行情为主。《循环日报》却以政论为核心和灵魂。在他的政论中，突出强调一个“变”字，主张“取士之法宜变”“练兵之法宜变”“学校之虚文宜变”“律例之繁文宜变”。他的主张是向西方学习，开发煤、铁矿藏，办纱厂等，发展有利于国计民生的近代工业；改变“重农抑商”的传统，撤销关卡，鼓励、扶持民族工商业的发展；富国强兵，等等。他的这些思想，对以后资产阶级改良派影响极大。王韬以一介文人，怀着强烈的责任感和使命感，“借日报立言”，鼓吹“强中以攘外，诹远以师长”，大声疾呼“变法图强”，为以后“文人办报”“文人论政”的传统奠定了基础。

(2)开创了新的报章文体。他反对“泥古”不化，反对“刻意模仿”，反对陈腐的八股调和形式主义，主张文章以“达意”为主。王韬的政论文章，内容充实，言之有物，眼光犀利，境界开阔，语言也通俗易懂，雄辩而富有充沛的感情。他的文章既继承了古代杰出政论家的优点，又有自己独特的风格，初步形成了报章文体；对冲击旧文体的桎梏和促进散文的改革，起了很大作用。

(3)对我国早期新闻学的发展作出了贡献。王韬是我国近代用专文表达报学思想的第一人。除散见于其他文章中的零星“报论”不算，王韬有关报刊思想的专门文章有三篇：第一篇是《论日报渐行于中土》，第二篇是《论各省会城宜设新报馆》，第三篇是《论中国自设西文日报之利》。这三篇文章写于1874年至1884年之间，是中国人写的最早一批研究新闻学的文章。

【真题链接】

(1)作为《循环日报》的创办人，王韬在一系列文章中论述了哪些重要问题？(南开大学2011年研)

(2)简述王韬与《循环日报》。(中传2017年研)

(3)简述王韬的新闻思想和影响。(暨南大学2017年研)

3. 简述国人在上海、广州最早创办报刊的情况。

答：19世纪70年代后，随着中国内部要求社会变革思潮的兴起和对外交往的日益频繁，中国人创办与出版近代报刊的活动才开始发展起来，在神州大地上出现了一些国人自办的近代报刊。国人在上海、广州最早创办报刊的情况具体如下：

(1)上海的《汇报》与《新报》。

①1874年6月16日，《汇报》创刊，创办人为容闳。为了维护民族利益，该报曾多次同外商办的《申报》和《字林西报》进行笔战。该报因其消息、评论常涉及政事而遭到官府非议，有的股东要求退股。9月1日，该报进行改组并改名《橐报》，由葛理出面承顶并任发行人，实际产权未变，主笔改由管才叔继任。《橐报》继承《汇报》传统，为维护中国利益继续同《申报》《字林西报》以及香港《德臣报》论战，不满一年后因种种困难而再次改组，聘朱莲生为主笔，并于1875年7月16日更名为《益报》，以示报纸对官府有益而无害，勉强维持至年底停刊。

②1876年11月23日，上海又出现了一份取名《新报》的国人自办报纸。该报日出对开1张，名为商办，以各省商帮的名义发行，但实际上的主办人是上海道台冯焌光，经费也全部出自道库，主笔由袁祖志担任。初创时中英文合刊，翌年6月11日起取消英文栏，成为纯中文的报纸。该报所刊内容，除转录京报和苏省辕门抄外，还刊有本埠新闻、各地新闻及国际新闻，涉及政治、军事、外交、商情等方面。由于该报为上海道台所控制，因而还明确宣布"国政则不可议也"，规定凡"疾世愤时"之作一律不予发表。1882年7月14日，《新报》并入上海机器制造局，转为该局机关报，旋停刊。

③此外，这一时期在上海出版的其他国人自办报刊，值得一提的还有《飞影阁画报》《艺林报》《华洋日报集成》《中西文报》《侯鲭新录》《海上奇书》《词林书画报》《告白日报》等。

(2)广州的《述报》与《广报》。

①《述报》是已知的第一份在广州出版的国人自办报纸，1884年4月18日创刊于广州。海墨楼石印书局承印，创办人和编辑不详。创刊号发表《述报缘起》申明以"讲求时务"为宗旨。日出4页，第一、二页为中外新闻，第三页选登新近翻译西方书籍、文章摘要，第四页是广告、行情、船期等。创刊时正值中法战争爆发，发表不少时评，反对法国侵略越南，支持人民抗法斗争。出版不到1年停刊。

②继《述报》后，《广报》于1886年6月24日在广州创刊，日刊，邝其照为创办人，吴大猷等先后任主笔。该报在形式上与《申报》略同，所刊内容除中外新闻外，也刊登一些匡正时弊的文章。1891年，改名为《中西日报》继续出版。1900年，邝其照等人又将报名改为《越峤纪闻》，因发行受阻，不久停刊。该报的发行面很广，除广东各地和香港、澳门、上海外，还发行到新加坡、西贡、小吕宋、旧金山等地。

③此外，在广州出版的国人自办报刊，影响较大的还有《岭南日报》，1891年间创刊，编辑方针与《广报》《中西日报》基本相同，出至1897年停刊。

4. 试析第一批国人自办报刊的特点。

答：参见本专题考点难点归纳相关内容。

5. 简要介绍维新派创办的主要报刊。

答：维新运动时期，办报成为推动维新变法的重要途径，维新派所办报刊遍及全国，达数十种之多。其中有康有为创办的《中外纪闻》《强学报》，梁启超创办的《时务报》，严复的《国闻报》，唐才常的《湘学报》等重要报刊，形成了中国新闻史上国人办报的第一次高潮。

(1)康有为与《万国公报》《中外纪闻》。

1895年8月17日，维新派办的第一家报纸《万国公报》在北京创刊。《万国公报》为双日刊，创刊之初，经费由康有为一人承担，梁启超、麦孟华担任编务，内容主要是宣传维新变法。出版一个多月后，发行量达到3000份左右。这个报纸有较大影响，"报开两月，舆论渐明""识议为之一变"。1895年11月中旬，维新派在国内建立的第一个具有政党性质的团体——强学会在北京成立。

1895年12月16日，强学会成立后，遂将《万国公报》改名为《中外纪闻》，作为自己的机关报，继续在北京出版，由梁启超、汪大燮主持。康有为亲自题写报名，并在上面发表了《开会主义书》，即《强学会序》。这是一篇维新派的政治宣言，也是康有为生平在报刊上发表的第一篇政论文章。1896 年 1 月 20 日，光绪皇帝迫于慈禧太后压力，下令封闭了北京强学会和《中外纪闻》。

(2)上海强学会与《强学报》。1896 年 1 月 12 日，上海强学会的机关报《强学报》在上海创刊。《强学报》由康有为创办，康指定他的两个弟子徐勤、何树龄任主编。其办刊宗旨是"广人才、保疆土，助变法，增学问，除舞弊，达民隐"。康有为在其创刊号上发表《强学会后序》，力倡变法维新。《强学报》的政治倾向比《万国公报》《中外纪闻》更为鲜明，影响也更大。出版后，"名士入会者千计，集款亦数万"。1896 年 1 月 25 日，洋务派官僚张之洞亦下令查禁了上海强学会和《强学报》。《强学报》只存在了 14 天。

(3)梁启超与上海《时务报》。1896 年 8 月 9 日，维新派最重要的机关报，也是这一时期宣传维新变法最具影响力的报刊——《时务报》在上海创刊。《时务报》由汪康年任总经理，梁启超任总主笔。《时务报》为旬刊，内容有论说、谕折、京外近事、域外报译等。"百日维新"期间，《时务报》拟改为官报，遭汪康年抵抗。1898 年 8 月，汪康年擅自将《时务报》改名为《昌言报》继续出版。直至维新失败，康、梁逃亡海外，维新派终究未能夺回《时务报》这一舆论阵地。

(4)澳门的《知新报》。《知新报》1897 年 2 月 22 日创刊于澳门，是在康有为的直接领导下创办起来的。梁启超帮助他制定了章程体例并安排编辑事宜。它囊括了《强学报》编辑部所有人员，还有不少维新派知名人士，编辑阵营强大。《知新报》是仿《时务报》创办的，二者可称为姊妹刊，初拟报名为《广时务报》，后为避重复才改名《知新报》。该报所载内容主要有论说、变法上谕、国内近事、各国新闻、西方科技知识、路电择录、译报等。戊戌政变后，各地维新派报刊均以各种罪名被迫停刊，唯有《知新报》得以幸存，并发表了《北京要事汇闻》《8 月 6 日朝变十大可痛说》《论中国变政并无过激》等文章，报道政变经过，揭示政变性质，哀悼死难者，与顽固派作针锋相对的斗争。1901 年 1 月 20 日，《知新报》自动停刊。它前后出版了 3 年，共出 133 期，是戊戌变法时期出版时间最长的维新派报刊。

(5)唐才常、谭嗣同与长沙《湘学新报》《湘报》。

《湘学报》创刊于 1897 年 4 月 22 日。唐才常任主编。以倡新学、开民智、育人才、图富强、鼓吹变法为宗旨，开设了史学、掌故、舆地、算学、商学、时务、交涉等栏目。各栏均由专人负责撰述，内容以讲求中西有用诸学，传播维新变法主张为主，还刊载一些新闻报道。于 1898 年 8 月 28 日停刊。

《湘报》创刊于 1898 年 3 月 7 日，由谭嗣同、唐才常等发起集资筹办，谭嗣同是其主要撰稿人。《湘报》的内容有论说、奏疏、电旨、公牍、新闻、时事、商务等，其中政论是它的大宗。《湘报》每期均有一两篇论说。这些文章言辞激烈，深刻阐述了维新派一系列变法主张。作为南学会的机关报，《湘报》转载了南学会历次集会的演说词、省内外有关维新变法的新闻、中外报刊关于变法维新的评论，及时报道维新运动进展情况，为其大张声势。1898 年，戊戌政变发生，《湘报》于 10 月 15 日被迫停刊。

(6)严复与天津《国闻报》。《国闻报》1897 年 10 月 26 日创刊于天津，是维新党人在北方唯一的舆论机关，也是维新党人创办的第一张日报。主要创办人是严复。《国闻报》特别重视对外国报纸和书刊的翻译介绍工作。译稿在该报占有很大篇幅，是其最大特色；还非常重视国内外新闻报道，以此配合维新变法运动的开展。该报对一些重大事件所作的连续的、详尽的跟踪报道，为当时其他报刊所未有。1899年2月后，该报被日本人接手。

【真题链接】《知新报》(名词解释，东北财大2020年研)

6. 试析国人第一次办报高潮的特点。

答：维新变法运动时期的国人办报活动史称国人第一次办报高潮，特点主要有：

(1)报刊数量多。维新运动兴起以后，全国各地维新人士以极大的热情创刊办报，从19世纪70年代到维新运动爆发前的20余年间，报刊大致只有30多种。但在维新运动后，仅1897~1898年间全国便新增了约90余种报刊，差不多占全部新出版中文报刊的80%。

(2)办报地区广。外报在华刊登一般都是在上海、广州、天津等沿海城市，但是第一次国人办报遍布全国各地，以上海最多，并且深入内地中小城市。中国报业的地区布局发生了变化，一定程度上改变了之前那种以沿海为主的失衡状况，报业重心逐步向资源丰富，腹地辽阔的内陆移动。

(3)新报刊类型出现。此次国人办报高潮除了以政论见长的综合性报刊继续迅速发展外，还出现了专业性报刊、纯商业性报刊、文艺娱乐性报刊、文摘性报刊、图画报刊、白话报刊，以及青年、妇女、儿童等针对各类社会群体为对象的报刊，其中不少是我国新闻事业史上第一次出现的报刊类型。比较突出的有：文艺性报刊，如《指南报》《游戏报》；中国历史第一份妇女报《女学报》；几家白话报，如《蒙学报》《演义白话报》《无锡白话报》等。

(4)对封建政府影响明显。国人办报高潮改变封建政府的新闻思想。1896年，清政府将强学会改为官书局，还发行《官书局报》和《官书局译报》。

【真题链接】简述国人第一次办报高潮的情况。(暨南大学2014年研)

7. 报章文体是怎样形成的？有何特点？

答：(1)报章文体的形成。“报章文体”是指比较通俗浅白的、在报刊中使用的、区别于桐城派古文的一种文体，发明人是王韬，出现于《循环日报》。维新运动之前，王韬虽然开创了报刊政论文体的基本风格，但未形成风气，当时报刊上流行的仍然是八股文和桐城派古文相结合的混合文体。后来梁启超在前人的基础上发展确立了“报章文”。甲午战争之后，中国社会亟须变革，桐城派旧文体因束缚思想已不能适应时代需要，同时，西方的新知识、新名词、新思想涌进，这种全新的报章文体由此诞生。

(2)报章文体的特点。报章文体的特点是文白穿插，通俗易懂，行文饱含情感，甚至采用外来表述和口语表述。梁启超在自述“时务文体”的形成时概括了其特点，即：“纵笔所至，略不检束”；“务为平易畅达，时杂以俚语、韵语及外国语法”；“条理明晰，笔锋常带感情”。这一文体打破传统古文、时文、骈文在写作上的清规戒律，无拘无束，畅所欲言；文字浅显易懂，平易畅达，雅俗共赏，同时根据内容需要，可使用俗语、韵语及外来词汇句式；在平易晓畅之余，慷慨激昂，热情奔放，感人肺腑，富于煽动。以梁启超政论为代表的“时务文体”，不仅戊戌前后风靡一时，使不少知识分子为之倾倒，对辛亥革命乃至五四运动以后的报刊文章也有很大影响。这种新文体成为文言文与白话文间的过渡，奠定了五四白话文运动的基础。

【真题链接】"报章文体"(名词解释，兰州大学2019年研；华侨大学2018年研；南开大学2009年研)、时务文体(兰州大学2019年研；湘潭大学2017、2015年研；重庆大学2016年研；南京师大2016年研；复旦大学2015年研；华中师大2013年研；中传2012年研)

8．试析维新派报刊在新闻业务上的特点。

答：维新派报刊在新闻业务上的特点有：

(1)开创政论文体。重视政论是维新派报刊的一个突出特点。戊戌变法前，除《循环日报》《万国公报》等少数报刊外，大多数报刊虽然把论说置于"报首"，但只是为了装点门面而已。要么是"主笔之人不学无术，所言率皆浅陋"；要么是硬凑字数，敷衍成篇，"纵意竭词穷，亦必敷衍至及格始已"。而戊戌变法期间，维新派报刊普遍以政论为核心内容，他们投入很大精力从事报刊政论写作，并涌现出一大批报刊政论家，如康有为、梁启超、谭嗣同、唐才常、严复、徐勤等。他们的政论文章名噪一时，各具特色，其风格独特，形式新颖，时称"时务文体"。维新运动之前，王韬虽然开创了报刊政论文体的基本风格，但未形成风气，当时报刊上流行的仍然是八股文和桐城派古文相结合的混合文体。维新派利用报刊极力倡导变法，大胆议论时政，传统文章形式已无法适应。于是，一种新的文体应运而生。由于这类政论文章多以"时务"为内容，且以梁启超在《时务报》上所载文章为代表，故称"时务文体"。

(2)新闻夹叙夹议。19世纪末，国内的期刊与报纸还未表现出明显的区别，报纸上的主要内容也还不是新闻。许多维新派报刊呈现出新闻薄弱而政论成熟的特征，常常将评论置于新闻中。即在新闻的末尾陈述作者观点，或在新闻之间夹叙夹议，借新闻阐述论点，这本质上是报刊政论文章的一种补充。

(3)改进编辑工作。中国早期的近代报刊排版单一，多采用书本形式，正文与标题字号统一，版面不分栏。维新派报刊对编辑工作进行了改进，报刊开始分栏并对新闻分类，改变了一排到底的版面样式，同时对于字数过多的文章进行加工、缩减和编辑。

(4)强调新闻采访。电报技术的广泛应用使得新闻采访工作变得重要起来。由此产生了一批高时效性、生动形象的新闻报道。虽然受限于较少的日报数量，维新派报刊登载的新闻数量不多，但维新派报刊对新闻报道却十分认真严谨，反对虚假报道、闭门造车、大量刊登琐事和猎奇新闻的行为。维新派报刊多刊载严肃新闻，如"交涉要闻""各省新政""五洲近事"等。

(5)重视新闻配图。维新派报刊十分重视采用新闻图片来配合新闻报道。但维新派采用的新闻图片仍以木刻版画为主。此外，中国早期的报刊多使用连史纸或油光纸单面印刷。少数维新派报刊则已开始使用白报纸两面印刷，由此提升了文字和图片的印刷质量。

9．试论维新派办报活动的历史贡献。

答：(1)开展了资产阶级思想启蒙教育。

通过办报，宣传政治主张，建立政治团体，推动维新变法运动的发展，是维新派办报的主要目的。维新派报刊思想的提出者几乎无一不是倡导维新变法的政论家，他们对报刊的认识集中体现为他们看准了报刊在形成社会舆论、传播政治主张中所能起到的重大作用。这些认识是维新派在出版直接服务于政治活动的报刊的过程中逐渐形成的，是他们社会政治思想的重要组成部分。这些新闻思想反映了新兴资产阶级的利益和愿望，属于资产阶级思想范畴。通过办报，他们在国内建立起向西方学习的风气，解放国人思想，介绍变革维新、自由平等、天赋人权、进化论等先进思想和学说，对腐朽落后的封建思想进行了有利抨击。但是，正如它的提出者尚未完全挣脱封建阶级的羁绊一样，这些思想也不可避免地带有浓厚的封建色彩，仍然没有挣破“尊王攘夷”“宣德达情”的藩篱。待到戊戌政变发生，康梁等流亡海外之后，这方面的认识才得以突破。

(2)进行了爱国主义和民族主义教育。

维新变法运动是为抵御外国侵略而发起的一场爱国救亡运动。因此，维新派报刊始终表现了极大的爱国热情，强烈表达着民族主义和爱国主义精神，维护国家主权和民族独立。这些宣传激发了百姓的爱国热情，唤醒了部分封建统治阶级的爱国意识，促使人们共同参与到这场救亡图存的爱国运动当中去。

(3)推动了维新运动的发展，促成变法的成功。

借由维新派报刊的宣传和动员，维新变法成了社会的主旋律。湖南等地甚至还展开了“新政”的试验。

(4)冲破封建言禁，为报刊赢得了实际上的合法地位。

中国历代封建统治者为维护其专制统治，一贯禁锢言论，实行愚民政策。清朝统治者对民众实行阶级与民族的双重压迫，言论压制尤其严厉。《大清律例》中有“凡造谶纬妖书妖言，及传用惑众者，皆斩”，“捏造言语，录报各处者，系官革职，军民杖一百，流三千里”等条款。对于私自出版的各类报刊，清政府可以任意处罚。这严重地阻碍了中国新闻事业的发展。维新运动之前，早期改良主义思想家王韬、郑观应、陈炽等就曾提出过开放言禁、允许办报的主张，但清政府不予理睬。他们只得依托于香港，庇护于外人开办为数不多且影响有限的几个报刊。康有为在“公车上书”中也提出过“设报达聪”“纵民开设”报馆的请求，但未得皇帝首肯。戊戌变法期间，维新派甘冒杀身之祸，在全国各地，甚至京城禁苑公开创办大量报刊，大胆议政，冲破封建言禁，为报刊出版赢得了实际上的合法地位。同时，他们还在报刊上大量传播西方资产阶级的言论出版自由理论，抨击清王朝限禁言论的政策。“百日维新”期间，维新志士又纷纷上书皇帝要求设立报馆，广开言路，终于推动光绪皇帝发布“上谕”，准许报刊“据实昌言，不必意存忌讳”，并给予办报以“免税”奖励。尽管光绪帝的“上谕”因戊戌政变发生而成为一纸空文，但是，封建统治者垄断新闻出版业的时代已告终结。此后，虽然封建统治者对报刊出版仍有种种限制，但他们不得不承认民间办报的合法性。这是维新派对中国新闻事业发展的巨大贡献。

(5)开中国报业史上政治家办报的先河。

维新运动之前，国人办报者多为科场失意落拓文人，疏狂学子。他们主要“借报纸以发抒其抑郁无聊之意兴”。报纸内容大都是火灾、盗警、奸杀、拐骗等“里巷琐闻”，很少涉及时政问题。因此，当时士大夫知识分子醉心科举，而视报业为无聊，视报人为不务正业。戊戌变法期间，由于康有为、梁启超、严复等学识渊博的维新志士领导报业潮流，一扫落拓文人办报的陈腐气息，报刊开始攀登大雅之堂，极大地提高了报业和报人的社会地位。由于维新派报刊的开办者或主笔，往往就是报刊所在地维新运动的组织者和领导者，他们利用报刊，宣传变法主张，大造维新舆论，开拓革命局面，从而形成了我国“政治家办报”传统。从此，无论资产阶级革命家还是无产阶级革命家，均积极参与报业活动，将报刊作为传播思想观点的重要阵地。“政治家办报”成为我国近现代报业的一个显著特点。

(6)重视政论，创造了新型的报刊政论文体。

重视政论是维新派报刊的一个突出特点。戊戌变法前，除《循环日报》《万国公报》等少数报刊外，大多数报刊虽然把论说置于“报首”，但只是为了装点门面而已。要么是“主笔之人不学无术，所言率皆浅陋”；要么是硬凑字数，敷衍成篇，“纵意竭词穷，亦必敷衍至及格始已”。而戊戌变法期间，维新派报刊普遍以政论为核心内容，他们投入很大精力从事报刊政论写作，并涌现出一大批报刊政论家，如康有为、梁启超、谭嗣同、唐才常、严复、徐勤等。他们的政论文章名噪一时，各具特色，其风格独特，形式新颖，时称“时务文体”。“时务文体”是一种新型的报章文体。维新运动之前，王韬虽然开创了报刊政论文体的基本风格，但未形成风气，当时报刊上流行的仍然是八股文和桐城派古文相结合的混合文体。维新运动期间，维新派利用报刊极力倡导变法，大胆议论时政，传统文章形式已无法适应。于是，一种新的文体应运而生。由于这类政论文章多以“时务”为内容，且以梁启超在《时务报》上所载文章为代表，故称“时务文体”。梁启超在自述“时务文体”的形成时概括了其特点，即：“纵笔所至，略不检束”；“务为平易畅达，时杂以俚语、韵语及外国语法”；“条理明晰，笔锋常带感情”。这就是说，这一文体打破传统古文、时文、骈文在写作上的清规戒律，无拘无束，畅所欲言；文字浅显易懂，平易畅达，雅俗共赏，同时根据内容需要，可使用俗语、韵语及外来词汇句式；在平易晓畅之余，慷慨激昂，热情奔放，感人肺腑，富于煽动。以梁启超政论为代表的“时务文体”，不仅戊戌前后风靡一时，使不少知识分子为之倾倒，对辛亥革命乃至五四运动以后的报刊文章也有很大影响。

【真题链接】简述维新派的进步作用以及对中国的贡献。(西北大学 2015 年研)

3.3 考研真题与典型题详解

一、概念题

1.《昭文新报》

答：《昭文新报》是中国人自主办报的最早试水，于 1873 年 8 月 8 日在汉口创刊，由艾小梅创办。由于《昭文新报》留存至今的资料尚可，因而多数新闻史著视之为中国人自办报刊第一。该报初为日报，装订如书册状，用白鹿纸印刷。3 个月后因读者较少，改为五日刊，内容以奇闻轶事、诗词杂作为主，但因读者仍不多，因此不久后停刊。

2.《循环日报》(华中师大 2019 年研；暨南大学 2019 年研；中传 2015 年研；大连理工 2015 年研；华科 2014 年研；南京师大 2014 年研；北工商 2012 年研；南开大学 2011 年研)

答：《循环日报》于 1874 年 2 月 4 日在香港创刊，以“强中以攘外、诹远以师长”为办报宗旨，成为我国第一份宣传资产阶级改良主义思想、公开鼓吹变法图强的报纸之一。王韬自任该报主笔，独立主持报务。该报取名“循环”，是因为王韬是循环论的真诚的信奉者，坚信世事之道必将是终而复始、循环不已。在业务上，王韬主办的《循环日报》，以“立言”为目的，大胆改革文体，首创并建设报刊政论文体，开我国国人自办报刊重政论的传统。

3. 王韬(东财2021年研；复旦大学2018年研；湖南师大2018年研；广西大学2016年研；中央民大2010年研)

答：王韬是我国近代著名报人，早期维新思想家。1867年后，他游历了英、法、俄等欧洲国家，获得了大量有关资本主义政治、经济、文化与科学技术方面的感性认识，成为我国最早了解西方世界的人士之一。这对他改良思想的形成，起了关键性作用。1870年回到香港后为《华字日报》撰稿，1873年接办了原英华书院的印刷所，改名为中华印务总局。次年1月，《循环日报》创刊，王韬主持笔政10年，首创并建设报刊政论文体，开我国国人自办报刊重政论的传统。王韬为《循环日报》撰写的政论直陈时事、浅显通俗、不附典雅，且富于感情，深刻地影响了当时的文坛和后来的维新派报人。1883年，王韬在《循环日报》上发表的政论文章，以及其他在《香港华字日报》等报刊上发表的政论文章被编为《弢园文录外编》，并在香港出版，这是我国第一部报刊政论文集。王韬的办报理论为维新变法后近代报刊理论的发展奠定了基础。1884年得到李鸿章默许后，王韬回到上海定居，结束流亡生涯。晚年出任上海格致书院掌院，创办弢园书局，竭其余力从事撰述。1897年病逝于上海。

4. 《弢园文录外编》

答：《弢园文录外编》是我国第一部报刊政论文集，于1883年5月在香港出版，收录了王韬在《循环日报》上发表的政论文章，以及其他在《香港华字日报》等报刊上发表的政论文章，集中地反映了王韬的变革思想。书中认为中国到处是因循苟且、蒙蔽粉饰、贪罔虚骄，不变法难以进步；书中还介绍了世界各国的政治体制，表达了对君民共治制度的极大欣赏，同时批评了君主专制产生君民隔阂，君主专制导致层层专制，也导致国家贫弱。对于教育制度、用人制度、经济政策、外交方略等方面，书中都有深刻而独到的见解。这些见解，在十九世纪八九十年代的中国思想界，影响很大，戊戌变法时期许多维新思想家都受过王韬思想的洗礼，王韬也因此被公认为著名的改良思想家。评述时政宣传变法自强，写作上提出了“记事述情、自抒胸臆”的原则，影响广泛。其中的部分文章曾被当时的《万国公报》转载。王韬的政论反帝爱国、提倡变法，其思想内容不拘泥于形式，对后来时务文体的形成起了推动作用。

5. 《中外纪闻》(复旦大学2016年研；南京师大2010年研)

答：《中外纪闻》是清末维新派主办的一份报刊，康有为主办的资产阶级改良派第一份报刊《万国公报》是其前身。1895年8月17日，《万国公报》在北京创刊，旨在开通风气，广联人才，为变法先声。梁启超、麦孟华任编辑。每册刊论说一篇，多选自广学会所出书报，少数为梁、麦自撰。宣传兴实业、育人才、办学校。随《京报》免费分送京师官绅，反响强烈。1895年12月16日更名《中外纪闻》，成为强学会机关报，仍为双日刊，内容首为阁抄，余依次为选登英国路透社新闻电讯，选译《泰晤士报》等外国报纸的消息、评论；选录津、沪、港、粤、汉等地报纸的新闻、言论，摘编“西国格致有用诸书”；最后附有梁启超等人的编者按和论说。1896年1月20日，光绪皇帝下令封闭京师强学会，该刊被迫停刊。现见到的最后一期《中外纪闻》出版于1896年1月16日。

6. 梁启超(湖南大学2019年研；厦门大学2016年研；中国政法2016年研；山东大学2015年研；中央民大2015年研；清华大学2014年研；南京大学2014年研；复旦大学2010年研)

答：梁启超是戊戌变法(百日维新)领袖之一，中国近代维新派、新法家代表人物，资产阶级报刊宣传家。1895年，梁启超参加康有为主持的《万国公报》《中外纪闻》的编辑工作，这是他报刊工作生涯的开始。1896年，参加创办《时务报》，任总主笔，思如潮涌，才华横溢，以文章闻名国内。1897年，兼任《知新报》撰述。1898年戊戌政变后，赴日本，于当年12月23日在横滨创办并主编《清议报》。1902年2月8日，又在横滨创办并主编《新民丛报》半月刊，出至1907年11月20日停刊。在该刊出版期间，他曾主持《新小说》月刊，担任《政论》月刊的主要撰稿人。1910年，他担任上海《国风报》的总撰稿人。1912年，他任《庸言》半月刊主编；1915年，他在上海创办与主编《大中华》月刊，著名的反对袁世凯恢复帝制的评论《异哉所谓国体问题者》就发表在该刊上。1920年3月回国后，将研究系的《解放与改造》半月刊(1919年创刊于北京)改组为《改造》半月刊，并任主编。也就是从这时开始，他从政治生活中淡出，到清华大学研究院从事学术研究，兼任南开大学教授。1929年1月19日在北京病逝，其著作编为《饮冰室合集》。

7. 《国闻报》(复旦大学2012年研；北大2008年研)

答：《国闻报》是维新派的华北地区舆论主阵地，是维新派创办的第一份日报，1897年10月26日创刊于天津。刊登国内各省要闻，如《保国会章程》等；同时译载重要政论及名著，如连载严复译的赫胥黎《天演论》等。该报在维新运动中影响很大，成为维新派的重要宣传工具，与上海《时务报》分掌南北舆论界的领导地位。戊戌变法后遭清政府查办，1898年12月被迫停刊。1900年一度复刊。戊戌政变后，《国闻报》即正式卖与日本人。国闻报在维新派报刊中独树一帜，很有特色：首先，它以"通外情为要务"；其次，讲究办报的策略；再次，消息迅速，稿源茂盛。

8. 严复(中传2012年研)

答：严复是中国近代著名启蒙思想家，维新运动的知名人物，翻译家。在英留学期间，广泛阅读西方自然科学和社会科学书籍，1879年学成回国后任天津北洋水师学堂总教习、总办等职。严复直接受西方资产阶级教育，又深感民族危机深重，他参加了维新派的报刊宣传活动。1895年，他在天津《直报》上发表了《原强》《救亡决论》《辟韩》等政论文章，抨击封建君主专制制度，宣传西方资产阶级自由、平等思想，阐述了变法图强、挽救国家危亡的主张，在当时起了振聋发聩的作用。1897年受《时务报》影响，与众人筹办《国闻报》和《国文汇编》。《国闻报》以"通上下之情，通中外之故"为宗旨，并"以通外情为要务"作为办报主导方针。因此，该报特别重视对外国报纸和书刊的翻译介绍工作。译稿在该报占有很大篇幅，是其最大特色。为便于刊登较长文章，该报还增出一个旬刊《国闻汇编》。由严复翻译的英国赫胥黎著《天演论》，就是在《国闻汇编》上首先发表的。严复属维新派右翼，晚年思想趋于保守。

9. 《湘学新报》

答：《湘学新报》是维新派的华中地区舆论主阵地，是清末湖南第一份近代期刊。1897

年4月22日在长沙创刊，旬刊。唐才常、陈为镒等主笔，撰稿者大多为校经书院和时务学堂师生。第21册起更名《湘学报》。以官拨学租余银为开办费和经费，用长沙校经书院名义发行。《湘学新报》以倡兴新学、宣传变法图强为宗旨。内容以学术为主，设有史学、掌故学、舆地学、算学、商学、交涉学等栏目，也刊有一些自撰的言论和选自国内外报纸的新闻和评论，曾激烈抨击八股、考据、词章等旧学，介绍西方议会民主制度和民权、平等观念，宣传康有为学说，主张实行君主立宪政治。仅在长沙地区即销行千数百份，推动了湖南维新运动的发展。遭到张之洞的攻击和压制。从第37册起，言论趋向缓和，连载张之洞的《劝学篇》。1898年8月8日出至第45册停刊。

10.《湘报》(湖南大学2007年研)

答：《湘报》是清末湖南第一份日报。1898年3月7日创刊于长沙。内容有论说、奏疏、谕旨、公牍、本省新政、各省新政、各国时事、新学新书选录、答读者问等。同年4月1日起，每日增印附张1页，刊登广告。该报系集资创办，另有省府津贴，设有董事会，熊希龄任总董事，唐才常任主笔，梁启超、谭嗣同等任撰述。与时务学堂和南学会关系密切，大量刊载政论和南学会演说，宣传爱国救亡，鼓吹向西方学习，变法图强。在抨击封建专制，宣传民权、平等学说方面，言论较同时的其他维新派报刊激烈。重视新闻，广泛报道省内外变法运动消息。语言较通俗。发行数很快达到6000份，成为湖南维新运动的舆论中心。遭到张之洞和以王先谦、叶德辉为代表的湖南守旧势力的仇视。7月中下旬被迫休刊12天。8月2日复刊后，“改订章程，专归商办”，取消政论，不再领取省府津贴。但旋即受谭嗣同被宣召进京的鼓动，又活跃起来。戊戌变法后，10月6日被迫暂行停刊。后经官府批准，由职员王笏承顶经营，又续出4期。因清廷下令查禁报馆，于10月15日终刊。共出刊177期。

二、简答题

1. 简述梁启超的办报活动和办报思想。(兰州大学2021年研)

相关试题：

(1)简述梁启超的报业经历。(厦门大学2016年研)

(2)《时务报》的创办情况以及梁启超的政论特点。(中传2018年研)

(3)《时务报》(名词解释，清华大学2015年研；复旦大学2015年研)

(4)《论报纸有益于国事》(名词解释，清华大学2021年研；人大2020年研)

答：梁启超曾先后参与《万国公报》《时务报》《新民丛报》《清议报》《时报》《政论》《国风报》《国民公报》等报刊的创办或编辑活动，其中影响力最大的是《时务报》。

(1)梁启超与《万国公报》。1895年，梁启超参加康有为主持的《万国公报》《中外纪闻》的编辑工作，这是他报刊工作生涯的开始。资产阶级维新派于1895年8月17日《万国公报》在北京创刊，它是维新派办的第一家报刊，梁启超、麦孟华任编辑。《万国公报》为双日刊，格式与京报相似，木刻雕版印刷，雇卖京报者随宫门抄免费赠送给京师官绅。每期刊载论说一篇，偶尔也有两三篇，没有其他内容。论说如《地球万国说》《各国学校考》《铁路通商说》《报馆考略》等，期发数最高达3000份。

(2)梁启超与《时务报》。《时务报》是维新运动时期著名的维新派报纸，是当时维新派最重要的、影响最大的机关报。1896 年 8 月 9 日在上海创刊。黄遵宪、汪康年、梁启超创办。梁启超主笔，汪康年总经理，是中国人办的第一个杂志。《时务报》以变法图存为宗旨，分设论说、谕折、京外近事、域外报译等栏目。由于议论新颖，文字通俗，数月之内，销行万余份。对推动维新运动起了很大作用。《时务报》发行一年后，发行量从创刊时的 3000 多份增加到 1.2 万份，最高达 1.7 万份，成为维新派最重要、影响最大的机关报。梁启超在戊戌时期的重要文章《变法通议》《论中国积弱由于防弊》《论君政民政相嬗之理》等均发表于此报。梁启超为《时务报》撰写的政论，痛陈爱国救亡、呼吁变法维新，言论新颖，在爱国知识分子和一部分开明官僚中引起强烈反响，“士大夫爱其语言笔札之妙，争礼下之。自通都大邑，下到僻壤穷陬，无不知有新会梁氏者”。其他维新人士也纷纷撰稿，揭示日益深重的民族危机，倡言变法，抨击顽固守旧势力，因此颇受读者欢迎，数月间行销万余份，“为中国有报以来所未有”。

(3)戊戌政变后梁启超的新闻活动。戊戌变法后，梁启超出逃国外，先后创办《新小说》《政论》《清议报》《国风报》《新民丛报》《新中国报》。1912 年 10 月梁启超从日本回国，10 月 22 日在北京报界欢迎会上发表演说，叙述了自己办报的经历与体验，表示“愿终身不离报馆”。此后数年间，他以主要精力从事政治活动，曾担任袁世凯政府的司法总长、段祺瑞政府的财政总长，又是进步党、研究系的领导人，但仍坚持经常为报刊撰稿。他领导过北京《晨报》和上海《时事新报》。1912 年，他任《庸言》半月刊主编；1915 年，他在上海创办与主编《大中华》月刊，著名的反对袁世凯恢复帝制的评论《异哉所谓国体问题者》就发表在该刊上。梁启超在其一生中，办报生涯共计 27 年(1895 年主编《万国公报》起至 1922 年离开报界)。支持及创立报刊 17 家，撰文 1400 余万字，其办报实践和新闻思想对中国近代新闻事业的发展意义重大。

(4)梁启超的报刊思想。梁启超在报刊、新闻、舆论、写作等方面，有许多论述，其中重要的文章有：《论报馆有益于国事》(1896)、《本馆第一百册祝辞并论报馆之责任及本馆之经历》(1901)、《敬告我同业诸君》(1902)、《舆论之母与舆论之仆》(1902)等。梁启超的有关论述，集中代表了维新派的报刊思想，在中国新闻学说史上具有划时代的意义。

①关于报刊功能与作用的论述。

a. “报馆有益于国事”。这种从政治上看报刊的功能与作用，是维新派人士的共识。因此，他们把创办报刊作为推动变法的基本活动方式之一。

b. “去塞求通”。他认为，国家的强弱在于通塞，而“去塞求通”的首选工具是报刊。他说：“无耳目、无喉舌、是日废疾”，“其有助耳目喉舌之用而起天下之废疾者，则报馆之谓也”。这是我国最早用“耳目喉舌”来形象化地表述报刊的功能与作用的论述。

②关于报刊性质与任务的论述。

a. 报刊性质多样。他说：“有一人之报，有一党之报，有一国之报，有世界之报”，“若前之时务报、知新报者，殆脱一人报之范围，而进入于一党报之范围也”。这是我国最早关于“党报”的见解。

b. 报馆的“两大天职”。他说：“某以为报馆有两大天职：一曰，对于政府而为其监督者；二曰，对于国民而为其向导者是也。”他认为，报馆对政府的监督，是舆论监督，“舆论无形，而发挥之代表之者，莫若报馆”。而作为向导者，报馆应该面向“普通之人物”，具有“救一时明一义”的特征。

③关于办好报章的条件的论述。梁启超认为，考察报章是否办得好，有四个条件：“一曰宗旨定而高”，不能以牟利、媚权贵、悦市人为宗旨，而应“以国民最多数之公益为目的”；“二曰思想新而正”，不能用“人人所已知者”和“前人所已言者”来敷衍读者，而应“取万国新思想以贡于其同胞”；“三曰材料富而当”，要使读者“具备全世界之知识”，“阅一字得一字之益”；“四曰报事速而确”，要“重时事”，“知今为最要”。

④关于舆论的论述。梁启超认为，舆论是“国民多数之意见”，但它又是无形的，报刊成为它的代表。可以“造舆论”。历来的大政治家、豪杰，都非常重视舆论，“其始也，当为舆论之敌；其继也，当为舆论之母；其终也，当为舆论之仆”，而要实现这三者，必须有大勇、大智、大仁。他还提出，健全的舆论应有“五本”，即：常识、真诚、直道、公心、节制。这也是制造舆论者必须注意的五个要素，其中前三个是舆论“成全之要素”，后两个则是舆论“保健之要素”。作为造舆论“机关之最有力者”，需要具备八德，即：忠告、向导、浸润、强聒、见大、主一、旁通、下逮。

三、论述题

试论我国近代新闻史上“报刊政论时代”的成因、特点及其对我国新闻业的影响。

答：19世纪70年代到20世纪初形成了我国近代新闻史上的“报刊政论时代”。这一报刊政论时代源于早期国人办报，或更具体来说，源于王韬1874年在香港创办《循环日报》。“报刊政论时代”的到来以维新派掀起的办报高潮为标志。

(1)“报刊政论时代”的成因。在维新运动的推动下，国人办报出现热潮。据不完全统计，从1895年到1898年，全国出版的中文报刊有120种。其中80%左右是中国人自办的。而国人自办报刊中，又以资产阶级维新派以及与它有联系的社会力量创办的报刊，数量最多，影响最大。这些报刊的出版地区遍及全国沿海和内陆的很多城市，它积极推动了维新运动的发展，打破了外报在华出版的优势，成为中国社会舆论的一支主要力量。与维新运动的开展相应，维新派在维新时期的报刊活动以1896年8月为界分为前后两个阶段：前一个阶段，从1895年8月到1896年8月。维新派通过办报进行维新运动的发动和准备，使统治阶级的上层对维新变法的主张从知之甚少到知之渐多，由敌视到同情甚至支持。这一阶段，维新派报刊主要有《中外纪闻》《强学报》。后一个阶段，从1896年8月到1898年9月。维新运动已形成高潮，维新派将办报作为组织运动、领导运动、指导运动的主要手段。这一阶段维新派的报刊主要以上海、天津、长沙为中心，在上海有《时务报》，在天津有《国闻报》，在长沙有《湘学报》《湘报》。在广州、香港、澳门、成都、重庆、福州、桂林等地也都办有维新派的报刊。

(2)“报刊政论时代”的特点。参见本专题课后习题第6题答案。

(3)“报刊政论时代”对我国新闻业的影响。参见本专题课后习题第9题答案。

专题四　清末时期的新闻传播事业

4.1　复习笔记

【知识框架(庖丁解牛)】

- 清末时期的新闻传播事业
  - 海外华文报刊(国人自办报刊兴起前后诞生)
    - 出现
      - 《金山日新录》　1854　旧金山的美国教会报纸
      - 《东涯新录》　1855
      - 《沙架免度新录》　1856　司徒源　在萨克拉门托创办
      - 首份国人在海外创办的华文报纸，也可能是世界首份华文日报
    - 初步发展 1870 年以来
      - 美国
        - 《华美新报》　1883　纽约第一家华文报纸
        - 《檀山新报》　1883　受孙中山影响
      - 新加坡
        - 《叻报》　1881　叶季允主笔　南洋第一报人
        - 《星报》《日新报》
        - 《天南新报》　1898　维新派东南亚机关报
      - 菲律宾　《华报》《岷报》《益友新报》
  - 资产阶级各派别报刊在境外的发展
    - 革命派
      - 《中国日报》(兴中会第一份机关报)　1900　香港　陈少白
      - 郑贯公
        - 《世界公益报》(1903　香港)
        - 《广东日报》(1904　广州)
        - 《有所谓报》(1905　香港)
        - 《开智录》(1900　日本　留日学生第一份报刊)
    - 改良派：《清议报》(1898　日本横滨)《新民丛报》(1902　日本横滨)
  - 1905 年 8 月中国同盟会在东京成立
  - 《民报》　1905.11　东京　同盟会机关报　“三民主义”
  - 《民报》与《新民丛报》论战的过程、内容、结果和意义(1905.11.26～1907 冬)
  - 近代新闻法制建设
    - 1901　清政府放宽“报禁”“言禁”
    - 1906　《大清印刷物专律》《报章应守规则》
    - 1907　《报馆暂行条例》
    - 1908　《大清报律》标志近代新闻法制在清末初步建成(内容与特点)
  - 资产阶级各派别报刊在国内的发展
    - 革命派
      - 《大陆》　月刊　1902　上海
      - 《苏报》　1896　上海　1902 年转向革命立场　1903“苏报案”
      - 《国民日日报》　1903　上海　章士钊
      - 《中国白话报》　1903　上海
      - 《杭州白话报》　1901　杭州
    - 改良主义
      - 君宪派
        - 《大公报》　1902　英敛之　天津
        - 《政论》　1907　梁启超　东京
        - 《时事新报》　1911　上海
      - 改良派：《时报》　1904　上海　狄葆贤　报纸时评
  - 以革命派报刊为主流的二次国人办报高潮(1906.9～1911.10)
    - 上海
      - 《中国女报》　1907.1　秋瑾
      - 《神州日报》　1907.4　大型日报
      - 《民呼日报》　1909.5
      - 《民吁日报》　1909.10
      - 《民立报》　1910.10
      - (《民呼日报》《民吁日报》《民立报》)合称“竖三民”
    - 武汉
      - 《楚报》　1905　武汉最早革命报
      - 《商务报》　1909　詹大悲主编
      - 《大江报》　1911.1　詹大悲创办　1911.8《大江报》事件
    - 广州：《时事画报》《可报》；新疆《伊犁白话报》
    - 官报：《北洋官报》《湖北官报》
    - 中兴通讯社　1904.1　骆侠挺　广州　国人自办的第一家通讯社
  - 资产阶级改良派新闻思想：梁启超(两大天职、四条标准、健全舆论)　严复　谭嗣同
  - 资产阶级革命派新闻思想：革命性、党派型、斗争性、民意与舆论、言论自由
  - 办报高潮中新闻业务的改进
    - 内容：报纸四大要素形成　报道、评论改进　文艺副刊
    - 形式：报刊分离　编排改进

【专题概要(提纲挈领)】

本专题主要论述了我国清末时期新闻传播事业的相关知识，考点以名词解释、简答题以及论述题为主，在学习时，需要着重对资产阶级各派别的报刊活动、“慈禧新政”对国内新闻传播事业的影响、国人第二次办报高潮等内容加以把握，并重点了解资产阶级各派别的新闻思想及代表性报刊等内容。

【考点难点归纳(厚积薄发)】

考点一：资产阶级各政治派系在海外、港澳的报刊活动 ★★★★★

1. 19世纪下半叶的海外华文报刊(见表4－1)

表4－1　19世纪下半叶的海外华文报刊

<table>
<tr><th>时期</th><th colspan="2">具体内容</th></tr>
<tr><td rowspan="3">19世纪50年代后</td><td>《金山日新录》
(1854.4.22)</td><td>第一家采用西方报纸分栏方式的中文报纸，又名《华夷日新录》。在美国旧金山创刊。发行人是美国印刷商人威廉·霍华德。报纸所用的纸张尺寸为高32厘米、宽48厘米，左右对折后分为四版，每版从上至下分为三栏或四栏。这种分栏方式是从当时的西文报纸学来的，在中文报刊中则为第一家。印刷方式是用毛笔直行缮写后再进行石印。刊期开始时是每周两期，星期三、六出版，报纸零售价每份25美分，价格较贵。不久后就改为周刊，每周六出版。第一版为新闻，第二版刊登中西商业广告，第三版为国内外船期消息，第四版主要也是新闻，但也登一些货物行情和杂文等。中文部分一般用文言文夹广东方言写作，新闻比较简短、及时。1854年7月发生了赴美华工因传染病在途中大批死亡的事件，该报在三天后就进行了报道。现存的最晚一期是1854年7月29日的报纸</td></tr>
<tr><td>《东涯新录》
(1855.1.4)</td><td>在旧金山创刊，双日刊，后改周报，发行人为基督教长老会牧师威廉·斯卑尔，李根担任华文编辑。1856年末停刊</td></tr>
<tr><td>《沙架免度新录》</td><td>1856年12月，在加州创刊，初为日报，后改为周刊，发行人及主编为旅美华侨司徒源。内容主要为与华人相关的新闻，1858年停刊。《沙架免度新录》是中国人在海外创办的第一份华文报刊，是世界范围内发行的第一份华文日报，在中国新闻史上具有较为重要的地位</td></tr>
<tr><td>19世纪70年代后</td><td colspan="2">这一时期诞生的海外中文报刊多集中于美国和南洋地区。
①美国的主要报刊有：《檀山新报》《华美新报》《旧金山唐人新闻纸》《华夏报》《唐番公报》《金山新报》《华人记录》《华英经报》《文兴报》。
②在南洋一带办的刊物主要有：《飞龙报篇》《中兴日报》《晨报》《日升报》《叻报》《华报》《益友新报》《岷报》《日新报》《星报》《槟城新报》</td></tr>
</table>

2. 资产阶级各派别在海外、港澳的报刊宣传活动(见表4-2)

表4-2 资产阶级各派别在海外、港澳的报刊宣传活动

<table>
<tr><th>派别</th><th colspan="3">报刊宣传活动</th></tr>
<tr><td rowspan="2">维新派</td><td>《清议报》
(1898.12.23)</td><td colspan="2">康有为、梁启超等人在戊戌政变后于海外发行的首份报刊。旬刊，由梁启超主持，康有为的弟子麦孟华、欧榘甲协助。报纸的宗旨是主持清议、开发民智，并首先打出“尊皇”“保皇”的旗号，把中国改革的希望都寄托在“皇上之有权无权”之上。《清议报》获得海内外人士的欢迎，销量达3000份，因清廷下令严禁入关，该报主要通过租界秘密发往各省。1901年12月21日，《清议报》出版了100期后的第二天，报馆被大火焚毁。梁启超视《清议报》为一生的骄傲，称那个时期为“清议报时代”</td></tr>
<tr><td>《新民丛报》</td><td colspan="2">是20世纪初资产阶级改良派最重要的机关刊物。1902年2月8日，梁启超在旅日华侨的支持下在横滨复刊《清议报》，改名《新民丛报》。该报为半月刊，样式模仿外国的大型杂志，设有论说、学说、时局、史传等20多个栏目，涉及社会科学、自然科学的各个领域，一创刊就广受欢迎，虽清廷严禁，但依然盛极一时，发行量最高达14000份，创刊号再印4次，以后各期“皆须补印”。报纸用大量篇幅介绍西方国家的各种理论学说，并重视宣传资产阶级世界观、人生观和社会思想。从创刊号起，梁启超就开始发表他的论文《新民说》，从1902年2月份创刊号开始刊登，持续到1905年刊完，共11万字、20节。该报于1907年8月停刊</td></tr>
<tr><td rowspan="3">革命派</td><td rowspan="2">兴中会阶段</td><td>《中国日报》
(1900.1.5)</td><td>①兴中会创办的第一份机关报，创刊于香港。内容集中在以下几方面：a. 揭露和声讨清政府的腐败无能和卖国罪行，宣传反清反封建；b. 宣传资产阶级的民权思想，争取民主自由；c. 报道革命党人和留日学生的革命活动，宣传声援义和团反帝反侵略的行动；d. 宣传反帝救亡，谴责八国联军侵华的罪行和沙俄侵华的野心，号召人民起来救国；e. 批判资产阶级保皇派。
②《中国日报》不仅是革命党人的舆论宣传阵地，也是他们的重要活动据点，多次武装起义的策划、组织、联络工作，都是在报馆内进行的。这种既是舆论机关又是联络机关的组织形式，后为多家革命派的报馆所继承，这是资产阶级革命报刊的特点之一。辛亥革命后，《中国日报》迁到广州出版，1913年8月被查封，共出版了13年零8个月</td></tr>
<tr><td>其他报刊</td><td>自1894年兴中会成立起至1905年同盟会成立前，革命派在南洋和粤港一带创立了一批革命报刊，如《有所谓报》《世界公益报》《广东日报》等</td></tr>
<tr><td>同盟会阶段</td><td>《民报》
(1905.11.26)</td><td>①创刊于东京，1910年2月终刊，共出26期。该报是大型月刊，设有论说、时评、谈丛、选录等栏目，此外还有不少的广告。《民报》的出版，受到国内外同盟会员和同情革命的知识分子的热烈欢迎。它的创刊号重印7次，最高发行量达到17000份。
②孙中山在为《民报》撰写的发刊词中，首次将同盟会的主张概括为民族主义、民权主义和民生主义。于是“三民主义”就成了《民报》宣传的主要内容。此外，《民报》还大力介绍世界各国的资产阶级革命运动和民族解放运动，介绍西方的新文化和新思潮，其中包括社会主义思潮和无政府主义思潮</td></tr>
</table>

续表

派别	报刊宣传活动		
革命派	同盟会阶段	其他报刊	辛亥革命前十年，革命派创办的海外中文报刊有：《自由新报》《吉隆坡日报》《南侨日报》《启智报》《星洲晨报》《泗滨日报》《湄南日报》《图南日报》《公理报》《中兴日报》等

3. 留日学生的办报活动

中国资产阶级革命派报刊发展初期，其中有一支重要力量，即留日学生创办的报刊。留日学生报刊以1902年为分界，1902年前规模小，刊物少；1902年后留日学生规模激增，办报活动进入高潮。

(1)1902年前，留日学生创立的代表性报刊有《译书汇编》《国民报》《开智录》。

(2)1902年后，留日学生组建的革命组织得到发展，由此诞生了一批由革命组织创立的报刊，主要有：《游学译编》(湖南留日同乡会主办，1902年2月创刊)、《湖北学生界》(湖北留日同乡会主办，1903年1月创刊)、《浙江潮》(浙江留日同乡会主办，1903年2月创刊)、《直说》(直隶留日同乡会主办，1903年2月创刊)、《江苏》(江苏留日同乡会主办，1903年4月创刊)。

4. 革命派与保皇派的大论战

在《民报》创刊之前，革命派报刊和保皇派报刊之间已经有过一些小规模的笔战。《民报》创刊后，为了从思想上扫除障碍，扩大革命阵营，遂有组织有计划地主动出击，在国内外的两派报刊之间掀起了一场规模空前的大论战，论战的中心问题是要不要用暴力革命推翻封建专制的清王朝，建立一个民主共和国。主要围绕着以下四个问题展开：(1)要不要进行民族革命，推翻清朝政府？(2)要不要进行民权革命，建立共和政体？(3)要不要进行社会革命，土地国有、平均地权？(4)革命会不会导致内乱和瓜分？

这次论战以《新民丛报》于1907年停刊，革命派的《民报》获胜而终。论战不仅使资产阶级民主革命思想得到广泛传播，还为辛亥革命做了组织上的准备。这次论战，也推动了中国政治报刊的发展，促进了革命派报刊的繁荣。

【考点拓展】海外中文报刊的初步发展(见表4-3)

表4-3　海外中文报刊的初步发展

地区	报刊	
美国旧金山	《旧金山唐人新闻纸》(1874)	由美国人主办，旅美华侨主编，每周出版石印1张，自称以“欲华人多闻广见”为办报宗旨，分各货行情、来往船期、上海新闻、花旗新闻、大埠新闻、羊城杂报新闻等栏
	《唐番公报》(1875)	由旅美华侨黄卓与美国人霍夫曼联合创办，翌年由旅美华侨林赞接办并改报名为《华番汇报》，逐渐使该报成为完全由华人经营的报纸。该报后几经改名，如《中西汇报》《华洋新报》等，出至1903年左右停刊，是19世纪在美国出版时间最长的一份中文报纸

续表

地区	报刊	
美国旧金山	其他报刊	①1876年，《文记唐番新报》《华人记录》《金山新报》等3份中文报刊先后创刊。 ②1878年，《中外新报》创刊，后改名为《翰香报》《翰香捷报》。 ③1883年，《华西申报》《萃记华美新报》《中外新闻》等创刊
美国中部、东部	《华美新报》	①1883年，《华美新报》在纽约创刊，由留美华侨黄清福创办，为当地出版的第一家中文报纸。 ②1890年，旅美华侨黄清福又在芝加哥创办《华美新报》，为当地出版的第一份中文报纸。 ③1899年，《华美新报》在洛杉矶创刊，1900年迁至旧金山出版
	《华英经报》（1888）	在纽约创刊，月刊，中英文合刊，是一份以旅美华侨为读者对象的基督教教会刊物
	其他报刊	①1891年，《瑞香华洋新报》在波士顿创刊。 ②1892年，《华美字报》在费城创刊
夏威夷檀香山地区	《檀山新报》（1883.3.16）	①在夏威夷檀香山出版的中文报刊，最早问世的是《檀山新报》，先后主持报务的有程蔚南、何宽、许直臣、张泽黎等。该报内容以当地各业行情为主，酌刊有关中国的消息。该报为隆记公司接办后，曾在报头中加标“隆记”字样，故又被简称为“隆记报”。 ②1894年，孙中山在檀香山从事革命活动，并创建中国资产阶级革命派的第一个团体——兴中会。在孙中山的影响下，《檀山新报》一度倾向革命，成为兴中会的言论机关。1896年3月前后，孙中山在檀山新报馆设立据点，联络同志，筹募经费，并组织兴中会员进行军事操练
	其他报刊	其他在檀香山出版的华文报刊还有1893年创刊的《华夏报》、1895年前后创刊的《丽记报》等
新加坡	《叻报》（1881.12.10）	被称为“南洋第一报”，创办人是新加坡华人富商薛有礼，主笔一职由原任职于香港《中外新报》的叶季允担任。《叻报》所刊内容包括社论、国内外新闻、政府公报和广告等，是新加坡乃至整个东南亚地区出现最早、寿命最长的中文日报，一直出版到1932年停刊
	《星报》与《日新报》	①《星报》于1890年由林衡南创办，是一份商业性的中文日报。1899停刊。 ②《日新报》于1899年创办。该报以较大篇幅介绍西方科学技术知识，在政治上属维新派，主张变法，发表过一系列支持康、梁，拥护光绪，反对慈禧太后的社论及评论，后因经济困难而停刊
	《天南新报》（1898.5.26）	著名侨商、文人邱菽园创办并自任出版人、总理和总主笔，另聘请陈德逊任总经理、林文庆任顾问。1905年4月29日，《天南新报》出版了最后一期后停刊，先后出版7年之久。该报是维新派在东南亚地区的第一份机关报和在海外的重要舆论阵地

考点二:"新政"与国内新闻传播事业的发展 ★★★★

1. "慈禧新政"与清末民营新闻传播事业的发展(见表4-4)

表4-4 "慈禧新政"与清末民营新闻传播事业的发展

<table>
<tr><th>要点</th><th colspan="2">具体内容</th></tr>
<tr><td>背景</td><td colspan="2">1901年，慈禧太后迫于形势要推行"新政"，实行改革。"新政"为资产阶级登上历史舞台提供了机遇，也加快了中国近代新闻事业的前进步伐。"报禁""言禁"开放后，中国民族报业迅速复苏并进入一个蓬勃发展的新时期，官绅士民自办的报刊纷纷创刊，其数量年年递增，至1906年9月清廷宣布预备立宪后，第二次国人办报高潮出现。在民族报业复苏并迅速走向高潮的过程中，顺应当时社会的多种需求，中国报坛上出现了各类报刊百花齐放的景象。比较著名的有《京话日报》《东方杂志》等</td></tr>
<tr><td rowspan="4">代表报刊</td><td>《京话日报》(1904.8.16)</td><td>是清末以城市居民为主要对象的小型白话报，创刊于北京，创办人彭翼仲自任社长，自称办报的目的是"开发民智"，从洋人手里"争回说话的权柄"。该报使用北京话，因而以"京话"命名。因揭露社会黑暗而开罪官僚和权贵，该报于1906年被清廷以"妄议朝政，容留匪人"之罪查封，彭翼仲被流放新疆</td></tr>
<tr><td>《东方杂志》(1904.3.11)</td><td>中国近代大型综合性时事杂志。创刊于上海，商务印书馆编辑出版，是中国近代刊行时间最长的大型综合期刊，先后负责编辑工作的有孟森、胡愈之等人。办刊宗旨为:"启导国民、联络东亚。"内容除自己的社论外，还经常选录多种报刊的时论、记事、要闻和诏书、奏折等，资料性较强，类似文摘性刊物。1911年进行改革，逐渐采取资产阶级自由主义兼容并包的编辑方针，虽然政治上还坚持改良主义，但它刊登中西方各类学说并进行评议，也译载有关社会主义的内容。新文化运动兴起后，它保守反动，反对资产阶级思想。五四运动后，该刊又进行改革，社会科学论著增多，科技文章减少，新辟《世界新潮》《时论专栏》等专栏，介绍时政。1948年停刊</td></tr>
<tr><td>《中外日报》(1898.5.5)</td><td>前身为汪康年于上海创办的《时务日报》，该报仍积极宣传资产阶级维新思想，以记载中外大事、评论时政得失为主要内容。此后力主清政府实行"宪政"，反对资产阶级革命运动。1911年停刊</td></tr>
<tr><td>其他报刊</td><td>《申报》《新闻报》等上海的其他老牌民营报刊，也在不断改进经营模式</td></tr>
</table>

2. 资产阶级立宪派的报刊活动(见表4-5)

表4-5 资产阶级立宪派的报刊活动

时期	报刊	具体内容
预备立宪前	《大公报》(1902.6.17)	是中国近代有广泛影响的民营报纸。创刊于天津，创办人英华(字敛之)。日报。初创时用竹纸印刷，书版式直排，外加版框。该报对内主张变法维新、保皇立宪，对外先是亲法，后是亲日。文字以通俗的文言为主，个别新闻用京津地区的方言编写。主张改良社会，兴办公益事业，反对缠足。《大公报》的发展经历了四个阶段:第一阶段(1902~1916)由英华主持，是一张宣传改良思想、主张君主立宪的报纸;第二阶段(1916~1926)由王郅隆接办，变成一张接近皖系军阀并有亲法倾向的报纸;第三阶段(1926~1949)由新记公司接办，发展成为有全国影响的大报;第四阶段(1949年至今)成为一张在共产党领导下的人民报纸。目前该报的香港版仍在出版，它已成为我国出版时间最长的中文日报

续表

时期	报刊	具体内容
预备立宪前	《时报》(1904.6.12)	是戊戌政变后保皇派在国内创办的第一份报纸，也是保皇派在国内重点创建的舆论阵地，是中国近代有影响的全国性日报。由狄楚青在上海创办。创办初期曾得到康有为、梁启超等人的资助，是康、梁在国内的重要喉舌。《时报》最显著的特点是大量刊载“时评”。该报在政治上并没有造成多大的影响，而是在报纸的评论、编辑、版面方面敢于大胆革新，为我国报业的发展和进步做出了贡献。1938 年，因上海沦陷和经济上的困难被迫停刊
	《时事新报》	1908 年 8 月由《时事报》、《舆论日报》和日商《同文沪报》三报合并而成，汪诒年任经理。该报积极鼓吹保皇立宪，辛亥革命后成为进步党的机关报，并发展成为上海的一家有影响的大报
预备立宪后	《政论》(1907.10.7)	在东京创刊，第 2 期即迁回上海。主编是政闻社的骨干蒋智由，实际主持人是梁启超。该报主要侧重介绍、研究诸如政党、宪法、国会、官制、地方自治等有关立宪政治方面的理论和知识。同时宣传政闻社的政治主张，为建立全国性政党做准备。1908 年政闻社被清廷查封，《政论》出至第 7 期后也随之停刊
	《国风报》(1910.2)	由梁启超在上海创办，旬刊，以“忠告政府，指导国民，灌输世界之知识，造成健全之舆论”为宗旨。该报对实施宪政所涉及的国会、宪法、内阁、官制、财政、实业、外交等问题，积极替清政府出谋划策，同时对国内各地的宪政派进行理论上的指导。1911 年武昌起义前停刊
	《国民公报》(1910.7)	是立宪运动进入高潮之时，梁启超指示他的密友徐佛苏在北京创办的。借以联络各省立宪派人士，指导各地的立宪运动。这个报纸虽然由徐佛苏主编，但它的办报方针则是由梁启超制定的，梁还“每三四日平均寄文一篇，畅论国民应急谋政治革命之理由”。一直到北洋军阀时代，梁启超仍然同该报保持密切联系
	《预备立宪公会报》(1908.2)	于上海创刊，是上海预备立宪公会机关报，半月刊。该会由张謇、汤寿潜、郑孝胥等江、浙、闽上层资产阶级创办，该报在革命立宪运动中意义重大

3. 资产阶级革命派的报刊活动(见表 4－6)

表 4－6　资产阶级革命派的报刊活动

报刊	具体内容	
《苏报》(1896.6.26)	简介	创刊于上海，日刊。该报由保皇转向革命，具体发展经历了三个阶段：①胡璋阶段(1896～1900)。内容大多是市井琐事和作奸犯科的社会新闻，曾因刊登黄色新闻和敲诈勒索之事被人控告，声名不佳，销售困难，不得不在 1900 年出售给陈范。②陈范阶段(1900～1902)。该报改为宣传改良和保皇。③陈范、章士钊阶段(1902～1903)。此时学生运动兴起，革命声浪日高。陈范同他们接触后思想开始转变，《苏报》也由保皇和同情学生转变为支持革命。《苏报》设立“学界风潮”专栏，专门传播各地师生的反封建斗争信息，很快“革命排满”也见诸报端，这样《苏报》就逐渐成了爱国学社的言论机关

续表

<table>
<tr><th>报刊</th><th colspan="2">具体内容</th></tr>
<tr><td rowspan="2">《苏报》
(1896.6.26)</td><td>苏报案</td><td>是清政府为打击革命党言论而制造的一起事件。1903年6月29日,《苏报》以显著地位刊登了章太炎的《康有为与觉罗君之关系》,文中论述了革命的必要性和重要性,批驳康有为的“只可行立宪,不可行革命”的谬论,同时还以轻蔑的口吻直呼光绪皇帝为“载湉小丑”。《苏报》公开大声呐喊革命,为清政府所不能容忍。清政府出动警探去苏报馆和爱国学社捕人,章士钊等人闻风走避,章太炎从容被捕,邹容自动投案,“苏报案”由此引发。1904年5月21日,开庭判章太炎监禁3年、邹容2年,《苏报》永远停刊</td></tr>
<tr><td>章太炎
(1869~1936)</td><td>名炳麟,清末民初报刊活动家、思想家、民主革命家、著名学者。1897年1月到上海担任《时务报》撰述,开始投身于政治活动。戊戌政变后,章氏遭清廷通缉,流亡台湾和日本。1900年走上了资产阶级民主革命的道路。1903年因苏报案入狱,1906年出狱后加入同盟会,担任《民报》主编,展开与改良派的论战。著述多编入《章氏丛书》《续编》《章氏丛书三编》中</td></tr>
<tr><td>《国民日日报》
(1903.8.7)</td><td colspan="2">创刊于上海,是在“苏报案”后上海的革命报刊继续战斗的产物,章士钊主编。该报并不隐讳革命立场,继续宣传反清革命,但在斗争上较《苏报》重视宣传策略,不“为爆炸性之一击”。1903年底因报社内部意见分歧停刊</td></tr>
<tr><td>《俄事警闻》
(1903.12.15)</td><td colspan="2">参与编撰工作的有蔡元培等,以唤起国民,警告通国,实行拒俄为主旨,专门录载沙俄侵华和拒俄消息,译述俄国虚无党历史。1904年2月26日更名为《警钟日报》继续出版,改为《警钟日报》后,把宣传拒俄和宣传反清结合起来,继续进行革命宣传。1905年春被租界当局查封</td></tr>
<tr><td>《中国女报》
(1907.1)</td><td colspan="2">创刊于上海,月刊,秋瑾主编。她在发刊词中提出:“结二万万大团体于一致,通全国女界声息于朝夕”,“使我女子生机活泼,精神奋飞”。《中国女报》辟有《社说》《译编》《文苑》《新闻》等栏目,指出妇女的首要任务是争女权、争独立、争解放。该报办了两期后被迫停刊</td></tr>
<tr><td>《神州日报》
(1907.4.2)</td><td colspan="2">是于右任办的第一家报纸,也是革命派在国内创办的第一家大型日报。该报吸取《苏报》被封的教训,言辞委婉,但“时政批评,针针见血”,革命倾向是明显的。办刊80天后报馆被焚,于右任无力恢复而退出。报纸由杨毓麟接办,民国以后被袁世凯收买</td></tr>
<tr><td>“竖三民”报</td><td colspan="2">①1909年5月15日,于右任重新集资在上海租界创办《民呼日报》,自任社长。该报将官吏侵吞救灾赈款的情况披露报端,引起陕甘代理总督毛庆蕃的嫉恨。毛庆蕃于9月8日将报馆查封,该报只办了92天。《民呼日报》被封20余天后,即1909年10月3日,于右任又在上海租界创办了《民吁日报》。这张以反帝为特色的报纸只存在了48天。报馆被查封后近一年,为“培植吾国民独立之思想”,于右任又于1910年10月11日在上海租界创办《民立报》,1911年7月,同盟会中部总会成立,《民立报》成了这个总会的机关报和联络机关。
②《民呼日报》《民吁日报》《民立报》都是于右任创办的,由于报名都用“民”字打头,创办时间又互相衔接,故人们称它们为“竖三民”</td></tr>
<tr><td>《楚报》
(1905)</td><td colspan="2">是武汉地区第一家革命报纸,富商刘歆生出资创办。为防清政府干涉,《楚报》注册于香港,在汉口英租界出版,并由外国人担任名义上的社长,实际主持笔政的是日知会会员张汉杰和陆费逵。同年冬天,因将湖广总督张之洞向外商借款修铁路所签的草约全文发表而为张之洞勾结英租界所查封</td></tr>
<tr><td>《大江报》
(1911.1.3)</td><td colspan="2">前身是《大江白话报》,为革命团体文学社的机关报,詹大悲投资创办并自任总经理兼总编辑。《大江报》以新军士兵和下级军官为主要读者对象,用大量篇幅反映新军士兵的疾苦,维护士兵利益,</td></tr>
</table>

续表

报刊	具体内容
《大江报》 （1911.1.3）	因而被士兵们视为自己的喉舌，不少士兵还受《大江报》的影响而参加革命派组织。1911 年 7 月发表评论文章《亡中国者和平也》《大乱者救中国之妙药也》，鼓吹革命。湖北当局以"淆乱政体，扰害治安"的罪名，于 8 月 1 日夜查封，并逮捕詹大悲和何海鸣。1912 年春复刊。8 月 8 日当局以"乱党秘密机关"的罪名查封该报

4. 新式官报的出版与新闻出版法规的制颁（见表 4－7）

表 4－7　新式官报的出版与新闻出版法规的制颁

<table>
<tr><th>要点</th><th colspan="3">具体内容</th></tr>
<tr><td rowspan="3">中国官报的发展</td><td>概述</td><td colspan="2">中国近代化报刊的兴起与发展，也促使中国古代旧式官报向新式官报进行转变</td></tr>
<tr><td rowspan="2">阶段</td><td>萌芽期
（1896～1902）</td><td>1896 年以前，清政府没有出版过公开发行的官报。一直到 1896 年康、梁在京创办《中外纪闻》以后，清政府才批准总理各国事务衙门的奏请，将维新派创设的强学书局改为官书局，出版《官书局报》和选译外报的《官书局译报》，这是清政府公开发行新式官报之始</td></tr>
<tr><td>爆发期
（1902～1911）</td><td>1901 年，慈禧太后迫于形势要推行"新政"，一些地方督抚为了装点门面，才相继办起了一些官报。1902 年起，《北洋官报》《北洋学报》《北洋政学旬报》《南洋官报》相继创立。1906 年，清廷宣布"预备仿行立宪"后，中央政府和地方政府办的官报多了起来。1907 年，由中央考察政治馆创办的《政治官报》是清政府的正式机关报，同时，商务部和学务部也创办了《商务官报》和《学务官报》</td></tr>
<tr><td rowspan="2">新闻立法工作</td><td>概述</td><td colspan="2">清廷宣布实行预备立宪后，新闻立法工作也正式起步。1906 年至 1911 年，随着清廷修律活动步子的加速，新闻立法工作也正式起步。其中，新闻事业的专用法律有《报馆暂行条规》《报章应守规则》《大清报律》《大清印刷物件专律》等；涉及新闻事业的法律有《著作权章程》《钦定宪法大纲》《电报总局传递新闻电报减收半价章程十条》《清新刑律》《重订收发电报办法及减价章程》《违警律》等</td></tr>
<tr><td>清末新闻法律制度的特点</td><td colspan="2">①资本主义之形，封建主义之核。
②无法获得民众信任，缺乏执行层面的切实保障。
③无法对在华外报进行管控和约束</td></tr>
</table>

考点三：新闻思想与新闻业务的发展 ★★★★

1. 国人第二次办报高潮中新闻思想与新闻业务的发展（见表 4－8）

表 4－8　国人第二次办报高潮中新闻思想与新闻业务的发展

<table>
<tr><th>要点</th><th colspan="2">具体内容</th></tr>
<tr><td>新闻思想</td><td>维新派</td><td>以康、梁为首的资产阶级改良派，代表了资产阶级的上层分子。他们在办报实践和政治革新的努力中，逐渐形成了较为系统的新闻思想。这些思想主要形成于 1903 年以前，主要包括：①对于报刊社会功能的认识。维新派人士已经认识到，报刊是维新变法的重要武器，具有重要的宣传功能，办报是维新运动中最成功的一项举措。康有为将报纸的作用归纳为 4 个方面：匡不逮、达民隐、鉴敌情、知新政。不少维新派人士都认识到报刊的重要功能。他们特别把报纸看作"民口"，即民众诉求和社会舆论的代言人。</td></tr>
</table>

续表

要点		具体内容
新闻思想	维新派	②对于办报原则的认识。梁启超提出办报的方针有4条，即"宗旨定而高""思想新而正""材料富而当""报事确而速"。他还提出了报刊要健全舆论的基本要求["五本"]，即常识、真诚、直道、公心、节制。 ③对于新闻自由的认识。维新派人士主要把办报自由、发表自由作为其争取的权利。只是，维新派人士把开放言禁、获取报刊言论自由，寄托在君主的开明和恩赐上，所以终究是无法实现的。 ④对于报刊业的设想。梁启超提出了新闻写作应当做到"博、速、确、直、正"，评论写作应当做到"公、要、周、适"等观点。至于手段方面，梁启超认为报刊宣传的方法，主要有浸润和煽动两种
	革命派	革命派的主要新闻思想包括：①公开承认革命报刊的党派性。②明确提出为革命办报的主张。③认为报纸是革命斗争的有力武器。④认为报纸和记者是国民和舆论的代表。⑤重视报纸和舆论的关系。⑥记者应该先知先觉
新闻业务		①内容上，这一时期的报纸一般已具备新闻、评论、副刊和广告四大要素。 ②新闻报道开始为报纸特别是商业性报纸所重视，新闻报道量大大增加。新闻报道面也相应扩大，开始划分为政治新闻、经济新闻、社会新闻、国际新闻等不同门类，在固定的版面上刊载。新闻报道的体裁也日益增多，既有简明扼要的短讯，也有夹叙夹议的长篇；既有对某一事件的追踪报道，也有对全局形势的综合分析报道。 ③评论工作进一步改进。报纸评论的形式日益多了起来，有"社论""社说""时论""代论""来论""时评""编者按"等。 ④文艺副刊也有新的发展。《申报》的《自由谈》、《新闻报》的《庄谐丛录》[后改名为《快活林》]等著名的文艺副刊，都是在这一时期诞生的。 ⑤广告开始在报纸上占据重要地位，广告文字的编写和美术设计也有很大的改进。 ⑥这一时期的大多数报纸已由近代形态的报纸发展成为现代形态的报纸，结束了"报""刊"不分的时代

2. 新闻团体的兴起

新闻团体的兴起是中国报刊现代化进程中的重要组成和标志。

(1)1906年7月1日，天津报馆俱乐部成立。这是我国近代第一个新闻团体。

(2)在上海，1909年的上海日报公会是首个新闻团体，成立时间迟于天津，但组织更完善，会章更全面。此外，由上海日报公会牵头组建的中国报界俱进会是首个全国性的新闻报业组织。

(3)在北京，1908年的北京报界公会是首个新闻团体。

4.2 课后习题详解

1. 试论述资产阶级各派别在海外创办的主要报刊的基本情况。

答：(1)资产阶级维新派在海外创办的主要报刊。

①《清议报》。参见本专题考点难点归纳相关内容。

②《新民丛报》。参见本专题考点难点归纳相关内容。

(2)资产阶级革命派在海外创办的主要报刊。

①《中国日报》。参见本专题考点难点归纳相关内容。

②自1894年兴中会成立起至1905年同盟会成立前，革命派在南洋和粤港一带创立了一批革命报刊，如《有所谓报》《世界公益报》《广东日报》等。

③《民报》。参见本专题考点难点归纳相关内容。

④辛亥革命前十年，革命派创办的海外中文报刊有《自由新报》《吉隆坡日报》《南侨日报》《启智报》《星洲晨报》《泗滨日报》《湄南日报》《图南日报》《公理报》《中兴日报》等。

(3)资产阶级立宪派在海外创办的主要报刊。

资产阶级立宪派大多集中在国内办报，在海外仅创办了《政论》月刊。《政论》月刊由梁启超于1907年10月创办，是日本政闻社机关报，办报目标为“实行国会制度，建设责任政府”，支持立宪。1908年3月，政闻社被查封，《政论》也随之停刊。

【真题链接】

(1)《清议报》(名词解释，湖南大学2020年研；南京大学2013年研；南开大学2013年研)

(2)《新民丛报》(名词解释，复旦大学2019年研；福建师大2018年研；人大2016年研；安徽大学2013年研)

(3)《中国日报》(名词解释，中央民大2020年研)

(4)《民报》(名词解释，安徽大学2013年研；西北大学2010年研；清华大学2007年研)

2. 试论述资产阶级革命派的主要报人和报刊活动。

答：资产阶级革命派的主要报人和报刊有：

(1)孙中山的办报活动，主要涉及《中国日报》《民报》等，具体参见本专题考点难点归纳相关内容。

(2)郑贯公的办报活动。

①《世界公益报》，创刊于1903年12月29日。由于言论过分激烈，为该报股东所不容，郑贯公力争无效，乃自行告退。

②《广东日报》。退出《世界公益报》之后，郑贯公重新集资于1904年8月31日另创《广东日报》。1906年，粤督岑春煊欲以官资强收粤汉铁路于商人之手，致起风潮。《广东日报》发表评论，极论岑攘夺路权之非，大肆抨击清廷。当时该报股东担心惹祸，便于1906年4月停刊。《广东日报》的附刊《无所谓报》，于1904年3月31日创刊后，至1905年5月5日改名为《一声钟》。

③《有所谓报》，全称《唯一趣报有所谓》，是一张通俗小报。1905年6月4日创刊，仍以“开智社”名义发行，总发行所在荷里活道79号开智社。1906年1月18日迁往德辅道中35号旧楼。这是郑贯公离开《广东日报》后创刊的又一张报纸。出版不久，“即已风行一时，其销路竟驾诸大报而上之，是为香港、广州二地小型报纸之滥觞，亦为当地革命报纸之第四种”。1906年7月12日停刊，共出352期。旋改组为《东方日报》继续出版。

(3)章士钊与《苏报》。1896年6月26日，《苏报》创刊于上海，日刊。该报由保皇转向革命，具体发展经历了三个阶段，参见本专题考点难点归纳相关内容。

(4)章太炎的报刊活动。参见本专题考点难点归纳相关内容。

(5)秋瑾的《中国女报》。《中国女报》于1907年1月创刊于上海，月刊，秋瑾主编。她在发刊词中提出：“结二万万大团体于一致，通全国女界声息于朝夕”，“使我女子生机活泼，精神奋飞”。《中国女报》指出妇女的首要任务是争女权、争独立、争解放。该报办了两期后被迫停刊。

(6)于右任的办报活动。

①《神州日报》。参见本专题考点难点归纳相关内容。

②"竖三民"。参见本专题考点难点归纳相关内容。

【真题链接】

(1)"竖三民"(名词解释，人大2020年研；中央民大2020年研；湖南师大2015年研；陕西师大2015年研；华科2013年研；北大2012年研)

(2)《中国女报》(名词解释，南京师大2021年研；清华大学2020年研)

(3)评述我国近代资产阶级革命派报刊宣传活动与历史贡献。(中传2016年研)

3. 苏报案的基本情况。

答：(1)"苏报案"的起因和经过。参见本专题考点难点归纳相关内容。

(2)"苏报案"的结果和影响。"苏报案"使本来不知道革命，不知道章、邹和《苏报》的人一下子都知道了，清王朝炮制的这场新的"文字狱"，如抽刀断水，事与愿违。《苏报》虽被查封，章太炎、邹容虽然入狱，但清王朝要求引渡和处死章、邹的目的并没有达到。一个月后，即8月7日，章士钊又在原班人马的基础上，办起了《国民日日报》，内容和形式都继承了《苏报》的传统，人称"《苏报》第二"。

【真题链接】"苏报案"(名词解释，南京师大2020年研；北大2018年研；华中师大2018年研；清华大学2017年研；中传2016年研；人大2015年研；广西大学2013年研；湖南大学2012年研)

4. 1902年后中国本土报刊事业的发展状况。

答：1901年"报禁""言禁"开放后，中国民族报业迅速复苏并进入一个蓬勃发展的新时期。表现为：

(1)商业报纸加速发展，出现了一批规模大、重经营的代表性商业报纸，如上海的《申报》《新闻报》。

(2)一批民办报纸开始效法西方新闻业，既重经营又重社会效益，如北京的《京话日报》、上海的《中外日报》。

(3)许多支持维新变法的学者借机重新开展办报活动。如天津的《大公报》、上海的《东方杂志》。

(4)革命派的办报活动开始活跃。但是，虽然报业因"报禁""言禁"的逐步开放而一下子涌现出数以千计的报刊，但旧的文化专制主义法律制度尚未废止，对危害清王朝政治统治的报刊及其宣传报道仍将被扣以"造妖书妖言"罪而受到惩处，如1903年发生的上海"苏报案"、北京"沈荩案"和1905年发生的四川"卞小吾案"。

(5)立宪派报刊也得到发展。随着1906年清政府宣布"预备立宪"，立宪派报纸大量出现，但立宪的设想难产后，立宪派报刊也逐步停刊。

(6)中国近代化报刊的兴起与发展，也促使中国古代旧式官报向新式官报进行转变。同时，清政府还尝试进行新闻立法，但并未取得理想效果。

5. 试评析资产阶级各派别的新闻思想。

答：参见本专题考点难点归纳相关内容。

【真题链接】资产阶级革命派的新闻思想。(湖南大学2006年研)

6. 试介绍辛亥革命时期中国新闻业务的进步情况。

答：参见本专题考点难点归纳相关内容。

【真题链接】试述辛亥革命时期我国新闻业务工作的改进。(厦门大学2010年研)

4.3　考研真题与典型题详解

一、概念题

1. 《沙架免度新录》(兰州大学2019年研)

答：参见本专题考点难点归纳相关内容。

2. 时务文体(湘潭大学2017年研)

答："时务文体"是指维新派创造的半文半白、平易畅达，笔锋常带感情，且时常加以口语和外来语的新文体。维新运动期间，报刊政论家，如康有为、梁启超、谭嗣同、唐才常、严复、徐勤等利用报刊极力倡导变法，大胆议论时政，传统文章形式已无法适应。于是，一种新的文体应运而生。由于这类政论文章多以"时务"为内容，且以梁启超在《时务报》上所载文章为代表，故称"时务文体"。时务文体诞生于19世纪70年代至90年代，发轫于王韬，发展于《时务报》，成熟于《新民丛报》。有三个突出特点：①解除写作上的清规戒律，实行文体上的解放，反对文章"千人一面"，提倡行文自由，不拘一格；②文章语言平易，使用俗语及外国语法；③带有强烈的感情色彩。时务文体适应了当时资产阶级政论家呼吁变法救亡，介绍西方学说的大趋势，结束了报纸文体长篇大论、坐而论道的传统，对辛亥革命时期乃至五四运动以后的报纸文风也有较大影响。

3. 完美报章

答：完美报章是梁启超在《清议报一百册祝辞并论报馆之责任及本馆之经历》一文中对报刊提出的要求。编辑报刊具有四项准则可称为完美：宗旨定而高、思想新而正、材料富而当、报事确而速。即办报宗旨必须明确而高远；报刊宣传的思想必须新颖正确；刊发的文章必须全面丰富并经过严格选择；新闻报道必须准确无误，迅速及时。

4. 时评

答：时评是指针对时事的评论形式，又称时事评论。中国最早见于1898年创刊的《清议报》上所开辟的"国际短评"专栏，1904年创刊的《时报》最早使用"时评"为评论专栏名称。

5. 《东方杂志》(兰州大学2019年研；湖南大学2018年研；华中师大2010年研)

答：参见本专题考点难点归纳相关内容。

6. 英敛之(南开大学2011年研)

答：英敛之，名英华，字敛之，是中国近代著名报人、出版家。英敛之是一个具有改良主义思想和保皇思想的满族知识分子。戊戌变法时期，他留心国事，在康有为"公车上书"之后，撰写《论兴利必先除弊》推崇康有为的变法主张。《大公报》创刊后，英敛之是报纸的总负责人，他以一身而兼经理、撰述及编辑诸务，总揽言论和经营之权。此后，主持成立天津报馆俱乐部，是我国近代第一个新闻团体。民国成立后，英敛之退隐于京西香山静宜园，设“辅仁社”(辅仁大学的前身)，聚徒讲学。1926年1月10日在北京病逝，时年60岁。著有《万松野人言善录》《安蹇斋丛残稿》《劝学罪言》《也是集》等。其中，《也是集》是他在报刊上发表的政论的汇编，也是研究早期《大公报》史的重要资料。

7. 《大公报》(上海大学2015年研；复旦大学2013年研；四川大学2010年研)

相关试题：新记《大公报》(湖南师大2016年研)

答：参见本专题考点难点归纳相关内容。

8. 《时报》(中传2015年研)

答：参见本专题考点难点归纳相关内容。

9. 章士钊

答：章士钊是我国近代著名报刊政论家，字行严，湖南长沙人，曾先后就读于武昌两湖书院和南京陆师学堂，1903年在反清学潮中退学来沪，就读于爱国学社。他担任《苏报》主笔后，除突出“学界风潮”专栏外又增设“特别要闻”和“舆论商榷”两个专栏，积极报道学生运动，大造革命舆论，从6月1日到7月7日连续发表具有强烈革命色彩的文章40篇，从而引发了“苏报案”。“苏报案”后两个月，章士钊参与创办《国民日日报》，作为上海革命报刊继续战斗的舆论阵地，继续宣传反清革命。1914年，章士钊在日本又创办了《甲寅》杂志。《苏报》《国民日日报》是章士钊主笔或主编的最为重要的近代报刊，同时也是我近代中国极为重要的反封建舆论场地。章士钊主笔《苏报》时，《苏报》迅速由保皇和同情学生转变为支持革命，逐渐成了爱国学社的言论机关。而后主编的《国民日日报》虽继续宣传反清革命，但在斗争上较《苏报》重视宣传策略，不“为爆炸性之一击”。章士钊的办报思想对近代中国报人的思想产生了极大的影响。

10. 《大清报律》(东华大学2021年研；复旦大学2019年研；南京大学2019年研；兰州大学2016年研；北师2015年研；厦门大学2015年研；华东师大2015年研；湖北大学2014年研；中传2013年研)

答：《大清报律》是1908年1月清廷商部参酌日本新闻纸法起草的一部专门适用于新闻事业的法律，1908年3月奉旨颁行。《大清报律》共45条，收入了之前制定与颁行的报刊禁载的全部规定，还新增了不少限制性条款。《大清报律》对言论自由设定了诸多的限制，招致报界的普遍谴责和反抗。国人对付的办法就是挂洋商的招牌在租界内出版，连注册手续都可以不办理，因在半殖民地条件下外国人办报不受中国法律的管制。报律形同虚设，难以有效施行，民政部于1909年11月奏请修正报律，酌情放宽限制和减轻处罚。1911年1月《大清报律》改名为《钦定报律》后颁行。修订后的报律共38条，另有4个附条，保存了原报律的主要内容。

二、简答题

1. 兴中会报刊在历史上的作用。(山东大学2008年研)

答：兴中会是中国资产阶级革命派的第一个小团体，1894年成立于檀香山，标志着以孙中山为首的资产阶级革命派开始登上历史舞台。兴中会成立之初，孙中山等忙于组织会党和准备起义，没有重视报刊这一宣传武器。1895 年广州起义失败，时人视革命党为乱臣贼子，使孙中山感受到唤醒民众对革命之重要。戊戌变法后，流亡海外的康有为、梁启超以《清议报》等为宣传阵地，吸引了一些海外侨胞退出兴中会、加入保皇会。孙中山终于决心创办报刊作为宣传革命的武器，与保皇会抗衡。1900 年以后，革命派做了大量的报刊宣传工作，为辛亥革命作了舆论准备，为中国的民主革命进程、政治现代化做了思想上的先导，中国的新闻事业也因此逐渐走上了现代化的历程。兴中会创办的第一份机关报是《中国日报》，1900 年 1 月 5 日创刊于香港。它在历史上的作用主要有：

(1)《中国日报》是中国最早宣传资产阶级民主革命的报纸。具体参见本专题考点难点归纳相关内容。

《中国日报》是兴中会创办的第一份机关报，也是中国最早宣传资产阶级革命的报纸，1900 年 1 月 5 日创刊于香港。辛亥革命后，《中国日报》迁到广州出版，1913 年 8 月被查封，共出版了 13 年零 8 个月。报纸的内容集中在以下几方面：①揭露和声讨清政府的腐败无能和卖国罪行，宣传反清反封建；②宣传资产阶级的民权思想，争取民主自由；③报道革命党人和留日学生的革命活动，宣传声援义和团反帝反侵略的行动；④宣传反帝救亡，谴责八国联军侵华的罪行和沙俄侵华的野心，号召人民起来救国；⑤批判资产阶级保皇派。

该报同时出版姊妹刊《中国旬报》，所刊文章还把康有为尊为“英雄”，给他很高评价，一些文章也并没有超越改良主义的范畴，有的则提出“革命维新”的主张。半年之后，两报的革命色彩日渐鲜明，开始宣传反满，鼓吹民权主义，号召人们推翻君主专制制度，建立民主国家。

(2)为革命党人的革命运动提供活动据点。《中国日报》不仅是革命党人的舆论宣传阵地，也是他们的重要活动据点，多次武装起义的策划、组织、联络工作，都是在报馆内进行的。这种既是舆论机关又是联络机关的组织形式，后为多家革命派的报馆所继承，这是资产阶级革命报刊的特点之一。

2. 分析《申报》与《大公报》办报宗旨的区别。

答：(1)《申报》的办报宗旨。1872 年英国商人美查创办的中文商业性报纸《申报》的目的完全是为了赚钱，因而十分重视办报质量。在新闻业务上，《申报》将新闻报道工作放在首位。强调新闻的真实性和时效性，大量报道社会新闻，重视报纸言论、副刊和图片，发展出版事业，低价销售，大量刊登广告。这一切都印证了《申报》的办报方针：“凡国家之政治、风俗之变迁，中外交涉之要务，商贾贸易之利弊，与夫一切可惊可愕可喜之事，足以新人听闻者，靡不毕载”，还向社会征求“天下各名区竹枝词及长歌纪事”等各类稿件。

(2)《大公报》的办报宗旨。《大公报》，1902 年由天主教徒英华在天津法租界创办，其报名取“忘己之为大，无私之谓公”之意，办报宗旨“在开风气，牖民智，挹彼欧西学术，启我同胞聪明”。政治上，该报持改良主义思想，主张变法维新，保皇、立宪。认为学习西方，要学其内在精神，即“合群上下相爱，彼此一心，上不以压制夺民权，下即以国事为己事”，要学习西方开议院、伸民权，官员是国民之公仆，国民是一国之主人。报纸敢于揭露清政府的黑暗和官吏的腐败，为劳动人民鸣不平。直隶总督袁世凯曾下令不许在租界以外发行，反而提高了该报在读者中的声誉。该报对外先是亲法，后转而亲日。《大公报》不仅大力鼓吹立宪，还积极倡导改良社会风俗，反对迷信、反对妇女缠足，提倡改革剪辫易服，希望政治与社会同步革新，还举办过多次赈济灾民的社会活动。《大公报》深受广大读者的欢迎，逐步发展成为华北地区最有影响的报纸。该报是中国新闻史上出版时间最长的中文日报，至今仍在香港出版。

(3)二者办报宗旨的区别。

①“不偏不倚”态度下的不同追求。作为中国第一份真正意义上的商营报纸，《申报》主张“不偏、不倚”的中立态度，以争取到持各种政见的读者。重视报道和言论、大量刊登文艺作品，以自身的经济利益为重。在商言商，在报道和言论方面持中立、谨慎的立场。《大公报》创办之初有鲜明的政治倾向，主张维新变法，保皇立宪。“新记”时期，提出“不党、不私、不卖、不盲”的方针，也标榜不偏不倚，但是报纸要超党派，并不是超政治、无立场，而是提倡“对政治，贵敢言”，为百姓说话。

②对政治的关注程度不同。对于政治问题，《申报》只报道、不评论，或多报道、少评论，或模棱两可、似是而非地评论。一些有倾向性的言论，也力求平缓。“新记”时期主笔张季鸾的编辑实务代表了《大公报》的方针。他所主张的报纸要超党派，提倡“对政治，贵敢言”，报纸按着商业经营，却是文人论政的机关，《大公报》的社评几乎涉及当时所有敏感的政治问题。例如：1935 年，《大公报》开始刊登特派记者范长江的有关红军的西北通讯，后又详细介绍西安事变的真相和中共建立抗日民族统一战线的主张。解放战争初期，《大公报》曾和中共的《新华日报》展开论战，《大公报》站在国民党的立场上，攻击人民解放军的自卫反击战。对重大政治信息的敏锐嗅觉和鲜明立场是《大公报》区别于《申报》的一大特色。

③新闻与言论的侧重点不同。《申报》顺应“言论报纸”日衰、“新闻报纸”日盛的世界现代报业潮流，遵循重新闻、轻言论的方针，视新闻为立命之本。新闻务求迅速、准确、独家。《大公报》和《申报》办报宗旨的最大区别是《大公报》秉承文人政论报纸的传统，以“立言”为根本，发表负责任的评论。《申报》看重商业利益，但史量才主持后，大胆革新，注重言论，主张抗日救国，“自由谈”副刊成为时代性的思想园地。五四运动中，《大公报》的胡政之成为采访巴黎和会的唯一中国记者，《申报》也停止刊发商业信息，集中报道学生的爱国行为。“九一八”事变后，《申报》立即发表时评提出“应为维护国家维护民族，而作自卫之背水战”，《大公报》此时受制于蒋介石“缓抗”的要求，但终究看重国家利益，主张抗日。

3. 清政府在立宪运动期间(1905～1911年)制定了若干传播法规，并进行了一些其他活动，体现了传统政治治理与现代社会治理理念的糅合，具体表现在哪些方面?(复旦大学2015年研)

答：1900 年八国联军的入侵，使清政府不得不改弦易辙，以维持其摇摇欲坠的封建专制统治。1901 年 1 月，清廷宣布实行“新政”，其中关键在于更改旧有的法制。立宪运动的时间跨度从 1905 年至 1911 年，其目的在于使大清帝国成为君主立宪政体的国家。在这个过程中，清政府制定了若干新闻传播相关的法规，也采取了一些鼓励新闻传播发展的措施，体现了传统政治治理与现代社会治理理念的糅合。具体表现在以下方面：

(1)近代新闻法制初步建成。清政府宣布实行“新政”后，有限度地开放“报禁”“言禁”，给予人民以创办报刊的自由权利，这是清末近代新闻法制建设迈出的第一步。立宪运动开始后，废止旧的文化专制主义的法律制度、建立新的近代新闻法律制度的呼声强烈，新闻法的制定工作成为当务之急。1905 年，出使各国考察的政治大臣载泽等在《奏请以五年为期改行立宪政体折》中明确提出迅速制定集会、言论、出版三项法律。自 1906 年至 1911 年的 5 年时间内，清廷有关部门先后制定了一批或与新闻事业有关的、或含有调整与规范新闻事业条款的法律与法令，如《大清印刷物件专律》《报章应守规则》《大清报律》《电报总局传递新闻电报减收半价章程十条》《重订收发电报办法及减价章程》《著作权章程》等。1908 年 8 月 27 日颁发的《钦定宪法大纲》第一次在法律性文件中明确规定赋予国民以言论出版自由权利："臣民于法律范围以内，所有言论、著作、出版及集会、结社等事，均准其自由。"

（2）允许国民自由创办报刊。根据立宪运动中颁布的新闻传播相关法律、法令的规定，国民可自由创办报刊与传递新闻信息。自 1905 年起，民间报馆还被允许现场采访大规模的军事演习。1907 年，经清廷民政部批准，司法审判庭特为记者添设旁听专席。1909 年，各省咨议局先后成立，均明文规定记者可以旁听议员辩论。1911 年资政院召开首次会议，20 余名记者被允许与会采访。关于报刊的创办，清政府最初实行的是批准制，但《大清报律》颁行后改为注册登记制加保证金制，受理办报审批手续的部门也由巡警衙门改为行政部门。

（3）清末官报的发展。清末出现的官报是政治性报刊的一个组成部分。自 1901 年实行"新政"后，清政府开始创办官报，各级政府部门先后出版了约 110 种官报，分布于除新疆外的全国各地。1906 年"立宪"运动兴起后，各地方政府的官报进一步发展，中央政府的一些部门也开始创办官报。如 1907 年 4 月 23 日，清政府正式设立官报局，官报的发展进入制度化阶段。同年 11 月 5 日，《政治官报》在北京创刊，由中央政府的宪政编查馆主办。1911 年内阁成立后，《政治官报》于 8 月 24 日由内阁印铸局接办，改名《内阁官报》，改组为公布法律、命令的内阁机关报。

宪政首先是一个政治理念，作为一个政治理念，强调的是支配国家政治权力的唯有宪法而非其他，亦即一个国家政治权力及其过程应当宪法化，即在宪法的框架之内，以此实现理性的政治结构和政治过程。因此，清政府的立宪运动体现了其传统政治治理理念向现代社会治理理念的一种转变。而清末颁行的新闻法律、法令以及由这些法律、法令构成的新闻法律制度，虽然就其形式而言，可列入近代资产阶级法制的范畴，也体现了现代自由主义的若干思想。但从其具体规定和执行看，这些法规含有大量封建文化专制主义的陈规，在实际执法过程中更是以当权者的意志为依归，并不严格依法办事，当权者依然可以对新闻传播活动进行随意的规制。可见，晚清政府的立宪运动所体现的治理理念转变并不彻底，而是传统政治治理与现代社会治理理念的一种糅合。

三、论述题

1.《民报》和《新民丛报》的论战（湖南师大 2021 年研）

相关试题：简述《民报》和《新民丛报》论战的内容、结果及意义。（简答题，重庆大学 2019 年研）

答：（1）《民报》从创刊之日起，就以"主帅"的身份，选择最有影响的保皇派报纸《新民丛报》作为论战对象。创刊号上刊有汪精卫的《民族的国民》、陈天华的《论中国宜改创民主政体》和朱执信的《论满洲虽欲立宪而不能》，指名道姓地批判君主立宪的主张。梁启超随即应战，发表《开明专制论》《申论种族革命与政治革命之得失》两篇长文反驳《民报》，并汇编成《中国存亡一大问题》的小册子，广为散发。接着，《民报》第3期发表汪精卫的长篇政论，列举《新民丛报》的观点，逐条予以批驳。第3期还特发号外，刊布了胡汉民撰写的《民报与新民丛报辩驳之纲领》，将两报重大分歧问题归纳为12条，宣称从第4期起分类辩驳，论战从此全面展开。

(2)《民报》与《新民丛报》的论战焦点，正是革命派和改良派的政治主张。论战围绕4个方面进行，在辩论中"正反方"观点都很明确。论战主要围绕着以下四个问题展开：

①要不要进行民族革命，推翻清朝政府?《新民丛报》否认民族压迫，梁启超认为：举国人民已经平等，没有享特权的人，因此只主张"政治革命"，让人民去劝告和"要求"清王朝"立宪"，反对暴力革命推翻清王朝；《民报》则认为，满族统治者对汉民族和其他民族实行残酷的民族压迫，清王朝还变成了帝国主义的走狗，所以，要想救国就必须进行民族革命，必须要用暴力推翻清王朝。

②要不要进行民权革命，建立共和政体?《新民丛报》认为，中国民众素质低下，还不具备共和国公民的资格，因此只能在中国实行君主立宪或开明专制；《民报》则主张在进行"种族革命"的同时，必须进行"政治革命"，主张民主、自由、平等。孙中山认为推翻满洲政府，从驱除满人那一面说是民族革命，从颠覆君主政体那一面说是政治革命。政治革命的目的是废除封建君主制，建立民主共和国，他们相信"我国民必能有民权立宪之能力"。

③要不要进行社会革命，土地国有、平均地权?《新民丛报》认为，中国无贵族，无阶级，不存在土地贫富不均的现象，没有平均地权的必要。梁启超说私有制度为现代社会一切文明之源泉。土地国有或平分地权是"欲夺富人所有以均诸贫民"，必然使广大农民产生惰性，破坏全国经济危及国家政体，对农业生产不利；《民报》认为，中国确实存在"豪右"和"细民"，他们之间有田多田少、有田无田的差别和地权、人权的"失平"，只有实行平均地权土地国有，才能激发农民劳动的积极性，生产才能发展，民生问题才能解决。

④革命会不会导致内乱和瓜分?《新民丛报》认为，革命是暴烈的行为，必然引起社会动乱，帝国主义乘虚而入，中国就会被瓜分；《民报》则认为，革命只是推翻清朝政府，并不排外，因此不会引起社会动乱和帝国主义干涉，不仅如此，还会将中国从被招致瓜分的危机中挽救出来。如果不革命，中国越来越弱，才会招致瓜分。

(3)《民报》与《新民丛报》之间的论战持续了一年半。由于清政府并不打算真正实行"新政"，它宣布的"预备立宪"只是一场骗局，原来拥护君主立宪的人最终多转而倾向革命，梁启超越来越感到形势不可逆转，论战不利，就在1906年7月《新民丛报》的第83期上发表《劝告停止驳论意见书》，表示了休战的愿望，却遭到革命派断然拒绝。由于革命学说深入人心，拥护立宪派的人纷纷转向，《新民丛报》的发行数一落千丈，经济发生困难。《新民丛报》被认为是清政府的"御用新闻"，撰述者转向别的杂志投稿，开始发生稿荒。梁启超被视作清政府的"弄臣"，被斥为"文妖"。他灰心丧气，在1907年冬出至第96期以后，就借口《新民丛报》的上海分社失火而停刊了。

(4)这次论战以革命派的《民报》获胜而终。就内容而言，并不能说革命派的主张全部正确、改良派的主张全部错误，甚至改良派的一些看法和思想是正确的，关于革命共和的恶果的一些预见在后来有部分还成了事实。但是有几个方面决定了胜负的局面：①《民报》的革命道路比《新民丛报》的改良道路更加符合当时人民的愿望。②《民报》一方人力雄厚，有20多人参战，而《新民丛报》只有一人，势单力薄孤军奋战到这么多回合，终是寡不敌众、殚精竭虑。③《民报》以事实为论据，列举清朝政府的腐败、立宪的虚伪等看得见的事实，十分感性，而《新民丛报》认为革命必然引起内乱外扰，只是主观推测，说服力不强。

2. 谈谈梁启超对中国新闻事业的贡献。（复旦大学2010年研）

相关试题：

（1）梁启超办报的新闻原则。（山东大学2015年研）

（2）评述梁启超一生的办报活动及新闻思想。（南京师大2018年研）

（3）简述梁启超的历史影响。（简答题，华科2018年研）

（4）梁启超对报刊事业的贡献。（简答题，福建师大2019年研）

（5）梁启超的舆论“五本”。（西南交大2019年研）

答：梁启超不仅是中国近代著名的学者、思想家、政治活动家，而且还是卓越的报刊编辑家、报刊政论家。戊戌变法时期，他主编了《时务报》等刊物，为维新运动的深入进行，为中国近代报刊事业的发展做出了如下贡献：

（1）主编《时务报》，推动中国近代第一次国人办报高潮。

①1896年春，维新派人士黄遵宪、汪康年倡议在上海创办一份以“时务”命名的刊物，作为维新派的舆论阵地。1896年4月，梁启超应邀赶赴上海参与筹备工作。8月，《时务报》正式创刊。《时务报》虽名为“报”，实则是一份每期30页左右的书本式的旬刊，以宣传维新变法、救亡图存为宗旨，以“论说”和翻译外报为主要内容。

②从《时务报》创刊到1897年11月去湖南长沙担任时务学堂总教习，梁启超主持《时务报》笔政有一年零三个月时间。此时的梁启超意气风发、才华横溢、无所畏惧，对这份虽无维新派机关报之名，却有机关报之实的刊物倾注了极多的心血。梁启超不仅是这份刊物的主编，还亲自担负了编辑、编务、撰稿、校对等工作，集编、撰、校于一身。由于梁启超的工作出色，《时务报》出版后即受到广泛欢迎，“一时风靡海内”，成了对全国发生巨大影响的维新派刊物。《时务报》因梁启超风行天下，梁启超亦因《时务报》名扬四海，从此，他开始走出老师康有为的影子，成为清末政坛的风云人物、维新思想的杰出代言人。

③《时务报》的成功使全国各地维新人士深受鼓舞，各种鼓吹变法的刊物，如《国闻报》《湘报》等二三十家报刊先后面世，除维新报刊外，女报、白话报以及消闲性报刊也如雨后春笋般地在全国各地创办起来。中国人自办近代报刊是在外报的刺激和影响下开始的。但以往的报刊影响十分有限，直到维新运动兴起，《时务报》破土而出、应运而生，大众传媒制造鼓吹变法革新舆论，成为举世瞩目的热点，中国近代报刊发展开始形成第一次高潮。

（2）提出“耳目喉舌”论，揭示报刊的多方面功能。梁启超毕生致力于报刊事业，对报刊的功能和作用有十分精辟的见解。

①报刊是国家和国民的“耳目喉舌”，是“去塞求通”，促使国家富强的重要工具。在《论报馆有益于国事》中，梁启超认为“觇国之强弱，则于其通塞而已”“中国受侮数十年”就在于清政府的“壅塞”，壅塞的表现：一是“上下不通”；二是“内外不通”。这种壅塞严重地阻碍了社会的进步和国家的强盛。“去塞求通”最好的办法就是多办报。国之有报纸，犹人

之有耳目喉舌。他主张中国应该学习西方各国，民间要大力创办报刊，国家要大力保护报刊，充分发挥报刊“上下通”“内外通”“去塞求通”的功能，使国家臻于富强。

②报刊具有强烈的政治性、党派性，是政治斗争的重要武器。在近代中国，梁启超是以政治活动家的身份亲自办报的第一人。对他来说，政治家办报可谓自始即然。以康有为、梁启超为首的维新派是以办学会和办报刊来开始他们的政治活动的。维新派人士认为，报刊是唤起舆论、形成舆论，揭露社会现实问题，抨击清廷秕政，宣传变法维新思想，争取实现政治革新的重要武器和救国手段，是参与政治斗争的“利器”。梁启超并不讳言自己所办报纸的政治性、党派性。

③报刊是“开民智”“育人才”的重要手段。梁启超极其重视报刊在教育读者，提供新知，开通民智，培育人才等方面的功能。他提出了三条途径开启民智：一是办学校，二是兴学会，三是开报馆。事实上，三途之中，梁启超又更加看重报纸的作用，用力也最多。因为在他和其他维新人士看来，办学校是开通青少年之智，兴学会是开通成年人之智(主要是官智)，唯有报纸是兼而有之，信息传布的空间大幅度扩展，城市和乡镇的广大民众都进入受众群体，在启迪民智、开通风气、社会启蒙上，较之学校、学会，报刊的影响更加深远、广泛。为了充分发挥报纸开民智、育人才的功能，梁启超一方面在《时务报》上撰文指斥清廷秕政，微论民权思想，另一方面在报纸上又辟有专栏，“旁载政治学艺要书”，造就新国民。

(3)创造“时务文体”，开启一代文风。梁启超等维新派报刊政论家在创作实践中，继承了早期维新思想家王韬、郑观应等人的政论传统，创造出一种新颖的政论文体，当时人称为“时务文体”“新文体”或“报章文体”，至1902年梁启超在《新民丛报》上发表《新民说》《少年中国说》等一系列文章时达到顶峰。

总之，梁启超从1895年办的《万国公报》开始，到1922年《解放与改造》停刊脱离报界，一共27年，占了他一生近一半的时间，在这27年，他亲自创办或主编的报刊有11种，积极支持或实际指挥的报刊6种，他是中国新闻史上著名的报刊活动家，对中国报业做出了杰出的贡献。

专题五　民国初年的新闻传播事业

5.1　复习笔记

【知识框架(庖丁解牛)】

- 民国初年的新闻传播事业
  - 新闻事业短暂繁荣
    - 新闻自由体制确立　《中华民国暂行报律》风波与孙中山对言论出版自由的认识
    - 政党报刊泛滥(武昌起义后半年的报界黄金时代)
      - 同盟会—国民党:《国风日报》　北京
        - 《民国新闻》《中华民报》　上海
      - 自由党:《民权报》　戴季陶、何海鸣　言论激烈　上海
        - (《民国新闻》《中华民报》《民权报》)“横三民”
      - 共和党—进步党
        - 《时事新报》等立宪派报纸
        - 《少年中国》　北京
        - 《庸言》　梁启超　天津
    - 袁世凯时期
      - “癸丑报灾”　1913
      - 《报纸条例》《出版法》　1914　钳制新闻事业
      - 《电信条例》　1915　中国史上首个涉及无线电事业的法律
      - 北洋军阀
        - 沿用袁世凯时期的《出版法》《戒严法》等
        - 炮制《报纸法案》等钳制舆论　1918
        - “鸳鸯蝴蝶派”文艺副刊和黄色小报泛滥
      - (以上:民国初年新闻法制的特点与反动本质)
  - 逆境中的发展
    - 新闻报道工作加强　《申报》《新闻报》
    - 新闻通讯事业　邵飘萍
      - 东京通讯社　1915　独家披露“二十一条密约”
      - 新闻编译社　1916　北京
    - 著名记者
      - 黄远生　“报界之奇才”“四能”说　《远生遗著》　新闻通讯的奠基人
      - 邵飘萍　1918　创办大型日报《京报》　最早新闻采访专著《实际应用新闻学》
      - 刘少少　报界“怪杰”　与徐彬彬、黄远生被称为“民初三大名记者”
      - 胡政之　采访巴黎和会唯一中国记者　新记《大公报》经理
      - 张季鸾　新记《大公报》主笔
    - 报纸企业化
      - 1912　史量才接办《申报》后的企业化措施
      - 汪汉溪经营《新闻报》的企业化方针
      - (以上:经营管理和新闻业务改革经验)

【专题概要(提纲挈领)】

本专题主要论述了民国初年我国新闻传播事业的发展情况，考点以名词解释、简答题为主，在学习时，需要着重对新闻自由体制的确立、本阶段政党报刊的兴起、袁世凯对新闻自由的压制等内容加以把握，并重点了解新闻通讯事业的发展，黄远生、邵飘萍等著名记者及报纸企业化等内容。

【考点难点归纳(厚积薄发)】

考点一：民国初年政党报纸的繁荣 ★★

1. 政党报纸大发展的原因

(1)1911年10月10日，武昌起义爆发，废除了《大清印刷物专律》《大清报律》等法律，颁布了一系列列有保障言论出版自由条款的法令。

(2)革命党保护和推动新闻自由。以孙中山为首的南京临时政府，通过立法手段建立起与西方先进国家接轨的自由新闻体制。

(3)民国“暂行报律”风波的影响。“暂行报律”被撤销一事反映了孙中山对新闻舆论自由的尊重，加深了人们对言论出版自由的认同；也反映了当时资产阶级革命派内部的矛盾与斗争。

(4)国人与业界对报刊和报人的高期待。新成立的报刊大多自称“舆论之母”“舆论的代表”，极力宣传在民主制度中，“报馆与国务院、总统府平等对待，其性质与参议院均同为监督公仆之机关”，新闻记者是“不冠之皇帝，不开庭之最高法官”，一批知识分子、政客热衷于创办报刊。

2. 新闻业短暂繁荣的具体表现(见表5-1)

表5-1　新闻业短暂繁荣的具体表现

要点	具体内容	
报刊类型丰富	政权机构的机关报、政党的机关报、民国新贵资产阶级的自办报刊、知识分子的言论、争取妇女参政的报纸、纯商业报纸、新闻通讯社	
两大政党系统的办报活动	“同盟会—国民党”	是当时全国最大的政党，办有《民立报》[上海]、《国风日报》[北京]、《民意报》[天津]、《国风报》[天津]等等。这些报纸拥护共和，反对专制，对袁世凯、黎元洪进行过抵制和斗争，表现了一定的民主精神。但由于资产阶级政治上的软弱和革命不彻底性，这些报纸革命的调子越来越低，甚至泯灭敌我，自相矛盾
	“共和党—进步党”	报刊主要有《时事新报》《大共和日报》《国民公报》《庸言》等，这些报纸拥护袁世凯，反对孙中山，反对临时政府，反对民主共和，甚至鼓吹封建专制
	二者争论的问题	实行中央集权还是地方分权；实行“超然内阁”制、“人才内阁”制还是实行“责任内阁”制；国务院对总统负责还是向国会负责；要不要向外国借款；建都于南京还是建都于北京；实行公元纪年还是实行民国纪年；要不要遣散民军等
小政党、政治团体的办报活动	①自由党在上海创办了《民权报》(1912)，戴季陶、何海鸣主编。 ②横三民报[《民权报》《中华民报》《民国新闻》]与《大共和日报》《民立报》公开争论，成为当时的“激进派”报纸。 ③中国社会党创办了《社会日报》和《新世界》杂志。 ④广州晦鸣学会创办了《晦鸣录》周刊。 ⑤康有为在上海创办《不忍》杂志，抨击民国政局，为皇室复辟制造舆论	

续表

要点	具体内容
通讯社的大量出现	从民国初年开始，通讯社大量涌现，从1912年至1918年，在广州、上海、长沙、武汉、北京以及日本东京陆续出现过不下20家通讯社。其中，以邵飘萍先后在东京和北京创办的东京通讯社、新闻编译社影响最大
评价	民国初期出版的政党报刊，使新闻事业经历了短暂的“黄金时代”，但同时也增添了政局混乱

考点二：袁世凯统治下的新闻传播事业(见表5-2) ★★

表5-2 袁世凯统治下的新闻传播事业

要点	具体内容
袁世凯控制舆论的手段	①创办御用报纸，充当喉舌。袁世凯自从就任临时大总统以后，就立即着手创办和收买报纸。在北京，创办了《国权报》《金刚报》《亚细亚日报》；在上海，接办了《神州日报》；在广州，接办了《时敏报》；在长沙，创办了《国民新报》。在这些报纸中，较有影响的是《亚细亚日报》和《神州日报》。 ②收买报纸或报人，以为己用。如北京的《国华报》，上海的《大共和日报》，长沙的《大公报》等。 ③用暴力手段任意摧残报业、迫害报人，制造了“癸丑报灾”，使得全国出版的报纸锐减，大量报人入狱甚至死亡。 ④制定法律、条例来限制言论出版自由。为了使摧残舆论的暴行合法化，袁世凯在执政期间先后颁布了《戒严法》《治安警察法》《报纸条例》《出版法》，对报刊的登记、出版、发行、言论、采访、编辑等活动横加干涉
报界的反袁斗争	①《民立报》报道揭露刺杀宋教仁案的案情，将凶手的供词和袁党往来的密电等公之于众。 ②《中华民报》发表题为《强盗政府》的社论，并报道全国各地反袁斗争进展。 ③《长沙日报》发文列举袁的24条罪状。 ④《讨袁报》于广州出版，发表声讨袁世凯的言论。 ⑤《民国报》撰文明确指出：“击宋君者非亡命之徒，乃吾人之政敌也。” ⑥《国风日报》发表社论猛烈抨击袁政府“谋叛，暗杀，卖国”，是“杀人政府”
袁世凯政府有关新闻传播事业的立法活动	①1912年12月15日，《戒严法》颁布。根据该法，驻军司令官有权“停止结会集社，或新闻杂志图书告白等之认为与时机有妨害者”，并“因其执行所生之损害，不得请求赔偿”。 ②1914年4月2日，《报纸条例》颁布。报纸的创办实行批准兼保证金制，从政治、经济两个方面限制新闻事业的发展。12月5日，袁世凯政府又颁布了《出版法》。 ③1915年7月10日，袁世凯政府公布了《修正报纸条例》。同年还颁布了《新闻电报章程》、《电信条例》[中国历史上第一个涉及无线电事业的法律]、《著作权法》等法律

考点三：军阀专制统治下的新闻传播事业(见表5-3) ★

表5-3 军阀专制统治下的新闻传播事业

要点	具体内容	
此时期新闻传播事业的特点	短暂而虚假的繁荣	《爱国报》《国民》杂志等21家报刊的禁令被解除，一些停办的报刊也纷纷复刊，又创办了一些新的报刊。到1916年底，全国发行的报刊达到289种，比前一年增加了85%。新闻传播事业又出现了一线转机，但本质上仍存在问题：①报业的技术力量并没有质的飞跃，报业缺乏持续发展的物质基础。②有关新闻业实行现代化经营管理的观念，没有受到重视

续表

要点	具体内容		
此时期新闻传播事业的特点	报业怪象丛生	报人、报纸品格低下	当时，从中央到地方，大大小小的军阀、官僚和政客常以出钱办报和给报刊津贴等方式贿买报人、报刊来为自己作鼓吹
		报纸言论退化	“癸丑报灾”以后，由于袁世凯和北洋军阀实行言论禁锢政策，报纸、报人生怕因言论惹祸，因此有的报纸偶尔才发表一些不痛不痒、无关大局的短评，还有不少报纸干脆就取消了社论和论说栏目
		出现了一些稀奇古怪的报刊	如“马路小报”“鬼报”
	主流报刊在新闻业务活动上的进步和变化	①新闻通讯开始受到更多的重视。报纸由政论时代转向新闻时代。 ②副刊发展迅速，“鸳鸯蝴蝶派”小说在报纸上大行其道。 ③图片报道有了改进与发展。 ④通讯社开始发展起来。这一时期较有影响的是邵飘萍创办的新闻编译社和胡政之参与筹办并担任主编的国闻通讯社	
北洋政府对新闻传播事业的管理	新闻法律的制定	法制不健全。1916年，黎元洪就任大总统后曾废除了出版禁令，但是张勋和段祺瑞掌权后，基本沿用袁世凯时期的《出版法》和《戒严法》，而且法治精神薄弱，因此现实中无法做到依法行事	
	对新闻出版业的管控方面	袁世凯死后一度有所缓解。1916年，宣布解禁此前查禁的报纸。1918年，炮制了《报纸法案》来迫害报人，控制舆论，全国至少有29家报纸被封，1名记者入狱或被枪杀。到1918年底，新闻界又处于被禁锢的状态中	
	技术革新方面	工商业的发展促进了报业的发展。引入了世界上最先进的轮转印刷机，广告和发行收入的增加奠定了报业良性发展的经济基础，也推动了中国报业的现代化	

考点四：民初的知名报人 ★★★★

由于政论的萎缩和新闻通讯的兴起，民初还诞生了一批著名的记者，见表5-4。

表5-4 民初的知名报人

要点	具体内容
黄远生 (1885~1915)	①中国近代新闻记者，被誉为“报界之奇才”“中国新闻通讯的奠基人”，他还与刘少少、徐彬彬并称民国初年新闻界“三杰”，发明了“新闻日记”体裁。 ②新闻实践：1903年中秀才、举人，1904年中进士。后获准赴日本中央政治大学学法律。1909年回国，先后任邮传部员外郎、参议厅行走、编译局纂修、法政讲习所讲员等。常就国内外时政问题为京沪报刊撰稿。辛亥革命后，辞官专事新闻工作。先后主编《少年中国》周刊、《庸言》月刊，担任《申报》《时报》驻京特约记者，并为《东方杂志》《论衡》《东方日报》《国民公报》《亚细亚日报》撰稿。擅长写新闻通讯，其特点是题材重大、翔实深刻、文笔生动、通俗自然，具有真实性、新闻性、生动性、评论性。友人将其新闻作品辑为《远生遗著》4卷，因所收大部分为新闻通讯，故被认为是中国历史上第一部报刊通讯文集。 ③新闻观点：a. 报纸应“主持公理，指斥时弊”。b. 新闻报道应客观、公正、真实、全面。c. 记者要加强自身的修养和基本功的训练，做到四能，即“脑筋能想；腿脚能奔走；耳能听；手能写”

续表

要点	具体内容
邵飘萍 (1886～1926)	①中国新闻记者、新闻学者、新闻教育家，"新闻全才"，以善于采访著称，在业界有"辣手铁肩"之称，在新闻业务和学术研究领域都做出了重要贡献。 ②新闻实践：邵飘萍在学生时期，曾任《申报》特约通讯员。1911年和杭辛斋合作在杭州创办《汉民日报》，以才华过人，受到同行爱重，被推为省报界公会干事长。逃亡日本期间，曾组织创办东京通讯社。1915年回国，在上海《申报》《时事新报》《时报》担任主笔。1916年应聘为《申报》驻北京特派记者，负责撰写"北京特别通讯"，同年在北京创办新闻编译社，1918年10月在北京创办《京报》，开始独立办报生涯。 ③学术活动：著有《综合研究各国社会思潮》、《新俄国之研究》、《新闻学总论》、《实际应用新闻学》[我国最早的新闻采访专著之一]
刘少少 (1870～1929)	①取"少年中国之少年"之义，以"少少"为笔名，有报界"怪杰"之称。 ②新闻实践：1905年戊戌政变后留学日本，期间协助杨度创办《中国新报》，并撰有《苦政治与改治家》等文，开始办报活动。1909年回国任北京《帝国日报》编辑，开始用笔名"少少"撰写政论鼓吹立宪，在新闻界崭露头角。武昌起义后，先后担任《湖南公报》《公言》《中华》等报刊的编辑、记者、主笔。 ③学术活动：1918年应聘到北大任教，研究道家学说，其文独辟蹊径，庄谐杂出，获得了旧知识分子的欣赏
徐彬彬 (1888～1961)	民初著名的新闻记者和剧评专栏作家，与黄远生、刘少少一道被称为"民初三大名记者"。1916年，任上海《申报》《时报》的驻京特派记者，徐彬彬长于文学，娴于经史，因而他撰写的通讯文笔流畅，深受读者欢迎。20世纪30年代起，徐彬彬长期担任天津《大公报》副刊主编，《戏剧周刊》、《北京》副刊和《小公园》的主编，著有《凌霄随笔》《凌霄汉阁随笔》《凌霄一士随笔》等
林白水 (1874～1926)	民国初年著名记者。1901年任《杭州白话报》主笔，1902年赴上海，加入中国教育会，参与创办《童子世界》，并为《苏报》撰稿。"苏报案"后，林白水避往日本，旋回沪创办《中国白话报》。1906年，他再度赴日留学，专攻法律和新闻，是我国最早学新闻的留学生之一，辛亥革命后回国。1916年恢复办报活动，先后创办了《公言报》、《新社会报》[不久改名《社会日报》]，自任社长兼总编辑。1926年，因为在《社会日报》上发表时评《官僚之运气》，触犯奉系军阀，被诬指为"通敌有据"，惨遭杀害。林白水从1904年起就坚持用白话文写作，他写的新闻和评论，挥洒自如，辛辣尖刻，好议个人短长，或揭人隐事，故积怨于军阀，他的文章通俗浅显，颇能吸引读者，在当时新闻界有一定影响
张季鸾 (1888～1941)	名炽章，中国新闻家、政论家。 ①新闻实践：留学日本期间，创办《夏声》杂志。1911年归国，任《民立报》编辑。1912年初，曾起草《临时大总统就职宣言》。袁世凯死后，出任《中华新报》总编辑。1926年后，与吴鼎昌、胡政之一起接办天津《大公报》，任主笔。 ②评价：张季鸾既有中国士人的流风余韵，又有现代报人的广博知识，所作评论文章，具有高水平的时效性、预见性、逻辑性、通俗性、公正性，成为当时中国主流知识分子的代表。张季鸾在新闻界享有盛名是在他担任了新记《大公报》总编辑兼副总经理之后，但他在辛亥革命前夕和民国初期已崭露头角
胡政之 (1889～1949)	民国报界名人，留学日本回国后应聘任上海《大共和报》翻译、编辑、主笔、驻京特派记者，其特点是消息快捷、反应迅速。1916年，任《大公报》经理兼总编辑，曾亲自采访段祺瑞"马厂誓师"等重大新闻，蜚声于时。他曾以《大公报》记者身份参加巴黎和会，是采访该会的唯一中国记者。后在上海组织国闻通讯社

5.2 课后习题详解

1. 试述民国初年新闻事业的繁荣及其原因。

答：(1)民国初年新闻事业繁荣的表现。

中华民国成立后，中国新闻事业的繁荣主要体现在两个方面：

①报刊种数剧增。据戈公振《中国报学史》记录，在武昌起义后的半年内，全国的报纸由100多家猛增至500家。另据1912年北京政府内务部公布的报告说，从1912年2月12日清帝宣布退位到10月22日的8个月内，在内务部注册立案的北京报纸有89家。

②报刊销数猛增。《中国报学史》记录，武昌起义后半年内，全国报纸总销数达到4200万份，这个数字超过了当时历史最高纪录。

(2)民国初年新闻事业大发展的原因。

参见本专题考点难点归纳相关内容。

【真题链接】

(1)试论清末民初我国报业大发展的历史原因。(中国社会科学院2007年研)

(2)民国初年报业繁荣的原因。(重庆大学2013年研)

(3)民国(1912~1916)政党报纸大发展的背景。(人大2015年研)

(4)简述民国初年新闻事业大发展的原因。(东北财大2018年研)

2. 简述“癸丑报灾”的前因后果。

答：“癸丑报灾”是指袁世凯政府在1913年为迫害摧残国民党报刊制造的一系列查封报馆的事件。

(1)起因。

1913年，新闻界针对刺杀宋教仁一案开展了各个角度的深度报道，揭发了袁世凯政府的丑恶面孔。1913年袁世凯当局迫害新闻界、杀害报人、对国民党系统的报刊和其他的反袁报刊进行了大扫荡。

(2)具体经过。

北京、天津、武汉、广州、长沙、成都、福州、南昌、开封等地的国民党报刊全部被查封，有的主笔被捕。上海的《民立报》《民权报》《民强报》《天铎报》《国民日报》等国民党报纸因为在租界出版，不能直接查封，袁世凯便禁止它们在租界外发行，迫使它们停刊。其他反袁报纸、报人也受到迫害。广州的教会报纸《震旦报》因言论激烈而被封，发行人康仲荦被杀。甚至连一向“拥护中央”的《粤声报》《民治报》《公论报》也被查封，原因只是怀疑它们与国民党的粤军有关联。北京《超然报》本是军阀办的报纸，但因撰文揭露黑幕而被查封；《正宗爱国报》编辑丁宝臣在一篇评论中说了“军人为国家卖命，非为个人卖命”等话，而被冠以“迹近通匪，煽惑军心”的罪名枪杀。开封《民立报》编辑敖瘦蝉仅仅因为写了一幅悼念宋教仁的挽联“目中竟无拿破仑，宜公先死；地下如逢张振武，说我就来”即被枪决。

(3)结果。

据统计，到1913年底，全国继续出版的报纸只剩下139家，较之民国元年的500家，锐减300多家，北京的上百家报纸也只剩下20余家。报刊减少三分之一，报人大批被捕被害。

【真题链接】“癸丑报灾”（名词解释，复旦大学2021年研；扬州大学2021年研；清华大学2020年研；华师2020年研；南京师大2019年研；重庆大学2019年研；电子科技大学2019年研；湖南师大2017年研；中央民大2016年研；北大2013年研）

3. 简述袁世凯对报界的控制手段和报界的反抗情况。

答：参见本专题考点难点归纳相关内容。

4. 试析民国初年新闻业务的进步及其原因。

答：(1)民国初年新闻业务进步的表现。

由于袁世凯和北洋军阀政府实行言论禁锢政策，因而各报都把主要精力集中在搞好新闻报道上，从而使新闻报道工作较前有了很大的进步，促进了新闻业务的发展。

①新闻报道工作加强。

a. 报纸上消息的比重加大，电讯增多。如《申报》实行不偏不倚，轻言论、重新闻的编辑方针，对于重要政治问题，一般只报道、少评论或者不评论。用大量北京专电等政治新闻补充言论的不足，还增设多种专刊、专栏，加重报纸的知识性、趣味性，在欧美各国都有特聘通讯员，增加报纸的国际新闻报道。

b. 新闻通讯走向成熟。报纸开始了由政论时代向新闻时代的转变。夹叙夹议的新闻通讯作为一种新的报道体裁开始走向成熟，深受读者欢迎。各大报不惜重金聘请有才干、有经验的记者常驻北京，以专电的形式独家报道中央的政治新闻。

c. 经济新闻报道加强。一战期间，我国的工商业有了较大的发展，因而有的报纸，特别是商业报纸还加强了经济新闻的报道。如上海的《新闻报》以工商界和普通市民为主要发行对象，着重开拓经济新闻。1921年元旦创刊的《商报》，也以经济新闻报道与评论为长，对国内外金融行情详加介绍。

d. 新闻摄影照片大量出现，一些报纸还刊出时事性插画或定期出版图画附张。

②新闻通讯事业的发展。

民国成立以后，新闻通讯社快速发展。1913年至1918年的五六年内，新创办的通讯社不下20家，而且规模一般都不大，访员用复写或油印方式向有限的几家报刊发稿。在经济上，大多靠官僚政客和资本家的津贴来维持，也有个别是自由撰稿人独立办的。在这些通讯社中，邵飘萍主办的东京通讯社、新闻编译社和胡政之的国闻通讯社最为成功。

③副刊有了大的发展。

“鸳鸯蝴蝶派”小说在报纸上大量出现，集中体现在大量报纸开辟副刊，普遍为其设立栏目与版面，用于刊载杂文、随笔、小说等。其中以《申报》的“自由谈”，《新闻报》的“快活林”等最具代表性。

(2)民国初年新闻业务的进步有着多方面的原因。

①经济的发展、市场的需求。

②通讯技术和印刷技术的提高，这一点在新闻图片的大量而广泛的运用上表现得尤为突出。

③“鸳鸯蝴蝶派”开始风行于中国的文坛和报坛，他们借助报纸的副刊大行其道，因此副刊得到很大发展。

④新闻地位的提高和新闻报道受到重视。

⑤报纸转向新闻时代，催生了一批善于新闻采访和撰写新闻通讯的知名报人。

5. 简述黄远生的新闻业务活动特点和新闻思想。

答：黄远生是民国初年出现的名记者中最杰出的代表，他的新闻业务活动特点和新闻思想主要表现在以下几个方面：

(1)在新闻业务上，黄远生是中国新闻通讯的奠基人，其新闻通讯的特点是：

①题材重大，记载翔实。他阅历丰富，对民初政坛十分熟悉，因而他能采访到许多人采访不到的重大新闻和内幕新闻。他对当时政坛风云作了真实而详尽的记录，既是新闻，又是信史。

②针砭时弊，忧国忧民。作为一名正直的新闻记者，黄远生用其如椽之笔，对袁世凯的黑暗统治和官僚政容痛加针砭。

③细致详尽，幽隐毕达。黄远生的通讯善于捕捉各种细节，绘声绘形，嬉笑怒骂，涉笔成趣，鞭辟入里。

④报道新近发生的事实。黄远生新闻敏感性极强，他的报道很注重时效性。

⑤语言通俗生动。他能把复杂的社会现象通过贴切的经喻表现出来。

(2)其新闻思想参见本专题考点难点归纳相关内容。

【真题链接】

(1)黄远生新闻通讯的特点是什么？(山东大学2007年研)

(2)黄远生(名词解释，湖南师大2021年研；湖南大学2020年研；上海财大2020年研；复旦大学2018年研；人大2015年研；广西大学2015年研；华中师大2014年研；中传2013年研)

6. 民国初年有哪些比较著名的记者，他们各自的新闻经历如何？

答：民国初年，由于政论的萎缩和新闻通讯的兴起，诞生了一批以新闻通讯著称的记者。主要有黄远生、邵飘萍、刘少少、徐彬彬、张季鸾等。参见本专题考点难点归纳相关内容。

5.3 考研真题与典型题详解

一、概念题

1.《中华民国暂行报律》(南开大学2006年研)

相关试题：民国暂行报律事件(复旦大学2021年研)、**"暂行报律"风波**(南京师大2021年研)

答：《中华民国暂行报律》是南京临时政府内务部于1912年3月2日制定的一个简单的条例。该条例是鉴于《大清报律》废止后报刊出版无章可循的状况，与报界进行的约法三章。其具体内容有：①出版报刊必须履行登记手续；②"流言煽惑，关于共和体有破坏弊害者"应受惩处；③"调查失实，污毁个人名誉者"应受处罚。但在当时民主、自由气氛空前高涨的报界，此报律受到了报界的一致反对，孙中山明令撤销。

2."横三民"报(华南理工2020年研；暨南大学2014年研)

答："横三民"报是民国初年创办的《中华民报》《民国新闻》《民权报》的总称。《中华民报》创刊于1912年，是“同盟会—国民党”系统的报纸，以“拥护共和，防止专制复活”为宗旨，是同盟会系统报纸中反袁态度最坚决的一家。《民国新闻》也是1912年创办的一份“同盟会—国民党”系统的报纸，以“维护共和政体”为宗旨。《民权报》是上海自由党创办的一份报纸，由戴季陶、何海鸣主编。该报以言论激烈闻名于世，提出了很多激进主义的口号。

3.《亚细亚日报》（山东大学2010年研）

答：《亚细亚日报》是袁世凯就任中华民国临时政府大总统后创办的御用报纸，是当时御用报纸中影响最大的一份。1912年在北京创刊，帝制分子薛大可担任主编，丁佛言、樊增祥、易实甫等任撰述。该报竭力诋毁孙中山为代表的革命党人，是袁世凯御用报纸中言论最反动、活动最猖獗的一家报纸。曾发表大量鼓吹帝制和拥戴劝进的文牍、函电，为袁世凯的复辟活动大造舆论。1916年1月，在广大革命党人与爱国分子的抵制下被迫停刊，同年3月，取消帝制后正式停刊。

4.《报纸条例》

答：《报纸条例》是袁世凯政府于1914年4月颁布的一部新闻出版法令，该法令集中了日本等国报律的限制性条文，对报纸报道内容进行了详细的限定，条文十分苛刻。其中规定：禁止军人、官吏、学生和25岁以下者办报；报纸出版须到警察机关登记并交纳保证金；禁止报纸刊登“淆乱政体”、“妨害治安”和各级官署禁止刊载的一切文字；每天的报纸在发行前呈送报样给警察机关备案等。而且有些法条模棱两可，执法者可随意解释，造成执法乱象，成为当局控制舆论的手段。其目的在于钳制新闻事业、限制言论出版自由，使袁世凯政府摧残舆论的暴行合法化。

5.《远生遗著》（北大2010年研）

答：《远生遗著》由商务印书馆出版，共四卷，是黄远生通讯评论作品汇集整理的合辑，以新闻通讯作品为主，是中国历史上最早的一部报刊通讯集。黄远生是我国新闻史上第一个有影响的新闻通讯记者，是我国新闻通讯体裁的开拓者，被誉为“报界之奇才”，与刘少少、徐彬彬（凌霄）并称为民国新闻业“三杰”。1915年12月25日晚上，黄远山在旧金山被中华革命党方面枪杀，年仅31岁。他死后，其友人将他发表过的文章编为《远生遗著》行世。

6. 邵飘萍（浙传2020年研；福建师大2018年研；中传2017年研；苏州大学2017年研；人大2016年研；湖北大学2014年研；河北大学2013年研；陕西师大2011年研；上海财大2010年研）

答：参见本专题考点难点归纳相关内容。

7. 林白水（福建师大2019年研；湖南大学2015年研）

答：参见本专题考点难点归纳相关内容。

8. 张季鸾（中传2019年研；四川大学2018年研；重庆大学2018年研；清华大学2013年研）

答：参见本专题考点难点归纳相关内容。

二、简答题

1. 简述自由新闻体制的确立及意义。(中青政治学院2016年研；贵州大学2016年研)

答：(1)自由新闻体制的确立。

中华民国南京临时政府成立后，极为重视新闻出版事业，采用立法等手段保障人们新闻出版、言论舆论的自由与权利。

①将言论出版自由纳入《中华民国临时约法》中。《中华民国临时约法》规定，人民有言论、著作、刊行及集会、结社之自由，同时还规定各项自由权利只有在认为增进公益、维持治安，或非常紧急必要时，才能以法律限制之。

②颁布促进新闻事业发展的法律法规，废止亡清限制新闻自由的旧法令，为新闻事业提供法律保障。如1912年3月，孙中山应上海日报公会之请，下令将报界电费减轻四分之一，邮费减轻二分之一，以利报业的发展。

③中华民国成立后，各地革命党以保障新闻出版自由为指导思想，建立了符合各地实际的自由新闻体制与法律条款。最终在全国极大范围内建立起自由新闻体制。

(2)自由新闻体制确立的意义。

以孙中山为首的南京临时政府颁行的上述法律、法令，确立了以言论出版自由为本的新闻法制原则，标志着自由新闻体制在中国的建成。这一自由新闻体制与封建文化专制制度是完全对立的，对于强化言论出版自由等资产阶级民主观念，促进中国资产阶级新闻事业的发展，具有不可忽视的进步意义。但是，由于南京临时政府当政时间过短，因而无暇进一步完善这一自由新闻体制。

2. 简述清末民初的新闻法制与新闻自由。(清华大学2011年研)

相关试题：清末新闻法律制度的内容和特点。(湖南师大2021年研)

答：(1)清末的新闻法制和新闻自由。

自1906年至1911年的5年时间内，清政府先后制定了一批专用于新闻事业的法律与法令。这些法律、法令的创制与颁行，特别是《大清报律》等一批专门适用于新闻事业的法律的出台，标志着中国近代新闻法律制度在封建统治的末年初步建成。清末的新闻法制和新闻自由可以归纳为以下几个方面：

①关于办报和采访自由。言论出版自由首先是办报的自由。《钦定宪法大纲》作为我国第一部近代宪法，以根本法的形式确立了臣民在法律范围内有言论、著作和出版的自由。报刊对国家政治法律的言论自由按说是宪政的应有之义，但由于清政府在实行宪政上缺乏足够的诚意，因而允许报纸作为监督政府的舆论工具而存在的同时，法律对报道自由、评论自由又进行了诸多限制。

②报刊创办制度：从批准制到注册登记制。1906年《大清印刷物专律》中采取的是审批制，1908年的《大清报律》取消了审批制，采取了注册登记加保证金的制度。由审批制改为注册登记制是一个很大的进步，合乎世界新闻制度的潮流，是保障言论自由的一个重要体现，但保留保证金制度，虽在初期具有一定的合理性，对报刊发展的主流影响不大，但还是有损注册制的进步性。

③报刊审查制度：从事先核查到事后存查。对新闻自由限制最为严厉的规定是报刊审

查制度。《大清报律》第7条规定："每日发行之报纸，应于发行前一日晚12点钟以前；其月报、旬报、星期报之类，均应于发行前一日午12点钟以前，送由该管巡警官署或地方官署，随时核查，按律办理。"虽然事先核查和事后存查制度都是为了加强对报业的控制，但还是有了一定的进步。《大清报律》还规定了更正制，报纸如有失实，必须于下一期更正。

④禁载事项的规定。《大清报律》规定了6项禁载事项，包括禁止旁听的诉讼事件、未经公判的预审事件、禁止登载的外交和海陆军事件、未经阁抄和官报公布的谕旨章奏，以及第23条的诋毁宫廷、淆乱政体、损害公安、败坏风俗之语，发行人和编辑人不得受人贿赂颠倒是非、不得挟嫌诬蔑损人名誉。1911年，清政府对该报律进行了修订，禁登的内容更广泛了。

(2)民国初年的新闻法制和新闻自由。

参见本专题考点难点归纳相关内容。

3. 简述民国初年新闻法律制度的特点。

答：民国初年新闻法律制度，经袁世凯及其继任者的百般扭曲，形成了以下三个特点：

(1)采用自由新闻体制的形式。中华民国成立后，新闻法律制度也以言论出版自由为本，在形式上采用资产阶级民主共和政体，原则上承认"主权在民"。袁世凯上台后，对这一体制及其理论依据进行扭曲与破坏，以适用于其反动统治的需要。

(2)带有浓重的半封建半殖民地色彩。在立法上，辛亥革命胜利后，由于中华民国的法律一时难以出台，因而只能暂时沿用前清的法律中与民国国体无抵触的内容，使新法制仍带有旧时代的痕迹。至于司法机构，虽然原则上仿效资产阶级国家的形式，但并未真正做到，地方审判厅大多未建立，实际上仍由地方行政机关兼理司法，如初级和地方管辖的案件由县知事兼理。在诉讼过程中，刑讯、体罚手段仍被袭用。至于半殖民地的色彩，则集中表现在帝国主义在中国建立的租界制度未被废止，"治外法权"原则未被废止，帝国主义列强强加给中国的一系列不平等条约未被废止。

(3)滥用军法，唯军阀意志是从。辛亥革命后，地方政权大都为旧封建军阀所窃据。这些旧军人毫无民主观念，横行霸道，鱼肉百姓。袁世凯又颁布了《戒严法》，为北洋军阀政府滥用军法开了方便之门。而且，由于北洋政府统治时期各派军阀混战不休，几乎常年处于战争或戒严时期，因而军事审判在实际上已取代了普通的司法审判。

4. 简述袁世凯政府的《出版法》。

答：袁世凯为了建立封建专制统治，加强对社会舆论和新闻界的控制，1914年12月，袁世凯政府颁布了《出版法》，对包括报纸在内的一切文字、图画印刷物都作了严格的规定，对报刊的登记、出版、发行、言论、采访、编辑等活动横加干涉。《出版法》规定：

(1)禁止军人、官吏、学生和25岁以下者办报。

(2)报纸出版必须到警察机关登记并交纳保证金，呈报"发行人、编辑人、印刷人之姓名、年龄、籍贯、履历、住址"。

(3)报纸禁止刊登淆乱政体、妨害治安和各级官署禁止刊载的一切文字。

(4)每天的报纸在发行前必须呈送报样给警察机关备案。

尽管法律已经十分苛细，各地政府在执行法律的过程中，又层层加码。北京的英文《京报》曾发表文章，称袁世凯政府制定的新闻法是“世界上报律比较之最恶者”。这一时期是中国新闻史上最黑暗的时期。

5. 简述黄远生的“四能说”。(复旦大学2014年研)

相关试题：

(1)分析黄远生的记者四能。(安徽大学2019年研)

(2)黄远生的“四能”。(概念题，华中师大2015年研)

答：黄远生根据其自身经历，加以总结反思，提出新闻记者须有“四能”，具体指：

(1)脑筋能想。指新闻记者要有丰富的知识面，对任何事物都有自己独到的见解，要理性地分析和对待一切新闻事件，不要过于亲信他人的观点，对新闻事件要有充分的认识和思考，能够发现新闻线索，构思新闻，判断具有新闻价值的信息，加以采用和刊载。

(2)腿脚能奔走。指记者的采访活动能力，要善于奔走，抓取新闻，不放过每一条有价值的新闻。

(3)耳能听。指记者要有一双“顺风耳”，及时注意周围事态的变化，善于从别人的言谈中发现新闻线索，保持“全天候”的警戒状态，时刻想到从一切可能的媒介中获取新闻。

(4)手能写。指记者的新闻写作能力，要熟练掌握消息、通讯、报告文学、评论等各种新闻体裁，有语法、修辞、逻辑方面的知识和修养，有自己的风格，讲究方法和技巧，在有限的新闻截稿时间里完成文稿的写作。

6. 简述邵飘萍对新闻事业的主要贡献。(中国社会科学院2006年研)

相关试题：

(1)简述邵飘萍新闻活动及其影响。(暨南大学2019年研)

(2)为什么说邵飘萍是新闻界不可多得的全才？(湖南大学2019年研)

答：邵飘萍是民国初期的著名记者，被称为“新闻界的全才”。他的主要新闻活动和对新闻事业的主要贡献表现在以下几个方面：

(1)早年受改良派和革命派报刊大论战的影响，他萌发出“要做一个新闻记者的动机”和“新闻救国”的思想，利用课余时间给上海《申报》投稿，被《申报》聘为通讯员，并参加了南社。

(2)1911年，浙江宣布独立后，他怀着为民主共和而战的激情奔赴杭州。1912年，在杭州与辛亥革命时期著名报人杭辛斋合作创办《汉民日报》，自任主笔并兼任《浙江军政府公报》编辑，从此开始了他的职业报人的生涯。

(3)1913年初，他开始主持《汉民日报》，不畏权势，不受利诱，撰写了大量论说、时评和随笔，抨击袁世凯及军阀的专横跋扈，揭露贪官污吏的罪行。“二次革命”失败后，他被反动当局构陷入狱，《汉民日报》也同时被封。

(4)1914年出狱后，他东渡日本留学，就读于东京政法学校，并与同学潘公弼等创办了东京通讯社。1915年年初，日本向袁世凯提出灭亡中国的“二十一条”，邵飘萍立即驰报国内。

(5)1915年底，他受聘于上海《申报》《时报》《时事新报》，主要撰写时评。袁世凯死后，《申报》聘他为驻京特派记者，从此北京就成为他进行新闻活动的舞台。

(6)为了改变外国通讯社"任意左右我国之政闻"的状况，他于1916年8月在北京创办新闻编译社，并以此为依托开展了有声有色的新闻采访报道活动。他每天都向《申报》发去新闻专电和内容较为详细的《北京特别通信》，对北洋政府的内政、外交及国会的动态做出翔实可靠的报道，成为有口皆碑的著名记者。

(7)1918年10月，他在北京独立创办大型日报《京报》，自任社长，并兼任北大新闻学研究会讲师。1919年8月，《京报》因揭露段祺瑞政府的卖国政策被封，邵飘萍再次流亡日本，出任大阪《朝日新闻》特约记者。1920年回国后恢复《京报》，锐意改革，使该报成为北方很有影响力的大报。

(8)根据他在北大、平民大学、民国大学、法政大学讲授新闻学课程的讲义整理出版的《实际应用新闻学》一书，是中国最早的新闻采访学专著之一。

7.《大公报》创办人及时间？新记公司接手后提出的四不方针指什么？何时与国民党决裂？(复旦大学2013年研)

相关试题：

(1)简述新记《大公报》的"四不"方针。(人大2014年研)

(2)论述大公报的办报过程，及"四不方针"的含义。(论述题，复旦大学2017年研)

(3)简述"四不方针"。(重庆大学2017年研)

(4)结合史实，论述《大公报》的"四不方针"。(中南财大2018年研)

答：(1)《大公报》是中国近代和现代著名日报。1902年创办于天津，由英敛之主持。该报的发展经历四个阶段：

①1902年至1916年，英敛之主持阶段，是一份宣传改良思想、主张君主立宪的报纸。以敢言、严肃、非牟利为标榜，揭露时弊，成为北方地区著名报纸。

②1916年至1926年，王郅隆接办阶段，变成一份接近皖系军阀并有亲日倾向的报纸。

③1926年至1949年，新记公司接办阶段，发展成为有全国影响的大报。1926年由吴鼎昌、胡政之、张季鸾合作创办，提出"不党、不私、不卖、不盲"的办报方针。

④1949年至今，成为共产党领导下的人民报纸阶段。目前，《大公报》的香港版仍在出版，它已成为我国出版时间最长的中文日报。

(2)《大公报》的"四不"方针是指《大公报》"不党、不私、不卖、不盲"的办报方针。1926年，由新记公司接办的《大公报》在天津创刊。复刊号发表《本社同人之志趣》一文，提出了"四不"方针：

①"不党"，指"纯以公民之地位发表意见，此外无成见，无背景。凡其行为利于国者，吾人拥护之；其害国者，纠弹之"。

②"不卖"，指"不以言论作交易，不受一切带有政治性质之金钱补助，且不接受政治方面之入股投资"。

③"不私"，指"除愿忠于报纸固有之职外，并无私图。易言之，对于报纸并无私用，愿向全国开放，使为公众喉舌"。

④"不盲"，指不"随声附和"、不"评诋激烈，昧于事实"，以此形成它的特色。

"四不"方针体现该报追求的新闻客观、经济独立、言论公允、服务公众的报业精神。

(3)《大公报》曾一度支持过国民党的内战政策，1948年后因立场有所改变受到当局迫害，重庆版一度被强行接收。

①“九一八”事变以前，《大公报》的政治立场之所以从开始的自由主义立场，转到公开发社评表示拥护与赞助国民政府建设，是因为自清末以来，国内缺乏真正能实现国家统一的政治权威。权威的真空状态延续军阀之间的混战和国民党内的派系斗争。国民政府以自身军事、三民主义和经济的优势，使得《大公报》对其报以统一希望，并希望国民政府通过政治、经济、司法、军事、外交诸方面的改革，增强自身的权威。

②“九一八”事变以后，随着民族危机的加深，迫切需要有能力的领袖，能整合全国的精神和物质力量以一致抗日。蒋介石以其政治、军事和三民主义标榜的优势成为“领袖权威”。《大公报》的政治立场转向支持以蒋介石为国家政治中心。

③七七事变后，天津、上海相继陷落。《大公报》力主抗战，表示“一不投降，二不受辱”，天津版、上海版分别于1937年8月5日、12月14日停刊。张季鸾曾以中共党员身份先后到香港，做争取王芸生转变对国民党立场的工作，逐步解除王芸生对共产党的疑虑，经过他们的共同努力，使香港《大公报》的立场逐步转变，和国民党反动派决裂。

8．从《申报》的发展谈现代化报业的特征。

答：(1)《申报》的发展背景。

第一次世界大战期间，西方帝国主义列强一时无暇顾及对中国的侵略，使中国资本主义经济有了发展空间，给中国商业性报纸实行企业化方针提供了有利条件。由于上海是全国金融的中心，再加上租界的特殊环境，因而我国历史悠久的《申报》《新闻报》等资产阶级商业性大报，率先向现代企业化报业方向迈步。

(2)《申报》的发展改革。

①企业化经营激发报刊活力。《申报》在1912年史量才接办初期，销量只有7000多份，到1922年创刊50周年时，已发展成为平均日销5万份的大报。《申报》在事业上的发展，就是其加强经营管理、推行企业化方针的结果。《申报》在企业化方面，主要采取了以下措施：

a．大力开展广告业务。该报聘请张竹平任经理，设广告推广科，派出外勤四处招揽广告，改进广告设计，深受工商界的欢迎，广告日增，成为该报营利的首要来源。

b．加强报纸发行。该报抓紧报纸发行这一环节，设立报纸推广科，除大力在本市推广外，并向外埠发展，派人到全国各地征求机关、团体和个人订户。

c．加强基础建设，不断更新技术设备。上海《申报》用70万两白银于1918年建起高五层、拥有百余间房间的报馆大楼，又从美国购进两部最新式的印报机，两小时可印完十多万份报纸，添置配套的制铜版机、铸字机机器，还自备汽车，加快送报速度。

②方针明确，报纸内容多样化运营。《申报》成为当时全国设备最新、最完备的报纸企业，并在企业化经营方面取得引人注目的成效。实行企业化经营方针，新闻业务、经营管理等一切均以是否营利为转移，在经营管理和新闻业务方面，为中国新闻事业的发展提供了有益的借鉴。在报纸内容方面，有以下举措：

a．实行不偏不倚、轻言论、重新闻的编辑方针，对于重要政治问题，一般采取只报道、少评论或不评论的做法。聘陈景韩任总主笔，用小时评代替社论，先后聘名记者黄远生、邵飘萍担任驻北京特派记者，用大量北京专电等政治新闻弥补言论的不足。在欧美各国首都聘有特约通讯员。

b. 增设《星期增刊》《常识》等多种专刊、专栏，加重报纸的知识性、趣味性内容。

(3)《申报》的发展与现代报业的特征。

《申报》在经营管理和报纸内容方面的改革说明了现代化报业的基本特征：①摆脱政党色彩，实行企业化经营方针，改革内部管理机制，突出营利目的，广告成为现代化报业的主要营利来源，报纸为扩大广告版面不断增厚增页；②自办发行，建立完善的发行网络，发行量大，市场容量和范围加大；③新闻传播手段日趋现代化，不断更新设备，加强基础设施建设；④在内容上，新闻是立命之本，以新闻为中心，注重新闻报道的广泛和权威。

三、论述题

论黄远生的主要影响。(中青政治学院 2009 年研)

相关试题：简述黄远生为什么被称为“报界奇才”。(简答题，中传 2017 年研)

答：黄远生是民国初年“三大名记者”之一，被称为“报界之奇才”，是我国新闻通讯文体的开创者，提出了“四能”，即“脑筋能想；腿脚能奔走；耳能听；手能写。”他对新闻出版事业产生的影响有：

(1)对民初新闻业的影响。

①开创了一种新的报道文体。新闻通讯文体是《时报》率先选派驻京访员而发展起来的。新闻界都一致认为黄远生是我国新闻通讯之鼻祖，黄远生所创的翔实细密的通讯文体与消息区分开来，与之前所谓“通讯”也有很大区别，那时的“某地通讯”只是停留于“消息”的地位，其特点是简短，没有过多的描写，记叙事件也不详备。黄远生在《时报》开创了这种新的报道文体，为我国新闻通讯奠定了文体基础，后来通过邵飘萍、徐彬彬(凌霄)、刘少少等一批民初记者的大量实践，逐渐定型为一种重要的新闻文体，使我国报道文体变得多样而成熟，《时报》中“远生通讯”的领头作用是显而易见的。

②促使我国报刊从政论时代向新闻时代的转变。民初大量使用电信技术带来了新闻专电的普及，使我国报纸进入到从以政论为主到以新闻为主的过渡时期，逐渐推动了我国政论时代向新闻时代转变。“远生通讯”的出现加速了转变的步伐，黄远生所创的新闻通讯文体，与专电等新闻样式一起加速了政论时代向新闻时代的复归，促使“新闻本位”时代真正到来。

③加速了新闻专业理念的形成。新闻专业理念在民初开始萌芽，黄远生是新闻专业理念的早期尝试者和探索者。民初记者通过通讯文体的写作实践，促使记者追求真实、客观的报道理念，虽然民初记者对于新闻报道的客观、真实、责任意识和报刊功能等理念的认知只是停留在感性层面，还没有把它们上升到理性层面而“有意”为之，但他们对于新闻专业理念内核已有认知，并在其新闻通讯实践中已有大量尝试，带来了我国专业理念的萌芽，加速了新闻专业主义的形成，对后来的新闻界影响颇为深远。

(2)对职业报人的影响。

以黄远生为代表的“北京通讯”影响了一批报人的职业选择。“远生通讯”对邹韬奋、徐铸成等一批名报人影响非常大，后来他们受其影响踏上了新闻工作的道路，而且在某些方面还青出于蓝而胜于蓝。

(3)对新文化运动的影响。

《时报》的"远生通讯"体现出半文半白的语言风格，是白话文兴起的先兆。在1914年到1915年间，黄远生曾给章士钊主编的《甲寅》杂志记者写信明确倡导新文学，并且，在陈独秀、胡适提出白话文之前，黄远生已经作了用白话文写作的尝试。因而有人评价："黄远生称得上五四新文学运动的先驱者之一。"

总之，黄远生的新闻通讯内容涉及民国初年大量的人物和事件，议题相当广泛，写作有声有色，艺术特色鲜明。他的通讯驰名中外，影响很大，自成一体，为通讯采写提供了示范，而且，客观、翔实的通讯作品还具有极高的史料价值。

专题六　五四时期的新闻传播事业

6.1　复习笔记

【知识框架（庖丁解牛）】

- 五四时期的新闻传播事业
  - 新文化运动
    - 《新青年》　1915　上海　陈独秀　新文化运动兴起的标志　发展阶段
    - 新文化运动中《新青年》的主要宣传内容
    - 俄国十月革命后　李大钊在《新青年》等报刊上宣传马克思主义
  - 新的报刊宣传战线的形成
    - 《每周评论》　1918　北京　陈独秀、李大钊等《新青年》同人创办
    - 报刊对五四运动的宣传报道　上海成立中华全国报界联合会
    - 进步学生报刊纷起
      - 《湘江评论》　1919　长沙　毛泽东
      - 《天津学生联合会报》　1919　天津　周恩来
    - 新旧思潮在报刊上的大激战　林纾、辜鸿铭与陈独秀、胡适等
  - 无产阶级新闻事业的诞生
    - 改组后的《新青年》　1920. 9
    - 《共产党》月刊　1920. 11　中共上海理论机关刊物
    - 第一批工人报刊
      - 《劳动界》　1920. 8　中共上海发起组
      - 《劳动音》　1920. 11　北京共产主义小组
      - 《劳动者》　1920. 10　广东共产主义小组
    - 中俄通讯社　1920. 7　上海　我国第一家无产阶级通讯社
  - 新闻工作改革
    - 开创自由讨论的风气
    - 政论传统的恢复与发展
    - 新文风的出现
    - 副刊的革新
    - 报纸版面编排和新闻采写业务的改进
  - 北京大学新闻学研究会（新闻学研究与教育的开端）
    - 1918. 10　北大校长蔡元培兼任会长　徐宝璜任副会长
    - 徐宝璜《新闻学》与邵飘萍《实际应用新闻学》
    - 举办两期研究班　培养会员百余人　输送新闻人才
    - 是中国第一个新闻教育团体　代表近代新闻教育的起步

【专题概要（提纲挈领）】

本专题主要论述了五四时期无产阶级新闻事业的相关知识，考点以名词解释以及简答题为主，在学习时，需要着重对新文化运动、五四时期的报刊宣传战线、无产阶级新闻事业的诞生、新闻教育的发展等内容加以把握，并重点了解《新青年》的新闻活动、主要的工人报刊、五四时期新闻工作的改革等内容。

【考点难点归纳(厚积薄发)】

考点一:《新青年》与新文化运动 ★★★★

1.《新青年》及其主编陈独秀(见表6-1)

表6-1 《新青年》及其主编陈独秀

要点	具体内容		
《新青年》	概述	1915年9月15日创刊于上海,是五四运动中最著名、最有代表性的革命民主主义刊物,其创刊也标志着新文化运动的开始。1922年7月终刊,共出版了9卷2号	
	发展的三个阶段	第一阶段(1915.9~1918.11)	高举民主和科学大旗,发起批孔运动和文学革命运动,是激进民主主义者倡导新文化运动的主要舆论阵地
		第二阶段(1918.12~1920.8)	它由民主主义刊物逐渐向社会主义刊物过渡,在思想上为中国共产党的建立奠定了基础
		第三阶段(1920.9~1922.7)	是中国共产党在上海发起组织的机关报和党中央早期的机关理论刊物,在宣传马克思列宁主义和中国共产党的方针、政策上有过一定的成就
	宣传内容	提倡民主,在政治上反对封建专制,要求平等自由;在思想上反对封建旧礼教、旧道德,反对尊孔复古,要求争取人权、个性解放	《新青年》对封建主义思想观念展开了猛烈的抨击,它大张旗鼓地批判封建伦理道德,指出封建伦理道德是君主专制制度的思想基础,尊孔必定导致复辟。同时,它大力宣扬西方资产阶级的自由平等观念,指出封建伦理道德是与共和民主政治水火不相容的。把反对封建专制和反对封建礼教的斗争结合起来,是《新青年》进行民主思想宣传的一个重要特点
		提倡科学,反对迷信、愚昧和盲从,要求用科学法则和理性来判断一切	《新青年》发表了不少介绍达尔文进化论、爱因斯坦相对论以及宣传唯物论和无神论的文章,抨击封建迷信谬论。鲁迅主张用"科学"这一味药来诊治中国人在思想上迷信鬼神的病。陈独秀认为一切事物的成败得失是客观规律在起作用,批判了神秘论和宗教世界观
		主张文学革命	提倡新文学反对旧文学,提倡白话文反对文言文,反对把文学作为宣传封建主义思想的工具,提倡建立民主主义的国民文学、写实文学和社会文学。文学革命开始于1917年,是新文化运动发展的必然结果,也是它的重要组成部分。《新青年》是倡导文学革命的主要阵地,作为文学革命重要内容的提倡白话文反对文言文的运动,也是由《新青年》首先倡导的
陈独秀(1879~1942)	字仲甫,安徽怀宁人。青年时代受康梁维新变法思想影响,抛弃仕宦旧途,追求西方新学,曾多次赴日本求学考察;在国内外组织团体,创办报刊书社,宣传民主思想,反对君主专制。"苏报案"后,1903年8月,在上海与章士钊、苏曼殊等创办《国民日日报》,担任编辑。1904年在芜湖与友人创办《安徽俗话报》,这是陈独秀主编的第一个报刊,深受读者欢迎。后参加辛亥革命,并积极参加反袁斗争。二次革命失败后,逃亡上海,后东渡日本,协助章士钊编辑《甲寅》杂志。1915年回国创办了《青年杂志》,正值袁世凯为复辟帝制大造舆论,袁失败后,又有张勋复辟,中国政治日趋腐败黑暗。受现实的教育,陈认识到批判孔教、开展思想革命的重要性。之后,《青年杂志》改名为《新青年》,揭开了新文化运动的序幕		

2. 李大钊与马克思主义(见表6－2)

表6－2　李大钊与马克思主义

要点	具体内容
李大钊 (1889～1927)	字守常，河北乐亭人。中国共产党的主要创始人之一，也是中国最早的马克思列宁主义的卓越宣传家。1913年，在天津北洋法政专门学校学习时，即参加编辑该校的学生刊物《言治》杂志。1916年在日本留学时，曾担任留日学生总会文事委员会编辑主任，编辑该会出版的《民彝》杂志。回国后，曾积极参与《新青年》编撰工作，主编《晨钟报》，编辑《甲寅》日刊，主编《少年中国》月刊。与陈独秀等创办《每周评论》，并与五四时期许多进步学生刊物有联系。1918年，《新青年》第5卷第5号发表了李大钊的《庶民的胜利》《布尔什维主义的胜利》。这两篇文章成了中国最早的马克思列宁主义文献。它们的发表标志着《新青年》开始了发展历程的第二阶段，即由民主主义刊物向社会主义刊物过渡时期
《新青年》日益倾向社会主义	①在李大钊的影响下，《新青年》的社会主义因素明显增长起来。五四运动前夕，李大钊把他轮值主编的《新青年》第6卷第5号编成“马克思研究专号”。他写了著名的长篇论文《我的马克思主义观》，第一次比较完整地向中国民众介绍了马克思主义的政治经济学、唯物史观和科学社会主义三个组成部分的基本原理，并指出阶级斗争学说“恰如一条金线把这三大理论联络起来”。虽然这一专号中有不少文章是非马克思主义的，但是在著名的《新青年》上作为一个专号集中介绍研究马克思主义，在当时的确非同寻常。 ②1919年12月，陈独秀在《新青年》第7卷第1号上发表了一篇《本志宣言》。宣言表明了《新青年》基本否定了资本主义的方向，确定了社会主义的方向。它的发表是《新青年》转向马克思主义的一个重要步骤。 ③1920年初，陈独秀由北京到达已是新文化运动中心的上海，《新青年》从第7卷第4号起由其主编出版，他在筹建中共上海发起组的过程中，把第7卷第6号编成“劳动节纪念”专号。它的出版是《新青年》宣传马克思主义与工人运动相结合的重要起点，是其向社会主义刊物明显转变的标志，为其后期成为中国共产党早期组织的机关刊物奠定了基础

考点二：新的报刊宣传阵线的形成(见表6－3)　★★★

表6－3　新的报刊宣传阵线的形成

要点	具体内容
《每周评论》的创办 (1918.12.22)	五四时期著名刊物，创刊于北京，1919年8月31日被北洋军阀政府查禁，共出版37期。它的发起者和编辑是陈独秀和李大钊。其经常撰稿人有胡适、周作人、高一涵、王光祈、张申府等。《每周评论》的出版正处于五四运动从酝酿、爆发到高潮的时期，其宣传直接反映了这一时期政治局势的发展变化。其宗旨是“输入新思想”“提倡新文学”，设有“国外大事述论”“国内大事述评”“社论”“文艺时评”“随感录”等栏目。陈独秀负责主编前25期，李大钊任主要撰稿人，多宣传反帝反封建思想，倾向社会主义。自第26期起，由胡适接编，讨论“问题与主义”
五四运动中的宣传报道	①全国报界联合会通令全国报纸拒登日商广告，显示报界一致对外的爱国立场。 ②五四运动期间，《每周评论》发挥了积极的舆论先导作用。《每周评论》《晨报》《国民公报》《益世报》等民主报刊结成无形的反帝反封建的统一战线，还针对帝国主义和北洋军阀报刊攻击五四运动的谬论进行了反击。 ③为了充分报道五四运动，《每周评论》等报刊还进行了争取言论出版自由的斗争

续表

<table>
<tr><th>要点</th><th colspan="2">具体内容</th></tr>
<tr><td rowspan="2">进步学生报刊纷纷涌现</td><td>《湘江评论》(1919.7.14)</td><td>创刊于长沙，是湖南学生联合会机关报，毛泽东主编。《湘江评论》是一张4开4版的小型周报，主要任务是传播“新思潮”，1919年8月出到第5号时被湖南军阀张敬尧查封。它以述评为主，时事报道和评论相结合，且全部用白话文写作，从形式到内容，丰富多彩，引人注目。毛泽东署名发表的政论、述评、杂文将近40篇</td></tr>
<tr><td>《天津学生联合会报》(1919.7.21)</td><td>由周恩来主编，在天津创刊。初为日刊，对开4版一大张，后改为3日刊，6版一张半。出至1920年初停刊，共出版100多期。它在全国民众中享有很高声誉。北京《晨报》认为“它办得很有价值”。南京《少年中国》认为这个报纸是天津的“新曙光”。上海《新人》杂志说它办得“很有精神”，“其‘主张’与‘评论’二栏，又有特色。是全国的学生会报之冠”</td></tr>
<tr><td>新旧思潮在报刊上的激战</td><td colspan="2">①顽固派：
a. 代表人物：林纾、辜鸿铭、刘师培等。
b. 代表报刊：《国故》月刊、《新申报》《东方杂志》《公言报》等。封建顽固派文人在报刊上发表了一批文章，对新文化运动大肆进行诬蔑、攻击。他们把《新青年》等宣传新文化运动的报刊视为“洪水猛兽”，把陈独秀等新文化运动的战士称为“过激派”。五四运动爆发后，《公言报》等代表封建顽固派的报刊攻击五四运动是“铲伦常，覆孔孟”的“恶果”。
②针对封建守旧势力对新文化运动的攻击与责难，陈独秀在1919年《新青年》第6卷第1号上发表《本志罪案之答辩书》，这是一篇面对封建顽固派的攻击、表明坚持新文化运动心志的战斗宣言</td></tr>
</table>

考点三：中国无产阶级新闻传播事业的诞生(见表6-4) ★★★★

表6-4　中国无产阶级新闻传播事业的诞生

<table>
<tr><th>要点</th><th colspan="2">具体内容</th></tr>
<tr><td rowspan="2">《新青年》的改组和《共产党》月刊的创办</td><td>《新青年》的改组</td><td>①1920年9月，中共上海发起组把当时已出版6年，具有很大影响的《新青年》从第8卷第1号起改组为自己的机关刊物。《新青年》从此进入了其发展历程的第三个时期，即作为无产阶级报刊的时期(1920.9～1922.7)。
②改组后的《新青年》仍由陈独秀主编，但这时的陈已由激进的民主主义者转向信仰社会主义，并成为中共上海发起组的负责人。改组后出版的第8卷1号，明确表示了拥护马克思列宁主义的态度。
③改组后的《新青年》，作为社会主义刊物，为马克思主义的广泛传播与建立中国共产党做出了重大贡献</td></tr>
<tr><td>《共产党》月刊的创办</td><td>由中共上海发起组于1920年11月7日创办，是半公开的大型理论机关刊物。由李达主编，共出版了6期，每期发行5000份，1921年10月停刊。主要介绍了第三国际和国际共产主义运动的经验，特别是俄国共产党的经验和列宁的学说；宣传了关于共产党的基本知识，阐明中国共产党人的基本主张；发表了一些用马克思主义观点分析探讨中国问题的文章，并开展了对反动思潮的批判</td></tr>
<tr><td>《劳动界》等第一批工人报刊</td><td colspan="2">各地共产主义小组成立后，为正式建立中国共产党，加紧了对工人阶级的宣传和组织工作。共产主义小组从事工人运动的重要方式之一，是出版专门刊物，向工人进行通俗的马克思主义宣传。于是，《劳动界》《劳动音》《劳动者》《劳动与妇女》等通俗的小型工人刊物出版，是我国第一批以马克思列宁主义为指导的工人报刊</td></tr>
</table>

续表

要点	具体内容	
中俄通讯社（1920.7）	共产国际工作组和中共上海发起组领导创办，由共产国际来华小组成员兼翻译杨明斋主持，向《新青年》、上海《民国日报》等供给介绍十月革命后苏俄情况的稿件，同时，选择北京、上海报纸有关中国的消息译成俄文，用电讯形式发往莫斯科。这个通讯社在大革命时期仍在活动	
中国早期无产阶级新闻传播事业的特点与意义	特点	①鲜明的无产阶级立场。 ②强调理论联系实际。 ③注意联系群众，并在工人中进行组织活动
	意义	我国无产阶级新闻事业，吸收了国际无产阶级新闻事业的经验，继承了民主主义新闻事业的革命精神和工作经验，具有鲜明的无产阶级立场，注重联系实际和联系群众，我国无产阶级新闻事业的优良传统由此开端

考点四：新闻工作改革、新闻学研究与新闻教育 ★★★

1. 新闻工作改革（见表6－5）

表6－5　新闻工作改革

要点	具体内容
提倡自由平等地讨论问题	《新青年》等宣传新文化的报刊，冲破封建统治的桎梏，提倡科学，促成了思想解放，形成自由讨论的民主风气，使报刊成为百家争鸣的园地
恢复与发展政论传统	重视政论是中国进步报刊的传统特色之一，但在袁世凯篡权后一度中断。新文化运动开始后，报刊政论重新受到重视，政论传统恢复并不断发展
倡导白话文，使用新式标点	《新青年》发动的"文学革命"重要的内容之一就是提倡白话文，反对文言文。《新青年》的主要编撰者陈独秀、李大钊、鲁迅、胡适、蔡元培等，不仅倡导，而且就用白话进行写作，这使我国报刊文风一新
在国内外广开新闻来源	五四时期报社普遍加强了记者队伍的建设，重视直接采访和迅速报道，一些报刊聘设特派记者，广开国内外消息、通讯的来源，出现了一批有价值的新闻作品
报纸副刊的革新	五四期间，许多报纸的副刊改变了以前消闲低级趣味性质，变成介绍新思想、新知识、新文艺和反对封建思想文化的阵地，有的还传播了马列主义

2. 新闻学研究与新闻教育的开端（见表6－6）

表6－6　新闻学研究与新闻教育的开端

要点	具体内容
北大新闻学研究会	1918年宣告成立，向校内外公开招收会员，是我国第一个新闻学研究团体，一直活动到1920年。该会的创办标志着我国将新闻作为一门科学进行研究的开端，也是我国新闻教育事业的开端。北京大学校长蔡元培兼任会长
新闻学研究刊物	新闻学研究会出版了三期《新闻周刊》，它是我国早期采用横版的报纸之一，也是我国第一个新闻学业务刊物。研究会举办了两期研究班，培养会员百余人，为新闻界输送了优秀人才。毛泽东、高君宇、罗章龙等都曾是该会会员

续表

要点	具体内容
新闻学专著	1919年12月，北京大学出版部以新闻学研究会名义出版了徐宝璜为学会讲课所写的讲义《新闻学大意》(后来改名《新闻学》)，是我国第一本新闻学著作。蔡元培为该书作序，称赞它“在我国新闻界实为‘破天荒’之作”。邵飘萍主讲新闻采访，并指导会员的实习。他们为我国新闻教育和新闻学研究做出了开拓性贡献
徐宝璜(1894～1930)	字伯轩，江西九江人。1912年赴美国留学，学习经济和新闻学。1916年回国，任北京《晨报》编辑、北京大学教授。1923年，北京平民大学报学系成立，他任教授，后任系主任。他讲授新闻学概论基本知识，并指导编辑新闻的练习。他所著的《新闻学》一书，是中国学者撰写的第一部新闻学专著

6.2 课后习题详解

1. 简要评述《新青年》的创办经过及其在新文化运动中的贡献。

答：参见本专题考点难点归纳相关内容。

【真题链接】

(1)论述五四时期《新青年》的发展过程。(复旦大学2012年研；中青政治学院2007年研；华中师大2007年研)

(2)简述《新青年》对新文化运动的贡献。(华侨大学2018年研)

(3)论述《新青年》的创办、改组过程及其对新文化运动的贡献。(复旦大学2018年研)

(4)《新青年》(名词解释，厦大2020年研；浙传2019年研；重庆大学2016年研；暨南大学2013年研；山东大学2013年研；复旦大学2012年研)

(5)《新青年》在新文化运动中的作用。(西南交大2021年研)

2. 简要评述《每周评论》的特点及其在五四运动中的作用。

答：(1)《每周评论》的特点。

《每周评论》的特点是结合当时国内外的现实，旗帜鲜明地批判封建文化思想和专制制度，广泛宣传和报道俄国十月革命后的苏俄状况和欧洲的无产阶级革命运动，为马克思主义在中国的传播做出了重要贡献。由胡适担任主编后的《每周评论》改变了革命的政治方向，成为宣扬实用主义的讲坛。

(2)《每周评论》在五四运动中的作用。

①五四运动期间，《每周评论》发挥了积极的舆论先导作用。

a. 五四运动爆发前夕，《每周评论》刊登陈独秀痛斥巴黎和会是“分赃会议”的言论。

b. 五四运动爆发后，《每周评论》除对五四运动进行完整系统的持续性报道外，还做针对性的评论，同时给予支持与引导，将其取名为“五四运动”，指出这是中国学生乃至中国国民的“创举”。

c. 它第一次提出学习五四运动的精神，即反帝反封建的精神。

②在五四运动中，以《每周评论》为首的各种民主报刊结成的无形的反帝反封建的统一战线，还针对帝国主义和北洋军阀报刊攻击五四运动的谬论进行了反击。

③为了充分报道五四运动，《每周评论》等报刊还进行了争取言论出版自由的斗争。

3. 简要评述陈独秀在新文化运动时期的报刊活动。

答：陈独秀是中国近现代的著名报刊活动家，尤其是作为新文化运动的著名领袖和擎旗人，在首先创办和主编启蒙报刊，在宣传新思想、新道德，反对旧思想、旧道德方面做出了卓越的贡献。陈独秀在新文化运动期间的报刊活动分为三个阶段。

(1)第一阶段：从事启蒙报刊活动阶段，自1915年至1920年上半年。1915年夏天，陈独秀创办中国现代报刊史上和思想史上最重要的刊物《新青年》。

(2)第二阶段：从事无产阶级和共产党报刊活动阶段，自1920年下半年至1927年。1920年，作为中国共产党上海发起组的核心人物，陈独秀亲自领导了《新青年》的改组。陈独秀在筹建共产党和担任中共主要领导人期间，除继续在《新青年》上发表文章外，还曾在《共产党》月刊、《劳动界》、《向导》、《中国青年》以及《时事新报》、《晨报》、《国民日报》等十几家报刊上发表了不少较好的文章。

(3)第三阶段：托派报刊活动阶段，时间是1927年以后。大革命后期，陈独秀在革命实践和宣传工作中出现右倾错误，在报刊上宣传右倾机会主义路线，1929年他因进行分裂活动被开除党籍后，成立托派组织，创办过《无产者》《火花》《热潮》等几个托派刊物。

4. 简要评述李大钊的报刊活动及其贡献。

答：(1)李大钊的报刊活动。

李大钊的报刊活动，大致分为三个阶段。

①第一阶段：1913年至1915年，为从事资产阶级革命报刊活动阶段。1913年李大钊担任"北洋法政学会"会刊《言治》月刊的编辑，在留学日本期间，李大钊先后担任过留日学生进步团体神州学会机关刊物《神州学丛》和留日学生总会的机关刊物《民彝》杂志的主编。

②第二阶段：1916年回国至1919年，为从事启蒙报刊活动阶段。他先应邀担任《晨钟报》第一任主编。后还参加过《每周评论》《新潮》《少年中国》《国民杂志》的创办、编辑工作，积极为《宪法公言》《中华》《通俗》《言治》《太平洋》等刊物撰写过稿件，对新文化运动的开展起过重大影响。

③第三阶段：1920年至1927年牺牲为止，为从事无产阶级革命报刊活动阶段。这一阶段，李大钊在改组后的《新青年》及《晨报》副刊、《民国日报》上发表文章，更加热情地宣传马克思主义。

(2)贡献。

①积极宣传资产阶级民主主义，猛烈抨击封建军阀官僚的反动统治。

②热情宣扬爱国主义传统，无情揭露帝国主义各国侵略中国和压迫殖民地人民的罪恶行径。

③参加并领导新文化运动，高举"民主与科学"的旗帜，主张用民主主义的新思想、新道德、新文化，打倒以孔教为代表的封建旧思想、旧道德、旧文化。

④热情宣传俄国革命和马克思列宁主义，为中国人民指出革命斗争的新方向。

5. 简要评述毛泽东、周恩来、瞿秋白在五四时期的报刊活动。

答：(1)毛泽东在五四时期的报刊活动。

五四时期毛泽东主要的报刊活动是创办了《湘江评论》，该报是五四时期影响最大的学生报刊之一。《湘江评论》，1919年创刊于长沙，是湖南学生联合会机关报，毛泽东主编，是一张4开4版的小型周报，主要任务是传播“新思潮”，1919年8月出到第5号时被湖南军阀张敬尧查封。它以述评为主，时事报道和评论相结合，且全部用白话文写作，从形式到内容，丰富多彩，引人注目。毛泽东署名发表的政论、述评、杂文将近40篇。后来毛泽东接编湖南湘雅医学专门学校的《新湖南》周刊，指导新民学会会员掌握的《湖南通俗报》的出版，担任长沙《大公报》馆外撰述员，创办长沙文化书社，充分利用舆论工具，揭露旧制度，传播新思潮，对湖南地区的革命运动起了推动作用。

(2)周恩来在五四时期的报刊活动。

周恩来在五四时期任《天津学生联合会报》主编，该报在他的主持下成为五四时期影响最大的学生报刊之一。《天津学生联合会报》，1919年创刊，是天津学生联合会的机关报，对开日报(后来改为三日刊)，有时还发行号外，以评述为重点。周恩来为该报撰写了许多重要评论(常用笔名“飞飞”)。他在创刊号上发表的题为《革新、革心》的社论，指出革命者既要改造社会，也要在斗争中改造自己的思想，革除思想上一切旧的传统观念和传统影响。周恩来在办报过程中充分认识到了报纸的作用，对报纸的作用及如何办好报纸提出了一些可贵的见解。

(3)瞿秋白在五四时期的报刊活动。

瞿秋白积极参加五四运动。1919年11月，他和郑振铎等创办《新社会》旬刊，宣传民主主义思想，并且日益倾向社会主义，向往十月革命的苏俄。瞿秋白等人被派往俄国，是我国采访苏维埃俄国实际情况的第一批记者。瞿秋白不顾当时苏俄正处战火不断、困难重重的境况，抱着“求一个‘中国问题’的相当解决”“为大家开辟一条光明的路”的目的，“宁死亦当一行”的决心，毅然前往苏俄。从1921年初到1922年底的近两年的时间里，瞿秋白采写了数10篇新闻、通讯，还写了散文集《饿乡纪程》《赤都心史》，全面、深刻、形象地向中国民众报道了第一个社会主义国家的实际情况，产生了巨大影响。瞿秋白在苏俄期间加入了中国共产党，并于1922年8月脱离了与《晨报》《时事新报》的关系。1923年回国后，他成为中共中央领导人之一、中共早期新闻事业的缔造人之一。他先后主编《新青年》季刊、《前锋》月刊、《向导》周报和《热血日报》。1927年10月主编《布尔塞维克》杂志。30年代在上海领导左翼文化运动，指导《文艺新闻》的出版和中国左翼记者联盟的成立。1934年主编《红色中华》报。

6. 我国无产阶级新闻事业是在什么历史条件下产生的？有哪些具有代表性的报刊？

答：(1)我国无产阶级新闻事业产生的历史条件。

五四运动后，一批激进的民主主义者迅速接受马克思主义，向往共产主义、社会主义，中国的共产主义运动开始兴起。1920年5月中国共产党发起组在上海成立，对外称马克思研究会。之后北京、武汉、济南、长沙、广州等地的共产主义小组相继成立。在筹建中国共产党的过程中，亟需利用自己的新闻舆论工具来传播马克思主义和共产党的知识，发动和组织工人运动。我国无产阶级新闻事业应运而生。

(2)代表性报刊有改组后的《新青年》、《共产党》月刊、《劳动界》等第一批工人报刊，具体参见本专题考点难点归纳相关内容。

7. 我国新闻工作在五四时期有何重大改革？

答：参见本专题考点难点归纳相关内容。

【真题链接】

(1)《新青年》杂志在新文化运动中的传播活动在新闻传播史上有什么意义？(中青政治学院2007年研)

(2)试论述五四时期新闻业务工作的重要变革及其意义。(北大2012年研)

(3)试述五四运动时期新闻业务的改革。(中传2015年研)

(4)简述新文化运动带来的报刊业务改革。(湘潭大学2017年研)

8. 简要评述我国新闻学研究和新闻教育的开端。

答：参见本专题考点难点归纳相关内容。

【真题链接】简述五四时期新闻学的发轫。(清华大学2006年研)

6.3　考研真题与典型题详解

一、概念题

1.《敬告青年》

答：《敬告青年》是陈独秀在《青年杂志》创刊号上发表的一篇带有发刊词性质的纲领性政论，它针对封建思想文化的束缚，提出六方面要求，希望青年自觉奋斗：①自主的而非奴隶的；②进步的而非保守的；③进取的而非退隐的；④世界的而非锁国的；⑤实利的而非虚文的；⑥科学的而非想象的。他号召青年奋起追求解放，摆脱中国数千年封建思想文化的束缚。可以说《敬告青年》就是一篇反封建的檄文。

2. 李大钊

答：李大钊是中国共产主义运动的先驱，伟大的马克思主义者，杰出的无产阶级革命家，中国共产党的主要创始人之一，1913年在天津北洋法政专门学校学习，同年冬赴日本留学，期间为《甲寅》月刊、《新青年》等撰写政论，1916年回国后任北京《晨钟报》主编，《新青年》主要撰稿人，1918～1919年任北大图书馆主任，与陈独秀等创办《每周评论》，主编《少年中国》月刊等。1920年发起成立北京共产主义小组，指导创办多份工人报刊、党团报刊。1927年4月6日在北京被奉系军阀逮捕，28日英勇就义。他是新文化运动时期研究和宣扬西方社会政治学说的代表人物之一，五四后期尤其重视历史唯物主义的传播，开始由唯心主义和达尔文主义，转向马克思主义唯物史观。

3.《劳动节纪念号》

答：《劳动节纪念号》是1920年5月陈独秀在筹建中国共产党上海发起组的过程中，在《新青年》杂志上出版的第7卷第6号，这是《新青年》宣传马克思主义与工人运动相结合的一个里程碑，也是新文化运动发展的“新的集合点”。这期专号的篇幅多达360多页，比平时扩大一倍以上，发表了陈独秀的《劳动者的觉悟》、李大钊的《May Day运动史》和大量全国各地的工人劳动、生活状况的调查报告及材料等，揭露在资本主义剥削下广大劳工的悲惨生活。

4.《每周评论》(重庆大学2019年研；复旦大学2018年研；西南交大2018年研；湖南大学2012年研)

答：参见本专题考点难点归纳相关内容。

5.《湘江评论》(东财2021年研；厦门大学2018年研；华科2011年研；中传2009年研)

答：参见本专题考点难点归纳相关内容。

6.《共产党》月刊(中传2015年研)

答：参见本专题考点难点归纳相关内容。

7.《劳动界》(复旦大学2013年研；陕西师范大学2007年研)

答：《劳动界》是中共创办的第一份通俗工人读物，由中共上海发起组于1920年8月15日创办的，32开本，周刊，每期16页。1921年1月23日停刊，共出24期。主要编辑和撰稿人有陈独秀、李汉俊、陈望道等。戴季陶、沈玄庐也经常撰稿。《劳动界》用浅显的语言、生动的事实，向工人说明劳动创造世界、劳动创造价值和资本家剥削劳动者剩余价值的道理；说明资本主义必然为社会主义所代替、私有制必然为公有制所代替，这是历史发展的客观规律；说明打倒资本主义制度、实行社会主义是工人阶级的使命和责任。《劳动界》还用大量篇幅报道各地的罢工斗争，从第1期起就连续报道了1920年5月至7月的上海工人米贵罢工，以后又连续报道了8、9月间全国各地的罢工运动，极大地鼓舞和推动了工人阶级的斗争。《劳动界》得到广大工人群众的欢迎，工人称它是自己的"喉舌"和"明星"。它是当时工人们学习社会主义基本知识的良好读本。

8. 中俄通讯社(北大2018年研；湖南大学2014年研；华中师大2008年研)

答：参见本专题考点难点归纳相关内容。

9.《学灯》

答：《学灯》是上海《时事新报》副刊，1918年3月4日，《时事新报》创办副刊《学灯》，初由张东荪主编，但很快由俞颂华、李石岑、郑振铎、宗白华等接任，因此《学灯》在新文化运动中发挥了积极作用。《学灯》创刊初期着重评论学校教育和青年修养，五四运动以后加强西方文化和科学的宣传，介绍了形形色色的西方资产阶级学术文化，偏重教育、文化、科学等方面，引起了读者的浓厚兴趣，在上海的学生中有较大的影响。五四以后，《学灯》逐渐右倾，成为抵制马列主义思想传播的舆论工具。1947年2月停刊。

10. 陈望道(北大2010年研)

答：陈望道(1891～1977)是我国早期传播马克思主义思想的先驱，著名的爱国人士，杰出的教育家和语言学家。他翻译了《共产党宣言》第一部中文全译本，参与中国共产党的创立，他一生追求民主、科学、进步，是我国新文化运动史特别是语文革新运动史上的倡行者。他是新中国成立后复旦大学首任校长，为弘扬教育事业、培育栋梁之材、树立优良学风、倡导学术研究、爱护复旦师生而倾注了毕生心血。

11. 五四时期的《晨报副刊》

答：五四时期的《晨报副刊》是五四时期著名的“四大副刊”之一，对五四新文学的襄助之功被文史学家赞誉为“新文学运动在北方的堡垒”。《晨报》于1916年8月15日创刊于北京，一些五四时期的重要作家，如鲁迅、冰心、徐志摩等等，他们的作品和译文，都曾在这个副刊上发表。从1921年12月4日起，每周连载鲁迅的《阿Q正传》。鲁迅还发表了不少杂文。孙伏园因编辑部抽去鲁迅的诗稿《我的失恋》，于1924年10月愤而离开，此副刊后由新月派诗人徐志摩主编。

12. 瞿秋白

答：瞿秋白是中国无产阶级革命家、报刊活动家。1917年考入北洋政府外交部办的俄文专修馆。1919年参加五四运动，并参加李大钊组织的马克思主义研究会，同年11月与耿济之、郑振铎等创办《新社会》旬刊和《人道》。1920年10月以北京《晨报》和上海《时事新报》特派记者的身份去莫斯科采访。1923年回国，主持起草了中共第三次全国代表大会纲领草案，参与制定国共合作的战略决策。同年6月出席中共第三次全国代表大会，并当选中央执行委员会委员，担任中共中央机关刊物《新青年》、《前锋》主编和《向导》编辑。7月去上海创办上海大学，任教务长兼社会学系主任。1924年1月参加中国国民党第一次全国代表大会，当选为中央执行委员会候补委员，后又担任国民党中央政治委员会委员。1925年1月当选为中共四大中央执行委员、中央局委员。参加领导五卅运动。1927年主编中国共产党创办的第一张日报《热血日报》。大革命失败后，在汉口主持召开临时中央紧急会议，后任临时中央政治局常委，主持中央工作，成为党的主要领导人之一。1931年夏参加“左联”的领导工作，反击国民党文化“围剿”，系统地向中国读者介绍马克思、恩格斯、列宁、斯大林及普列汉诺夫关于文学艺术的理论，翻译了苏联的许多著名文学作品。1934年2月到瑞金，任中华苏维埃共和国中央政府人民教育委员，还兼任苏维埃大学校长。1935年2月23日在福建被捕，6月18日英勇就义。著有《瞿秋白诗文选》《瞿秋白选集》《瞿秋白文集》等。

13. 北大新闻学研究会（北大2020年研；南昌大学2020年研；清华大学2019年研；复旦大学2019年研；四川大学2014年研；中传2011年研）

答：北大新闻学研究会是我国第一个新闻学研究团体，于1918年10月14日宣告成立，向校内外公开招收会员，一直活动到1920年12月。该会的创办标志着我国将新闻作为一门科学进行研究的开端，也是我国新闻教育事业的开端。北京大学校长蔡元培兼任会长。

14. 徐宝璜（北大2021年研；华科2021年研；人大2018年研；华中师大2018年研；清华大学2017年研；湘潭大学2015年研）

答：参见本专题考点难点归纳相关内容。

15. 《新闻学》（南京师大2019年研；暨南大学2018年研）、**徐宝璜和《新闻学》**（上海财大2018年研）

答：参见本专题考点难点归纳相关内容。

二、简答题

1. 试析《新青年》杂志的批孔运动。(北大2008年研)

答：《新青年》提出的改造思想、提倡新文化的路径首先是从批判占正统地位的儒家思想入手的。

(1)批孔运动的由来。

批孔运动的发动者和主将，首推陈独秀。1916年10月至1917年6月，陈独秀在《新青年》上发表了《驳康有为致总统总理书》《宪法与孔教》《孔子之道与现代生活》《袁世凯复活》《旧思想与国体问题》《复辟与尊孔》，这些文章猛烈抨击尊孔逆流，大力批判儒家思想，掀起了一场批孔运动。陈独秀认为，孔子的三纲五常，与西方共和立宪制度的独立、平等、自由原则相反，两者"为绝对不可相容之物，存其一必废其一"，要实现真正的共和立宪，就必须批孔，批孔是中国各种问题之根本，其他政治、学术问题，都是枝叶。陈独秀用来批孔的思想武器，主要是西方的平等、自由、人权观，以及社会进化论思想。

(2)批孔运动的进步意义。

五四运动的"批孔"，将传统儒学作为封建主义的思想基础来批，将儒家伦理作为自由平等的对立面来批，当时在政治上具有显著的进步意义。总体看五四时期的"批孔"思潮，给我们以十分有益的启示，即旧的不适宜时代的传统必得经历革除与改良——这仍是儒家"与时偕行"的精神。但"反传统"不等于"反传统主义"，特定环境与条件下的"反传统"则正启发了一个社会反思传统、返本开新的探索；"反传统主义"则是以"反"为"传统"，逢传统必反，这样的主义是乐于"破"而乏于"立"。我们应客观理性对待自身的文化传统，不可将本民族的传统一概予以否定。

2. 简述蔡元培的新闻活动。

相关试题：简述北大新闻学研究会的贡献。(华科2021年研)

答：蔡元培是中国近代新闻事业的倡议者和积极参与者，他参与创办的《苏报》《俄事警闻》等报都是在中国近代史上产生过巨大影响的报刊，其在任北大校长期间助成了《新潮》《国民》《新青年》等杂志，发起成立的北大新闻学研究会更是对中国近代新闻实践及新闻教育的发展产生了积极而深远的影响。综观蔡元培的一生，其新闻活动大致可以分为以下三个时期：

(1)前期(1901～1916年)：创办报刊，鼓吹革命，宣传新知，唤起民心。

①1901年10月中旬至11月间，蔡元培与张菊生(元济)、赵从藩、杜亚泉等创办旬报《开先》报，这是蔡元培办报活动的开端。其创办《开先》报的目的就是希冀以此种手段来启发民智，唤起民心。至10月22日，《开先》报改为《外交报》(旬刊)，其宗旨是使朝野"周知世界，免遭物竞之惨"。此刊连续出版达十年之久，是中国最早介绍国际动态和知识的刊物。

②蔡元培先后参与创办《苏报》《俄事警闻》(后改为《警钟日报》)。1907年在德国留学期间，蔡元培参与李石曾、吴敬恒、张人杰等在巴黎筹办《新世纪》周刊之事，并供给文稿。1913年，蔡元培被推举为中国国民党新闻记者同志会会长。

③二次革命爆发前后，蔡元培与汪精卫、张继、吴稚晖等创办了《公论》晚报，1913年

蔡元培赴法留学，曾与汪精卫、李石曾等筹办《学风》杂志、与吴敬恒、李石曾等发起组织“世界编译社”，均未果。1916 年，蔡元培与汪精卫、李石曾等创办《旅欧杂志》，三人编辑，“以交换旅欧同人之智识，及传布西方文化于国内为宗旨”，介绍世界大事、国内要闻、旅欧华人近况等。

(2)中期(1917 ~1923 年)：倡导新闻教育，发起成立北大新闻学研究会，鼓励学生办报办刊。

①1916 年，蔡元培被任命为北大校长，提出了著名的“思想自由”“兼容并包”的办学方针。在北大期间，蔡元培发起成立了北大新闻学研究会，促成了《新潮》《国民》等杂志诞生。《新青年》也以北大为阵地，高举文学革命大旗，成为五四运动之先声。

②1918 年，邵飘萍建议北大开设新闻研究课程，以培养新闻人才，发展新闻事业，蔡元培欣然同意。北大新闻学研究会遂于 1918 年 9 月 21 日发起，至 10 月 14 日成立，为中国“报业教育之发端”。1919 年 2 月 19 日，新闻学研究会举行改组大会，会议修正通过了简章，规定宗旨为“研究新闻学理，增长新闻经验，以谋新闻事业之发展”。会上蔡元培被推为会长，徐宝璜任副会长。

③蔡元培任北大校长期间，鼓励学生从事新闻实践，他助成《新潮》等杂志及“国民杂志社”的成立。1919 年 2 月，蔡元培与蒋梦麟、胡适等共同发起组织“新教育共进社”，编辑丛书、月刊。

(3)后期(1932 ~1940 年)：倡言民权，争取言论、集会、出版自由。

30 年代初期，蒋介石的独裁统治达到了一个新的高峰。1932 年 12 月，蔡元培与宋庆龄、杨杏佛等发起组织“中国民权保障同盟”，欲“救中国于萎靡不振之中”。蔡元培等为保障人权，争取言论、集会、出版自由奔走呼号。

3. 我国首批无产阶级新闻事业的特点是什么?

答: 我国首批无产阶级新闻事业的特点是：

(1)我国无产阶级新闻事业，吸收了国际无产阶级新闻事业的经验，继承了民主主义新闻事业的革命精神和工作经验，具有鲜明的无产阶级立场，注重联系实际和联系群众，我国无产阶级新闻事业的优良传统由此开端。

(2)鲜明的无产阶级立场。我国无产阶级新闻事业是在共产党发起组或共产主义小组的领导下创办的，它高举马克思列宁主义的旗帜，并使之与工人运动相结合，为筹建中国工人阶级的政党——中国共产党，发挥了集体的宣传者和组织者的作用。

(3)注意联系群众，并在工人中进行组织活动。改组后的《新青年》，成立了新青年社，作为联系工人群众的公开机关。它帮助工商友谊会创办了《伙友》周刊，扩大了《新青年》和工人群众的联系。《劳动界》用大号字刊出启事“本报欢迎工人投稿”，并发表了许多工人写来的文章和通讯。《劳动界》还帮助发起和建立了机器、印刷等工会，指导这些工会出版了《机器工人》《友世画报》等工人报刊。改组后的《新青年》，从第 8 卷第 4 号起增设了《编辑室札记》专栏，加强编者和读者的联系，听取读者批评，改进工作。

4. 简述五四时期副刊的变革。(华中师大 2008 年研)

相关试题：论述五四时期副刊的作用。(论述题，中传 2015 年研)

答：五四新文化运动是推动中国文化转型的一个重要阶段，报纸在五四运动时期发生了巨大变革。

(1)内容革新：思想性与趣味性兼顾。

五四时期的副刊，拥有庞大的作者团体。据相关统计，《晨报副镌》拥有作者97人，《觉悟》拥有作者73人，《学灯》也拥有60名作者。鲁迅、李大钊、冰心、郁达夫、周作人、瞿秋白、林语堂等人都活跃在四大副刊中。这些作者备受新文学的浸染，给副刊的内容带来了巨大的革新。

(2)版面改良：简单明了、与主版对比鲜明。

副刊在页数上远远少于主刊的数量，便于印刷发售，是五四时期用于传播新文化、推动思想进步的最佳渠道，这是中国报业史必然的选择和变革。

(3)风格特点：具有艺术性的同时不失思想性和时代性。

①综观五四时期的副刊，《京报副刊》和《晨报副刊》相较于其他两个副刊来说更注重对文艺作品的刊载，表现出更强烈的艺术性。

②在五四时期，四大副刊或多或少都具有新文化运动所感染的新思想，而《学灯》和《觉悟》在思想性方面体现得淋漓尽致。

③在五四运动这个特殊的时期，四大副刊不可避免地具有那个时代的光芒，闪现着冲破旧社会旧制度的理性之光。

三、论述题

试论陈独秀的新闻思想。

答：陈独秀的新闻思想主要包括：

(1)报刊职能观。

在多年的办报活动中，陈独秀始终把报刊看作通时事、开民智、监督政府、向导国民的一把利器，是最早发挥上述社会功能的报刊活动家之一。“救国新民”是陈独秀整个新闻思想的核心，其报刊活动，也是紧紧围绕发挥报刊的这一功能而展开的。陈独秀认为要“救国”就必须先“新民”。

(2)报刊舆论观。

对于报刊舆论，梁启超曾经指出，“舆论无形，而发挥之，代表之者，莫若报馆”。受梁启超的报刊舆论思想的影响，陈独秀常把报馆称为舆论机关，把报刊称为舆论的代表，报馆生产舆论，报纸承载舆论。他充分认识到报刊是一种威力强大的舆论工具，在社会变革中，报刊能引导舆论，营造有利于革命的社会舆论环境。陈独秀认为舆论是一种群体意见的自然表达，受公众自身的认识水平和外界客观环境的限制，并非总是正确的。“群众心理不用理性做感情的基础”，所以对舆论要通过一定的方式进行正确的疏和导。陈独秀指出“舆论就是群众心理底表现，群众心理是盲目的，所以舆论也是盲目的。古今来这种盲目的舆论，合理的固然成就过事功，不合理的也造成过许多罪恶”。在这里，陈独秀看出了舆论中存在非理性的因素，其受文化和道德的传统影响巨大，需要报刊对它进行好与坏的研判，适时进行正确的引导，避免群众无条件地盲从，破坏社会秩序。陈独秀认为对于错误的舆论报刊甚至需要大胆地反抗。

专题七　中国共产党成立和大革命时期的新闻传播事业

7.1　复习笔记

【知识框架(庖丁解牛)】

- 中国共产党成立和大革命时期的新闻传播事业
  - 中共成立后的报刊
    - 中央机关报　《新青年》《向导》《前锋》
    - 青年团刊物　《先驱》(半月刊)、《中国青年》
    - 工人报刊　《劳动周刊》《工人周刊》
  - 国共合作后的新闻事业
    - 统一战线报刊
      - 《政治周报》　1925　毛泽东　广州
      - 《中国农民》《农民运动》　1926　广州
      - 《楚光日报》《汉口民国日报》　1926　汉口
    - 共产党、共青团报刊网形成：《少年》(月刊)　1922　巴黎　周恩来
    - 工农群众运动中报刊：《中国工人》　1924　上海
    - 五卅运动
      - 《热血日报》　1925.6　上海　瞿秋白　中共中央第一家日报
      - 《工人之路特号》　大革命中影响最大、出版最久的工人日报
      - 《诚言》事件　1925.6　上海
    - 军队报刊
      - 《中国军人》　1925　广州　中国青年军人联合会会刊
      - 《军人日报》　1926　广州
  - 北洋军阀统治地区
    - 大报动向
      - 北京　成舍我“世界报系”
        - 《世界晚报》　1924.4
        - 《世界日报》　1925.2
        - 《世界画报》　1925.10
      - 天津　新记《大公报》　1926　不党、不私、不卖、不盲
      - 上海　《申报》《新闻报》致力于经营管理，发行量10万
    - 1926　著名报人邵飘萍、林白水被奉系军阀杀害
    - 广播事业诞生
      - 美国匹兹堡　KDKA广播电台　1920　公认世界第一座商业电台
      - 大陆报—中国无线电公司广播电台　1923　奥斯邦(美)
      - 开洛公司广播电台　1924　上海
      - 哈尔滨广播电台　1926　政府自办的第一座广播电台
      - 上海新新公司广播电台　1927　自办民营最早广播电台
    - 通讯社
      - 国闻通讯社　1921　上海　胡政之
      - 申时电讯社　1928　上海　《申报》和《时事新报》
    - 新闻教育　20世纪20年代　大学纷纷办起新闻学系科　奠基时期
    - 新闻学研究
      - 任白涛　《应用新闻学》
      - 邵飘萍　《实际应用新闻学》《新闻学总论》
      - 戈公振　《中国报学史》
      - 北京新闻学会　《新闻学刊》　1927
  - 北伐战争中的革命报刊　《中国青年》《向导》

【专题概要(提纲挈领)】

本专题主要论述了中国共产党成立和大革命时期新闻传播事业的相关知识，考点以名词解释、简答题以及论述题为主，在学习时，需要着重对中共成立后的代表性报刊、国共合作时期的新闻传播活动、北洋军阀统治地区的新闻事业等内容加以把握，并重点了解中国共产党成立和大革命时期的代表性报刊、中国广播事业的诞生、新闻学研究的兴起等内容。

【考点难点归纳(厚积薄发)】

考点一：中国共产党的报刊 ★★★

1. 中共报刊的发展

(1)中国共产党的成立对中国新闻事业的发展产生了巨大影响。中国共产党一成立，就继承国际共产主义运动的优良传统，十分重视理论宣传及创建无产阶级的新闻事业，创办了不少报刊，见表7－1。

表7－1　中国共产党成立后的报刊

类别	具体内容	
中央机关报	《向导》(1922)	创刊于上海，是中共中央的第一个机关报，16开本，蔡和森、彭述之、瞿秋白先后担任主编，陈独秀为其撰写了大量文章，它一创刊，就集中宣传了二大提出的“打倒帝国主义、打倒封建军阀、统一中国为真正的民主共和国”的民主革命纲领。同时该报还对各革命阶级建立统一战线与推动国共合作进行了有效宣传，打倒帝国主义、打倒军阀也是其重要主张
	《新青年》季刊(1923)	创刊于广州，瞿秋白主编。出版4期后准备改为月刊，但不能按时出版，实际上成为不定期刊。1926年7月，《新青年》又出版5期后停刊，前后共出了9期。它以全面介绍马克思列宁主义理论为基本任务，大量介绍了列宁、斯大林的著作及国际共产主义运动的经验；从理论上论证了党在民主革命中的纲领和策略；批判唯心主义，积极宣传了辩证唯物主义和历史唯物主义
	《前锋》月刊(1923)	创刊于上海。原定为月刊，实际上未能按时出版，瞿秋白主编。1924年2月1日出至第3期后停刊。它主要宣传了党的三大确定的建立统一战线的策略方针，系统地揭露了帝国主义对中国政治、经济、军事、文化等方面的侵略，详细介绍了十月革命后世界形势的变化，具有很强的理论性，并重视运用调查研究的材料来证明论点
青年团机关报刊	《先驱》(1921)	由邓中夏、刘仁静负责编辑。因被北京政府查禁，从第4期起迁到上海出版，成为中国社会主义青年团中央(先是临时中央)的第一份机关报。1923年8月停刊，共出25期。设有评论、政治短评、译述、讨论、通信、随感录等栏目。它集中批判了基尔特社会主义、无政府主义和胡适派的主张；广泛宣传马克思列宁主义理论，报道苏联及国际共产主义运动情况；报道了各地青年运动的情况和经验，探讨团组织工作的各种问题，推动团的建设。由于当时建团不久，团的实际工作还没有很好地开展，对青年运动和如何办好团刊缺乏经验，《先驱》在宣传上不免存在一些错误，在一定程度上削弱了宣传效果

续表

类别	具体内容	
青年团机关报刊	《中国青年》(1923)	中共团中央的机关刊物，是当时最出色的报刊之一。它受到过当年杰出的一代青年革命家和宣传家的培育，恽代英、萧楚女、邓中夏、张太雷、任弼时、林育南、李求实等都参加过该刊的编辑工作。宗旨是给青年以“忠实的友谊的刊物”“要引导一般青年到活动路上”，主要是根据青年的特点，对青年进行宣传教育
工人报刊	《劳动周刊》(1921)	创刊于上海，是中国劳动组合书记部的机关报，也是中国共产党领导下的第一个全国性的工人报刊。次年停刊，共出41期。它在发刊词中明确地阐明了其作为中国工人阶级言论机关的性质，以很大篇幅报道工人们受剥削、受压迫的情况，启发工人的阶级觉悟，宣传工人阶级的根本利益是一致的，工人要摆脱受压迫的境地，必须消除行会思想、帮派观念和地域观念，必须“组织起来与资本家对垒”。它还广泛报道了各地的罢工斗争，总结工人运动的经验教训，指导工人运动的健康发展。《共产党》月刊评价它“是教育训练劳工们一个最好的机关报”
	《工人周刊》(1921)	最初是北京共产主义小组以“工人周刊社”名义创办的，由邓中夏、罗章龙负责编辑。1922年5月，中国劳动组合书记部迁到北京，该刊便代替《劳动周刊》成为书记部的机关报。1924年2月，又改为新成立的中华全国铁路总工会的机关刊物。该刊受到反动政府的严重迫害，常不能按期出版，曾几次停刊。1925年12月终刊，共出版133期

(2)这个时期也涌现出许多推动新闻事业发展的人物，见表7-2。

表7-2 中国共产党成立后的重要人物

人物	具体内容
蔡和森	五四运动后赴法勤工俭学，一面学法文，一面“猛看猛译”，半年内读了大约100种马克思主义书籍和各国革命运动的小册子，从而坚信“社会主义真为改造现世界对症之方，中国也不能外此”。在法期间，曾提出中国必须成立一个“主义明确，方法得当，和俄国一致的党”的主张，并指出该党必须有自己的出版物。1921年11月回到上海后不久即加入中国共产党，主持党中央的宣传工作，曾负责编辑《先驱》半月刊。1922年6月当选为中央委员，负责筹办《向导》。在担任《向导》主编期间，写了约五六十万字的文章，计160多篇。其中署名“和森”的130篇，署名“振宇”的36篇。此外，《向导》上以“本报同人”“记者”名义发表的文章有不少出自蔡和森之手。他的文章涉及面非常广泛，既有理论深刻的长篇大论，又有一针见血的短文，分析精辟，逻辑性强，富有战斗性和说服力，在当时有很大影响
恽代英	中国无产阶级革命家、报刊活动家，中国共产主义青年团早期领导人之一。学生时代积极参加革命活动。1919年在武汉领导五四运动，同时开始为《新青年》《少年中国》《东方杂志》等报刊撰写文章，提倡民主与科学。1920年和林育南等一起发起创办利群书社，帮助武汉学联创办了《学生周刊》。同时参与编辑《武汉星期评论》，传播新文化思潮。1921年加入中国共产党。此后在安徽、四川等地从事教育事业，开展革命活动。1923年到上海，任中国社会主义青年团中央委员、宣传部主任，主编团中央机关刊物《中国青年》，撰写了100多篇文章和40多封通信。第一次国共合作后，主编《新建设》杂志，并指导上海《民国日报》副刊部工作。大革命失败后，参与领导了南昌起义和广州起义。1928年在中共六届二中全会上当选为中央委员，任中共中央宣传部秘书长，主编党刊《红旗》

续表

人物	具体内容
萧楚女	中国共产党早期青年运动领导人之一、报刊政论家，原名萧秋，笔名楚女、初遇、抽玉、匪石、丑侣、野马等。五四运动前后，任汉口《大汉报》主笔，参加利群书社。1923～1925年当选为中国社会主义青年团中央委员，任中共驻四川特派员。赴重庆后，担任《新蜀报》主笔，两年半中为该报撰写社论、时评、通信近千篇。1925年5月到上海团中央工作，编辑《中国青年》，为主要撰稿人。同时为《向导》、《新建设》、《学生杂志》、《教育与人生》周刊、上海《民国日报》撰稿。同年8月，在河南主编《中州评论》。1926年1月在广州协助毛泽东编辑《政治周报》。同年10月至1927年3月，负责《黄埔日刊》《政治问答》专栏的答疑工作，在青年读者中有广泛影响，被誉为“真理的战士”“革命的煽动家”

2. 中共早期报刊的特点（见表7－3）

表7－3　中共早期报刊的特点

要点		具体内容
概述		在共产国际的帮助下，中国共产党的报刊根植于中国大地，面向中国社会和中国大众，借鉴列宁党报刊思想和俄国党报的经验逐步铺开，建立起来。既运用了外国经验，也具有自身的特点
特点	党性原则	早期中共报刊完全服从党中央委员会，在党中央和各级党委领导下开展新闻宣传工作，贯彻党性原则，把党的报刊作为党的事业的重要组成部分
	传承五四精神	中共早期报刊继承与发扬五四时期报刊的革命精神，其基本任务是宣传马列主义和党的纲领、路线、方针、政策，指导革命斗争，重视广大读者的需求，选择读者所关心的内容，采用白话文，平易近人，继承和发扬了五四时期的生动活泼的文风
	依靠群众办报刊	中国共产党成立初期，为实现“民众的大联合”，早期报刊内容不仅包括民众所关心的内容，还争取在社会各阶层中拥有自己的读者。因此，中共早期报刊为扩大影响范围，除了以广大工人为读者对象，报刊更倾向面向民众，面向全社会

考点二：国共合作后的新闻传播事业 ★★★★

国共合作以后的新闻事业随着国共两方的合作以及当时局势的变化有不同程度的发展，见表7－4。

表7－4　国共合作后的新闻传播事业

要点		具体内容
统一战线报刊	《政治周报》（1925）	国民党中央机关报，创刊于广州。毛泽东以国民党中央宣传部代理部长身份筹办并担任首任主编，后期由共产党员沈雁冰、张秋人接编。《政治周报》共出版了14期，每期发行约4万份，1926年6月停刊。该报揭露右派阴谋活动，反击敌对新闻工具的反革命宣传。在宣传方法上，最突出的特点是“用事实说话”。《政治周报》是国民党中央级机关报，国共两党合作刊物中影响较大的刊物，是宣传反军阀和揭露国民党右派，团结左派和广大人民群众的重要思想武器
	《中国农民》（1926）	是国民党中央农民部指导农民运动的刊物，在广州创刊，毛泽东主编。它主要刊载有关农民运动的理论文章、各地农民运动的报道。该刊第1期、第2期发表的毛泽东撰写的《中国农民各阶级的分析及其对于革命的态度》和《中国社会各阶级的分析》，不仅对当时的农民革命斗争起了重要的指导作用，而且阐明了中国民主革命中的一系列带有根本性的问题，为党的新民主主义革命理论和路线的形成奠定了基础

续表

要点	具体内容	
统一战线报刊	《农民运动》周刊（1926）	创刊于广州，为指导农民运动的通俗性刊物，也由国民党中央农民部主办，由共产党员和国民党左派主持出版。它以报道各地农民运动实际情况为主，热情支持轰轰烈烈的农民革命斗争，驳斥地主豪绅以及国民党右派所谓“农民运动是土匪运动”“农会共产”“农民协会是反对国民政府的反革命派”等种种谬论。它的文章短小精悍，通俗易懂，形式多样，很受读者欢迎
	《楚光日报》《汉口民国日报》	都于1926年创刊，是共产党员主持、用国民党名义出版的，积极报道工人运动、农民运动和北伐战争的形势，宣传中国共产党的主张和联俄、联共、扶助农工三大政策
党团报刊	中国共产党及其领导下的中国共产主义青年团公开出版报刊并发行，共产党报刊、共青团报刊初步形成网络	
工农群众运动	《中国工人》（1924）	创刊于上海，是中共中央主办的指导职工运动的刊物，1925年5月中华全国总工会成立后改为全总的机关报。起初刊期不定，后为周刊。《中国工人》以团结中国工人阶级、指导工人运动复兴作为主要任务与宗旨。在对国外工人阶级的运动经验加以总结与对国内工人实际加以考量的基础上为工人运动制定战略战术。通过总结我国工人运动经验教训、介绍国际工人斗争经验，帮助工人学习罢工的战略战术，充分作好战斗准备。它教育工人参加政治斗争，启发他们把争取目前利益的斗争同“国民革命”结合起来，把斗争矛头指向帝国主义和封建军阀。它揭发了工贼的破坏活动，引导工人加强团结，共同对敌。它还对工人阶级在民主革命中的领导地位、工农联盟的重要性等问题，作了系统的论述
	农民报刊	大革命时期报刊发展的突出现象，农民报刊的特点是通俗、活泼，从内容到标题都适应农民的需求，文字明白如话，如《犁头》《江西农民》《农友》
	妇女报刊	上海中华女界联合会创办的《妇女声》半月刊、天津女星社主办的《女星》旬刊、上海的《妇女周报》等
	学生报刊	迅速在各地出现，如《北京学生联合会日刊》《武汉学生》《上海学生》等
五卅运动	《热血日报》（1925）	是迄今能看到的中共中央出版的第一家日报。铅印4开，设有“社论”“本埠要闻”“国内要闻”“紧要消息”“国际要闻”等栏和副刊《呼声》。它发表大量新闻和评论，报道上海工商界群众的斗争，评述运动在全国开展的形势，揭露帝国主义的暴行，传播国际进步势力支持中国人民的信息。它作为群众运动的喉舌，及时指出斗争的方向和要求，批评胡适、戴季陶、梁启超等的妥协主张，有力地反击了帝国主义的造谣和污蔑
	群众斗争报刊	如《血潮日刊》《英文周报》《上海总工会日刊》
	《诚言》（1925）	上海公共租界工部局，为了遏止群众舆论，出版了《诚言》，即一种类似传单的铅印宣传品，不固定篇幅，不署出版机关，是帝国主义的宣传品，其内容是为帝国主义辩护，恶意攻击中国人民的爱国行动，引起民众的极大愤慨
军队报刊	国民革命军报刊	北伐战争前后，军队报兴起，和农民报的兴起一样，是中国新闻史上特殊的现象。各个不同机构出版各类报刊，如国民党中央军事机关出版的《军人日报》，黄埔军官学校出版的《黄埔日刊》、中国青年军人联合会的《中国军人》

续表

要点	具体内容	
军队报刊	《中国军人》(1925)	在广州创刊，初为旬刊，后改月刊，是中国青年军人联合会的会刊，主编王一飞和主要撰稿人都是共产党员。该刊宗旨是："鼓吹革命精神，团结革命人，唤醒全国军人，促起全国军人的觉悟。"其主要发行范围集中于全国各军校，且设有专送渠道，短小精悍、通俗易懂且配有插图的文章更有利于军人阶级的理解。因此，在全国范围内产生了极大影响
	《军人日报》(1926)	在广州创刊，宗旨是"提高军人之政治观念，促军队真正成为拥护人民利益之军队"，"提倡军民合作"，"促进国民革命"。它大量报道国民革命军各军的活动，反映军人的生活和要求，向军人介绍全国工农运动的形势，揭露帝国主义和封建军阀的勾结活动，还刊载了关于苏联的消息

考点三：北洋军阀统治地区的新闻传播事业 ★★★

当时的北洋军阀政府统治着中国大部分地区，尤其是新闻事业较为发达的大城市，如北京、上海等，这些城市在军阀统治下，既有革命力量，又有外国势力侵入，直接导致这些城市的新闻事业在复杂的环境中生存与发展，催生出新的新闻传播格局。北洋军阀政府对于新闻事业控制采取管制、收买和镇压的手段。出版报刊要向警察部门登记，大样也需送警察部门检查。此时期新闻传播事业的发展见表7－5。

表7－5　北洋军阀统治地区的新闻传播事业

要点	具体内容	
大报的动向	成舍我的"世界"报系	成舍我在业界被称为"报界之王"，极重经营管理。自1924年起，他依次在北京创刊以"公正准确"为宣传主张的《世界晚报》与以军事政治为主、兼顾教育的《世界日报》，同年10月又出版了刊载时事图片为主的《世界画报》，三张报纸统称为"世界报系"，至此他的"世界"报系初步形成
	《大公报》	1925年，吴鼎昌、胡政之、张季鸾三人组成新记公司，接办《大公报》。而后张季鸾提出"不党、不私、不卖、不盲"的办报方针，这一办报方针成为《大公报》具有排他性的长期办报宗旨
	《申报》《新闻报》	二者都极重商业经营。《申报》在史量才接管后，极为重视商业广告的发行与版面增版，企业化、商业化运营使其短短不到15年，发行量增长了20多倍。与此同时，《新闻报》在汪汉溪的经营下将"经济自立"与"在商言商"作为宗旨与方针，以经济、商业新闻作为主要内容，盛极一时，成为与《申报》分庭抗礼的重要刊类
邵飘萍、林白水遇害	邵飘萍遇害	一直旗帜鲜明地表明支持国共合作和南方国民党的邵飘萍对张作霖等军阀的亲日卖国行为大量报道，声援群众爱国运动，使得意图割据北方的各军阀头目恨之入骨。后被奉系军阀枪杀于天桥
	林白水遇害	邵飘萍遇害后不久，北京《社会日报》主笔林白水，因在该报发表《官僚之运气》一文，讥讽了奉系军阀张宗昌的得宠官僚潘复，于1926年被张宗昌杀害于北京

续表

要点	具体内容	
广播与通讯社事业	中国广播事业的诞生	1923年，中国无线电公司与英文《大陆报》合作，办起“大陆报—中国无线电公司广播电台”，这是中国境内出现的第一座广播电台。内容有新闻、娱乐、宗教节目。1926年，哈尔滨广播电台开始广播，为我国政府自办的第一座广播电台
	国闻通讯社（1921）	成立于上海。胡政之任社长。通讯社创办初期主要为皖系、奉系军阀和国民党方面的联盟进行宣传，为皖系所控制。1922年设汉口分社、北京分社，后在沈阳、长沙、哈尔滨等地设立分社，并增加广告部与英文部。1926年，胡政之与吴鼎昌、张季鸾组成大公报新记股份公司，通讯社及《国闻周报》均为《大公报》附属机构。同年6月迁天津。九一八事变后，沈阳、哈尔滨分社关闭。1936年5月，北平分社停止发稿，人员并入上海《大公报》
	申时电讯社（1928）	中国现代私营通讯社。由张竹平创办于上海，社址设在《申报》馆内。初期由《申报》《时事新报》兼办，将得到信息编辑加工，供相关报社采择。1928年，正式建制并成立机构，增加投入，聘请编译人员，增加访员。每日收发电讯约6万字，编发中、英文稿件。与国内110多家报社订有供稿合同。1937年上海沦陷前停办
新闻教育和新闻学研究	新闻教育	20世纪20年代，是中国高等新闻教育奠定基础的时期，一些大学在这个时期办起了新闻学系科。1920年，上海圣约翰大学在普通文科中增设报学系；1921年，厦门大学设报学科；1924年，北京燕京大学设立报学系；1925年，上海南方大学设立报学系
	新闻学研究	新闻学研究与同时期新闻教育相比发展较为缓慢，但新闻学研究已经真正开展起来，并产生了最早一批新闻学专著和译著，例如《应用新闻学》《实际应用新闻学》《新闻学大纲》等

考点四：北伐战争中的革命报刊 ★★

北伐战争后，报刊随着革命的步伐不断发展，革命报刊对北伐战争进行宣传遭到国民党右派的抵制，在此时期，从“四一二”反革命政变到“七一五”反革命政变，革命报刊不断更迭与发展，见表7－6。

表7－6　北伐战争中的革命报刊

要点	具体内容
革命报刊的宣传	对于这场伟大的革命战争的宣传鼓动，成为革命报刊的首要任务。革命报刊为推动北伐战争的顺利进行，给予了很大的舆论支持，《中国青年》表现尤为突出，它向广大群众进行北伐战争的性质和意义教育，阐明北伐战争的正义性质
革命报刊遭抵制	①国民党右派反对共产党，反对孙中山的三大政策，控制报刊作为自己的喉舌，如《青白花》《革命导报》。 ②国民党二届二中全会通过《整理党务案》（1926），一些革命报刊被迫停办，如《黄埔潮》半周刊。 ③蒋介石和国民党右派在各地抢占舆论阵地，排斥共产党员和进步人士，封闭《贯彻日报》，完全控制了《民国日报》

续表

要点	具体内容
革命报刊再发展	①蒋介石在上海发动反革命政变，大肆屠杀共产党人和革命群众。革命报刊一概被封闭，原来在国共合作时出版的国民党左派报刊，或被封闭，或被改组为右派报刊。同时，上海的一些反动报刊开始活跃起来，一度停刊的上海《民国日报》恢复出版，《醒狮》周报成了蒋介石镇压革命的舆论工具，《申报》《新闻报》迫于压力，也附和反共。 ②武汉一度成为革命报刊活动中心。武汉新闻记者联合会通过了《质问蒋介石摧残革命舆论》和《肃清新闻界反动分子》等革命决议，声讨蒋介石的暴行。《向导》《中国青年》迁往武汉出版，加上武汉的《楚光日报》《民国日报》《群众》《党声》以及一些工人、农民、军人、青年、妇女等报刊，形成了一个革命报刊中心。 ③1927年，汪精卫发动了反革命政变，轰轰烈烈的大革命终于失败。革命报刊受到严重摧残。《向导》停刊，《中国青年》迁回上海。许多革命报刊被查封或被迫停刊，革命报刊繁荣发展的局面遭到了彻底的破坏

7.2 课后习题详解

1. 简要评述《向导》《中国青年》等报刊的创办经过及其作用与影响。

答: (1)《向导》。

①《向导》的创办经过。《向导》周报1922年9月13日在上海创刊，是中共中央第一个机关报，16开本，到1927年7月中旬停刊，共出201期。蔡和森、彭述之、瞿秋白先后担任主编，陈独秀为其撰写了大量文章。首任主编蔡和森为《向导》做出过杰出贡献。《向导》是党的二大决定出版的中央机关报。它一创刊，就集中宣传了二大提出的“打倒帝国主义、打倒封建军阀、统一中国为真正的民主共和国”的民主革命纲领，宣传建立各革命阶级的统一战线的主张。《向导》集中力量进行了打倒帝国主义、反对军阀的宣传，通过报道大量的事实和充分的理论分析，揭露了封建军阀和帝国主义之间血肉相连的关系，指出非打倒军阀不能解决中国的政治问题，打倒军阀是中国民主革命的又一基本任务。同时，《向导》对当时安徽、江西、湖南等地人民反抗军阀的运动极表赞赏，给予有力的支持。

②《向导》的作用与影响。《向导》用大量的事实和理论分析，集中宣传了打倒帝国主义和打倒军阀的宣传，与各种各样的反动思潮进行了坚决的斗争，极大地提高了中国民众的觉悟，有力地推动了革命运动的发展。因而，它受到了广大群众的热烈欢迎和支持，发行量曾高达10万份，读者不仅遍及国内，而且远及越南、德国、法国等地。人们称它是沉沉中国的“一线曙光”，是“中华民族的福音”，是中国“二千年来历史上破天荒的荣誉作业”，是中国新闻界中“真敢替受压迫的工农阶级呼冤而确能指示民众以革命大路的惟一报纸”。可见《向导》在当时中国民众中的巨大影响。

(2)《中国青年》。

①《中国青年》的创办经过。1923年10月20日，《中国青年》在上海创刊，为周刊，1927年10月停刊。恽代英、萧楚女、李求实等先后担任主编。《中国青年》是大革命时期最出色的刊物之一。它的基本内容是：a. 帮助青年正确对待工作、学习、生活，引导青年走上革命的道路。b. 评述时事政治，帮助青年正确认识国内外形势，提高觉悟，特别是在

它的后期，当时革命处于危急关头，《中国青年》仍然坚持从实际出发进行宣传，发挥了很好的作用。c. 宣传马列主义理论，同各种反动的、错误的思想作斗争。

②《中国青年》的作用与影响。《中国青年》深受广大青年的欢迎。尽管反动政府用种种办法查禁刊物，对阅读《中国青年》的读者加以逮捕和迫害，但它还是不胫而走。一本刊物，往往十几个读者传阅，一些进步教员把它作为教材。《中国青年》平时发行1.2万份，1927年上半年，它的发行量曾达3万多份，这在旧中国期刊中是很少见的。

【真题链接】《向导》周报（兰州大学2021年研；山东大学2021年研；上海大学2020年研；北大2013年研；湖南大学2013年研）

2. 中国共产党建立初期党报有何特点？

答：参见本专题考点难点归纳相关内容。

【真题链接】试析中国共产党早期出版物的特点。（陕西师范大学2005年研）

3. 国共合作后，革命报刊有哪些重要发展？

答：参见本专题考点难点归纳相关内容。

4. 评述蔡和森、瞿秋白、恽代英、萧楚女、邵飘萍等的报刊活动与贡献。

答：(1)蔡和森，湖南湘乡人，是中共早期领导人和无产阶级理论家、宣传家。1918年，他与毛泽东等共同组织了进步团体新民学会。五四运动后赴法，读了许多马克思主义书籍。1921年回国加入共产党，一度负责编辑《先驱》半月刊。1922年，担任《向导》主编，为《向导》撰写了大量优秀政论。蔡和森报刊宣传活动对推进早期马克思主义中国化进程，贡献卓著，经验宝贵。他以党、团"政治机关报"为阵地，宣传党的革命纲领助推马克思主义中国化、大众化。1931年在香港被捕后被反动军阀杀害。

(2)瞿秋白，是中国最早的无产阶级新闻记者，中共中央领导人之一，中共早期新闻事业的缔造人，先后主编《新青年》季刊、《前锋》月刊、《向导》周报和《热血日报》。他于1921年初到1922年底，坚持在苏俄采访两年，写有通讯报告集《饿乡纪程》和《赤都心史》等书。1927年10月主编《布尔什维克》杂志。30年代在上海发起劳动左翼文化运动，指导《文艺新闻》的出版和中国左翼记者联盟的成立。1934年主编《红色中华》报。1935年6月18日在福建长汀遇难。

(3)恽代英，是中国青年运动的杰出领导者、卓越的无产阶级政治家、报刊宣传家。早在学生时代，他就积极参加革命活动，是武汉地区五四运动主要领导人之一。1923年任团中央宣传部长，兼任《中国青年》主编。作为《中国青年》的创办者、首任主编、主要撰稿人，恽代英勤奋写作，精心编辑，还亲自处理读者来信。他的文章具有很强的战斗性和富于革命激情，揭露与批驳论敌时尖锐泼辣不留情面，而对待青年则是言辞恳切满怀热情。他的文章见解精辟，说理透彻，举例生动，语言热情奔放，通俗平易，很能抓住青年读者的心。他一生从事报刊宣传活动16年，主编和参与编辑的报刊有10余种，撰发报刊文章500篇，他具有丰富的报刊工作经验，对早期中共党报思想理论建设做出了贡献。

(4)萧楚女，是中国青年运动的杰出领导者、卓越的无产阶级政治家、报刊宣传活动家。五四前后，曾任汉口《崇德报》主笔，《大汉报》副刊主编，重庆《新蜀报》主笔。1924年5月当选团中央委员，1925年在上海参加团中央工作，担任《中国青年》编辑，主持"新刊批评”专栏。1926年协助毛泽东编《政治周报》，1927年在广州反革命大屠杀中被国民党反动派杀害。其文情理交融、分析深刻，感人至深。他还长于论辩，写有著名长篇论著《显微镜下之醒狮派》《中国革命与中国共产党》等。青年读者称他为“真理的战士”“革命的煽动家”。

(5)邵飘萍，是民国初年的著名记者。早在学生时代，邵飘萍就被聘为《申报》通讯员，1912年协助创办《汉民日报》从此开始职业报人生涯。“二次革命”后，邵飘萍赴日本留学，留学期间，在东京创办东京通讯社，专为京、沪报纸提供东京通讯，它曾最先向读者报道了袁世凯政府和日本政府秘密商议中的“二十一条密约”的详细内容，对国内反袁斗争起到了一定的推动作用。1916年回国后，受聘于《申报》《时报》和《时事新报》，撰写时评，常有重大、独家新闻报道，受到普遍赞誉。袁世凯死后，《申报》聘他为特派驻京记者，期间为之撰写的《北京特别报道》很受欢迎。1916年邵飘萍还在北京创办新闻编译社，1918年在北京创办《京报》，自任社长，以“铁肩辣手”为座右铭。同时他还兼任北大新闻学研究会导师。他最擅长新闻采访，所著《实际应用新闻学》是我国最早的新闻采访专著之一。1926年，邵飘萍在北京被反动军阀杀害。

【真题链接】简述瞿秋白的办报活动及历史贡献。(暨南大学2018年研)

5. 简要评述新记《大公报》的办报方针。

答：1926年9月1日《大公报》复刊号上，张季鸾以“记者”笔名写的社评《本社同人之志趣》中提出“不党、不卖、不私、不盲”的“四不”办报方针，强调完全中立。

(1)“不党”。该报强调其与当时中国各党派均无任何连带关系，但“不党”不代表中立，也并不敌视各党，而是原则上平等看待各党，纯粹是站在公民的角度来发表意见，除此之外，既没有什么成见，也无任何背景。

(2)“不卖”。强调不以言论作交换，以经济独立保证言论独立。

(3)“不私”。强调该报没有私用，给社会各力量提供言论平台，此举强调了报纸的社会服务功能。

(4)“不盲”。“不盲者，非自诩其明，乃自勉之词”，强调该报不盲从、不盲信、不盲动、不盲争。

《大公报》的“四不方针”其实已经跟现代的新闻专业理论十分接近了。《大公报》之所以日后取得那么辉煌的成就，是跟其有先进的新闻理念作指导密不可分的。“四不主义”的提出，是对中国新闻事业发展的成功与失败的借鉴，它实际上完整地提出了“文人办报”的理论，广泛吸取“政治家办报”(强调媒体的社会责任感)和“商业办报”(对媒体社会责任感强调不够，但注重经营管理)两者的优点，提出了独具中国特色的“文章报国”理念。它的提出是士阶层价值观念的表现，是士阶层价值观念在新的历史条件下新的表述。“四不”方针体现了该报追求客观公正的价值取向。《大公报》坚持这“四不”方针，形成了自己独特的办报风格。

【真题链接】

(1)简要评述《大公报》之“四不方针”。(暨南大学2011年研；四川大学2010年研)

(2)简述新记《大公报》的“四不”政策。(人大2014年研)

(3)论述大公报的办报过程，及“四不方针”的含义。(论述题，复旦大学2017年研)

(4)新记《大公报》的“三驾马车”和“四不主义”指的是什么？(山东大学2018年研)
(5)“四不”办报方针(名词解释，广西大学2018年研；陕西师大2018年研；湘潭大学2016年研)

7.3　考研真题与典型题详解

一、概念题

1.《政治周报》(华科2010年研)

答：参见本专题考点难点归纳相关内容。

2.《热血日报》(东华大学2021年研；复旦大学2010年研)

答：参见本专题考点难点归纳相关内容。

3.《劳动周刊》(南京师大2021年研)

答：参见本专题考点难点归纳相关内容。

4. 谴责与抵制《诚言》

相关试题：《诚言》事件(暨南大学2019年研)

答：《诚言》事件，是指“五卅”运动时期上海的《申报》《新闻报》刊登帝国主义宣传品《诚言》，引发社会舆论谴责的事件。1925年“五卅”运动中，上海公共租界工部局专门成立出版处编印出版《诚言》。作为一种传单式的宣传品，《诚言》满纸谎言，前后出版过3期，共散发和张贴110万份，上海民众把《诚言》称作“谣言”“谎言”“贼言”。当《申报》《新闻报》大字刊登《诚言》后，《血潮日刊》《中国青年》《工商学联合会日刊》等载文痛斥，各界民众向两报抗议和交涉。在爱国力量的舆论压力和说服下，《申报》《新闻报》刊登启事向全国人民道歉，并刊登《辟〈诚言〉》广告一则，印发《〈诚言〉是英国人的谣言》传单20万份，以挽回影响。

5. 成舍我(西南交大2019年研；复旦大学2018年研；湖南大学2016年研；中传2015年研；中央民大2015年研；北大2012年研)

答：成舍我是中国现代著名爱国报人、新闻教育家和社会活动家。他曾在上海《民国日报》任校对、助理编辑，在北京《益世报》任编辑、总编辑。1924年起，他先后创办《世界晚报》《世界日报》和《世界画报》，形成著名的“世界”报系，还创办了《民生报》《立报》等报纸，最终创下资产达数亿美元的成氏“新闻帝国”，被誉为民国时期四大报人之一。成舍我的报业生涯虽然多在20世纪上半叶中国新闻事业起步未久的阶段，但他在许多方面吸收了西方的办报经验，其报业经营主张和新闻思想与现代传播理论不谋而合。尽管成舍我办报也有局限和过失之处，但其办报经验不仅在中国现代新闻史具有非常重要的研究价值，而且对繁荣中国新闻报刊事业也有一定的借鉴意义。

6. 国闻通讯社(湖南大学2016年研；北大2010年研)

答：参见本专题考点难点归纳相关内容。

二、简答题

1. 简述革命战争时期，三份中共中央机关报。(复旦大学2012年研)

答：中国共产党自1921年成立以来，中央根据不同历史时期斗争形势的需要，创办了多种机关报，宣传党的政治主张，团结群众和教育党员，指导工作。其中的5种中共中央机关报有：

(1)《向导》，是中共中央第一个政治机关报，时事政治评论性的周报。1922年在上海创刊，1927年停刊。《向导》集中宣传党的二大制定的民主革命纲领——打倒帝国主义，打倒封建军阀，统一中国为真正的民主共和国。《向导》用大量事实报道和马克思列宁主义理论分析，揭露中国贫穷落后、战乱不安的根源，明确指出打倒帝国主义是中国人民民主革命的基本任务之一。

(2)《红色中华》，于1931年12月11日在江西瑞金创刊，是中共中央工农民主政府机关报。1935年该报随红军长征，在长征途中恶劣的条件下坚持油印出版，鼓舞了红军战士的斗志。到陕北后于1937年1月29日改名《新中华报》，在延安出版，初为中华苏维埃中央政府机关报。当中华苏维埃人民共和国中央政府改为陕甘宁边区政府后，它成为陕甘宁边区政府机关报。1939年2月7日改组为中国共产党中央委员会机关报，兼陕甘宁边区政府机关报。1941年5月15日停刊，改组为《解放日报》(延安)。

(3)《人民日报》。华北局机关报《人民日报》于1948年6月15日在河北平山县创刊，报头由毛泽东同志题写，1949年3月随华北局搬到北平。1949年8月间，中共中央决定将华北局机关报改为党中央机关报，社长是胡乔木，总编辑为邓拓。该报继续沿用毛泽东同志题写的报头，直到现在。

2. 简述成舍我的“世界”报系。(中青政治学院2008年研)

答：成舍我是中国现代著名爱国报人、新闻教育家和社会活动家。1924年起，他先后创办了《世界晚报》《世界日报》和《世界画报》，这三种报刊在当时颇具影响力，被称为“世界报系”。具体如下：

(1)《世界晚报》。该报于1924年4月16日创办，标榜“主张公正，消息灵确”。

(2)《世界日报》。该报创办于1925年2月10日。在发刊词中，成舍我提出：“不党不偏，不受津贴，言论公正，不畏强暴，替老百姓说话，作民众喉舌。”该报以军事政治新闻为主，兼重教育新闻，还设有多种副刊，曾聘请刘半农为副刊主编，发表过鲁迅的作品。该报纸出版不久即压倒北京市场上其他的报纸，日销量达35000多份，居当时北京各报之首位，天津《大公报》也难以与其抗衡。

(3)《世界画报》。1925年10月1日，成舍我出版单张《世界画报》，先以时事照片为主，后以美术作品为主。

《世界画报》创刊后，“三个世界”只用一年半的时间便成为中国第一个稍有规模的报系。成舍我的报业集团也成为中国历史上最早和最具规模的民营报业集团。成舍我重视报纸的特色，且十分重视经营管理，把印刷、发行、广告等工作组织得井井有条，最终创下了资产达数亿美元的成氏“新闻帝国”，被誉为民国时期四大报人之一。他在许多方面吸收了西方的办报经验，其报业经营主张和新闻思想与现代传播理论不谋而合。其办报经验不仅在中国现代新闻史具有非常重要的研究价值，而且对繁荣中国新闻报刊事业也有一定的借鉴意义。

三、论述题

1. 论述中国报刊史“文人论政”传统的形成过程。（华科 2021 年研）

相关试题：请根据以下材料，就中国的新闻传统谈谈你个人的观点。（中传 2007 年研）

1941 年 5 月 15 日，新记《大公报》获得美国密苏里新闻学院“最佳新闻事业服务奖”奖章，主笔张季鸾先生以本报同人的名义发表过一篇社评《本社同人的声明》，其中说“中国报，有一点与各国不同，就是各国的报是作为一种大的实业经营，而中国报原则上是文人论政的机关，而不是实业机关，这一点可以说中国落后，但也可以说是特长。民国以来中国报也有商业化的趋向，但程度还很浅。以本报为例，假若本报尚有渺小的价值，就在于虽按着商业经营，而仍能保持文人论政的本来面目。”

答：中国新闻传统的一大特点就是报业更倾向于作为论政、议政机关，而不是以营利为目的的实业机关，自国人开始办报，报纸就从未当作营生的手段，经过维新派和革命派掀起的办报高潮，报纸更是作为宣传政治主张的舆论工具，这一传统的表现在不同的时期或强或弱，但从未间断。

（1）报纸论政传统的确立。

自国人办报开始，文人论政的新闻传统就已开始并不断发展延续。1874 年，王韬创办《循环日报》，作为早期国人自办报刊的代表，《循环日报》的一大特色就是每天于头版处刊登一篇政论文章，首创报刊政论文体，王韬也成为我国新闻史上第一位报刊政论家。王韬借助日报宣传其变法自强的主张，并认为报纸是实现“上通下达”“博采舆论”的工具，“办报立言”发展成为我国国人自办报刊的传统。

（2）报刊政论时代的到来。

19 世纪 90 年代中期，维新变法运动促使第一次国人办报高潮兴起，维新派骨干康有为、梁启超、严复等人创办的以宣传维新变法为主旋律的报刊成为报业的主流。维新派视报纸为开启民智、变法图强的主要途径，把报纸作为强有力的政治舆论工具，形成学会、学堂、报纸“三位一体”的组织形式。他们冲破封建统治的言禁，开政治家办报的先河，提高了报人、报业的地位，开创了报章新文体——时务文体，影响了一代文风。梁启超主持的《时务报》便是文人论政报刊的代表。《时务报》主笔梁启超每天撰写四千多字的政论，其中《变法通议》一文连载 473 期，系统地阐明了维新派的变法主张，《时务报》成为维新派最重要、影响最大的机关报。

（3）报刊文人论政传统的发展与鼎盛。

20 世纪初同盟会的成立，资产阶级革命派报刊在海内外蓬勃发展，成为 1901 年“报禁”“言禁”开放后的第二次国人办报高潮的主流。革命派报刊宣传“三民主义”，主张为革命办报，公开承认报纸的党派性，视报纸为政治斗争的有力武器。《民报》和梁启超主持的保皇派报刊《新民丛报》的论战，标志着我国文人论政的报刊传统进入鼎盛时期。这次论战始于 1906 年 4 月，持续到 1907 年冬《新民丛报》停刊，论战以《民报》获胜告终，革命派的思想得到广泛传播，也促进了革命派报纸的发展。

（4）报刊政论的衰落。

民国初年，袁世凯加强对新闻事业的控制和摧残，大办官报，笼络收买报纸和报人，暴力压制、迫害异己报刊，镇压“二次革命”，制造“癸丑报灾”，还颁布了一系列苛刻限制新闻自由的法令。由于袁世凯、段祺瑞等军阀专横、残暴压制报业，应景文字充斥报端，报纸政论衰退。

（5）政论传统的恢复和发展。

五四时期，自由讨论之风兴起，带来了政论的活跃与繁荣。《新青年》发起新文化运动后，广泛采取社论、专论等形式打破民国以来报刊四平八稳的沉闷时评，政论重新受到重视并得以发展。《新青年》通过政论提倡民主、科学，反对旧思想、旧文化；《每周评论》《湘江评论》采用述评形式，政论与新闻报道相结合，夹叙夹议，及时评论国家大事。

（6）报刊文人论政传统的继承和发扬。

20世纪20年代后，国内革命战争导致政局不稳，政府对新闻事业的控制力较弱，为我国新闻事业的发展提供了一线生机，报刊论政的传统也得以恢复。《大公报》主笔张季鸾的政论文章以敢言、善言闻名，是对文人论政传统的继承和发扬。

张季鸾的编辑实务代表了《大公报》的方针，他主张报纸要超党派，提倡“对政治，贵敢言”，报业要充当“中国公民之独立言论机关”。1926年“大公报社新记公司”成立，张季鸾任主笔，开始了《大公报》历史上最辉煌的时期。作为对“大公”的坚持，“新记”《大公报》提出了“四不”方针：不党、不卖、不私、不盲。不结党营私，评论不偏不倚，站在比较超脱的立场上为百姓说话。张季鸾面对权势不卑不亢，一再声明“事实就是如此”的行为，显示了作为“无冕之王”的气度和对文人论政的坚持，于右任曾为这位“民国故报人”下过一极精当的评语：“恬淡文人，穷光记者，呕出肝胆。”

2. 试述《大公报》的创办及其百余年来的重大变化。

相关试题：论述《大公报》（1902～1949）在中国报业发展史上的重要影响。（暨南大学2018年研）

答：《大公报》是中国新闻事业史上出版时间最长的中文日报。创办及其百余年来的重大变化主要表现在以下几个时期：

（1）清末民初时期。《大公报》1902年创刊于天津租界，时政性日报，由满族爱国人士英敛之主持。《大公报》自称其办报宗旨是“开风气，牖民智，挹彼欧西学术，启我同胞聪明”，以敢言、严肃、非牟利和“敢于替穷苦大众说话”为标榜。鼓吹社会改良，敢于揭露和抨击清政府的弊政，包括点名批评直隶总督兼北洋大臣袁世凯。因此受到读者欢迎，成为当时京津和北方地区的著名报纸。

（2）大革命时期。1916年王郅隆接办《大公报》，使之成为一张接近皖系军阀并有亲日倾向的报纸。其销售数量惨跌不止，最后每天仅印几十份用来赠阅或张贴，至1925年11月27日宣告停刊。1926年9月1日《大公报》在天津复刊，吴鼎昌筹资并任社长，胡政之任经理兼副总编辑，张季鸾任总编辑兼副经理。张季鸾在复刊宣言《本社同仁之志趣》中，提出了“不党、不私、不卖、不盲”的办报方针。“四不”方针的提出，使《大公报》得到社会各界之欢迎，发行量迅即上升为6000多份。在政治上拥护国民党政府，采取“小骂大帮忙”的宣传手法；在新闻业务和经营管理方面锐意改进，推出了不少促进发展的举措。1936年该报上海版创刊，其触角伸入到当时中国的报业中心，成为当时闻名全国的大报。

(3)抗日战争时期。这一时期的报纸由张季鸾主持，在整个抗日战争时期，《大公报》始终坚定不移从事抗日宣传。虽然不轻易言战，但抗日战争全面爆发后，《大公报》就义无反顾，毫不犹豫地全力投入了抗战的宣传。但强调必须统一于蒋介石的意志下。首先是决不在日军和敌伪势力的统治下办报。1937 年 11 月日军占领上海，12 月 14 日宣布自次日起对在租界内出版的各报实行新闻检查，《大公报》拒绝送检，宣布自 15 日起自动停刊。其次是坚持做国家民族的喉舌，效忠祖国，坚决和日本侵略者周旋到底。在 1937 年 7 月 7 日至 1945 年 8 月 15 日的整个抗日战争时期，《大公报》先后发表的有关抗日的社论不下 200 余篇，抗日思想，贯彻始终。《大公报》桂林版在胡政之的筹划下，于 1941 年 3 月 15 日创刊，日出对开一大张。初期《大公报》桂林版由《大公报》重庆总管理处领导，王文彬兼发行人及副经理，蒋荫恩任编辑主任。1941 年后，香港《大公报》人员撤至桂林，使桂林版编辑力量大为加强，1942 年 4 月 1 日，《大公晚报》发刊，4 开一张，由杨历樵等负责。1944 年 6 月桂林大疏散，《大公晚报》于 6 月 27 日停刊，《大公报》则延至 9 月 12 日停刊。

(4)人民解放战争时期。1945 年 11 月 1 日，《大公报》上海版复刊；12 月 1 日，天津版复刊。1946 年 1 月，该报总管理处迁至上海，统辖上海、天津、重庆三馆，后又恢复香港版，设立台湾办事处，发展成为一个拥有重庆、上海、天津、香港四个分社的报团组织，同时在四地出版分版，成为具有全国影响的大报系。复刊初期，该报坚持反对美国扶植日本、反对内战的方针，但也有强烈的反共色彩。随着全面内战的开始和国民党专制统治的加强，该报才改变立场，加入到反对国民党的斗争中来。

(5)新中国成立后。作为旧中国的著名民营报纸，1950 年 7 月，该报实行公私合营，并在报社内建立中国共产党党组。这一时期以商业、财经和国际方面的新闻为主。1953 年上海版和天津版合并，在天津出版。1956 年迁至北京，王芸生任社长。重庆版 1952 年停刊。

(6)香港《大公报》。《大公报》香港版于 1938 年 8 月 13 日创刊，属于新记公司，由胡政之主持，积极宣传抗日，抨击日本和汪伪政权。11 月增出《大公晚报》。太平洋战争爆发后停刊，1948 年复刊。新中国成立前，香港《大公报》公开表明拥护中国政府和中国共产党。随后《大公报》不断发展，成为香港爱国阵线的主要喉舌，出版至今，是中国新闻事业史上出版时间最长的中文日报。

专题八　十年内战时期的新闻传播事业

8.1　复习笔记

【知识框架(庖丁解牛)】

- 十年内战时期的新闻传播事业
  - 国统区
    - 国民党新闻统制与新闻事业网的建立
      - 《中央日报》　1927　汉口
      - “中央社”　1927　迁往南京
      - 中央广播电台　1928　南京
    - 转入地下的共产党报刊(工作经验)
      - 《布尔塞维克》　1927　上海　瞿秋白
      - 《红旗》周刊　1928　《上海报》　1929
      - 《红旗日报》　1930　《红旗》和《上海报》合并
      - 《红旗周报》　1931　上海
      - 《斗争》　1932　上海
    - 革命文化运动
      - 创造社(1921～1929)
      - 太阳社(1928～1930)
      - 鲁迅支持的社团与刊物
        - 《朝花》《未名》《奔流》《语丝》
        - 《萌芽月刊》
        - 中国左翼作家联盟　1930　上海
        - 中国新闻研究会　1931　上海
        - 中国左翼新闻记者联盟　1932　上海
  - 革命根据地
    - 《时事简报》
    - 红色中华通讯社
    - 《红色中华》报
    - 《青年实话》
    - 《红星报》
    - (以上)人民政权下的新闻事业系统(1931.11.7～1934.9)
  - 抗日救亡运动
    - 共产党积极宣传
      - 《红色中华》　1935　瓦窑堡复刊(陕北版)
      - 《红色中华》——→《新中华报》　1937　延安
      - 《红色中华通讯社》——→《新华通讯社》　1937　延安
      - 《解放》　1937　延安创刊
      - 《救国报》　1935 巴黎、莫斯科 中共海外机关报
    - 国统区新闻界的变化
      - 邹韬奋和《生活》周刊
      - 史量才和《申报》
    - 邹韬奋的报刊活动与“韬奋精神”
      - 《生活》周刊　1926　上海
      - 《新生》周刊　1934　上海　杜重远
      - 《大众生活》　1935　上海
      - 《生活日报》　1936　香港
      - 《生活星期刊》　1936　上海
    - 范长江的《西北通讯》(《中国的西北角》《塞上行》)　斯诺《红星照耀中国》
  - 新闻学研究全面发展　戈公振《中国报学史》
  - 新闻教育发展稳健——新闻高等教育和职业教育

【专题概要(提纲挈领)】

本专题主要论述了十年内战时期国共两党新闻事业的相关知识，考点以名词解释、简答题以及论述题为主，在学习时，需要着重对国统区内国共两党的新闻传播活动、内战时期的革命根据地建设、中国共产党的抗日救亡运动等内容加以把握，并重点了解“韬奋”精神、《红色中华》报、范长江的新闻传播活动、鲁迅支持的社团和刊物等内容。

【考点难点归纳(厚积薄发)】

考点一：国民党统治区的新闻传播 ★

1. 国民党新闻统制建立的具体措施(见表8－1)

表8－1　国民党新闻统制建立的具体措施

具体措施	具体内容
组建全国性的新闻事业网络	1927年国民党反动派叛变革命后，在全国建立起新的独裁政权。同时，也建立了为这一政权服务的庞大的新闻事业网：以中央通讯社为中心的新闻通讯事业网；以《中央日报》为中心的党政军报刊网；以中央广播电台为中心的广播事业网
控制和利用民营新闻事业	对《申报》《新闻报》《大公报》等在民营报界具有极高声望的大报，国民党当局对其积极拉拢并加以控制
制定新闻出版法令，剥夺进步报刊新闻自由权	国民党独裁政权建立后，颁布了一系列新闻出版的法律和条例，如《宣传品审查条例》《出版法》等，这些法令对报刊的出版、内容、发行等均有极其苛刻的规定。创办报刊要事先登记，报纸付印前需送有关方面审查。且这些法令的许多条款意义含混，由执法机关任意解释，使得报刊动辄得咎
设立新闻控制机构，推行新闻检查制度	1933年，通过了《修正重要都市新闻检查办法》，决定在一些重要城市设立新闻检查机构，在南京、上海、北平、天津、汉口等地纷纷设立“新闻检查所”，实行事后追惩法进行检查。1934年又颁布《图书杂志审查办法》，规定出版物原稿在付印前必须送“国民党中央宣传部图书杂志审查委员会”进行预先审查，否则“予以处分”。检查官可以任意删改稿本，而且删改之后不许留空白，必须衔接起来，使读者看不见检查删削的痕迹

2. 国民党新闻事业网络的形成(见表8－2)

表8－2　国民党新闻事业网络的形成

名称	具体内容	
《中央日报》(1927)	创办情况	1926年在广州筹办，次年在汉口创刊
	主管人	宣传部长顾孟余任社长，陈启修任总编辑，副刊编辑孙伏园。后被汪精卫集团把持
	地位	国民党中央机关报
	工作特点	在独立法人的外衣下受蒋介石政府的直接控制

续表

名称	具体内容	
中央通讯社（“中央社”，1924）	创办情况	中华民国的国家通讯社，成立于广州，1927年迁往南京
	主管单位(人)	直属于国民党中央党部，国民党中宣部秘书萧同兹担任社长
	工作特点	①初创时期的中央社规模很小，播发稿件不多，内容贫乏，质量不高，报刊很少刊载。1932年改组后实行“工作专业化”“业务社会化”“经营企业化”的方针。 ②网罗人才，充实编采队伍，并装设当时最先进的收发报机，自行收发电讯。从此，中央社规模迅速扩大，除南京总社外，还先后在上海、汉口、北平、天津、西安、香港等地建立分社。 ③与美联社、路透社、塔斯社、哈瓦斯社、合众社等外国通讯社签订合约，交换新闻稿。这些通讯社的电讯，均由中央社抄收转发至国内各地。 ④既垄断了新闻来源，又拥有无线电收发新闻的专用权和最先进的设备，因而迅速成为私营通讯社无法匹敌的国家通讯社
中国国民党中央执行委员会广播无线电台（“中央广播电台”，1928）	创办情况	1928年在南京开始播音，是国民党开办的第一个全国性广播电台
	工作特点	呼号为XKM，发射功率500瓦。1932年11月建成新台，呼号改为XGOA，发射功率扩至75千瓦，为亚洲之冠。该台成立之初隶属于国民党中央宣传部，后由国民党中央广播事业管理处管辖。该台备受国民党重视，开播时就宣称：“嗣后所有中央一切重要决议、宣传大纲以及通令通告等，统由本电台传播”

3.《布尔塞维克》等共产党地下报刊的出版(见表8-3)

表8-3 《布尔塞维克》等共产党地下报刊的出版

报刊名	具体内容	
《布尔塞维克》(1927)	创办情况	是这一时期中共中央创办的第一份理论机关报，创刊于上海。该刊1932年7月出到第5卷第1期停刊，共出52期，初为16开本周刊，后改为32开本半月刊、月刊
	编委会	由瞿秋白、罗亦农、邓中夏、王若飞、郑超麟组成编委会，主编瞿秋白
	主要内容	①集中揭露了国民党反动派叛变革命的真面目及其建立的新军阀政权的反革命本质。 ②以大量篇幅热情报道了中国共产党领导群众武装反抗国民党反动统治的英勇斗争。 ③同国民党改组派和托陈取消派展开了斗争。它发表了一系列政论、随感，如《国民党的新理论家——陈公博》《论国民党改组派》《论陈独秀主义》等，揭露了汪精卫、顾孟余、陈公博等人为首的国民党改组派的反动本质，批驳了托陈派的“二次革命论”
《红旗日报》	创办情况	创刊于上海，开始是周刊，后改为3日刊。由中共中央宣传部主编。经常为其撰稿的有恽代英、李立三、罗登贤、谢觉哉等。设有社论、国内外消息、问题与回答、转载、“短斧头”等栏目，宣传内容大体上与《布尔塞维克》相似。1930年与《上海报》合并，更名为《红旗日报》
	性质	中共中央机关报
	主要内容	①1930年10月30日，增出副刊“实话”，主要刊载论述党的路线和革命策略的文章。 ②《红旗日报》的发刊词写道：“在现在阶级社会里，报纸只是一种阶级斗争的工具。”在中国新闻史上，这是对“报纸是阶级斗争工具”观点的最早的明确表述

4. 革命文化运动中团体或个人的报刊活动

在以上海为中心的国民党统治区，在共产党人和思想文化界的进步人士的合作推动下，革命文化运动以报刊作为主阵地开展，最早的倡导者是创造社、太阳社和鲁迅支持的社团与刊物，具体见表8－4。

表8－4　革命文化运动中团体或个人的报刊活动

团体或个人名称	具体内容	
创造社（1921）	性质	我国现代文学史上继最早的新文学团体"文学研究会"之后成立的又一个著名的新文学团体，其主要成员是当时在日本留学的郭沫若、郁达夫、田汉、成仿吾、郑伯奇和张资平等人
	出版物	《创造季刊》《创造周报》《创造日》《洪水》《创造月刊》《文化批判》
	主张	主要宣传"新文学的建设"，提倡浪漫主义，但"他们的思想意识仍不外是资产阶级的意识"
太阳社（1927）	性质	文学团体，蒋光慈、钱杏邨等任编辑
	出版物	1929年1月在上海创办的《太阳月刊》，太阳社的成员在该刊上发表了不少阐述革命文学的重要理论文章，提倡无产阶级革命文学
鲁迅	出版物	《朝花》（后改名《朝花旬刊》）、《未名》半月刊、《萌芽月刊》（第6期改名《新地》）、《奔流》、《语丝》
	评价	以报刊为阵地，以杂文为武器，率领左翼文化战线同国民党文化反动派的"围剿"进行了英勇斗争，积累了丰富的办报（刊）经验，在中国新闻史上具有重要意义。包括：①发扬"韧"的战斗精神，敢于斗争，善于斗争；②鲁迅的杂文发展并丰富了报纸副刊的战斗文体；③对报刊编辑工作的态度认真负责，绝不敷衍作者和读者
左翼作家联盟（"左联"，1930）	地位	"左联"是影响最大的革命文化团体，参加者大部分是原创造社、太阳社、我们社和艺术剧社、时代美术社等文化团体的成员
	出版物	《萌芽》《拓荒者》《北斗》《文学导报》《巴尔底山》《前哨》《十字街头》等机关报刊

考点二：革命根据地的新闻传播　★★★★

1. 中央革命根据地的新闻传播事业（见表8－5）

表8－5　中央革命根据地的新闻传播事业

名称	具体内容	
红色中华通讯社（"红中社"，1931）	创办情况	在瑞金成立
	性质	临时中央政府机关通讯社
	广播呼号	CSR（Chinese Soviet Radio）
	内容	主要传播临时中央政府宣言、红军战报和根据地建设消息，同时，还抄收国民党和外国通讯社的文稿。向全国播发电讯，向各根据地和上海地下党报刊发稿，使外界知道了苏区和红军的情况。除播发新闻外，它还出版《参考消息》，刊登新闻台抄收来的国内外通讯社的电讯稿，供中央领导同志参阅

续表

<table>
<tr><th>名称</th><th colspan="2">具体内容</th></tr>
<tr><td rowspan="3">《红色中华》报
(1931)</td><td>创办情况</td><td>在瑞金创刊，是一张办得生动活泼的小型报纸，4开，每期最少出两版，多时加印到10版。除社论、要闻外，还设有《红色区域建设》《中央革命根据地消息》《党的生活》等栏目。其特点是：①登载中央政府的重要文告和主要领导人的重要讲话、文章，使党的方针、政策、法律、法令及一切决议，及时贯彻到苏区人民群众中去；②积极组织和指导苏区人民参加苏维埃政权的建设；③把大力报道红军胜利的消息作为宣传的重要内容之一</td></tr>
<tr><td>性质</td><td>是中华苏维埃共和国临时中央政府机关报，也是我国在人民政权下创办的第一份中央报纸，和红色中华通讯社是同一个机构，担负出版和通讯工作两重任务</td></tr>
<tr><td>负责人</td><td>由周以栗、王观澜、杨尚昆、李一氓、沙可夫、瞿秋白等人先后负责</td></tr>
<tr><td rowspan="2">《青年实话》
(1931)</td><td>创办情况</td><td>总编辑所设在江西于都，总发行所设在福建长汀，后来都迁到瑞金。先是半月刊，后改为旬刊、周刊。长征开始时停刊。设置了《青年生活素描》《前线通讯》《白区青年生活》等栏目。刊载团中央决议与宣言，传播团和青年群众工作经验，报道红军的战斗生活和各地青年拥军参军情况，介绍马克思列宁主义的基本知识；紧密配合党的中心工作，动员青年积极参加红军，保卫革命根据地</td></tr>
<tr><td>性质</td><td>中国共产主义青年团苏区中央局机关刊物</td></tr>
<tr><td rowspan="3">《红星报》
(1931)</td><td>创办情况</td><td>创刊于瑞金。《红星报》办得丰富多彩，生动活泼，图文并茂，通俗易懂。除社论、要闻外，还设有《党的生活》《列宁室》《红军生活》《红军家信》等10多个固定栏目</td></tr>
<tr><td>主编</td><td>①1933年5月后，邓小平任主编。
②1935年1月遵义会议后，陆定一接任主编</td></tr>
<tr><td>性质</td><td>中国工农红军军事委员会机关报</td></tr>
</table>

2. 其他革命根据地报刊和红军报刊

(1)革命根据地报刊，见表8-6。

表8-6 革命根据地报刊

根据地名称	具体内容
湘赣根据地	中共湘赣省委机关报《湘赣红旗》；省苏维埃政府机关报《红色湘赣》和《红色湘赣副刊》；省军区政治部的《湘赣红星》；共青团省委机关报《列宁青年》
闽浙赣根据地	省委机关报《突击》；省苏维埃政府机关报《工农报》和《红色东北》；省军区的《红星报》和《前线》；省工会的《工人特刊》；共青团省委的《列宁青年》和《青年实话》；省互济会的《互济生活》等
湘鄂西根据地	中共湘鄂西分局机关报《红旗日报》和《布尔什维克》周刊、省苏维埃政府机关报《工农日报》、共青团省委机关报《列宁青年》等
鄂豫皖根据地	中共鄂豫皖省委机关报《列宁报》、省苏维埃政府机关报《鄂豫皖苏维埃报》、中共鄂豫皖分局主办机关报《红旗》、共青团鄂豫皖中央分局机关报《少年先锋》及儿童局的《赤色儿童》等
川陕根据地	中央川陕省委机关报《共产党》、川陕苏维埃政府机关报《苏维埃》、川陕省总工会机关报《斧头》等
琼崖根据地	中共琼崖特别委员会宣传部主办的《琼崖红旗》、琼崖苏维埃政府和乐会县苏维埃政府的《工农兵报》、共青团琼崖特委宣传部主办的《团的生活》、少年先锋队琼崖总队的《赤光报》等

(2)红军报刊，见表8－7。

表8－7　红军报刊

主办单位	报刊名
红军第一方面军总司令部	《红色战场》
红四方面军总政治部	《红军画报》
红三军团	《红军日报》
红三军团政治部	《火线》
红二军团政治部	《红星》
红四军	《红旗》
红五军	《工农兵》

3. 革命根据地新闻传播事业的特点和意义(见表8－8)

表8－8　革命根据地新闻传播事业的特点和意义

<table>
<tr><th>要点</th><th colspan="2">具体内容</th></tr>
<tr><td rowspan="2">特点</td><td>基本特点</td><td>国民党主导的新闻传播事业与国统区共产党地下报刊不同的是，革命根据地的新闻传播事业是一种全新的新闻传播事业。它是在人民政权下创办的。既不受国统区法西斯新闻统制的压迫，也摆脱了传媒资本家追逐利润的束缚，成为中国共产党领导的人民大众的自由的新闻传播事业</td></tr>
<tr><td>其他特点</td><td>包括：①结合工作实践，围绕“前线”开展新闻宣传；②始终以群众为中心，密切联系群众、依靠群众；③开辟“黑报”“红匾”专栏，批评与表扬并重；④通俗易懂，形式多样</td></tr>
<tr><td rowspan="4">意义</td><td>中国共产党作为执政党创办新闻传播事业，由此开始</td><td>执政党的新闻传播事业，面临着许多新课题，如政权建设、经济建设、人民生活等方面的新闻宣传，都必须占有重要地位，这与过去大不相同。对于20多年以后党的新闻传播事业在全国的胜利发展来说，根据地新闻传播事业跨出的是第一步，在新闻体制、工作方针与工作方法、队伍组成与人才培育、物质准备等诸多方面，开始了实践探索、积累经验的进程</td></tr>
<tr><td>促进了农村大变革</td><td>革命根据地是在贫困、落后的农村中建立起来的，人口中的绝大多数是世代务农的农民，文盲一般占90%以上。通过新闻宣传，广大农民懂得了革命道理，增长了知识，还提高了文化水平。在革命根据地，初步展现了革命新闻传播事业与农村人民大众相结合的情景</td></tr>
<tr><td>有力地配合了革命战争</td><td>动员群众、支援红军开展反“围剿”斗争，是根据地新闻宣传的中心任务。各种报刊和“红中社”，充分发挥了宣传鼓动作用，成为思想政治工作的重要阵地</td></tr>
<tr><td>实践了列宁的党报思想，充实和发展了中国共产党的新闻工作优良传统</td><td>革命根据地的新闻传播事业，特别是《红色中华》报，反复强调“报纸不仅是集体的宣传员和集体的鼓动员，而且是集体的组织者”。革命根据地新闻传播事业的实践经验与教训，在一些方面也充实和发展了党的新闻工作优良传统，如围绕党的中心任务进行报道与宣传、依靠人民群众办报、在报刊上开展批评与表扬、艰苦奋斗办事业等</td></tr>
</table>

考点三：抗日救亡运动中的新闻传播事业 ★★★★

1. 共产党的抗日宣传（见表8－9）

表8－9　共产党的抗日宣传

地点	具体内容
中央革命根据地	在《红色中华》等报刊上，共产党和苏维埃政府有关抗日的决议、宣言大量刊登，反映人民群众的抗日呼声的报道和文章数量激增
国民党统治区	在国统区，共产党排除"左"倾干扰，恢复革命活动，创办了一批秘密发行或半公开发行、以宣传抗日为使命的报刊，如《华北烽火》《长城》《国防》等
海外	共产国际中共代表团根据中共中央指示，创办了《救国报》，后改名为《救国时报》，编辑部设于莫斯科，印刷和发行所设于巴黎。着重宣传中共关于建立抗日民族统一战线的主张。《救国报》首次公开发表了中共中央《为抗日救国告全体同胞书》（即《八一宣言》）全文

2. 国民党统治区新闻界的变化（见表8－10）

表8－10　国民党统治区新闻界的变化

<table>
<tr><th>地点</th><th colspan="3">具体内容</th></tr>
<tr><td rowspan="6">史量才和《申报》改革</td><td>史量才</td><td colspan="2">我国著名的新闻事业家，1912年在实业家张謇、赵凤昌等支持下，出资购买并接办《申报》。在他主持下，《申报》走企业化发展道路，购买了新式设备，建造了报馆大楼，改进经营，取得令人瞩目的成效。但他在政治上是保守的。《申报》以"不偏不倚"为标榜，实际上顺应了当权者的需求。大革命失败后，《申报》上也出现"共匪"一类字眼。史量才力图扩张自己的实力，甚至想建立美英式的报业托拉斯。1931年，《申报》发表《本报六十周年纪念宣言》，宣布即日起的一年为纪念年，提出了奋斗目标。1932年，《申报》又发表《六十周年革新计划宣言》，宣布了革新的具体措施，并强调需要"社会大众的伟力加以推进"</td></tr>
<tr><td rowspan="5">《申报》的革新措施</td><td>《申报》的革新以"时评"为"龙头"</td><td>改革后，时评的鲜明特点是联系实际，尖锐泼辣，风格多样</td></tr>
<tr><td>加强新闻，改进本埠新闻报道</td><td>在南京、汉口等29个城市设分馆，促进了地方通讯的发展</td></tr>
<tr><td>改革《自由谈》</td><td>《申报》业务改革中最引人注目、社会影响最大的是副刊《自由谈》的变化。九一八事变后，史量才断然撤换了主持副刊《自由谈》12年之久、在旧文坛上颇负盛名的周瘦鹃，起用了刚从法国留学归来的青年作家黎烈文主编副刊。设置杂文、随笔、读书笔记、短篇译文和连载小说，内容五光十色，绚丽多彩，主要内容则是与时代脉搏紧密相连、反映社会精神生活的作品，尤其是具有高度思想性的社会批评</td></tr>
<tr><td>出版书刊</td><td>有《申报月刊》《申报年鉴》《中华民国新地图》等</td></tr>
<tr><td>兴办社会文化事业</td><td>有流通图书馆、新闻函授学校、业余补习学校、《申报》服务部等</td></tr>
<tr><td>成舍我和《立报》</td><td colspan="3">1935年9月20日，成舍我主办的《立报》在上海创刊。它实行精编方针，售价低廉，使读者"能读、必读、爱读"是该报的办报宗旨。《立报》积极宣传抗日救亡，以"对内和平，对外抗战"为主张，大力反映淞沪抗战的壮举，报道八路军战绩。1937年11月，由于日方对租界施加压力，该报被迫停刊。1938年4月，在香港复刊</td></tr>
</table>

3. 邹韬奋的新闻实践（见表 8－11）

表 8－11 邹韬奋的新闻实践

<table>
<tr><th>要点</th><th colspan="2">具体内容</th></tr>
<tr><td>简介</td><td colspan="2">中国新闻工作者、报刊评论家。毕业后任中华职业教育社编辑部主任，主编《教育与职业》月刊。1926 年 10 月主编《生活》周刊。1932 年创办生活书店，出版一大批进步书刊。1933 年初参加中国民权保障同盟。同年 7 月被迫流亡国外，为《生活》周刊撰写了大量通讯，后辑成《萍踪寄语》一书出版。1935 年回国后，参加中国共产党领导的抗日救亡运动，先后在上海、香港等地主编《大众生活》周刊《生活日报》《生活星期刊》，并担任全国各界救国联合会的领导工作。1936 年 11 月，与沈钧儒等同时被国民党逮捕，史称“七君子事件”。抗日战争爆发后获释，先后在上海、武汉、重庆主编《抗战》《全民抗战》等刊物。1941 年 2 月出走香港，在香港恢复出版《大众生活》。1942 年由香港回到上海，此后赴苏北解放区考察。1944 年在上海病逝</td></tr>
<tr><td rowspan="6">报刊活动（六刊一报）</td><td>《生活》周刊（1925）</td><td>在上海创刊。从 1926 年 10 月 24 日出版的第 2 卷第 1 期起，由邹韬奋主持，新辟“信箱”“小言论”专栏，关心社会问题。该刊前后办了 8 年</td></tr>
<tr><td>《大众生活》周刊（1935）</td><td>在上海创刊，每期销量达 20 万份。他在创刊号上发表《我们的灯塔》一文，提出以“力求民族解放的实现，封建残余的铲除，个人主义的克服”为三大目标</td></tr>
<tr><td>《生活日报》（1936）</td><td>主办的《生活日报》和《生活日报星期增刊》在香港创刊，其中《生活日报》是他一生创办的唯一一份日报</td></tr>
<tr><td>《生活星期刊》（1936）</td><td>在上海创刊，邹韬奋任主编兼发行人。“七君子事件”发生，邹韬奋被捕。《生活星期刊》改由金仲华担任主编与发行人，并向国民党上海市政府社会局要求更换登记，以求继续出版，未果。12 月被查封</td></tr>
<tr><td>《抗战》三日刊（1937）</td><td>在上海创刊，同时出版《抗战画报》。迫于上海租界当局的压力，《抗战》三日刊从 9 月 9 日出版的第 7 号起，改名为《抵抗》三日刊，一直出到第 28 期，后又恢复原名，并在上海沦陷后迁至武汉</td></tr>
<tr><td>《全民抗战》（1938）</td><td>《抗战》三日刊与《全民》月刊合并，改名为《全民抗战》三日刊，继续在汉口出版。邹韬奋任主编及总发行人。1941 年 2 月 22 日“皖南事变”后，《全民抗战》被查封</td></tr>
<tr><td>文集</td><td colspan="2">邹韬奋著有《萍踪寄语》《萍踪忆语》两本通讯报告集，被誉为“充满着爱与力的新游记”</td></tr>
<tr><td>报刊思想</td><td colspan="2">①报刊是人民的耳目喉舌，应成为实现民族解放、大众解放大目标的工具。
②报刊要成为读者的“好朋友”，真诚地为读者服务。
③办报刊应有创造精神，形成报刊的个性和特色。
④文风要“明显畅快”。
⑤重视经营管理和社会信用，处理好商业性新闻与广告的关系。
⑥新闻工作者应有高尚的人格和真才实学，“视事业如生命”</td></tr>
<tr><td>新闻职业素养观</td><td colspan="2">①记者要大公无私。
②记者要有敏锐的观察和卓越的识见。
③记者的文字要畅达。
④记者应该至少精通一种外文。
⑤新闻工作者应该有广博的知识、健全的体格，懂一些自然科学知识</td></tr>
</table>

4. “新生事件”

1934年2月,《新生》周刊作为《生活》周刊的续本创刊,杜重远任编辑兼发行人。1935年5月,《新生》刊载易水(艾寒松)的《闲话皇帝》一文,泛论古今中外的君主制度,文中举例认为当时的日本天皇实际是个生物学家,做皇帝是为了统治的需要,否则,他在生物学上会有更多成就。这一言论遭到了日本驻沪总领事的强烈抗议,日本当局借机提出许多无理要求。最终,《新生》周刊社遭到查封,主编杜重远入狱,国民党中央还电令其各级党部及新闻出版界,加紧查禁抗日言论,取缔抗日运动。

5. 范长江、斯诺等的西北采访活动

(1)范长江,中国新闻工作者、社会活动家。1933年开始为北平《晨报》《世界日报》和天津《益世报》《大公报》等撰稿。1934年进入《大公报》。1935年7月,以《大公报》特约通讯员的身份,从成都出发,开始西北地区考察旅行,历时10个月,行程4000余里,撰写的旅行通讯陆续在《大公报》发表。

①1936年8月,范长江出版通讯集《中国的西北角》一书,首次客观而真实地报道了红军长征的行踪和影响。

②1935年到1936年,《大公报》派完成西部之行不久的范长江到察哈尔绥化地区采访。期间,范长江写出《忆西蒙》《百灵庙战后行》《西北近影》《陕北之行》等著名通讯报道,这些报道被结集成为《塞上行》一书,揭露了日本帝国主义侵略的危机,国民党的腐败、黑暗与各族人民的痛苦生活。

③1936年范长江发表《动荡中之西北大局》,介绍了西安事变的真相和中国共产党关于建立抗日民族统一战线的主张。

(2)斯诺。美国新闻记者、作家。1936年,斯诺进入革命地区,1937年撰写出版《红星照耀中国》一书。为避免检查和发行中的麻烦,中文版改名为《西行漫记》。该书较早地公开介绍了中国共产党的革命斗争及其领导人的情况,激励了一大批进步青年奔赴延安,参加革命。该书曾被翻译成十余种文字出版,畅销世界。斯诺是进入革命根据地采访的第一个外国记者。

考点四:新闻学研究和新闻教育事业的发展 ★★★

1. 新闻学研究(见表8-12)

表8-12 新闻学研究

要点	具体内容
学术团体	①中国新闻学研究会。我国第一个研究无产阶级新闻学的学术团体,1931年在上海成立。主要会员为《申报》《新闻报》《时报》等报社的进步记者以及上海民治新闻学院(后改名民治新闻专科学校)和复旦大学新闻系师生,核心是《文艺新闻》的工作人员。 ②复旦大学新闻学会。1929年成立,会员除该系师生外,还吸收已毕业的新闻系学生和其他新闻爱好者参加,曾创办印刷厂,出版书刊等。 ③南京新闻学会。1936年成立。 ④平津新闻学会。1936年在北平成立

续表

要点	具体内容
专业刊物	①中国新闻学研究会主办的《集纳》和《集纳批判》杂志。 ②复旦大学新闻学会主办的《新闻世界》《明日的新闻》《新闻学期刊》。 ③燕京大学新闻系主办的《新闻学研究》《记者座谈》。 ④黄天鹏主编的北平《新闻学刊》和上海《报学杂志》等
新闻学专著	①张友渔著《新闻之理论与现象》。 ②黄天鹏著《现代新闻学》《新闻记者论》《新闻学概要》《新闻学入门》。 ③孙怀仁著《新闻学概论》。 ④胡仲特著《关于报纸的基本知识》

2. 戈公振和《中国报学史》(见表8－13)

表8－13 戈公振和《中国报学史》

要点	具体内容
戈公振	中国新闻记者、报刊主编、新闻教育家。1908年入东台高等学堂，1912年毕业后入《东台日报》任图画编辑。1913年入上海《时报》，在该报工作近15年，致力于《时报》的业务改革，创办《图画时报》及多种副刊。同时从事新闻教育和新闻学研究。在上海国民大学、南方大学、大夏大学、复旦大学等校新闻系兼职任教。1927年初赴日本及欧美等国考察新闻业。同年8月出席在瑞士日内瓦举行的国际联盟报界专家会议，在会上发言题为《新闻电费率与新闻检查法》。1928年底回国后，任上海《申报》总管理处设计处主任，兼《申报星期画刊》主编。1931年九一八事变后，积极从事抗日救亡活动。1932年春，随国际联盟调查团赴东北调查日本侵华真相。同年9月随调查团去欧洲。1933年起在苏联旅居3年，写了许多反映苏联建设成就的通讯，后来汇成专集《从东北到庶联》出版。1935年8月，应邹韬奋邀请归国，参加《生活日报》筹备工作。同年10月在上海病逝。著有《中国报学史》《新闻学撮要》《新闻学》等书，其中《中国报学史》被译成日文，并多次再版，是中国新闻史研究的奠基之作
《中国报学史》	写于1925～1926年，1927年11月由商务印书馆出版，是戈公振影响最为深远的著作，曾多次再版。《中国报学史》是第一部全面论述中国报刊发展史的著作，全书系统地、清晰地勾勒出从汉唐到20世纪20年代中国新闻事业发展的脉络，并且介绍了报业的经营管理、新闻教育、新闻团体、新闻法律等方面的情况。可贵的是，书中保存了许多珍贵史料的原文。被称为“中国新闻史研究开山之作”

3. 新闻教育(见表8－14)

表8－14 新闻教育

要点		具体内容
高等新闻教育	复旦大学新闻系	①1929年秋正式创建新闻系，由谢六逸任系主任。其培养目标是“养成本国报纸编辑与经营人才”，课程设置与教学安排参照美国密苏里大学新闻学院的教学计划。 ②1930年成立新闻研究会，由黄天鹏任主任，同时设立印刷所，出版新闻学丛书。 ③1931年创办复旦大学新闻通讯社，作为学生实习机构，并向上海各报发稿

续表

要点	具体内容	
高等新闻教育	燕京大学新闻系	①1927年停办的燕京大学新闻学系，于1929年恢复，体制和设备日臻完善。梁士纯为系主任。该系曾创办燕京通讯社和《新闻学研究》《报学》《燕京新闻》等报刊，并与美国密苏里大学新闻系交换教授及研究生。 ②每年春季举办“新闻周”，邀请著名报人来校讲演
新闻职业教育	1928年，谢英伯创办的中国新闻学院在广州成立，后改为中国新闻学校，是我国第一所新闻专科学校。顾执中创办的上海民治新闻学院在上海成立。1933年1月，改称民治新闻专科学校。该校开设的课程有采访、编辑、新闻写作、管理、印刷、摄影、英文、时事分析等	

8.2 课后习题详解

1. 国民党新闻统制是如何建立起来的？

答：参见本专题考点难点归纳相关内容。

2. 中国共产党地下报刊在国统区的出版情况如何？有什么经验教训？

答：(1)中国共产党地下报刊在国统区的出版情况。

参见本专题考点难点归纳相关内容。

(2)党的“地下”报刊建设积累的经验。

①建立党报委员会，全面负责党对报刊的领导。

②发展通讯员，加强同群众的联系。

③建立发行网，扩大党报影响。

(3)教训。

①宣传了错误的斗争策略和口号，如“武装保卫苏联”等。

②办报策略上，不注意隐蔽精干，一味强调公开发行，招致巨大损失。

【真题链接】简述共产党在国统区的早期办报活动。(暨南大学2019年研)

3. 中国共产党领导的根据地新闻传播事业是在怎样的历史条件下产生的？其发展情况如何？有何特点与意义？

答：参见本专题考点难点归纳相关内容。

【真题链接】试述中央苏区根据地新闻事业的特点。(厦门大学2007年研)

4. “九一八”事变后，中国新闻界出现了哪些重大变化？

答：“九一八”事变后，中国新闻界出现的重大变化主要有：

(1)共产党的新闻传播事业积极宣传抗日救亡。

参见本专题考点难点归纳相关内容。

(2)国民党统治区新闻界的变化。

①国统区民办报刊积极主张抗日。“九一八”事变后，国统区内的各大报刊，包括一些以前趋于保守的报刊，纷纷加入到抗日救亡运动中，积极刊载反对日本侵略，主张抗日的报道。邹韬奋的《生活》周刊、史量才的《申报》《时事新报》《新闻报》等都刊载了主张抗日的

报道与言论。

②国民党党办报刊奉行国民党不抵抗政策。国民党的党办报刊《中央日报》等仍旧为蒋介石的不抵抗政策辩解，以“诉之国联”“待公理之裁决”为内容，掩盖对日妥协政策的实质，企图将人们的视线引向“剿共”。但反激起民众的公愤。

总之，“九一八”事变激起了声势浩大的抗日救亡宣传，冲破了1927年大革命失败后的舆论沉寂局面，抗日宣传经历了1931年和1932年的迅猛发展而遍及全国。

5. 什么是“韬奋精神”？简要评述邹韬奋的报刊活动与报刊思想。

答：(1)“韬奋精神”。

“韬奋精神”是指邹韬奋的一套较为完整的报刊思想和实践经验。毛泽东说：“热爱人民，真诚地为人民服务，鞠躬尽瘁，死而后已，这就是韬奋先生的精神，这就是他之所以感动人们的地方。”这是对“韬奋精神”的精辟诠释。

(2)邹韬奋的报刊活动。

参见本专题考点难点归纳相关内容。

(3)邹韬奋的报刊思想。

参见本专题考点难点归纳相关内容。

【真题链接】

(1)“韬奋精神”(名词解释，安徽大学2021年研；南开大学2007年研)

(2)简述邹韬奋的六刊一报。(复旦大学2011年研)

(3)邹韬奋的办报思想和精神。(华科2021年研)

(4)邹韬奋的报刊思想和当代价值。(安徽大学2021年研)

6. 简要评述范长江西北采访的成果与意义。

答：(1)范长江西北采访的成果。

参见本专题考点难点归纳相关内容。

(2)意义。

①具有史料价值。20世纪30~40年代是中国历史上很重要的阶段，这个时期在中国革命史上具有举足轻重的作用。能够详细地把这段历史的一些情况记录下来，为以后研究中国的历史、分析中国的现在、描绘中国的未来都提供了很有价值的资料，范长江描写的关于中国革命战争的通讯就是很好的历史和革命研究资料。

②促进了新闻通讯的繁荣。范长江的新闻通讯在继承了先前通讯优良传统的基础上有所创新，他和同时期很多新闻记者互相影响，共同进步，促进了新闻通讯的繁荣，这也与时代特点有很大关系。20世纪上半叶，面临复杂的国际环境，中国所处的国际地位受到很多人的关注，同时国内的人民群众对国际社会的了解欲望也越来越强。好多报社、通讯社为了能够及时准确地报道国内外的大事，满足读者的要求，也为了增加自己报纸的销量，纷纷想方设法地在采访写作上寻求特色，派遣驻外记者或通讯员采访报道国内外事情，一时报纸上呈现出大量的国外通讯，其中比较突出的有邹韬奋的《萍踪寄语》《萍踪忆语》，胡愈之的《莫斯科印象记》，杨刚的美国通讯等，这些通讯是中国新闻史上具有代表意义的作品。

③树立了关注边远基层社会民生的新闻视角。当时，在新闻记者队伍中的一部分人有

一种职业的优越感。他们缺乏政治素养，对待新闻工作，看重的是名利，而不是社会责任。他们害怕艰苦，采访群众时态度冷漠，不与群众交流；一些人习惯靠二手、三手材料写稿，脱离生活实际；一些人对社会热点、难点、焦点问题“绕道走”。这种做法大大降低了新闻传播在社会上应该发挥的舆论效应。而范长江则谨记新闻记者的社会责任，不畏艰难困苦，深入西北边陲实际，关注边远基层社会民生，对中国西北部社会民情进行了深入采访报道，为新闻业树立了榜样。

【真题链接】论述范长江西北采访的成果和意义。(湖南师大2018年研)

7. 简述20世纪30年代初《申报》改革的基本情况。史量才遇难说明了什么？

答：参见本专题考点难点归纳相关内容。

【真题链接】

(1)简述“九一八”前后史量才和《申报》的变化。(厦门大学2006年研)

(2)简述史量才的报业活动。(中传2014年研)

(3)史量才对《申报》的改革及对当代报业的启示。(北大2010年研)

8. 戈公振著《中国报学史》的基本内容是什么？有何重要学术价值？

答：(1)《中国报学史》的基本内容。

①由戈公振撰写的《中国报学史》摆脱了传统史学书籍“文献堆砌”的机械模式，以“史料的立体感”重现纸生产和流通的社会场景，把史料、评论和鉴赏融为一体，全面回顾了五四运动前中国报业的发展历程，揭示了新闻报纸和社会文化之间千丝万缕的联系。

②全书除“第一章绪论”外，其余五章按时间和类别划分，依次介绍官报、外报、民报、商报和现代报纸，每章中小节划分灵活多变。例如，在撰写官报时，作者按时间顺序对比各朝代官报特点。而民报篇和商报篇以办报地点为分节依据，结合中日战争和辛亥革命等历史背景，揭示民报和商报家命运的密切关系。如此不拘一格的分节方式，旨在透过历史视角多层次展现中国报纸从“无民意可言，仅代表外国之意”，到“为民众发表政见而百家争鸣”局面的转变轨迹。

(2)《中国报学史》的学术价值。

①本书史料翔实，书中保存了许多珍贵史料的原文，为中国报刊史研究提供了丰富的史料。

②明确认定报学史作为一门学科的研究对象、研究范围，在学术上具有重要意义。

③全面、系统地评价报纸发展的历史，有明确的历史分期和报刊分类，为中国报刊史提供了一个较为完整的理论框架。

因此，本书被称为“中国新闻史研究开山之作”。

9. 简要评述斯诺在中国的新闻活动。

答：斯诺是美国著名记者、作家。1928年，斯诺来到中国，在中国度过了13年。斯诺在中国主要的新闻活动有：

(1)第一阶段(1928～1935)：初涉中国，探寻“红色中国”真相。

在此期间，斯诺的主要工作是撰写新闻报道，在《密勒氏评论报》上，斯诺报道了大量有关中国城市、乡村、社会的风土人情、人文感观的所见所闻。在这些报道中，除了表达出斯诺对中国风景优美、民俗淳朴的喜爱之外，也流露出斯诺在偌大中国灾难之多的感怀和悲叹。同时也为中国抗击日本帝国主义的侵略付出了辛勤的汗水。

(2)第二阶段(1936～1941)：深入中国，构筑“红色中国”形象。

这一阶段的斯诺开始以一种更加深邃的“眼髓”关注到中国的社会矛盾、民族矛盾当中来，并以对民众疾苦的解脱为己任，开启了对陕北的访问。在访问期间，与毛泽东同志进行了5次详谈，不仅表现了毛泽东同志对于中国革命科学洞见和预测，也进一步加深了斯诺对中国共产党的了解，改变了斯诺对于中国此前的“肤浅认识”，并促就了《西行漫记》一书的写成。

(3)第三阶段(1960～1970)：声援中国，促进中美关系正常化。

新中国成立后，斯诺以其《漫长的革命》为主线，对新中国的社会主义进行了深入的报道，在对新中国人民的生活状况和社会发展状况进行深刻了解的情况下，书中对新中国的发展表露出深切的关注。1970年，他第三次访问中国。回国后，在美国《生活》杂志上发表《同毛泽东的一次交谈》的文章，阐述了毛泽东同志对于中美关系正常化的观点和看法，助推了中美关系正常化。

8.3 考研真题与典型题详解

一、概念题

1. 《中央日报》(中传2017年研)

相关试题：简要论述1932年《中央日报》的企业化改革。(简答题，南京师大2021年研)

答：《中央日报》是国民党中央机关报，1927年3月22日在汉口创刊。该报初创时期，在共产党和国民党左派的影响下曾为国民革命做积极的宣传，但“七一五”反革命政变后，反共拥蒋。此后该报一直是国民党的喉舌。1927年9月14日停刊。1928年，在上海出版《中央日报》发刊，同年10月停刊，次年改在南京出版。《中央日报》在形式上为独立的法人，独立经营，实际上更便于蒋介石直接控制。1949年3月12日，《中央日报》迁至台北发行，在台湾“报禁”时期以及“报禁”解除初期，是台湾大报。2006年6月1日，因亏损停刊。

2. 中央通讯社(中传2010年研；中青政治学院2010年研)

答：参见本专题考点难点归纳相关内容。

3. “中央广播电台”(中传2018年研)

答：参见本专题考点难点归纳相关内容。

4. 《红旗日报》(复旦大学2016年研)

答：参见本专题考点难点归纳相关内容。

5. 红色中华通讯社(东财2021年研；西南交大2021年研；清华大学2020年研；浙传2019年研；中传2013年研)、**“红中社”**(上海财大2021年研；西北政法大学2021年研)

答：参见本专题考点难点归纳相关内容。

6.《红色中华》报(中央民大2020年研；四川大学2020年研；华科2014年研)

答：参见本专题考点难点归纳相关内容。

7. 新华社(南京师大2018年研)

答：新华社，全称新华通讯社，前身是1931年11月7日在瑞金成立的红色中华通讯社，简称“红中社”，是当时的临时中央政府机关通讯社。1937年1月更名为新华通讯社，即“新华社”。1956年刘少奇曾对新华社的工作作过具体指示，为新华社的发展确立了方向。作为国家通讯社，在这一时期新华社明确提出了要使自己成为“消息总汇”、成为党和政府以及人民群众的耳目喉舌的目标。新时期，新华社的发展目标是成为世界性通讯社。到1961年底，新华社的对外分社达到了40多个，新华社的国际新闻也由原来的据外电编发为主向以自己的驻外记者发稿为主、外电为辅的格局转变。

8.《救国报》

答：《救国报》是中国共产党为开展在海外的抗日救亡宣传工作而创办的一份报刊，1935年5月创刊，报头署社址为法国巴黎，实际编辑部设在莫斯科。廖焕星、李立三、陈潭秋先后任主编。该报以宣传反法西斯和建立中国抗日统一战线为宗旨，初为半月刊，后改为周刊。1935年10月1日，该报在其出版的第10期上，首次发表了中国共产党的《八一宣言》。在国民党政府的要求下，法国政府停邮该报。经过交涉，12月9日，《救国报》改名为《救国时报》，在巴黎重新创刊，仍为中共在海外办的机关报。该报曾大力报道“一二·九”学生运动和“一·二八”淞沪抗战，还介绍过中央革命根据地和红军长征情况。发行至43个国家与地区，发行量达两万多份。1938年迁往纽约，与中共主办的《先锋》周报合并。

9. 史量才(中传2018年研；云南大学2018年研；湖南师大2016年研；四川大学2015年研；华中师大2015年研；清华大学2014年研；人大2010年研)

答：史量才是中国近代新闻史上一位很有作为的新闻事业家。他早年曾任《时报》主笔。从1912年接办《申报》后，苦心经营，使《申报》成为国内著名大报。1927年，史量才买下《时事新报》，1929年又从美国人福开森手中购进《新闻报》大部分股权，从而成为上海报业巨擘。“九一八”事变后，史量才的爱国热情不断高涨，政治态度发生较大转变，主持《申报》进行了一系列重大改革。《申报》的改革及其对国民党政府的公开批评，遭到了国民党的嫉恨。1934年11月13日，蒋介石亲自下令，派特务枪杀了史量才。

10. 新生事件(中传2018年研；华中师大2018年研；暨南大学2013年研；重庆大学2013年研；南京大学2011年研)

答：新生事件是十年内战时期，国民党为限制报刊言论自由而制造的一起事件。1935年，上海《新生》周刊发表易水的杂文《闲话皇帝》，说到日本天皇是个生物学家，做皇帝是为了统治需要，否则他在生物上会有更多的成就。日本驻上海总领事借口此文“侮辱天皇，妨害邦交”，要求国民党政府查处。国民党政府当即查封《新生》周刊社，判处主编杜重远有期徒刑一年零两个月。国民党中央还电令其各级党部及新闻出版界，加紧查禁抗日言论，取缔抗日运动。这就是中日反动派合伙制造的“新生事件”。

11.《立报》

答:《立报》是中国抗日战争爆发前后有影响的小型日报，1935 年 9 月 20 日于上海创刊。4 开一张，报界同仁集资创办，主持人为成舍我。张友鸾、萨空了先后任总编辑，总经理为严谔声。以“使每个国民，都知道本身对国家的关系”为办报宗旨，提出“报纸大众化”的办报口号，重视独家新闻的采集。设有《言林》《花果山》《小茶馆》三个副刊，版式新颖。1937 年 11 月 25 日因上海沦陷停刊。1938 年 4 月 1 日在中共地下组织资助下在香港复刊。发行人兼总编辑为萨空了，茅盾等进步文化人士参加编辑工作。1938 年 9 月，萨空了离开《立报》，吴范寰接任总编辑。出至 1941 年冬停刊。1945 年 10 月 1 日在上海复刊，社长陆京士。1949 年 4 月 30 日停刊。

12.《生活》周刊

答:《生活》周刊是由中华职业教育社于 1925 年 10 月 11 日在上海创办的刊物，创刊之初以宣传职业教育为宗旨。1926 年，邹韬奋接任主编，不断充实内容、革新版面，逐步发展成为当时最有影响的刊物之一。“九一八”事变之前，该刊以力求政治清明与事业振兴为目标；“九一八”事变后，邹韬奋迅速走出改良主义幻想，投入抗日救亡洪流，《生活》周刊也转而以宣传抗日救亡为中心，反对国民党当局的不抵抗政策，发起为抗日军队捐款的活动。此外该刊还发表文章系统介绍社会主义、辩证唯物主义和历史唯物主义。该刊十分重视读者意见，开辟“读者信箱”专栏，征求读者意见，积极开展为读者服务的工作；该刊的“小言论”专栏也很受读者欢迎。在新闻业务上，《生活》重视选材的趣味性和价值性，主张文风要明显畅快，深得读者好评。在邹韬奋的主持下，《生活》周刊销数增至 15 万份，成为当时全国发行量最大的刊物。1933 年 12 月，被国民党当局查封。

13.《大众生活》(复旦大学 2007 年研)

答:《大众生活》是中国现代综合性时事刊物，1935 年 11 月 16 日在上海创刊，邹韬奋主编。主要撰稿人有邹韬奋、金仲华、章乃器、杜重远、陶行知、沈雁冰等。《大众生活》以“力求民族解放的实现、封建残余的铲除，个人主义的克服”为办刊宗旨，主张团结抗日、民主自由。该刊设有“星期论坛”“时事论文”“国内外通讯”“社会漫画”“随笔小品”“大众信箱”等栏目。“一二·九”运动爆发后，大力宣传抗日救亡，反对对日妥协，支持学生爱国运动。该刊最高发行数达 20 万份，是当时国内销量最大的刊物。1936 年 2 月出至第 16 期后，被国民党政府封禁。1941 年 5 月 17 日在香港复刊，由邹韬奋、金仲华、沈雁冰、沈志远、夏衍、胡绳、千家驹等组成编委会，邹韬奋任主编，同年 12 月，太平洋战争爆发后停刊。

14.《新生》周刊(清华大学 2008 年研)

答:《新生》周刊是中国现代综合性时事政治刊物。1934 年 2 月 10 日创刊于上海，彩色照片作封面。发行人兼主编杜重远。1933 年 12 月，邹韬奋主编的《生活》周刊被查禁，其原班人员转而创办《新生》，实际主编艾寒松，徐伯昕负责发行工作。发刊辞称：“本刊不顾艰困，不辞劳瘁，愿与读者诸君共同努力，以求实现中国民族之新生。”它继承《生活》的传统，宣传抗日救亡，批评国民党的对日妥协政策。设有“老实话”“国际问题讲话”“时事问题讲话”“街头讲话”“读者信箱”等 20 多个栏目。该刊以立场鲜明、编排活泼，受到读者欢迎，最高销量达10万份。1935年因“新生事件”遭查封，共出两卷72期。

15. 邹韬奋(上海交大2021年研；华科2020年研；上海财大2018年研；湖南大学2016年研；中央民大2016年研；中传2015年研；山东大学2015年研；复旦大学2014年研)

答：邹韬奋是中国新民主主义革命时期杰出的新闻记者、政论家和出版家。1926年10月起，他开始担任《生活》周刊主编，对内容和形式进行改革，使其深受读者喜爱。“九一八”事变后，邹韬奋从改良主义者转变为具有社会主义思想的爱国者，积极宣传抗日救亡，《生活》周刊创造了当时杂志发行量的最高纪录。《生活》周刊被反动当局查封后，邹韬奋继续创办《大众生活》《抗战》等，成为轰动全国的“七君子”之一，死后被追认为中国共产党党员。在长期的报刊实践中，邹韬奋既担任主编，又是主要作者，还管经营，积累了丰富的报刊工作经验，提出了有价值的新闻理论，如关于新闻言论自由、报刊要有特点和个性等，构成了一套较为完整的报刊思想，也即著名的“韬奋精神”。

16. 范长江(兰州大学2021年研；东北财大2018年研；人大2017年研；四川大学2015年研；安徽大学2015年研；重庆大学2013年研；陕西师大2012年研)

相关试题：《中国的西北角》(湖南师大2021年研；兰州大学2020年研；四川大学2020年研)

答：范长江是中国著名记者，无产阶级新闻事业的重要领导人之一。1935年他以《大公报》特约通讯员身份进行西北采访活动，为该报写的通讯后汇编成《中国的西北角》一书。这一系列通讯以纪实的方式，谈古论今，既有大量的历史、地理、人文与自然知识，更透露了重大的政治消息，还首次客观而真实地报道了红军长征的行踪和影响。他的文章笔触生动而有感情，刊出后受到广泛欢迎，“长江”名噪一时。1936年，他又深入内蒙西部采访写了通讯《忆西蒙》。1937年西安事变后赴西安采访，并第一次接触了共产党人，后赴延安采访毛泽东，思想发生深刻转变，期间发表通讯集《塞上行》。1938年脱离《大公报》，1939年加入中国共产党，参与创办“青记”、“国新社”、香港《华商报》等，曾任新华社华中总分社社长，延安《解放日报》副总编，新华社“四大队”队长，成为无产阶级新闻战士。新中国成立后，曾任新闻总署副署长，人民日报社社长等职。

17. 斯诺

答：斯诺是美国著名记者、作家。他于1928年来华，曾报道“淞沪抗战”“一二·九”运动，曾任燕京大学新闻系讲师，翻译左翼作家作品。1936年，他进入陕北采访，在《密勒氏评论报》、英国《每日先驱报》、美国《星期六晚邮报》等多家报纸发表数十篇陕北采访报道，1937年撰写《红星照耀中国》一书(又名《西行漫记》)。他的陕北之行报道打破了国民党多年的封锁，首次向全世界报道了中共领导人、工农红军、陕北边区的情况，传播了中共对时局的看法和主张，轰动中外。斯诺具备作为一名记者的优秀素质，他独立思考观察，探索真理，勤学好问，善于捕捉重大新闻并勇于冒险牺牲，其一生为增进中美两国人民之间的友谊做出重要贡献，是中国人民的朋友。

18.《西行漫记》(厦大2020年研；华师2020年研；重庆大学2018年研；复旦大学2017年研；南京大学2017年研；上海财大2017年研；西北大学2014年研；北大2013年研)

答：《西行漫记》是美国新闻记者埃德加·斯诺有关中国陕北革命根据地报道的不朽名著。斯诺于1936年7月中旬抵达陕北，并在陕北革命根据地进行广泛的采访，会见毛泽东、周恩来等中共领导人，又到甘肃、宁夏等红军前线采访彭德怀等军队领导。斯诺的陕北通讯和大量照片在当时的许多英文报刊发表，在此基础上，斯诺写成《红星照耀中国》(Red Star Over China)一书，中文版名为《西行漫记》。该书较早地公开了中国共产党的革命斗争及其领导人情况，对中国共产党和中国革命作了客观评价，并向全世界作了公正报道，先后被译为二十多种文字，几乎传遍了全世界，其报告文学创作的艺术手法上也成为同类作品的典范。世界舆论普遍认为这是一个杰作，标志着西方对中国的了解进入一个新时代。

19. 戈公振(兰州大学2021年研；四川大学2020年研)

答：戈公振是我国著名新闻工作者，新闻学学者。1913年入上海《时报》馆工作。1920年创办《图画时报》，为第一个报纸画刊。1925年至1931年间，曾经先后兼任上海国民大学、南方大学、大夏大学和复旦大学等校新闻学教授；曾参与组织上海报学社，从事新闻学研究。1928年回国后，任《申报》总经理助理，负责为革新报纸业务和改进管理制度作调查研究。1933年以“中央通讯社”特派记者身份赴莫斯科采访，缩写的通讯后汇集为《从东北到苏联》一书。1935年8月，应邹韬奋、胡愈之的邀请，回国参与筹办《生活日报》，同年10月22日在上海病逝。他的《中国报学史》，写于1925～1926年，1927年11月由商务印书馆出版，是戈公振影响最为深远的著作。《中国报学史》为中国报刊史研究提供了丰富的史料，为新闻学研究树立了治学与道德风范，被称为“中国新闻史研究开山之作”。

20.《中国报学史》(《中国报业史》)(四川大学2021年研；华东师大2018年研；复旦大学2011年研)

答：参见本专题考点难点归纳相关内容。

二、简答题

1. 十年内战时期国民党的中央级传媒有哪些？简要说明。(湖北大学2010年研)

答：国民党的中央级传媒包括《中央日报》、中央通讯社和中央广播电台，参见本专题考点难点归纳相关内容。

2. 简述《申报》创办初期的特色以及纪念创办60周年的革新活动。(南开大学2007年研)

答：(1)《申报》是上海第二份中文商业报纸，是英国商人美查等4人于1872年4月30日集资创办的，初为双日刊，从第5号起改为日报。《申报》创办初期的特色是：把营利作为办报的首要目的。具体表现在以下几个方面：

①经营管理方面：a. 尽量降低报纸成本；b. 努力搞好发行；c. 大力招登广告；d. 搞多种经营，陆续出版了文艺期刊、时事画报，开办了书局。

②报纸内容方面：a. 从办报人员到报纸样式都尽量中国化；b. 重视言论；c. 重视新闻报道，重视猎奇性、趣味性强的社会新闻；d. 重视刊载文艺作品，使之成为经常性

内容。

这些办法取得了成功，只用半年多，《申报》就挤垮了《上海新报》，成为上海唯一的中文商业报纸。

(2)《申报》纪念创办60周年的革新活动。

参见本专题考点难点归纳相关内容。

3. 20世纪20到30年代中国有哪些通讯社？各自基本情况怎么样？(人大2012年研)

答：20世纪20到30年代中国的通讯社有：中央通讯社、红色中华通讯社(新华通讯社)、国闻通讯社、申时电讯社。其基本情况如下：

(1)中央通讯社。

参见本专题考点难点归纳相关内容。

(2)红色中华通讯社。

参见本专题考点难点归纳相关内容。

(3)国闻通讯社。

①创办情况：1921年9月在上海成立，1936年停办。

②性质地位：是大革命时期规模最大的民营通讯社。

③主管人：胡政之任社长。

④内容特点：以详确报道事实为主，不加议论。国外消息和各国报纸上的重要消息，则随时译述，供报界采用。1924年8月胡政之创办《国闻周报》作为通讯社的附属刊物，记载每周国内外大事，并加以评论，执笔者有胡政之、张季鸾等。1926年新记公司成立后，国闻通讯社及《国闻周报》实际上成为《大公报》的附属机构，胡政之将国闻通讯社总部迁到天津，继续发稿，成为北方通讯社中的巨擘。

(4)申时电讯社。

申时电讯社是大革命时期重要的通讯社之一。1925年，时任《申报》总经理的张竹平联络《申报》《时事新报》两报的部分编辑，在工作之余将两报的各方专电加以编辑，发给一些报纸采用。这种办法受到欢迎，采用者增多，于是在1928年正式成立申时电讯社。1932年，该社与110多家报社签订了供稿协议，1934年成立股份有限公司和董事会，在北京、天津、汉口、香港等地设有分社。1937年上海沦陷时停办。

三、论述题

从邹韬奋的办刊经历中理解并阐述“韬奋精神”。(北大2013年研)

相关试题：

(1)论述邹韬奋的新闻工作生涯。(复旦大学2014年研)

(2)简述邹韬奋的办报活动与特点。(简答题，中传2015年研)

(3)结合邹韬奋的办报实践，谈谈他的新闻思想。(山东大学2015年研)

(4)1944年11月15日，毛泽东题词“热爱人民，真诚为人民服务，鞠躬尽瘁，死而后已。这就是邹韬奋先生的精神，这就是他之所以感动人的地方”，请你结合邹韬奋办报实践简述“韬奋精神”的内涵。(湘潭大学2017年研)

(5)简述邹韬奋报刊思想的主要内容。(简答题，华东师大2018年研)

(6)“韬奋精神”的内涵。(简答题，南京大学 2019 年研)

(7)邹韬奋的报刊思想。(简答题，兰州大学 2019 年研)

答：(1)邹韬奋的新闻工作生涯。邹韬奋是我国新民主主义革命时期杰出的新闻记者、报刊活动家、政论家和出版家。原名邹思润，江西余江人。邹韬奋 1922 年开始从事报刊活动，毕生从事新闻出版工作。他一生创办主编过《生活》周刊、《大众生活》以及《生活日报》等六刊一报，撰写评论，通讯报道达数百万字，出版了几十本译著。他既担任主编，又是主要作者，同时还负责报刊经营管理工作，积累了丰富的报刊工作经验，提出了许多卓有见地的办报主张。他对中国的新闻进步文化事业做出了创造性的贡献。其报刊活动参见本专题考点难点归纳相关内容。

(2)邹韬奋对我们现在从事新闻活动的启示和意义，主要体现在其报刊思想以及“韬奋精神”上，邹韬奋 1922 年开始从事报刊活动，毕生从事新闻出版工作。他提出：报刊是人民的耳目喉舌，应该成为实现民族解放、大众解放大目标的工具；报刊要成为读者的“好朋友”，真诚地为读者服务；办报刊要有创造精神，形成报刊的个性或特色；文风要“明显畅快”；重视经营管理和社会信用，处理好商业性新闻与广告的关系；新闻工作者应有“视事业如生命”的精神、高尚的人格和真才实学等报刊思想。“韬奋精神”是指邹韬奋的一套较为完整的报刊思想和实践经验。毛泽东说：“热爱人民，真诚地为人民服务，鞠躬尽瘁，死而后已，这就是韬奋先生的精神，这就是他之所以感动人们的地方。”这是对“韬奋精神”的精辟诠释。由于体现了这种精神，邹韬奋所办的报刊都为人民大众所喜爱。

专题九　抗日战争时期的新闻传播事业

9.1　复习笔记

【知识框架(庖丁解牛)】

- 抗日战争时期的新闻传播事业
  - 抗日民族根据地
    - 中共党报系统重建（新闻事业成熟标志）
      - 延安
        - 《解放》(周刊)　1937
        - 《新中华报》　1937　《今日新闻》　1938→1941 合为《解放日报》
        - 《群众日报》　1948　《共产党人》　1939→《中国文化》　1940
      - 华北
        - 《抗敌报》　1937　河北阜平
        - 《新华日报》　1939　山西沁县→《新华日报》(太行版)　1943
        - 《抗战日报》　1940　山西兴县→《晋绥日报》　1946
      - 华中　《大众日报》　1939　山东
      - 华南　《新百姓报》(后为《东江民报》)
    - 新华通讯社发展与人民广播事业创建（新闻事业成熟标志）
      - 1939 年以延安为中心的新华通讯社网络逐渐形成
      - 1940.12.30 延安新华广播电台开播
    - 《解放日报》的整风改革：改版“全党办报”方针　奠定中共新闻理论的基础
    - 中外记者采访根据地　史沫特莱　斯特朗　希伯　赵超构
  - 国统区与境外
    - 上海　郭沫若《救亡日报》、邹韬奋《抗战》　1937　中国青年记者协会　1937
    - 武汉
      - 《抗战》　邹韬奋　1937.12 ——→《全民抗战》
      - 《群众》(周刊)　1937.12　《新华日报》　1938　均为汉口中共报刊
      - 国际新闻社　范长江　1938　以“青记”为骨干
    - 重庆　《新华日报》(1938～1947)与国民党当局的斗争
    - 香港
      - 《保卫中国同盟新闻通讯》　1938　宋庆龄｝新办报刊中影响较大
      - 《星岛日报》　1938　胡文虎｝新办报刊中影响较大
      - 皖南事变后　《华商报》(晚刊)　《大众生活》(周刊)　《光明报》等
    - 东南亚　《南洋商报》　胡愈之　陈嘉庚　1940　《星洲日报》　胡文虎　郁达夫
  - 沦陷区
    - 日伪新闻事业网建立　伪满政权的新闻立法与汪伪政权的新闻统治
    - 上海“孤岛”的抗日报刊
      - 《译报》　1937.12　夏衍
      - 《华美晚报》《大美晚报》
      - 《每日译报》　1938.1　前身为《译报》
      - 《文汇报》　1938.1　严宝礼　徐铸成
      - 《申报》《新闻报》
      - （以上为）“洋旗报”

【专题概要(提纲挈领)】

本专题主要论述了抗日战争时期中国共产党在各地开展新闻传播事业的相关知识，考点以名词解释、简答题以及论述题为主，在学习时，需要着重对各地抗日民主根据地的建设，党报系统的重建，国统区、沦陷区和境外的新闻传播活动等内容加以把握，并重点了解新华通讯社的发展、《解放日报》的整风改革运动、上海的抗日报刊等内容。

【考点难点归纳(厚积薄发)】

考点一：延安等抗日民主根据地的新闻传播事业 ★★★

1. 各抗日民主根据地的新闻传播事业(见表9－1)

表9－1　抗日民主根据地的新闻传播事业

要点	具体内容	
延安	地位	中国共产党领导的陕甘宁抗日民主根据地的首府，也是当时革命新闻事业的中心
	《解放》(1937)	初为周刊，后改为半月刊。由中共中央党报委员会主办，以“解放周刊社”名义出版。曾发表毛泽东撰写的《反对日本进攻的方针、办法和前途》等重要文章，积极宣传党的方针政策，把争取民主作为自己的宣传中心。还发行到国民党统治区，曾在上海、西安、汉口设立分销处，翻印发行
	《新中华报》(1937)	抗日战争时期中共中央和陕甘宁边区政府的机关报，主要在陕甘宁边区和抗日民主根据地内发行。它积极宣传抗战、团结、进步，反对投降、分裂、倒退；发表了大量社论和中共中央一系列通电、文件等；对中共领导下的抗日武装八路军、新四军的战绩和边区的政治、经济、军事、文化、教育等方面的成就，也作了比较系统的报道和评论
	《边区群众报》(1941)	是一份以农村基层干部和农民为主要对象的通俗小报，陕甘宁边区文化协会主办。1941年成了中共中央西北局的机关报。该报创刊后，毛泽东赞扬说：“我喜欢看这个报。它登的都是群众中来的东西。”读者也称赞它“念着顺口，听着顺耳”，颇受群众欢迎
	《解放日报》(1941)	在革命根据地出版的第一个大型的、每日出版的中共中央机关报，也是抗日战争时期及解放战争初期革命根据地贡献最大、影响最大的报纸。《解放日报》创刊不久，就爆发了苏德战争。该报曾以大量篇幅报道苏德战争的情况，同时发表了不少评论，对国际形势作了科学的分析。但初期的《解放日报》也存在过多刊载国际新闻、脱离根据地实际、脱离群众的倾向。1942年，从延安地区开始，全党的整风运动逐步开展起来。在整风运动中，在中共中央的指导下，从1942年4月1日起《解放日报》实行改版，其内容由以刊载国际新闻为主，改为以报道抗日民主根据地新闻为主。与此同时，为了宣传无产阶级的办报思想，《解放日报》还发表了许多阐述新闻工作的社论和文章，对党报的性质和作用、全党办报的思想、新闻工作的党性原则、无产阶级唯物主义新闻观和资产阶级唯心主义新闻观的区别，以及文风等问题，作了比较系统的论述，初步奠定了中国无产阶级新闻学理论的基础

续表

要点	具体内容	
华北	《抗敌报》(1937)	于河北省阜平县城创刊，晋察冀军区政治部宣传部主办，敌后抗日根据地出版最早的一份报纸，1938年改组为晋察冀边区党委的机关报，后改名为《晋察冀日报》，为中共中央晋察冀分局机关报，邓拓任社长兼总编辑。该报为晋察冀抗日根据地的创建、发展和巩固作出了重要贡献
	《新华日报》(1939)	中共中央北方局的机关报，于山西沁县创刊，何云任社长兼总编辑，中共中央北方局华北版铅印两日刊，1943年成为中共中央太行分局机关报，并改名为《新华日报》太行版
	《抗战日报》(1940)	中共晋西区党委机关报，于山西兴县创刊，赵石宾任总编辑，是晋绥边区第一张铅印报纸。1942年元旦起，改为隔日刊；同年8月，成为中共中央晋绥分局机关报。1944年起改为日报
华中	《大众日报》(1939)	于山东沂水县创刊，初为中共中央山东分局机关报，后为中共中央华东局机关报，油印三日刊，后改为铅印日刊，刘导生、匡亚明任社长和总编辑
华南	《新百姓报》	广东东江抗日根据地出版，中国共产党领导创办，后改名《东江民报》
其他地区	①海南，中共琼崖特委办有《抗日新闻》。 ②东北地区，中共地下党和抗日联军各军部都有自己的小报，如中共满洲省委办的《满洲红旗》和抗日联军办的不定期小报《人民革命军报》《青年义勇军报》等等	

2. 新华通讯社的独立发展与人民广播事业的创建(见表9-2)

表9-2 新华通讯社的独立发展与人民广播事业的创建

要点	具体内容
新华通讯社	前身是红色中华通讯社，后改名为新华通讯社。抗战爆发后，新华社发稿范围逐渐扩大，中共中央宣言、通电、声明、决议等及《解放》周刊和《新中华报》的评论，都经新华社向外传播。当时各抗日根据地被敌人封锁，党中央的方针、政策及有关指示的及时传播、各根据地情况和信息的交流，在很大程度上都要依靠新华社。1939年初，新华社与《新中华报》分开，单独建立机构，结束了报社一家的历史，此后有了长足的发展。新华通讯社的独立发展，标志着党的新闻通讯事业走向成熟
延安新华广播电台	是中国共产党领导创办的第一座无线电广播电台，是中国无产阶级广播事业的开端，是中国新闻事业发展史上的一个里程碑。该台创办于1940年，呼号是XNCR，1943年由于设备发生严重故障，暂停播音，抗战胜利后恢复。广播的主要内容包括中共中央重要文件、权威报刊重要文章、国内外新闻、音乐、科学常识、革命故事等。延安新华广播电台加强了中国共产党同人民群众的联系，从空中突破了国民党的封锁，把声音播送到了国统区。在抗战时期，对日军广播在瓦解敌军方面发挥了积极作用，在中国广播事业史上写下了光辉的一页

3. 延安《解放日报》在整风运动中的改革(见表9-3)

表9-3 延安《解放日报》在整风运动中的改革

要点	具体内容
背景	1942年全党开始整风。这次整风运动是中国共产党在全党进行的一次破除迷信、解放思想的运动，也是一次马列主义和中国革命具体实践相结合的教育运动，主要任务是反对主观主义以整顿学风，反对宗派主义以整顿党风，反对党八股以整顿文风，从思想上清算党内历次“左”右倾错误并肃清其流毒

续表

要点	具体内容			
整风改革	概述	1942 年毛泽东在延安先后作了《整顿党的作风》《反对党八股》的重要报告，为党的宣传工作特别是新闻界的整风运动指明了方向。经过整风和对报纸的改造，《解放日报》和各地党报面貌大变		
	成果	增强了党性、组织性		宣传党的路线、方针、政策，在政治上与党中央保持一致。宣传马列主义与中国革命实践相结合的毛泽东思想，在思想上与党中央保持一致。加强党的领导，实行全党办报，在组织上与党中央保持一致
		增强了群众性		包括：宣传为人民服务的思想，批判“无冕之王”观点；反映群众生活，报道劳动模范先进事迹；加强通讯员工作、依靠群众办报
		增强了战斗性		在国际报道方面，整改后的《解放日报》力求用马列主义、毛泽东思想对外电加以分析、研究、选择、改编，用它来为新闻宣传服务，从而增强了战斗性；国内报道中，其战斗性表现也很鲜明
		改进了文风		反对党八股，改进文风，是《解放日报》改革的一个重要方面。毛泽东的《反对党八股》一文阐释了改进文风的指导思想和根本途径是要清除新闻宣传中的主观主义，加强联系群众、联系实际，文章要言之有物，有的放矢，为群众所喜闻乐见
		促进了新闻理论的建设与发展	新闻的实质和本源	1943 年，《解放日报》发表了陆定一的《我们对于新闻学的基本观点》，明确指出：“新闻的定义，就是新近发生的事实的报道”，“新闻的本源是事实”，事实是第一性的，新闻是第二性的，因此唯物主义的新闻工作者在采写和编辑中，必须尊重事实。陆定一的定义强调了新闻“新”与“实”的本质特征，也点出了媒体和新闻工作者的重要作用，是整改中新闻理论的一大收获，影响深远
			党报、党的新闻工作者是党和人民的耳目喉舌	1942 年《解放日报》社论《党与党报》指出：“报纸是党的喉舌，是一个巨大集体的喉舌。在党报工作的同志是整个党组织的一部分。”因此应该自觉地服从党的纲领、路线、方针、政策
			报纸是人民的教科书、党的教科书	1943 年，胡乔木在《解放日报》上发表了《报纸是人民的教科书》一文，指出“报纸是人民的教科书，而党报就是党的教科书”，是党报是党和人民的耳目喉舌思想的发展，体现着整风精神
			确立“全党办报”的方针	全党办报是加强党的领导，依靠全党来办好报纸。在党委加强领导的同时，每一个党员都要对党报负责，关心阅读党报，讨论党的言论和新闻，为党报写稿，党报要忠于党的纲领路线，要与党的领导机关息息相通。中共中央、中央西北局的决议以及毛泽东的指示，全面体现了“全党办报”的方针与方法，也是落实“全党办报”的有力保证。这是马克思、恩格斯报刊通讯员思想，列宁的报刊代办员思想的发展
			发扬党报的优良作风	党报的优良作风是在长期革命斗争中培养锻炼出来的。1945 年，毛泽东指出：“以马克思列宁主义的理论思想武装起来的中国共产党，在中国人民中产生了新的工作作风，这主要的就是理论和实践相结合的作风，和人民群众紧密地联系在一起的作风以及自我批评的作风。”要求党报今后在报道中努力体现马克思列宁主义的立场观点和方法

4. 中外记者采访抗日民主根据地(见表9－4)

表9－4 中外记者采访抗日民主根据地

要点	具体内容	
采访抗日根据地的外国记者	艾格妮丝·史沫特莱	美国女新闻记者、作家、社会活动家。1916起在纽约为《号角》周刊、《节育评论》撰稿。1919起侨居德国，继续写作，声援印度民族解放运动。1928年底，以德国《法兰克福日报》特派记者的身份来华，访问了中国广大地区，结识了鲁迅、宋庆龄、茅盾等。1934年，作为英国《曼彻斯特卫报》特派记者来华报道中国革命情况，参与创办英文《中国呼声》报。1936年在西安电台用英语向世界广播西安事变的真相。1937年到达延安，会见了朱德、彭德怀等将领。1941年回美国继续通过写作和演讲介绍中国革命情况。1949年受麦卡锡主义迫害，流亡英国。1950年病逝于前往中国的途中。著有《大地的女儿》《中国红军在前进》《中国的战歌》《伟大的道路——朱德的生平与时代》和《中国在反击》等
	安娜·路易斯·斯特朗	美国记者、作家。1918～1920年，任西雅图《工会纪事》特写编辑。1921年后，留居苏联30年，创办和主编苏联第一家英文报《莫斯科新闻》，广泛介绍苏联的革命和建设。1925年首次访问中国，报道并支持省港大罢工。1927年访问湖南农村，赞扬中国农民运动。抗日战争时期两次来华，报道中国共产党领导的工农革命斗争和解放区军民的抗战活动。1946年第五次来华时访问了延安。1958年第六次来华访问，并在中国定居。1970年在北京逝世。著有《中国大众：1927～1935年间的革命斗争》《人类的五分之一》《中国的黎明》《西藏农奴站起来》《我为什么在七十二岁时来到中国》等40多部书。1988年新华出版社出版了《斯特朗文集》3卷本
	汉斯·希伯	德国新闻记者、国际主义战士。1925年首次来中国，在北伐军总政治编译处做编译工作，目睹了"五卅惨案"，并为上海《中国周刊》等报刊撰稿。1932年再次到中国，在上海定居，并与当时在上海的一些国际友人史沫特莱、马海德、路易·艾黎等人组织了国际马克思主义学习小组，共同研究中国的形势。他经常以"亚细亚人"为笔名在美国《太平洋》杂志和英国《曼彻斯特卫报》等报刊发表关于远东和中国问题的报道和政论。1938年春到延安采访。1939年初采访皖南泾县云岭新四军军部。1941年5月到苏北新四军中采访。9月进入沂蒙山区抗日根据地，采访报道敌后八路军的抗日斗争。11月，在战地采访中参加对敌战斗，不幸牺牲。著作有《从广州到上海(1925～1927)》《中国团结抗战中的八路军和新四军》
中外记者西北参观团	1944年夏，"中外记者西北参观团"访问延安，是革命根据地继斯诺、史沫特莱等采访后，又一次规模最大、影响最大的中外记者采访活动。参观团一行共21人，其中包括外国记者斯坦因、爱泼斯坦、福尔曼、武道、夏南汉神父、普罗岑科等人以及当时国统区报社的记者。毛泽东对参观团高度重视，不仅会见了中外记者并答记者问，还与多位记者会谈。采访后，中外记者团写出许多反映解放区真实情况的书籍和文章，把延安和敌后根据地的新面貌如实地介绍给世界，这是继斯诺的《西行漫记》之后，媒体对中共及其领导下的人民政权规模最大的一次报道	

考点二：国统区新闻传播事业与境外抗日宣传活动（见表9－5）★★★

表9－5　国统区新闻传播事业与境外抗日宣传活动

地区	宣传活动	具体内容
上海	《救亡日报》（1937）	是上海文化界救亡协会的机关报，是中国共产党领导下的抗日民族统一战线的报纸。郭沫若担任社长，夏衍任总编辑。宣传上坚持团结抗日的方向，及时报道真实的战况，分析战局。为了配合抗日的需要，《救亡日报》刊登了许多文艺作品，其特点是内容生动，形式活泼，文字通俗，适合街头演出。1945年改名《建国日报》在上海复刊，后被国民党政府查禁
	《抗战》三日刊（1937）	中国抗日战争时期进步新闻工作者在上海创办的报纸。邹韬奋创办并主编，该刊迅速及时地反映国内外形势和人民群众在抗战期间的迫切要求，曾刊登过中国共产党对时局的宣言，朱德、彭德怀的抗战通电，叶剑英的文章等。每期附有地图的《战局一览》和战局通讯深受读者欢迎。1937年11月迁往汉口出版
武汉	《抗战》（1937）	前身是上海《抗战》三日刊，与《全民》月刊合并后改名《全民抗战》三日刊，在汉口出版。武汉沦陷前夕，再次内迁并在重庆出版，由三日刊改为五日刊，后又改为周刊
	《群众》周刊（1937）	是中国共产党在国民党统治区公开出版的第一个刊物，创刊于汉口。中共中央长江局领导，潘梓年为编辑兼发行人。该刊以宣传中共抗日救国十大纲领及中共全面抗战路线为宗旨，同时刊载介绍马列主义的译著和论文。发表过中共中央文件，对国内战局、抗战政策以及国际问题作过研究，积极配合《新华日报》进行抗日宣传
	《新华日报》（1938）	是中国共产党在国民党统治区公开出版的第一张机关报，创刊于汉口，在创刊词中庄严宣告将“为巩固扩大抗日民族统一战线而效力”。报纸一出版就受到读者热烈欢迎，很快行销到国民党统治区各地。《新华日报》在宣传抗日、开展群众运动、传播马列主义方面取得了显著成就
	中国青年新闻记者学会（1938）	是抗战时期及解放战争初期著名的全国性新闻记者组织。主要负责人是范长江。中国青年记者学会团结进步新闻工作者在争取民主、争取新闻自由和进行抗战宣传方面做了大量的工作。学会曾组织青年记者到前线采访，组织学习、交流新闻业务，并出版会刊《新闻记者》月刊
重庆	《新华日报》（1938）	①重庆出版，至1947年被国民党当局封闭，是第二次国共合作的产物，在抗日战争中发挥了重要作用，是第二次国共合作的历史见证。 ②该报在以周恩来为首的中共南方局的领导下，坚持抗日民族统一战线的政策，敢于斗争、善于斗争，按照“有理、有利、有节”的原则，同国民党顽固派进行了坚决而顽强的斗争。 ③1946年5月，改为中共四川省委机关报，国民党反动派加强对《新华日报》的迫害活动
香港、澳门	《华侨日报》《华侨晚报》	抗战爆发后，香港原有报纸《华侨日报》《华侨晚报》等很快投入了抗日宣传报道
	《申报》《大公报》	内地报纸纷纷南下香港。1937年上海国际宣传委员会迁至香港，并改名国际新闻社，《申报》《大公报》迁至香港
	《朝阳日报》《大众报》	“七七”事变后，联合发起成立文化、体育、音乐、戏剧界抗日救国组织“澳门四界救灾会”，每周出版《救灾特刊》，进行抗日救国宣传
海外	1940年，《美洲华侨日报》由爱国华侨组织于美洲地区创立，积极报道国内正面战场与敌后游击的战斗情况，深受美国华侨读者欢迎；此外，东南亚地区的《星槟日报》《中国新报》等报纸，与欧洲地区的《联合战线》《祖国抗日情报》等报纸都对抗日救国起到了极大宣传作用	

考点三：沦陷区的新闻传播事业(见表9-6) ★★

表9-6 沦陷区的新闻传播事业

<table>
<tr><th>要点</th><th colspan="3">具体内容</th></tr>
<tr><td>日伪新闻传播事业</td><td colspan="3">①沦陷区主要在东北、华北、华中、华南等地区。东北以长春、沈阳为中心，华北以天津、北平为中心，华中以南京、上海为中心，华南以广州为中心。在沦陷区，日寇及其扶持的伪政权和汉奸组织创办了大批报刊、通讯社和广播电台。
②在全国各地大批日本人担任新闻机构或新闻统制机构的主持人或实际主持人。一方面利用御用新闻工具宣扬奴化思想和殖民政策，另一方面严禁抗日报刊的出版和关内抗日报刊输入东北。
③在沦陷区，日伪除办报外，为了进一步控制新闻来源，还办了不少的通讯社。抗战时期，日本同盟社的华文部几乎成为沦陷区敌伪报纸唯一新闻来源。汪精卫投敌之后，该部又改成汪伪组织的“中华通讯社”。日伪还大办广播，作为鼓吹“大东亚共荣圈”“东亚圣战”的重要喉舌。
④“满洲国”成立后，伪满当局制定与颁布实行殖民新闻统制的法律与行政法规，建立殖民新闻统制制度，试图控制新闻活动</td></tr>
<tr><td rowspan="3">上海“孤岛”报刊</td><td>概况</td><td colspan="2">1937年中国军队撤出上海到1941年太平洋战争爆发前这段时期，上海租界尚未被日军占领，为“孤岛”时期。在这四年多的时间里，上海地区的进步新闻工作者在中国共产党的领导和影响下，利用“孤岛”的特殊条件和英美法等帝国主义同日本帝国主义之间的矛盾，借用外国商人的名义，创办了一批中文抗日报刊，如《译报》《每日译报》《文汇报》等</td></tr>
<tr><td rowspan="2">代表报刊</td><td>《译报》(1937)</td><td>是中国共产党领导的一张报纸，创办人是夏衍。这张报纸全部新闻是从外文报刊上翻译过来的，但出版时间不长就因日寇迫害而停刊。次年改名为《每日译报》，以英商的名义继续出版。该报除刊登译稿外，还增加了自己编写的新闻，增加了一些专栏和副刊。《每日译报》的“特讯”“专电”，经常报道共产党、八路军和新四军的消息，还刊登共产党的文件和领导同志的文章，揭露汪伪卖国集团和国民党政府的妥协投降行径，受到读者的欢迎</td></tr>
<tr><td>《文汇报》(1938)</td><td>由严宝礼等集资创刊于上海，日出对开4版一大张。创刊后，以其消息翔实正确、爱国抗日立场鲜明而深受读者欢迎。但同时也遭到敌伪的迫害</td></tr>
</table>

9.2 课后习题详解

1. 简述《救亡日报》《抗战》三日刊等抗日救亡报刊的出版经过与宣传报道特点。

答：(1)《救亡日报》的出版经过与宣传报道特点。

①出版经过。1937年8月24日在上海创刊。4开4版。由共产党人、国民党人和其他抗日人士组成27人的报纸编辑委员会。社长郭沫若，总编辑夏衍。撰稿人有宋庆龄、何香凝、冯玉祥、邹韬奋、胡愈之、郑振铎、田汉等。创刊伊始即以真诚的态度、丰富的内容、精辟的战局分析和实际的战地采访赢得读者，发行量达1000份以上，最多时销3500份。1937年11月22日因上海沦陷被迫停刊。1938年元旦在广州复刊。郭沫若复刊致辞《再建我们的文化堡垒》中宣告：“救亡就是我们的旗帜，抗战到底就是我们的决心，民族复兴就是我们的信念。”1938年10月21日因广州沦陷停刊。1939年1月10日，在桂林再次复刊。1941年2月28日，“皖南事变”后被国民党当局勒令停刊。1945年10月10日改名《建国日报》(晚刊)在上海复刊，同月24日便被国民党查封。

②宣传报道特点。不登中央社和外国通讯社的消息，也不登广告。专稿多，特稿多。许多著名人士如宋庆龄、何香凝、冯玉祥、邹韬奋、陶行知等都为它写过政论或诗词。

(2)《抗战》的出版经过与宣传报道特点。

①出版经过。1937 年 8 月 19 日创刊于上海。同年 9 月迫于租界当局压力，从第 7 号起在上海发行的部分改名为《抵抗》三日刊。同年 11 月从第 25 号起恢复原名，迁武汉出版。1938 年 7 月 7 日和《全民周刊》合并改称《全民抗战》。《全民抗战》从第 30 期起移重庆，改为五日刊。从第 70 期开始改出周刊，出至总第 157 期停刊。

②《抗战》的宣传报道特点。发扬了密切联系群众的传统，能迅速反映国内形势的发展，并做出评述，又注意反映人民大众抗战期间的迫切要求并及时回答读者提出的问题。

2. 新华通讯社在抗战时期有哪些重大发展?

答: 新华社在抗战期间有以下两方面的重大发展:

(1)新华社开始独立发展，总社规模不断扩大。

抗战开始后，新华社发稿范围逐渐扩大，1938 年开始，新华社在几个主要的抗日民主根据地建立了分社，1939 年根据中央的决定，新华社脱离了《新中华报》，成立独立编辑部，同属中共中央党报委员会统一领导，结束了报社一家的历史，开始了独立发展阶段。新华通讯社的独立发展，标志着党的新闻通讯事业走向成熟。新华社改建为独立的新闻通讯机构后，向仲华担任社长。随着业务的发展，人员增至三十余人，使新华社的组织略具雏形。

(2)新华社自 1939 年起开始在敌后抗日民主根据地建立分社组织，逐渐形成了以一个延安总社为中心的新华通讯社网络。

新华社首先在华北和晋察冀根据地，继而在山东、华中和西北根据地，建立新华社分支机构，华北分社成立于 1939 年 10 月 19 日，至 1942 年底，新华社已有 5 个分社组织，较大的分社开始发展为总分社。至抗战胜利之时，新华社除总社外，在各个抗日根据地已建立了 9 个总分社和 40 多个分社。总社人员由几十人发展到 124 人。1941 年 5 月以后，根据中央指示，各地通讯社都改为新华社的分社，直接与总社建立工作关系。既加强了中央的宣传力量，也加强了党对整个宣传工作的统一领导。

3. 简述延安新华广播电台的创建经过及其重要意义。

答: (1)延安新华广播电台的创建经过。

早在第二次国内革命战争时期，中国共产党已经注意利用无线电技术进行通信和宣传工作。红军长征胜利到达陕北根据地后，又恢复了长征时停办的通信学校和通讯材料厂。随着党的新闻宣传工作和无线电事业的发展，到 1940 年，党已经有了一批无线电技术人员，他们从技术上为人民广播电台的建立做了准备。1940 年春天，党中央成立广播委员会，由周恩来任主任，负责领导筹建广播电台的工作。

1940 年 3 月，周恩来从苏联治病回国时带回来一台广播发射机，但由于长途转运颠簸，受到损坏，经多次改装、试调，才适合广播电台使用，实际发射功率约 300 瓦。当时，人们拿洋铁桶改装成煤气发生炉，用木炭产生的煤气代替汽油发电。没有钢材建铁塔，就用木塔架设发射天线。

至于广播电台的台址，则设在延安西北20多公里的王皮湾村，在半山腰中开凿出两孔石窑洞作为发射机房和动力间，播音室设在河对岸村子的土窑洞内，只有一张木桌、一个话筒、一本字典、一台手摇旧唱机，隔音墙上钉着延安生产的羊毛毡。

1940年12月30日，解放区的第一座广播电台——延安新华广播电台开始播音，呼号为XNCR，其广播稿由新华社广播科编辑。延安新华广播电台最初每天晚上播音一次，1941年4月以后，每天又增加了两次，每次一小时。广播内容有：中共中央重要文件、《新中华报》社论、国内外新闻、名人讲演等。12月3日开办日语广播，这是延安创办的最早的外语节目。当时广播中也有文艺节目，但大多数是播音员自己在话筒前唱歌或吹口琴。

延安新华广播电台是新华社的一个组成部分，主要播报内容有中共中央重要文件、《新中华报》社论、国内外新闻、名人演讲等，以向国内外传播根据地军民斗争的实况、宣传中国共产党的各项政策和主张为主要任务。当时的播音员都是女同志，先后有麦凤、姚雯、萧岩、孙茜等。后因设备简陋，零配件奇缺，因而创建后时播时停。

(2)重要意义。

1940年年底，延安新华广播电台的创建，标志着中国无产阶级广播事业的诞生。电台创立后，播送了很多国内及国际新闻，尤其是抗战消息。延安新华广播电台是我国无产阶级广播事业及人民广播事业的开端，标志着中国共产党的新闻事业迈入了一个新的阶段。在硝烟弥漫的抗日战争中，在极其困难的条件下，延安新华广播电台的建台及其出色的宣传工作不但为中国人民的解放事业做出了重要贡献，更创造了无线电广播史上的奇迹。

4. 评述延安《解放日报》在整风运动中进行改革的经过、成效和意义。

答：(1)《解放日报》在整风运动中进行改革的经过。

由于政治思想还不成熟，《解放日报》在创办初期存在着党性不强、脱离实际、脱离群众的倾向。对当时的中心工作配合不力，对即将开始的全党整风和大生产也报道不够。文风上脱离实际的党八股现象严重。1942年，在毛泽东《整顿党的作风》和《反对党八股》的基础上，中共中央宣传部发出《为改造党报的通知》，成为新闻工作进行整风的纲领性文件，其精神主要是加强党对报纸的领导，增强报纸的党性、群众性，加强报纸的战斗性。1942年4月1日，《解放日报》在党中央的领导下改版，在版面安排上将国内新闻、人民群众斗争和生活的报道提到了重要位置，边区和其他抗日根据地重要新闻上一版。《解放日报》在报道上突出了对中国共产党的路线、方针、政策的宣传，加强了对根据地政治、经济、文化教育建设等方面的报道，报纸的党性、群众性进一步增强，内容更加丰富。

(2)《解放日报》整风改革的成效和意义。

参见本专题考点难点归纳相关内容。

【真题链接】

(1)如何理解《解放日报》在整风改革中进行改革的经过、成效及意义?(中传2014年研)

(2)论述延安《解放日报》改版的历史意义及其对现实新闻工作的启示。(暨南大学2015年研)

(3)试述《解放日报》改版的基本情况及其对中共新闻理论的发展。(湖南师大2015年研)

(4)简述整风运动时期《解放日报》的变化和效果。(北大2017年研)

(5)谈谈1942年春延安整风运动中《解放日报》的改版和中共新闻理论体系的构建。(重庆大学2018年研)

(6)简述《解放日报》的改版过程及意义。(广东外语外贸大学2021年研；华南理工2021年研；福建师大2018年研)

5. 延安《解放日报》在改革中提出并解决了哪些新闻理论问题？

答：参见本专题考点难点归纳相关内容。

【**真题链接**】简述1943年9月陆定一在《我们对于新闻学的基本观点》一文中所阐述的无产阶级新闻学观点。（中国社会科学院2007年研）

6. 创办《新华日报》有何重大意义？《新华日报》有哪些重要经验？

答：(1)创办《新华日报》的意义。

《新华日报》于1938年1月11日在汉口创刊，同年10月25日迁至重庆出版，1947年2月28日被国民党当局封闭，是抗战时期中国共产党在国统区公开发行的唯一一份大型机关报。作为共产党在国民党统治区公开创办的机关报刊，《新华日报》的创办具有重大的政治意义。

①改变了第二次国内革命战争时期共产党在国民党统治区不能公开出版机关报的状况。

②利用《新华日报》，共产党可以更直接、更广泛、更及时、更有力地向国民党统治区的人民群众宣传抗日救国的各项政治主张。

③《新华日报》在汉口出版的9个多月时间里，大力宣传了中共中央有关抗日民族统一战线和“团结抗战、持久抗战”的战略方针以及毛泽东等提出的游击战争理论，无情揭露了日寇的侵华阴谋和罪行，及时报道了中国军队的抗日战绩(包括对台儿庄战役的报道)，特别是在反映八路军、新四军驰骋敌后的英勇斗争方面，该报做出了很大的成绩，产生了巨大的影响。

④重庆时期的《新华日报》。在周恩来的领导下，同国民党顽固派进行了坚决而顽强的斗争，按照“有理、有利、有节”的原则进行积极斗争，对当时中央的新闻事业贡献力量。

(2)《新华日报》的重要经验。

在《新华日报》坚持出版的9年中，它在中共中央南方局和周恩来的领导下，同国民党展开了多方面的斗争，创造和积累了一套丰富的办报经验。

①坚持坚定正确的政治方向，正确宣传党的抗日民族统一战线政策及有关内容，为抗战做出重要贡献。

②建立一支团结战斗的队伍。报社领导都具有丰富的斗争经验，写作阵容强，自办印刷、发行，成为名副其实的“新华军”。

③实行灵活机动的战略战术，利用国民党军政要员和国民党的报刊言论来宣传抗战，重要文章巧妙送交国民党检查，并得以通过。

④开展广泛深入的统一战线工作，广泛团结国民党统治区各阶层人士，发动各方面人物为《新华日报》写文章，提供稿件。

⑤坚持真实报道，真实地报道国民党统治区人民的生活和抗日军民的斗争事迹，使读者从中了解真实的消息。

⑥坚持精益求精的编印技术。《新华日报》的口号是“编得好，印得清，出得早，销得多”。在重庆新闻界技术评比中，《新华日报》在浇版、上机印刷等项上都取得好名次。

7. 香港和海外有哪些著名的华侨、华文报刊与报人？

答：(1)香港的情况。

抗战前期的香港地区，由于其特殊的政治、地理环境，也一度成为进步新闻事业的一块重要阵地。

1941年4月8日，中国共产党领导下的《华商报》在香港创刊。接受中国共产党南方局香港分局的领导。坚持团结、抗战、进步，批评国民党政府分裂、投降、倒退，以反对法西斯侵略战争为基调进行国际宣传，对香港和南洋华侨进行民主主义、爱国主义宣传。1941年12月12日因太平洋战争爆发而停刊。

1941年5月17日，邹韬奋在香港复刊《大众生活》周刊，由邹韬奋、金仲华、沈雁冰、夏衍、胡绳、沈志远、千家驹等组成编委会，邹韬奋任主编。同年12月6日出到新30号之后不再出版。邹韬奋旋离香港到广东东江游击队，以后转到新四军苏北根据地。

中国民主政团同盟的机关报《光明报》、中华职业教育社的机关刊物《国讯》等进步报刊也曾相继在香港出版。其中，《光明报》于1941年9月18日在香港创刊，由梁漱溟任社长，萨空了任总经理、俞颂华任总编辑、杨潮任国际新闻编辑。1941年12月太平洋战争爆发后，该报于12月14日停刊。1946年8月和1948年3月曾先后两度在香港复刊。

此外，1938年8月1日，著名华侨领袖人物胡文虎在香港创办《星岛日报》，延请著名国际问题专家金仲华担任总编辑，杨潮为军事评论员，积极宣传抗日，笔锋犀利，生动活泼，赢得国内外读者的赞誉，一度成为一张著名的进步报纸。

(2)海外的情况。

在抗战爆发后出现了不少新办的以抗日为主的华文报刊。以新加坡、马来西亚为中心的东南亚是海外抗战板报宣传活动最为活跃的地区。太平洋战争爆发时期，胡愈之、郁达夫为代表的抗日爱国人士主办的抗日报刊影响最大。其中《南洋商报》有热烈反响。另一位华侨领袖胡文虎在新加坡创办的《星洲日报》，为宣传抗日救国贡献力量。1938年，郁达夫应邀到《星洲日报》，以《星洲日报》等刊为阵地，以惊人的勤奋撰写发表了大量宣传抗日的政论、短评等，为祖国的抗日新闻文化事业做出了巨大的贡献。美洲地区，《美洲华侨报》1940年创刊于纽约，其致力于报道祖国正面战场和敌后游击的情况，帮助华侨了解祖国真相。除此之外欧洲地区也有不少华文报刊参与到抗日宣传中来。

8. 评述上海“孤岛”时期抗日报刊与爱国报人的艰苦斗争。

答：(1)上海“孤岛”时期抗日报刊。

1937年，11月上海沦陷后到后来1942年太平洋战争爆发之前，上海那些尚未被日寇占领的租界被称为“孤岛”，这一段时期被称为孤岛时期。当时的“孤岛”报刊不受日寇的控制。党和受党影响的新闻工作者，利用英关法和日本帝国主义之间的矛盾，借用外国人的名义创办了一批中文抗日报刊进行抗日宣传。影响较大的有《译报》《每日译报》《文汇报》等。另外，上海的许多民营电台也拒绝向日寇登记，有的还进行了抗日宣传。“苏联呼声”电台用俄、中、英、德等多种语言广播，真实报道了二次世界大战，从而侧面支持了中国人民抗日战争。

(2)“孤岛”报刊的历史意义。

上海“孤岛”时期的“洋旗报”以及其他抗日爱国报刊，是在极其艰难、险恶的环境下出版发行的。

①上海出版格局在孤岛时期的重组。“孤岛”坚实的经济实力，国内一流的出版印刷机械和优秀的出版印刷工匠，租界内多元化的政治格局，构成了“孤岛”出版中心的基本生态

和丰富表象。

②“孤岛”出版中心是中国在抗战期间唯一处于沦陷区内的区域性出版中心，在沦陷区内源源不断地为大后方印刷造货，从沦陷区内发出抗战的呼喊，在鼓舞中国全面抗战的士气方面，具有正面战场所无法替代的作用和力量。

③“孤岛”出版中心持续、大量的新闻报道产出，满足了抗战时期民众精神生活多方面的需求。

④在抗战时期中国出版格局重新建构的过程中，“孤岛”出版中心作为区域性的中心，及时地填补了全国性中心迁移重建的空窗期，发挥了其特殊的、其他区域性中心所无法替代的作用。

【**真题链接**】论述上海“孤岛”时期抗日新闻事业的斗争。（中传2018年研）

9.3　考研真题与典型题详解

一、概念题

1.《解放日报》（广外2021年研；南京师大2016年研；西北大学2016年研；陕西师大2015年研；华中师大2014年研；山东大学2014年研；人大2012年研）

相关试题：《解放日报》改版（华东师大2021年研）

答：《解放日报》是中国革命根据地出版的第一个大型的、每日出版的中共中央机关报，是抗日战争时期及解放战争初期革命根据地贡献最大、影响最大的革命报纸。1941年在延安创刊，由原中共中央机关报《新中华报》和《今日新闻》合并而成，1947年后停刊。该报创刊初期曾以大量篇幅报道、评论苏德战争的爆发，对国际形势作出了科学的分析，但同时也出现了脱离根据地群众和工作实际的倾向。在中共中央的指导下，《解放日报》于1942年进行改版，内容改以报道抗日民主根据地新闻为主，加强了党性、群众性、战斗性和组织性，突出宣传中国共产党的路线和根据地、八路军的情况。该报还发表了许多阐述新闻工作的社论和文章，奠定了中国无产阶级新闻理论的基础。毛泽东为该报撰写、修改了大量社论、评论和消息，他的重要著作《改造我们的学习》《整顿党的作风》《反对党八股》《在延安文艺座谈会上的讲话》都是首先在该报发表的。

2.《晋察冀日报》（南京师大2015年研）

答：《晋察冀日报》是抗日战争时期中共中央晋察冀分局的机关报。1937年创刊，初名《抗敌报》，1940年11月7日改名《晋察冀日报》，邓拓任社长兼总编辑，该报于1948年6月14日终刊，是晋察冀边区报刊中出版时间最长、影响最大的报纸。该报在敌人残酷的“围攻”“扫荡”中，始终坚持出版，为晋察冀抗日民主根据地的创建、发展和巩固做出了重要的贡献，并锻炼培养了一大批新闻工作骨干，还编辑出版了中国第一部《毛泽东选集》。《晋察冀日报》终刊后，与晋冀鲁豫《人民日报》合并，改组为华北《人民日报》，成为中共中央机关报的前身。

3.《晋绥日报》

答：《晋绥日报》的前身是1940年9月成立的中共晋西区党委机关报《抗战日报》，1942

年8月后改为中共中央晋绥分局机关报，1946年7月1日改名为《晋绥日报》。1949年5月1日终刊。该报注重以批评和自我批评的方式，揭露自己工作中的缺点和错误。1947年曾开展反“客里空”运动，公开揭露和检讨本报不真实的新闻以及右倾错误。1948年4月2日，毛泽东在兴县察家崖接见报社编辑人员，发表《对晋绥日报编辑人员的谈话》，阐述报纸与新闻事业在中国共产党革命事业中的地位和作用，论述了无产阶级新闻工作的理论、路线、方针和报纸风格。

4.《晋察冀画报》(南京师大2015年研)

答：《晋察冀画报》是在中国抗日民主根据地创办的第一家以刊登照片为主的综合性画报，由晋察冀军区政治部主办。它的创建，对中国共产党领导下的抗日民主根据地和解放区的新闻摄影出版事业有较大影响。1942年7月7日在河北省平山县碾盘沟创刊，1948年5月与晋冀鲁豫军区的《人民画报》合并，它是《解放军画报》的前身，创办人为沙飞、罗光达、章文龙、赵启贤等。因处于战争环境及物质条件困难，不能定期出版。初办时，附英文说明，兼顾对外宣传，解放战争期间面向部队。6年内出画报13期，另出丛刊、画刊、摄影新闻等共60余期，总发行量近70万份。

5. 延安新华广播电台(西北大学2021年研；重庆大学2019年研；暨南大学2016年研；南京师大2015年研)

答：参见本专题考点难点归纳相关内容。

6. “三S”

相关试题：史沫特莱(重庆大学2017年研)

答：“三S”是指抗日民主根据地的外国记者艾格妮丝·史沫特莱(Agnes Smedler)、安娜·路易斯·斯特朗(Anna Louise Strong)和汉斯·希伯(Hans Shippe)。艾格妮丝·史沫特莱是美国进步女作家、新闻记者，于1928年底以德国《法兰克福日报》特派记者和英国《曼彻斯特卫报》特派记者的身份，途经苏联来到中国，开始了在中国12年的新闻记者生涯。安娜·路易斯·斯特朗一生中曾先后6次到中国旅行、采访。汉斯·希伯是著名的德国籍反法西斯作家、记者，于大革命时期来到中国进行采访，并多次深入抗日民主根据地，后于激战中牺牲。

7.《救亡日报》

答：参见本专题考点难点归纳相关内容。

8.《新华日报》(重庆大学2018、2016年研；中传2014年研；厦门大学2013年研)

答：《新华日报》是抗战时期中国共产党在国统区公开发行的唯一一份大型机关报，1938年1月11日在汉口创刊，同年10月25日迁至重庆继续出版，1947年2月28日被国民党当局封闭。该报大力宣传中共中央有关抗日民族统一战线和“团结抗战、持久抗战”的战略方针以及毛泽东等提出的游击战争理论，无情地揭露日寇侵华阴谋和罪行，及时报道中国军队的抗日战绩，并与国民党顽固派进行了坚决而顽强的斗争。《新华日报》的创办改变了第二次国内革命战争时期共产党在国民党统治区不能公开出版机关报的状况。通过《新华日报》，共产党抗日救国的各项政治主张得以更直接、更广泛、更及时、更有力地传送给国民党统治区的人民群众。

9. 新华副刊

答：“新华副刊”是《新华日报》整风改革的硕果。1942 年 9 月 18 日，《新华日报》遵照中共整风运动的精神，革新内容，调整版面，各种专页均停办（其中《文艺之页》刊出时间最长，共出 62 期），把第 4 版编为综合的文化版——“新华副刊”。主持或参加副刊编辑工作的先后有楼适夷、张企程、蔡馥生、陈克寒、戈宝权、胡绳、戈茅（徐光霄）等人。该刊是文化性的综合副刊，重视新闻性、知识性、可读性。“新华副刊”一方面是反法西斯激烈战斗中文化武器的担当者，另一方面又是一切读者在工作与战斗之余的“文化公园”。辟有《书评专页》《戏剧专页》和专栏《杂志摊上》，及时对当时出版的文艺及其他书刊进行评价，针对戏剧活动发表评论文章。该刊不仅刊载国统区各抗日阶层作家的创作，有针对性地发表理论批评文章，还经常发表、报道延安和其他敌后抗日根据地以及“孤岛”上海作家的作品、文艺运动情况。既宣传了中国共产党的文艺理论主张和政策，又贯彻执行了抗日民族统一战线的方针。

10. 国际新闻社

答：国际新闻社是抗日战争时期中国共产党领导下的民间通讯社，简称“国新社”。1938 年，在周恩来的指导下，该社以中国青年新闻记者学会会员为骨干，采取合作社形式，在汉口筹办，主要创办人和负责人有范长江、胡愈之、刘尊棋等。11 月，迁至桂林并设总社，成为全国性通讯社，正式对国内外发稿。1939 年，香港原有的国际新闻社并入，改为分社。同时，在重庆设立办事处。“国新社”在政治上接受共产党的领导，集中了一批进步的新闻工作者，形成了一个全国性的通讯社。稿件以通讯为主，向国内和海外华侨报纸发稿，影响很大。1941 年皖南事变后，桂林和重庆两社在国民党的迫害下关闭，香港分社活动到太平洋战争爆发。1945 年日本投降后，“国新社”在香港重建，继续发稿，一直到中华人民共和国成立。

11. 中国青年新闻记者学会（兰州大学 2007 年研）

答：中国青年新闻记者学会简称“青记”，是中国共产党领导下的新闻界统一战线组织，是抗日战争时期及解放战争时期著名的全国性新闻记者组织。其前身是 1937 年由范长江、夏衍等人在上海发起筹办的中国青年记者协会，该协会还没有来得及开展活动，就被迫离沪迁往武汉，在武汉成立分会，1938 年 3 月 15 日，该协会在汉口开会，决定改名为中国青年新闻记者学会。邵力子、王芸生、于右任、叶楚伧、邹韬奋、郭沫若等为名誉理事，范长江、钟期森、徐迈进为常务理事。“青记”会员曾发展到一千多人，除总会外，还在全国各地设有分会。

12. “重庆各报联合版”

答：“重庆各报联合版”是中国新闻史上报纸联合版之始。初为日出对开半张两版，后出对开一张 4 版，在《时事新报》的防空洞中编排印刷。1939 年 5 月 3～4 日，日寇飞机接连对重庆实行狂轰滥炸，许多报社被炸，损失惨重。鉴于这样的恶劣环境，重庆《中央日报》《时事新报》《扫荡报》等 10 家报刊集中资源，相互合作，于 5 月 6 日合作发刊“重庆各报联合版”，至8月12日结束，共出版了99天。8月13日，重庆各报各自恢复出版。

13. 洋旗报(中传2019年研；复旦大学2011年研；湖南大学2007年研)

答：“洋旗报”是指以外商名义出版的中文报纸，它可以不受日伪的新闻检查，在1938年后掀起大办“洋旗报”的热潮。中国共产党等各派政治力量以及民间爱国人士利用沦陷区大城市中租界的特殊条件，利用英、美、法等帝国主义国家和日寇之间的矛盾，打着“英商”“美商”的招牌在租界内复刊或创刊“洋旗报”，或聘请外国人担任发行人，或在外国注册，以逃避日寇的新闻检查，报道抗战实况，宣传爱国主张。至1938年冬，在上海租界内出版的这类“洋旗报”达十六七家。其中最为著名的有《每日译报》《文汇报》《申报》《新闻报》等。

14. 《文汇报》

答：《文汇报》于1938年1月25日在上海创刊，由严宝礼等爱国人士集资创办。抗日战争时期，《文汇报》坚持抗日立场，在上海“孤岛”和沦陷区有广泛影响。1939年5月18日，《文汇报》被租界当局勒令停刊两周，此后因“洋保镖”克明为日伪所收买而未能复刊。抗日战争胜利后，该报于1945年9月复刊，坚持反对内战、要求民主的进步立场，支持工人、学生的爱国民主运动。1947年5月24日被国民党当局勒令停刊。后于1948年9月9日创办香港《文汇报》，继续宣传爱国、民主的主张。上海解放后，《文汇报》上海版于1949年6月21日复刊，如今成为中共上海市委员会领导下的，以知识分子为主要读者对象，以宣传党的文教方针、政策为主要任务，立足上海、面向全国的综合性报纸。

二、简答题

1. 简述《新华日报》的历史沿革及其在不同时期的地位和作用。(中传2011年研)

相关试题：

(1)简述《新华日报》在重庆时期同国民党的斗争。(中南财大2018年研)

(2)简述《新华日报》在抗战和内战期间，创办、延续及停刊过程。(厦门大学2013年研)

(3)《新华日报》的办报意义以及对后来的办报活动有何借鉴？(重庆大学2013年研)

答：(1)《新华日报》的前身是创办于江西瑞金的中华苏维埃中央政府机关报《红色中华》，1937年1月改为现名，期号续前。1937年9月陕甘宁边区政府成立，该报改组为陕甘宁边区政府机关报。1939年2月，后改组为中共中央机关报，同时兼为陕甘宁边区政府机关报，主要在陕甘宁边区和各抗日民主根据地内发行，直至1941年停刊。在汉口出版的九个多月时间里，大力宣传中共中央有关抗日民族统一战线和“团结抗战，持久抗战”的战略方针以及毛泽东等提出的游击战争理论，揭露日寇罪行，及时报道了中国军队的抗日战绩。毛泽东、朱德、彭德怀的一些有关时局的重要文章，都曾在该报发表。

(2)1938年10月25日，武汉失守后，报社迁重庆继续出版，这是抗日战争时期和解放战争初期中国共产党在国民党统治区公开出版的唯一机关报。《新华日报》陆续在山西、重庆等地设立分馆，在郑州、洛阳等地设立代销处。

(3)1940年1月6日，因社论被国民党当局强令删去，《新华日报》为反对国民党的新闻检查被迫“开天窗”，揭露国民党摧残新闻自由的行径。

(4)1941 年 1 月 18 日，皖南事变后《新华日报》登载周恩来的题诗："千古奇冤，江南一叶，同室操戈，相煎何急?!"同时《新华日报》还刊登大量的消息、通讯、评论，揭露日本侵略者的罪行，激励人民的抗日斗志，积极报道抗日救亡活动，同国民党的消极抗战论调进行斗争。

(5)1942 年 5 月，《新华日报》根据延安整风精神进行改革，其间发表了《敬告本报读者》的社论，刊登了《征求读者意见启事》等。经过整风，《新华日报》进一步密切了同群众的联系，更受读者欢迎。

2. 评述抗日战争时期解放区新闻界的整风改革。

相关试题：阐述全党办报的内涵，并说明在《解放日报》改革中的体现。(安徽大学2021 年研)

答：(1)抗日战争时期解放区新闻界整风改革的过程。

1942 年春天起，中国共产党在全党范围内展开了一次整风运动。这次整风运动的主要任务是整顿三风，即反对主观主义以整顿学风，反对宗派主义以整顿党风，反对党八股以整顿文风。其核心任务是反对主观主义，其目的是从思想上清算中国共产党成立 20 多年来党内历次"左"、右倾错误路线及其流毒，在全党范围内进行一次马列主义的教育运动。

①1941 年至 1942 年，共产党在抗日期间采取了整风运动的方法，在全党范围内进行了一次深刻的马列主义教育。全党新闻工作的整风改革，从延安开始。1942 年 2 月 1 日，毛泽东发表《整顿党的作风》演说。2 月 8 日，作了《反对党八股》的报告。从此解放区的整风改革运动拉开了帷幕。

②1942 年 3 月 16 日，中宣部发出《为改造党报的通知》，要求各地方党部"对自己的报纸加以极大注意，尤应根据毛泽东同志整顿三风的号召，来检查和改造报纸"，要求各地方党组织加强对报纸的领导和参与。

③根据中宣部指示精神，《解放日报》开始检查工作中的缺点，广泛征求读者意见。3 月 31 日，在改版前夕，毛泽东和《解放日报》社长博古召开改版座谈会，征求党内外各方面人士对报纸改革的意见。毛泽东在改版座谈会上发表了重要的讲话。

④1942 年 4 月 1 日，《解放日报》实行改版。改版后的《解放日报》，把对根据地的新闻报道放到了首位，整风运动的宣传也成为该报的宣传中心，体现出无产阶级的政党报纸联系群众、联系实际的作风，以及党报配合党的方针政策、党的中心工作展开宣传的特点。

⑤《解放日报》改版的意义在于：它是解放区新闻改革的良好开端，是由少数人办报变为群众办报、全党办报的一个标志。通过改版，《解放日报》成为党的坚强的机关报，起到了"集体宣传者和集体组织者的作用"，从而更有效地发挥了舆论引导作用，有力地配合了延安整风运动的开展。《解放日报》改版的带头示范和宣传指导，推动了全党的新闻改革运动在解放区的广泛开展。此后，《解放日报》还配合全党办报的精神，发表了一系列的社论和文章。为了依靠全党和广大人民群众办好报纸，《解放日报》根据党中央的精神，大力发展通讯员、组织通讯网。

(2)抗日战争时期解放区新闻整风改革的意义。

①这次新闻改革是中国共产党报刊史上的一次重大革命。

②经过改革，党报起到了"党经过报纸来宣传，经过报纸来组织广大人民进行各种活

动”的党的喉舌的作用，报纸的党性、群众性、战斗性大大增强，真正成为党的坚强的机关报。

③经过改革，各级党委把帮助和利用党报的工作当作自己经常的重要业务之一，“全党办报”成为党新闻工作的重要工作经验。

④经过改革，广大新闻工作者也受到了一次深刻的马克思主义的教育，它不仅在实践上促进了党的新闻事业发展，而且使无产阶级的党报理论得以确立，党报从此成熟和发展起来。

3. 1942年毛泽东为什么要求延安《解放日报》改版，改版指导思想的两个要点是什么？

相关试题：

(1)延安《解放日报》创刊十个月后，面临党性不足、脱离实际、脱离群众的问题，具体表现是什么？(复旦大学2019年研)

(2)《解放日报》改版(华东师大2021年研)

答：(1)毛泽东要求延安《解放日报》改版的原因。

1941年5月16日《解放日报》在延安正式创刊，毛泽东题写了报名和发刊词。《解放日报》创办伊始即承担着重要的政治使命，那就是团结全国人民进行抗日战争。为了保证抗战的胜利，中国共产党从战略意义出发，要求党报不仅要担当信息通报的功能，更要动员民众、组织民众；同时，《解放日报》在传播方式上体现出强烈的组织传播特征，强调组织系统内信息渠道的通畅性和信息传达的及时性、有效性。

1942年2月，毛泽东发现十个月以来的报纸，并没有很好地完成上述使命，并存在着很多严重的问题。

①最根本的问题，毛泽东认为是缺乏党性。《解放日报》作为中共中央党报，却每天用主要的篇幅登载外国通讯社的新闻，大篇幅报道国际新闻，而对国内尤其是陕甘宁边区的情况报道甚少。同时，报纸主动宣传党的方针政策的意识非常薄弱。

②报纸的问题还在于主观主义、宗派主义、党八股等不良作风。这常常阻碍着党的正确政策的执行，反映在报纸上就是不能够及时地反映根据地的抗日斗争与实际生活、重点不突出、编排不当甚至是新闻失实。这些缺点和不足妨碍了党报作用的发挥。

③改版《解放日报》是传播经验、推动整风运动成功开展的要求。毛泽东在征集报纸改版意见时指出：“为了纠正这些不良作风，我们提出了整顿三风。但要达此目的，非有集体的行动、整齐的步调，不能成功。”因此，“利用《解放日报》，应当是各机关经常的业务之一。经过报纸把一个部门的经验传播出去，就可推动其他部门工作的改造。”

④改版前的《解放日报》的实际决定了改版的需要。《解放日报》改版前的版面编排受党八股和王明教条主义错误路线影响很深，严重脱离了解放区的斗争实际和党的中心工作实际。当时的版面安排几乎有一个公式：一国际、二国内、三边区、四本地(即延安)，第一、二版长篇累牍地登载国际新闻，使《解放日报》的内容以刊载国际新闻为主，第三版主要登载国内新闻，最后才是陕甘宁边区新闻和副刊。

总之，《解放日报》还没有充分表现坚强的党性，要想使《解放日报》成为贯彻我党政策与反映群众活动的党报，必须进行彻底改革。

(2)1942年延安《解放日报》改版指导思想的两个要点。

①使《解放日报》成为真正战斗的党的机关报，贯彻党报的党性、群众性、战斗性和组织性(指导性)原则。

1942年1月，毛泽东在中央政治局会议上提出了《解放日报》应予以改进的意见，政治局做出决议："同意毛主席指出今后《解放日报》应从社论、专论、新闻及广播等方面贯彻党的路线与党的政策，文字须坚决废除党八股。"根据这一指示，《解放日报》做出了改进报纸工作的决定。根据以上标准，《解放日报》检查了该报创刊10个月来存在的问题并积极改正。延安整风时期，党风、学风、文风被提在同一个高度认识，《解放日报》改版，毛泽东对文风改进有明确要求：生动顺畅、形象鲜明；同时，联系群众、深入实际，是党的思想路线和群众路线在新闻工作中的具体体现，是党报工作应具备的工作作风。"深入实际，不尚空谈""没有调查就没有发言权"都是对这一作风的具体阐释。因此，《解放日报》要有一个彻底的改革，使整个篇幅贯彻党的路线，反映群众情况，加强思想斗争，帮助全党工作的改进。

②以抗日民主根据地的新闻报道为主，积极配合党的中心工作进行宣传报道。

从"以新闻为本"到宣传价值为王。《解放日报》创办之初，该报对新闻的重视突出表现在对国际新闻，尤其是突发事件的关注上。同样，在整张报纸的版面编排上，头版是国际新闻，二版是国内新闻，三版才是边区新闻，这样的版面编排使得党中央做出的决定，哪怕再重要，也只能安排在三版头条。显然，报纸虽然在总的立场方面体现了党的倾向，但在当时边区闭塞落后、群众文化知识水平非常有限的情况下，这种传播效果无异于在沙漠中布道。改版后，《解放日报》被视为党和群众的耳目喉舌，被赋予指导工作的重任，新闻的宣传价值因而得到了空前重视，报纸从形式到内容相应发生了一系列变化。

4．简述中国青年新闻记者学会在抗战当中的贡献。(中青政治学院2007年研)

答：中国青年新闻记者学会的前身是中国青年记者协会，它是中国共产党领导下的新闻界统一战线组织，是党的统战工作取得的重要成果之一。它在抗战中的主要贡献有：

(1)记者们英勇地踏上民族解放的战场。青年记者纷纷奔赴前线，争当引以为豪的战地记者。他们的作品极大地鼓舞了军民斗志，也为中华民族的反侵略战争留下了一个个生动感人的镜头和一页页珍贵的史料。

(2)巩固和扩大了新闻界的抗日民族统一战线。"青记"一开始就注意团结广大新闻工作者，增强新闻界的团结。

(3)作为中国共产党领导下的新闻界统一战线组织，党通过参加这个组织的中共党员，努力团结国统区广大的进步新闻工作者，积极争取民主、争取新闻自由和开展抗战宣传。

(4)打破国民党中央社的新闻封锁，创立国际新闻社，用民办新闻团体名义，以专论和通讯稿形式，向国内外150多家报纸供应稿件，达到宣传抗战、宣传团结、宣传进步的目的。

5．简述延安新闻理论改革的理论收获。

答：新闻改革时期，党中央的机关报《新华日报》《解放日报》以及《群众》周刊、《解放》周刊，各根据地地方党委机关报的新闻实践丰富和发展了无产阶级新闻理论。

(1)阐明了新闻的本源是事实的辩证唯物主义的观点，主张新闻必须完全真实。1934

年，《解放日报》发表了陆定一的《我们对于新闻学的基本观点》。文章首先指出“新闻的本源是事实，新闻是事实的报道，事实是第一性的，新闻是第二性的。新闻的定义，就是新近发生事实的报道”。

(2)系统地阐述党报的性质和任务。无产阶级报刊不仅要坚持阶级性，而且要树立党性原则，党报要为无产阶级的政治和经济服务，要宣传贯彻党的纲领路线、方针、政策，起到桥梁和纽带的作用。

(3)全党办报、群众办报的理论正式形成，并付诸办报实践。首先从理论和认识上加深了对列宁“报纸不仅是集体的宣传员和集体的鼓动员，而且是集体的组织者”这一著名论断的理解；其次从组织上落实全党办报的思想，中央书记处指示各级党委加强对报纸的领导，这是党报体制的重大改革，再次把选拔、组织和培养通讯员作为报社的基本任务之一，群体性的黑板报运动和读报运动也是全党办报群众办报的重要内容和形式之一。

(4)党报的三大作风基本树立。无产阶级办报活动在反对资产阶级新闻观点的斗争中，也逐渐形成了党报的三大作风的理论：①报纸的理论与实践相结合的作风，即要充分反映实际、又要用马列主义正确指导实际，不断坚持真理、修正错误的作风；②报纸密切联系群众的作风，即坚持群众路线的办报方针，使办报成为群众的事业，为人民服务，由人民大众大家来办；③报纸的批评与自我批评作风，即要有认真负责的态度，实事求是，诚恳坦白，与人为善，惩前毖后，治病救人。

(5)树立了生动活泼、新鲜有力的马克思主义文风，反对党八股。

(6)加强思想建设，建立无产阶级的新闻队伍。延安整风运动，在新闻方面集中解决了两个观点：①确立“人民公仆”思想，反对“无冕之王”的观点；②坚持“政治第一，技术第二”，反对“技术第一，政治第二”的观点。

三、论述题

试论述抗日战争时期中国共产党的报刊体系、主要报刊及其特色。(人大2006年研)

答：(1)抗日战争时期中国共产党的报刊体系主要分为抗日民主根据地与国统区两大报刊体系。

①在抗日民主根据地，以《新中华报》为中心，《共产党人》《八路军军政杂志》《中国青年》《中国妇女》《中国工人》《中国文化》《边区群众报》等一批新报刊纷纷出版，形成了一个中共中央报刊系统。随着战争形势的改变，1941年，中共中央决定将延安《新中华报》和新华社的《今日新闻》合并，改成大型的《解放日报》，同时将《中国青年》《中国妇女》《中国工人》等刊物停刊，以便集中人力、物力办好中共中央机关报《解放日报》，加强和改进党的新闻宣传工作。

②在国统区，全面抗战爆发后，上海作为国统区新闻事业的中心，立刻成了中国抗日宣传的中心。一大批抗日救亡报刊在上海纷纷问世，如《救亡日报》《抗战》《文化战线》《战时妇女》《救亡周刊》《战时联合旬刊》等。1937～1938年，中国共产党直接领导的《群众》周刊和《新华日报》的创刊，是中国共产党的新闻事业在1927年大革命失败后首次在国统区公开亮相。其中，《新华日报》是抗战时期中国共产党在国统区公开发行的唯一一份大型机关报。

(2)《解放日报》的创办过程及其特色。

1941 年 5 月 16 日，《解放日报》在延安创刊，日出对开半张两个版，自 9 月 16 日出版的第 124 号起，扩大为日出对开一大张 4 个版。博古任社长，杨松任总编辑(1942 年杨松病逝后由陆定一继任)。该报是在革命根据地出版的第一个大型的、每日出版的中共中央机关报，也是抗日战争时期及解放战争初期革命根据地影响最大的报纸。中共中央对创办《解放日报》极为重视，创刊的前一天，毛泽东为中共中央书记处起草了创办《解放日报》的通知，对《解放日报》的工作做了部署和安排。毛泽东还为《解放日报》题写了报头，撰写了发刊词。创刊后，毛泽东经常指导该报的工作，并为它撰写和修改重要的社论、评论、新闻和文章。

《解放日报》的特色主要包括：

①《解放日报》创刊初期，苏德战争爆发。该报曾以大量篇幅报道苏德战争的情况，同时发表了不少评论，对国际形势做出了科学的分析，但同时也出现了过多刊载国际新闻、宣传报道脱离根据地群众和工作实际的倾向。

②1942 年 4 月 1 日，《解放日报》在党中央的领导下改版。改版后的《解放日报》第一版刊登各抗日民主根据地的要闻，整风运动的宣传成了当时的宣传中心。同时报纸在宣传党的中心工作，联系群众、联系实际方面迈进了一步，大大克服了主观主义和党八股的错误，加强了报纸的党性和群众性、组织性和战斗性。改版后的特点是：重点报道了党的中心工作，即整风运动；有力宣传了大生产运动，推动了大生产运动的深入发展；成功反击了国民党第三次反共高潮的反动言论；有效带动了其他报纸的改革。

(3)《新华日报》的创办过程及其特色。

《新华日报》于 1938 年 1 月 11 日在汉口创刊，1947 在重庆被查封，在国统区坚持出版了 9 年多，是中国新民主主义革命时期出版时间最长的一个中共中央机关报。它直接向国统区人民宣传党的路线、方针、政策，人民军队抗战的丰功伟绩和抗日民主根据地的情况；声讨日寇法西斯的暴行；旗帜鲜明地支持国统区人民的抗日救亡运动；在国统区坚持同国民党顽固分子斗争。

《新华日报》的主要特色是在中共中央南方局和周恩来的领导下，同国民党展开了多方面的斗争：

①同国民党反动新闻检查进行斗争。针对国民党对《新华日报》的内容进行严格检查，随意删改扣压新闻稿件的行为，《新华日报》采取了“开天窗”、刊登“更正”或“启事”的办法，揭露国民党的反动新闻检查制度。

②同国民党封锁新闻来源进行斗争。国民党中央通讯社垄断新闻，限制《新华日报》的采访活动。《新华日报》则通过从内部电台抄收重要文件、发展可靠通讯员或根据其他报刊内容改写等方式获得新闻。

③同国民党破坏报纸发行工作进行斗争。国民党想方设法破坏《新华日报》的发行工作，《新华日报》则招收培养了一批报童，把报纸直接送到读者手中；《新华日报》还根据延安整风运动的精神进行了改革，密切了同群众的联系。

《新华日报》在长期的斗争中积累了丰富的办报经验：坚定了正确的办报方向；建立了一支团结战斗的队伍；实行灵活机动的战略战术；开展广泛深入的统战工作；坚持真实报道；坚持精益求精的编印技术。

专题十　人民解放战争时期的新闻传播事业

10.1　复习笔记

【知识框架(庖丁解牛)】

- 人民解放战争时期的新闻传播事业
  - 抗战胜利后
    - 国统区新闻斗争
      - 中共应对国民党对新闻阵地的争夺
        - 上海
          - 《联合日报》《联合晚报》
          - 《建国日报》《文萃》周刊
          - 《消息》半周刊　《群众》周刊
          - 《文汇报》《新民报晚刊》
        - 北平　《解放报》　新华社华北分社
        - 香港　《正报》《华商报》
      - 民营商业大报迈向“报团”
        - 《大公报》四社四版
        - 《新民报》五社八刊
        - 成舍我“世界报系”恢复
        - 天津《益世报》
    - “拒检运动”　1945. 8～1945. 9
    - 解放区的发展
      - 华北：《晋察冀日报》(1945)　《人民日报》(1946)　《晋绥日报》(1946)
      - 华中：《新华日报》(华中版)　延安新华广播电台
  - 全面内战爆发
    - 国统区统制加强
      - 第二条战线学生报刊
        - 《中国学生导报》　1944　重庆
        - 《学生报》　1947　上海
        - 《燕京新闻》　1946　北平
      - 鼓吹第三条道路
        - 《观察》《新路》周刊
        - 《大学评论》《时与文》
        - 《大公报》《文汇报》
    - 解放区事业收缩
      - 报纸缩版减张
      - 新华社、《解放日报》报社合一、新华社作用加强
      - 军事宣传报道的发展
      - 陕北新华广播电台
  - 战略反攻阶段
    - 1947. 6　《晋绥日报》发起“客里空”运动
    - 1948. 4　毛泽东《对晋绥日报编辑人员的讲话》
    - 1948. 10　刘少奇《对华北记者团的讲话》

【专题概要(提纲挈领)】

本专题主要论述了人民解放战争时期新闻传播事业的相关知识，考点以名词解释、简答题以及论述题为主，在学习时，需要着重对国统区和解放区的新闻事业发展、新闻统制在内战中的强化与民营新闻事业的衰落、人民新闻传播事业的再发展与全面胜利等内容加

以把握，并重点了解“拒检运动”、《对晋绥日报编辑人员的谈话》、反“客里空”运动、《对华北记者团的谈话》等内容。

【考点难点归纳(厚积薄发)】

考点一：国民党新闻统制的重建与新闻界的抗争 ★★★★

1. 国统区的国民党党营新闻事业的发展(见表10－1)

表10－1　国统区的国民党党营新闻事业的发展

<table>
<tr><th>要点</th><th colspan="2">具体内容</th></tr>
<tr><td>法令</td><td colspan="2">1945年，国民党政府行政院颁布了《管理收复区报纸通讯社杂志电影广播事业暂行办法》，不久，国民党行政院下设的“收复区全国性事业接收委员会”又拟定了“广播事业接收三原则”，指示国民党中央广播事业管理处到各地去“接收”广播电台。根据法令，原沦陷区的敌伪各类新闻机构(如报馆、电台、通讯社)皆收归国民党所有</td></tr>
<tr><td rowspan="3">报刊</td><td>报纸</td><td>①抗战胜利后国民党极力发展其党营报刊。国民党抢先在收复区发展报纸，在南京、上海、北平、武汉、天津等地，国民党也以“接收”的办法，抢占了收复区的原日伪报刊。上海著名的汉奸报《平报》，接收后改名为《正言报》，成了国民党上海市党部的机关报。汉口市原汉奸报纸《大楚报》，接收后改名为《华中日报》，成了国民党机关报。
②对上海《申报》《新闻报》等私营报纸，国民党也想办法把它变成国民党控制的报纸。
③据统计，1947年1月，全国7大城市出版报纸295家、通讯社139家，绝大多数被国民党控制，其中许多报刊成了国民党发动内战和实行独裁统治的重要宣传工具</td></tr>
<tr><td>国民党报团组织</td><td>是国统区国民党党营新闻事业发展的另一个代表。国民党统治集团通过修订和实施报刊企业化策略，进行报刊企业化整改和管理。如中央日报社等新闻机构均依据国民党制定的《公司法》进行改组，转型成为企业化组织，并由此进一步成长为报团组织</td></tr>
<tr><td>周刊</td><td>①《文萃》是解放战争时期中国共产党在国统区出版的时事政治刊物。它于1945年在上海创刊，系周刊，16开本。由孟秋江、黎澍、陈子涛先后担任主编。该刊初期为集纳式文摘性刊物，主要选载重庆、成都、昆明等地进步报刊上的文章，也转载延安《解放日报》和重庆《新华日报》的文章。
②从1946年5月起，《文革》逐渐改变文摘刊物的性质，实行自主组稿。郭沫若、茅盾、田汉等都曾为该刊撰稿。该刊原由中共中央南方局领导。1947年起，改由中共中央上海局文委领导。同年春，由于中共代表团被迫离沪，该刊转为秘密出版，并改为《文萃丛刊》形式发行。为防止国民党有关当局的迫害，《文萃丛刊》每期都改换封面。
③1947年，负责编辑、发行的陈子涛、骆何民、吴承德三同志被捕，刊物也被迫停刊。陈、骆、吴在狱中坚贞不屈，在上海解放前夕，英勇牺牲，史称“《文萃》三烈士”</td></tr>
<tr><td>广播</td><td colspan="2">1945～1946年，国民党“中央广播事业管理处”先后接管了日伪在南京、上海、杭州、厦门、台湾、北平、天津、青岛、石家庄、太原、广州和武汉等地的21座广播电台。在此基础上，国民党为了强化“党营”广播，又在一些地区建立了一些广播电台，使其规模有所扩大和发展。到1947年12月底，国民党统治区有各种官办、民营广播电台101座，而其中42座属国民党中央广播事业管理处管辖，发射功率约400千瓦。1946年5月5日，国民党政府“还都”南京，同一天，国民党中央台也由重庆迁回南京</td></tr>
</table>

2. "拒检运动":国统区新闻界争取新闻自由的斗争(见表10-2)

表10-2 "拒检运动":国统区新闻界争取新闻自由的斗争

要点	具体内容
背景	在抗日战争中,国民党政府就曾以"非常时期"为借口,制定了一系列出版审查条例,实行原稿送审制度,以此限制新闻出版。抗战胜利后,国民党政府继续推行这项制度,国民党统治区的广大新闻工作者对此十分不满,同国民党的新闻检查进行了一场大规模的斗争
经过	①1945年,国民参政会的黄炎培、褚辅成等6位参政员应毛泽东主席的邀请去延安访问。黄炎培回来后,将他在延安所见所闻写成了《延安归来》一书。此书稿没有递交国民党检查就于8月7日以国讯书店的名义出版了。这是国民党统治区第一本拒检出版的书籍,至此拉开了拒检运动的序幕。 ②8月17日,重庆《宪政》等16家杂志社联合发表声明,宣布稿件不再送国民党检查。这一行动得到重庆新闻出版界的响应,8月27日重庆杂志界联谊会举行集会,33家杂志社发表声明,一致拒检。 ③重庆《新华日报》报道了杂志界拒检的消息。9月1日记者节,重庆《新华日报》发表了《为笔的解放而斗争》的时评,抨击了国民党长期实行的原稿审查制度,提出废除新闻检查,给人民以新闻出版与言论自由。时评号召新闻工作者打碎"铐在手上的链子,挣脱缚在喉间的绳索"。 ④9月15日,重庆《宪政》《国讯》《中华论坛》等10家杂志出版《联合增刊》,宣布不向国民党政府办理登记手续,稿件拒不送检。9月18日,《群众》杂志为此发表社论,称"这是一个意义重大的民主运动",不合理的法律规章"都是应该立即废除的"。 ⑤"拒检"运动得到成都、昆明、桂林等地新闻出版界的响应,纷纷发表公开信或成立联谊会,支持重庆新闻出版界的拒检斗争。与此同时,各个大学也通电响应,宣布他们出版的刊物、壁报也拒绝送交学校当局检查
结果	"拒检运动"的斗争不断扩大,国民党当局迫不得已,于1945年10月1日宣布废除原稿审查制度(收复区除外),至此,拒检运动取得了初步胜利。由于国民党政府并没有实行言论自由的诚意,所以并没有彻底停止对民主进行报刊的迫害,在以后的几年里,国民党统治区的新闻工作者同国民党进行了不懈的斗争

3. 新闻统制在内战中强化与民营新闻事业的衰落(见表10-3)

表10-3 新闻统制在内战中强化与民营新闻事业的衰落

要点	具体内容
概况	抗战胜利后,国民党当局加强了对新闻舆论的控制,制定新闻管控法令,实施全面统制新闻界的法令,背弃了言论自由的保证,大肆摧残进步新闻事业
国民党的阻挠	全面内战爆发前夕,国民党当局查封了《解放报》和新华社北平分社。1947年国共和谈彻底破裂后,党在重庆出版的《新华日报》、在上海出版的《群众》周刊被迫停刊。此后一直到全国解放为止,中国共产党在国民党统治区再也没有公开出版过报纸。5月,上海《文汇报》《联合日报》等进步报刊也被迫停刊
进步报刊的活动	①为了在国民党统治区继续宣传中国共产党的政治主张,上海《文萃》、重庆《挺进报》等革命报刊纷纷转入地下出版。 ②随着民主运动的发展,在国民党统治下的上海、北平、南京等地,进步学生出版的爱国民主报刊,成为反对国民党反动统治的第二条战线上的新闻尖兵。北平燕京大学新闻系学生办的《燕京新闻》、上海学生联合会和中国学生联合会的机关报《学生报》在报道学生运动上发挥了重要作用,在社会上很有影响。这个时期的学生刊物还有复旦大学的《中国学生导报》,中央大学和重庆大学进步学生办的《大学新闻》和《大学新闻周报》等20余种壁报。

续表

要点	具体内容
进步报刊的活动	③中国共产党不仅在国民党统治区领导了舆论斗争，还将新闻阵地转移到香港。在香港复刊了《群众》周刊、《华商报》，创办了《正报》，同民主党派的《人民报》《光明报》一起，展开反对国民党统治的舆论斗争
“第三条道路”	国民党统治区的《观察》《新路》《大学评论》《大公报》等报刊极力鼓吹“第三条道路”是国共两党斗争之际的一个标志性现象。“第三条道路”即对国民党的独裁统治表示一些不满，可又反对实行中国共产党领导的人民民主专政，而宣扬在中国实现英美式的资产阶级专政，这种观点受到进步报刊的批评与驳斥
广播方面	这一时期，国民党的新闻统制在广播方面实施得也很严厉，对国民党统治区的民营广播也采取高压政策。全面内战爆发前，国民党当局为垄断广播，极力限制民营台的发展。1946 年 2 月 16 日，国民党政府交通部公布《广播无线电台设置规则》，规则中虽然明文规定允许民营广播存在，但对民营台的设置、分布、数量、发射功率以及广播内容等一一加以限制，从而削弱了民间办广播的积极性

考点二：解放区人民新闻传播事业的发展与新闻工作中两条战线的斗争 ★★★★★

1. 人民新闻传播事业的发展与收缩

(1)在解放区内，人民新闻事业得到快速发展，报刊纷纷改为铅印印刷、扩版为大型日报，出版条件得到极大提高。此外，还出现了一批城市报刊和工矿报刊。广播事业发展也进入“快车道”。

(2)全面内战爆发后，解放区人民新闻事业逐步收缩。许多报刊迁回农村，改为油印印刷，发行时间从每日改为隔日、每周甚至不定期，发行范围也不断缩水，越来越多报刊面临停刊。广播事业发展也陷入停滞，许多电台被迫迁址甚至停播。

2. 解放区的新闻活动(见表 10－4)

表 10－4 解放区的新闻活动

要点	具体内容
新华社	①抗战胜利后，新华社改进组织架构，扩充工作机构，划分出四大部门，分别为国际新闻、国内新闻、口语广播和英文广播。1946 年 4 月，新华社已拥有 9 个总分社、40 余个分社。 ②新华社积极改进业务工作，提出了提高新闻写作水平和新闻报道水平、加强业务学习等工作任务与要求。 ③《解放日报》停刊后，中共中央加强对新华社的领导与运用。新华社根据实际工作需要担负起党中央的机关报、通讯社和广播电台(陕北台仍由新华社领导)三重任务。 ④为配合人民解放军开展反攻的军事宣传需求，新华社又进一步扩大了其编辑部门的建制
军事宣传报道	①解放战争时期，军事宣传报道一直是重中之重。 ②1947 年下半年，人民解放战争进入反攻阶段，这个时期军事形势发展快，新华社更加注意加强军事报道。新华总社多次向各分社发出急电，组织军事稿件，全力以赴投入军事宣传。 ③为提高军事宣传报道的质量和效果，新华社发展出了军事报道网。

续表

要点		具体内容
军事宣传报道		④新华社还兼任了党报的评论工作。当时，毛泽东主席为了指挥全国军民的革命斗争，有力地推动解放战争，曾亲自为新华社撰写社论和时评，或者亲自修改新华社的重要稿件。其中有社论、评论、消息、广播讲话、发言人谈话等，这些文章通过新华社的文字广播和语言广播传向全国各地，鼓舞了全国人民的斗志
反“客里空”运动	过程	①解放战争进行的同时，解放区的土地改革工作也随之开展起来，获得新生的广大农民和农村干部都非常关心土改工作，因此土地改革的报道成为解放区新闻工作的一个重要内容。但土改初期新闻宣传存在右倾偏向，如过分渲染地主“献地”、“拥护”土改等，有的记者在报道中歪曲事实，作不真实、虚假、颠倒是非的报道。针对这个问题，1947年党中央及时加以纠正。中共中央晋绥分局机关报《晋绥日报》带头在报纸上开展自我批评，由此展开反“客里空”运动。 ②“客里空”是苏联作家柯涅楚克的剧本《前线》中一个新闻记者的名字，他擅长吹牛拍马，瞎编乱造。1947年6月15日，《晋绥日报》发表了剧本中有关“客里空”的部分情节，并借用“客里空”来作为一切不真实的和弄虚作假的新闻工作作风的代名词。以后，《晋绥日报》又发表文章及有关材料，检查自己的工作。《晋绥日报》这种做法，在解放区新闻界很有教育意义。8月28日、29日新华社发表文章加以称赞，并号召解放区报纸学习《晋绥日报》勇于开展自我批评的作风。 ③此后，解放区新闻界掀起了一场声势浩大的反“客里空”运动。1947年9月反“客里空”运动进入高潮，持续到1948年春天结束
	意义	①反“客里空”运动对于坚持新闻的真实性原则、对新闻界坚持开展批评和自我批评、对改进新闻工作者的思想作风和工作作风，起到了重大作用，对我国无产阶级新闻事业的发展，也产生了极其深远的影响。 ②这个运动本身也有某些错误。反“客里空”运动中，“左”倾思潮已开始露头，对抗日时期的干部存有过多的否定倾向，特别在后期对某些干部作了错误的处理，伤害了一些同志的积极性，这个历史教训是深刻的
《对晋绥日报编辑人员的谈话》		1948年3月毛泽东东渡黄河到晋察冀边区去，在经过晋绥地区时，于4月2日接见《晋绥日报》编辑人员，并发表了重要讲话。毛泽东同志在《对晋绥日报编辑人员的谈话》中对解放区新闻工作中两条战线的斗争作了经验总结，阐述了党报的作用、任务以及办报的路线、方针、风格等一系列重大问题： ①阐明报纸的作用和力量。报纸能使党的纲领路线、方针政策、工作任务和工作方法，最迅速、最广泛地同群众见面。办好报纸，把报纸办得引人入胜，在报纸上正确地宣传党的方针政策，通过报纸加强党和群众的联系，这是党的工作中的一项不可小看的、有重大原则意义的问题。 ②强调办好报纸要实行群众路线。报纸要靠大家来办，靠全体人民群众来办，靠全党来办，而不能只靠少数人关起门来办。 ③报纸的工作风格。党所办的报纸，党所进行的一切宣传工作，都应当是生动的，鲜明的，尖锐的，毫不吞吞吐吐。这是我们革命无产阶级应有的战斗风格。 ④新闻工作者的培养。报纸工作人员为了教育群众，首先要向群众学习。报社的同志应当轮流出去参加一个时期的群众工作，参加一个时期的土地改革工作，或者多听多看关于群众运动的材料，并且下功夫研究这些材料

考点三：人民新闻传播事业的再发展与走向全面胜利(见表10－5)　★★★★

表10－5　人民新闻传播事业的再发展与走向全面胜利

要点	具体内容	
再发展	《关于城市党报方针的指示》(1948)	为了指导在城市办党报的工作，中共中央宣传部发出了《关于城市党报方针的指示》，就城市党报的读者对象、消息报道及报纸副刊等问题，提出了原则性的意见： ①报纸主要为工人和农民服务，也要为县、区干部，知识分子及工商业者服务。但要反对两种倾向，一种倾向是忘记了报刊主要是代表工农兵的，另一种倾向是拒绝为工商业者与知识分子服务。 ②报纸的主要消息应来自农村和工厂，其次来自市场、学校等其他地方。 ③副刊在城市十分重要，必须办好，注重宣传马克思主义，担负起教育读者的工作
	《对华北记者团的谈话》(1948)	1948年，中共中央在当时党中央所在地河北平山县西柏坡村，召集华北《人民日报》社、新华社华北总分社的部分记者进行集中学习，通称“华北记者团”。10月2日，刘少奇对他们发表谈话，主要阐述了以下几个问题： ①强调了新闻工作的重要性，认为它是党“联系群众”“领导人民”的“工具”和“手段”，“我们党要通过千百条线索和群众联系起来，而你们的工作、你们的事业，就是千百条线索中很重要的一条”。 ②强调了新闻记者的修养和素质，包括：a. 要有正确的态度，要全心全意为人民服务。b. 必须独立地做相当艰苦的工作。c. 要有马列主义理论修养。d. 要熟悉党的路线和政策
	对旧有新闻事业的处理	①随着解放战争胜利地向全国推进，一些大中城市相继解放。1948年，中共中央作出《关于新解放城市中中外报刊通讯社处理办法的决定》。《决定》明确了处理工作的原则和出发点，政策界限和具体方案。 ②1948年11月20日，中共中央又作出《对新解放城市的原广播电台及其人员的政策的决定》，明确了处理旧有广播事业的工作政策和具体方案。 ③对外国人办的报纸、刊物，以及外国通讯社、外国记者，也作了规定：非经中央许可，不得在解放区发稿和出版发行。此外，还宣布对已经政府登记许可出版的报纸、刊物与通讯社“实行事后审查制度”
全面胜利	①1949年3月，原中共中央华北局机关报《人民日报》从平山迁北平出版，从8月起，根据中共中央决定改为中共中央机关报。新华社迁至北平，随着新中国的诞生而成为国家通讯社。陕北新华广播电台也和新华社同时迁到北平，改名“北平新华广播电台”，并从新华社中独立出来，12月5日改为“中央人民广播电台”。新中国成立时，全国各地广播电台已达49座。从此，报刊、通讯社和广播电台在全国范围内广泛建立起来，党和人民的新闻事业已初步形成规模。 ②1949年7月，解放区和国统区的新闻工作者胜利会师，成立了中华全国新闻工作者协会筹备会，实现了全国新闻工作者的革命大团结。 ③1948年后，国民党新闻事业随着国民党在大陆的统治崩溃而结束，大部分新闻机构迁往台湾。国民党新闻事业在大陆的房屋、设备等作为人民新闻事业发展的物质基础被中国共产党所接管	

10.2　课后习题详解

1. 抗战胜利之初中国共产党加强国统区新闻活动的意义何在?

答：(1)抗战胜利之初中国共产党加强国统区新闻活动的情况。

①上海。上海是我国近现代新闻事业的中心，历来为“兵家必争之地”。1945年8月抗战胜利后不久，中国共产党就在上海创刊了好几家报刊。抗战胜利后第三天，中共上海地下组织便创立《新生活报》，先于国民党势力在上海展开了办报活动。此外，中共上海地下组织还创办了《新生代》《约翰呼声》《文萃》《消息》《联合晚报》《联合日报》《群众》《建国日报》等报刊。在中共上海党组织的支持下，上海地区的一批进步人士还创办了好几家时事政治刊物，如《民主》《周报》《消息》《展望》等。

②北平。1946年初，由国、共、美国三方代表组成的“北平军事调处执行部”成立后，中国共产党便于1946年2月22日在北平创办了一个公开发行的机关报《解放》报，并同时成立了新华社北平分社。北平的《解放》报是随着“北平军事调处执行部”的成立而创办的。

③华南地区。中国共产党在香港创办最早的报纸是《正报》和《华商报》。这两份报纸都是在中共中央南方局在上海复刊《新华日报》《救亡日报》的计划搁浅后才创办起来的。《正报》创刊于1945年11月13日，1948年11月13日自动休刊。《华商报》于1941年创刊于香港，次年停刊。

(2)抗战胜利之初中国共产党加强国统区新闻活动的意义。

抗战胜利后，蒋介石一面与中国共产党进行和平谈判，一面调兵遣将、磨刀霍霍准备内战。因此，呼吁和平民主、反对内战独裁，揭露蒋介石发动内战的阴谋，是当时舆论斗争的中心内容。共产党通过加强国统区新闻活动，创办报刊，积极配合重庆《新华日报》的宣传活动，宣扬了统一、民主、和平的建国方针，揭露了国民党的丑恶嘴脸和独裁阴谋，因而具有十分重要的历史意义和现实价值。

2. 评述“拒检运动”等国统区新闻出版界争取新闻自由斗争的经过与结果。

答：参见本专题考点难点归纳相关内容。

3. 国统区宣扬“第三条道路”的报刊是在什么背景下出现的？结局如何？

答：(1)国统区宣扬“第三条道路”的报刊出现的背景。

①“第三条道路”是指既对国民党的独裁统治表示一些不满，可又反对实行中国共产党领导的人民民主专政，而宣扬在中国实现英美式的资产阶级专政，是一条反映上层小资产阶级诉求和利益的道路。

②抗战胜利后，国统区掀起了鼓吹“第三条道路”的热潮，其中有很多民主党派成员支持这一条道路。在中国共产党领导的人民大众同国民党反动派激烈斗争之际，在人民解放战争形势发展到对国民党不利的时候，国民党统治区的《观察》《新路》《大学评论》《大公报》等报刊极力鼓吹“第三条道路”，这是新闻界内反映国共两党斗争的一个重要标志。

③在人民解放军进入反攻阶段后，美国看到国民党政权已接近崩溃，便更加努力地鼓吹让“自由主义分子”领导中国，积极扶持“第三种势力”，这导致1948年间又产生了一次大规模宣传“第三条道路”的风潮。

④部分国民党人既反感国民党内部的腐败堕落，也不赞成共产党所进行的人民革命，“第三条道路”便成了他们开展“政治投机”的手段。

(2)结局。由于蒋介石实行的是独裁统治，也是容不得“第三条道路”的，标榜“第三条道路”的报刊或遭到国民党的查封，或不断遭到国民党报纸的攻击，因而发生分化，其中

《大公报》《观察》的立场转向人民一边，事实证明，“第三条道路”在中国是行不通的，注定逃脱不了破产的命运。

4. 新华社在解放战争中发挥了哪些重要作用？

答：新华社在解放战争中发挥的重要作用有：

(1)加强军事报道，为党和人民报道战争最新动态。

新华社在太行期间正是人民解放战争进入反攻阶段，这个时期军事形势发展快，新华社注意加强军事报道。新华总社多次向各分社发出急电，组织军事稿件，全力以赴投入军事宣传。1947 年以后，各部队普遍成立了前线分社和支社，发表了《四路大军挥戈南下》等一系列反攻战斗新闻；1948 年各野战兵团成立新华分社，许多军事记者深入前线采访，写出很多优秀新闻报道，多角度报道了战争的进程、意义和伟大成果。

(2)解析战争局势，激励军民斗争的信心和决心。

在战争各个时期，新华社选择不同的宣传重点并配备有力的宣传团队，解析战争局势，激励军民斗争的信心和决心，有力促进了解放战争的全面胜利。在战略防御阶段，刊登《蒋方军事五大弱点》《蒋军必败》等军事评论，为军民注入一针解放战争必将胜利的“强心剂”。在战略反攻阶段，三大战役接连打响，新华社东北总分社、华东总分社、中原总分社以及各野战军总分社都迅速及时地报道了各个战役的情况，歌颂了人民解放军英勇杀敌的事迹，瓦解了敌军的斗志。三大战役历时 4 个月零 19 天，新华总社成功地领导并组织了各新华分社和野战军总分社的宣传报道。

(3)发展军事报道网，提高军事宣传报道的质量和效果。

战争初期，新华社晋冀鲁豫、华中、晋察冀、山东等总分社都派遣记者团，深入一线开展采访和报道任务，并在一线记者团的基础上组建前线分社。通过将各地各部队的前线分社串联起来，新华社组建和发展了一个庞大的军事报道网，这个网络在解放战争中创造了重大价值。

(4)首创了一种分析战争、综合战报等评论性质的报道体裁。

新华社还兼任了党报的评论工作。当时，毛泽东主席为了指挥全国军民的革命斗争，有力地推动解放战争，曾亲自为新华社撰写社论和时评，或者亲自修改新华社的重要稿件。其中有社论、评论、消息、广播讲话、发言人谈话等，这些文章通过新华社的文字广播和语言广播传向全国各地，鼓舞了全国人民的斗志和信心。

5. 评述反“客里空”运动的经过与意义。

答：参见本专题考点难点归纳相关内容。

6. 毛泽东《对晋绥日报编辑人员的谈话》和刘少奇《对华北记者团的谈话》阐述了哪些重要问题？对无产阶级新闻学有何贡献？

答：(1)毛泽东《对晋绥日报编辑人员的谈话》阐述的重要问题。

参见本专题考点难点归纳相关内容。

(2)刘少奇《对华北记者团的谈话》阐述的重要问题。

参见本专题考点难点归纳相关内容。

(3)毛泽东和刘少奇的谈话对无产阶级新闻学的贡献。

①构筑了无产阶级党报理论的基础。

毛泽东的讲话着重对解放区新闻工作中两条战线的斗争作了经验总结，阐述了党报的作用、任务以及办报的路线、方针、风格等一系列重大问题。刘少奇的谈话强调了新闻工作的重要性，强调了新闻记者的修养和素质。这两篇讲话，是中国共产党党报史上纲领性的重要文献，回答了党报理论的一些关键性问题。

②深刻教育了新闻工作者。

毛泽东和刘少奇同志在讲话中论述了新闻工作的任务、作用以及新闻工作者的思想和业务修养等问题，为以后新闻广播工作由乡村转入城市从思想上、理论上做了准备。

【真题链接】

(1)就刘少奇《对华北记者团讲话》的中心内容谈谈你的看法。(山东大学2007年研)

(2)《对华北记者团的讲话》(名词解释，南昌大学2021年研；人大2013年研)

7. 中共中央制定了哪些城市办报方针与政策？各地军管会是怎样正确处理新解放城市中旧有新闻事业的？

答：参见本专题考点难点归纳相关内容。

10.3 考研真题与典型题详解

一、概念题

1.《新生活报》

答：《新生活报》是中共在解放战争时期创办的主要报刊之一，创刊于1945年，后改名《时代日报》。前期为4开一张小型报，1947年2月改出8开两张。该报借前苏联商人名义发行，总编辑中国共产党员姜椿芳，编辑有林淡秋、陆诒等，多为中共党员或进步文化人士。出至1948年被国民党有关当局查封。该报的创办使得中国共产党在国民党势力返回上海之前便率先展开了办报活动。

2.《联合日报》

答：《联合日报》是中国共产党在国民党统治区以民营名义出版的报纸，创刊于1945年，以美国新闻处名义发行，实由中共上海地下党组织领导。社长刘尊棋，总编冯宾符，经理王纪华。因得不到国民党当局承认被迫停刊。后联合上海工商界、文艺界进步人士共同投资，于1946年发刊《联合日报》晚刊，改由中共代表团驻沪办事处直接领导，在宣传上采取灵活的斗争策略。后又改名《联合晚报》。出至1947年被“淞沪警备司令部”勒令停刊。

3.《新民报》晚刊

答：《新民报》晚刊是我国现代著名民营报纸，政治立场为“居中偏左、遇礁即避”，于1946年在上海创刊。1947年2月，上海的《新民报》晚刊因副刊刊登将国民党党歌改为《冥(民)国国歌》的讽刺诗，被罚停刊一天；同年5月25日，该报又被国民党当局以“破坏社会秩序，意图颠覆政府”的罪名，与《文汇报》《联合晚报》同时查封。同年7月，上海《新民报》晚刊复刊。1948年，南京版也被国民党政府内政部勒令“永久停刊”。其他分版也先后遭到国民党当局的干涉和迫害，不少记者被捕和被迫流亡。成都版于1949年底被查封。全国解放后，南京版、成都版一度复刊，两社旋于1950年结束。重庆版于1952年停刊，北平版于1952年由北京市人民委员会收购。只有上海版于1952年底、经过社会主义改造，成为人民的报纸；1958年，该报更名为《新民晚报》继续出版至今，成为我国新闻史上历史最久的晚报。

4.《解放报》

答：《解放报》是继重庆《新华日报》之后，在中共中央直接领导下创办于国统区的第二家党报，于1946年在北平创刊。北平的《解放报》是随着“北平军事调处执行部”的成立而创办的。1946年初，由国、共、美国三方代表组成的“北平军事调处执行部”成立后，中国共产党便创办了一个公开发行的机关报《解放报》，并同时成立了新华社北平分社。该报由叶剑英、李克农率领的中共代表团直接领导，总编辑钱俊瑞。其内容主要刊登新华社的评论、消息、通讯和《解放日报》《新华日报》的重要社论，以及读者来信等，深受读者欢迎，每期发行数曾达5万份，几乎超过了当时华北地区国统区销量最大的《大公报》。1946年，国民党军警、特务以“检查户口”为名，逮捕了报社和新华社北平分社的29名工作人员，企图迫使《解放报》停刊。中共代表团为此提出强烈抗议，才使被捕人员得以获释。延至5月29日，国民党发动全面内战的前夜被查封。

5.“拒检运动”（湖南大学2019年研；中央民大2016年研；重庆大学2013、2012年研；南京大学2012年研；中青政治学院2012年研）

答：“拒检运动”是在国统区内发生的一次争取新闻自由的斗争。具体参见本专题考点难点归纳相关内容。

6.“客里空”（中传2018年研）

答：参见本专题考点难点归纳相关内容。

7. 反“客里空”运动（湖南师大2020年研；复旦大学2019年研；福建师大2019年研；湖南大学2018年研；上海财大2017年研；中传2016年研；人大2014研；复旦大学2013年研；北大2012年研）

答：反“客里空”运动是指解放区新闻界为抵制新闻失实现象而兴起的一场推崇新闻真实性的热潮。具体参见本专题考点难点归纳相关内容。

8. 毛泽东《对晋绥日报编辑人员的讲话》（人大2019、2014年研；清华大学2019年研）

答：参见本专题考点难点归纳相关内容。

二、简答题

1. 简述《新华日报》在重庆出版过程中同国民党的新闻统治所作的斗争。（山东大学2008年研；华科2006年研）

答：《新华日报》重庆版自创刊至1947年被国民党当局封闭以来，已出版了8年有余。在周恩来为核心的中央南方局的领导下，《新华日报》贯彻“有理、有利、有节”的办刊原则，始终坚持维护抗日民族统一战线的主张，不断发展进步势力、争取中间势力、孤立反动势力，为打击国民党反动派、宣传爱国进步思想起到了重要作用。《新华日报》迁至重庆出版后，国民党当局也开始奉行消极抗日、积极反共的反动政策，因而对《新华日报》设置重重障碍，从物资条件、出版发行，到言论、新闻报道等各个方面，处处予以钳制乃至迫害。针对国民党当局的罪恶行径，《新华日报》采取针锋相对的态度，运用各种方式进行斗争。

(1)在物资条件方面，《新华日报》遇到的最大困难是纸张问题。为管控与限制报刊的出版与登记，1946年，国民政府颁布《新闻纸杂志及书籍用纸解约办法》等法令，并采用“一推、二拖、三扣”这一限制纸张供应的方法阻碍《新华日报》的发行。《新华日报》在向国民党争取合法权利的同时“开源节流”，在纸张产地、市场进行采购以维持正常发行。另一方面，国民党切断邮局与报摊这类发行渠道，《新华日报》又通过雇用报童加以应对。

(2)在言论、新闻报道方面，《新华日报》始终同国民党的新闻检查制度进行斗争。1945年8月，《延安归来》一书的出版掀起了“拒检运动”后，《新华日报》始终结合合法斗争与非合法斗争手段，全力突破国民党的新闻封锁。9月1日记者节这一天，重庆《新华日报》发表社评《为笔的解放而斗争》，反映国统区新闻文化界的意愿与呼声，抨击国民党当局实施的原稿审查制度，号召新闻文化界为争取新闻出版与言论自由而斗争。三天后，《新华日报》社论《走向和平的新中国》再次呼吁：“现时的一切束缚人民的言论出版结社集会自由的法令必须立即废除。”之后《群众》《新中国日报》《成都快报》《华西晚报》等全国各地报刊纷纷响应。除声势浩大的“拒检”行动以外，《新华日报》还通过在报纸上“开天窗”的方式实行“暴检”行为，揭露国民党私自删改言论的面孔。

2. 简述1945、1946年间《新华日报》与《大公报》就和战问题展开的两次交锋。

答：(1)1945年，随着国共两党军事冲突加剧，国统区新闻界围绕着和平民主还是内战独裁问题展开了激烈的论争。1945年11月20日，重庆《大公报》发表《质中共》社评，把内战的责任推给共产党，并要求共产党交出军队。次日，《新华日报》发表《与大公报论国是》的社论予以反驳。社论列举国民党进攻解放区、破坏和谈协议的事实，说明内战的责任完全在国民党方面。社论最后一针见血地揭穿了《大公报》“借大公之名，掩大私之实；借人民之名，掩权贵之实”的一贯立场。在政治尚未民主化的时候，《大公报》要求共产党交出军队，这正是它“大私”的表现。

(2)《大公报》在遭到反击、短暂沉默后，1946年又开始附和国民党当局的反共攻势。当年4月苏军撤出长春，国共两党军队展开了长春争夺战。4月16日，上海《大公报》发表《可耻的长春之战》的社评，指责东北民主联军在进攻中，“常常是用徒手的老百姓打先锋”。4月18日，《新华日报》发表《可耻的大公报社评》，针锋相对予以痛斥。社论指出，国民党破坏停战协定，用美国的枪炮杀自己的同胞，《大公报》从来没有说一句“可耻”。当人民军队发起自卫反击战时，《大公报》忽然说可耻了。《大公报》这样“替反动派开脱罪名”，进行“帮凶”甚至采用造谣手段，才真正是“残忍到极点，可耻到极点”！

(3)在论战中，《新华日报》得到了群众和进步报刊的支持。这对于宣传共产党和平、民主、自卫的方针，揭露国民党发动内战的罪行，起到了重要的作用。

三、论述题

1. 如何评价《大公报》的“小骂大帮忙”？

相关试题：小骂大帮忙(重庆大学 2018 年研)

答：《大公报》的成功有两个重要的原因，即胡适在 1931 年为《大公报》一万号纪念刊所写的：《大公报》的成功，不过是因为它在这几年之中做到了两项最低限度的报纸职务：第一是登载确实的消息；第二是发表负责任的评论，即对政治敢言、善言。

(1)“对政治，贵敢言”。

1941 年《大公报》获得美国密苏里大学新闻学院授予的最佳新闻事业服务荣誉奖章，凸显了《大公报》“文人论政”的社会属性。该报的社评几乎涉及当时所有敏感的政治问题。主笔张季鸾主张报纸要超党派，提倡“对政治，贵敢言”。他的社评，文笔犀利、议论精辟。他的“三骂”：一骂吴佩孚称霸——《跌霸》；二骂汪精卫的领袖欲——《呜呼领袖欲之罪恶》；三骂蒋介石的不学无术——《蒋介石之人生观》，传诵一时。西安事变发生后，张季鸾接连发表《西安事变之善后》《再论西安事变》等，力主和平解决。1937 年 9 月 18 日，上海战火中《大公报》武汉版创刊，他以如椽之笔写下《中国民族的严重考验》《置之死地而后生》等振奋人心的文章。面对蒋介石“共商国是”的邀请，张季鸾知无不言，作为无党无派的报人，始终以“四不主义”为方针，不放弃对当局的批评。抗战时《大公报》更是尖锐揭露时政，如《拥护修明政治案》《豫灾实录》等。

(2)评价《大公报》的“小骂大帮忙”。

①“小骂大帮忙”是自由主义新闻思想的表达。

a.《大公报》的“四不”方针，是中国报业史上亮出的最鲜明的旗帜，其追求独立舆论的精神，正是西方新闻自由的核心。

b.“小骂大帮忙”是自由主义新闻事业的功能表达。

新中国成立后，《大公报》因对国民党政府“小骂大帮忙”之说而戴上了沉重的政治帽子。其实，报业与政府的关系，正如西方资产阶级的报业那样，做到“小骂大帮忙”，也算是自由主义思想的一种功能表达。监督政府、维护现存秩序，是西方现代报业社会功能的体现，极少有报纸超越时代、超越社会体系，又或是总“革政府的命”。何况，《大公报》对国民党当局不光有“小骂”，也有大骂、怒骂和痛骂，《大公报》不仅帮过国民党的忙，也帮过共产党的忙，在混乱不堪的年代坚持对社会负责的原则，对政治敢言的独立立场更多的是帮中国人民的忙。

②《大公报》的“小骂大帮忙”是舆论监督的表率。

舆论监督是民主监督的一个重要方面，狭义上是指公民借助新闻媒介的传播优势，对国家和社会事务公开发表意见和建议，监督公权力的运行。舆论监督监视社会环境，充当社会公众的“传声筒”和“排气阀”，是民主政治的重要标志，是揭露腐败、反对官僚主义的有力武器。

a.《大公报》的“骂”不是谩骂、攻击，而是出于对于国家、对于社会民众负责的立场上，对当权者进行舆论监督。一家报纸作为社会机构，最根本的目的就是要维护国家统一、社会安定，维护广大人民的利益。面对权势，张季鸾不卑不亢，一再声明“事实就是如此”的行为，显示了记者作为“无冕之王”的气度。蒋介石每日必看《大公报》，在《大公报》发行第一万份的时候，特意发去贺电，称赞《大公报》为中国第一流之新闻纸。

b. “大帮忙”之说。张季鸾当时站在国家安全的立场上，支持蒋介石统一全国，他认为依照当时国家的情况来看，中国再不能是一盘散沙了，必须要有一个统一的政权，而能够统一全国、承担起领导全国抗战的重任的，当时只有国民党政府。预见有正误之分，但正是张季鸾这种能够从国家大局、维护国家利益出发考虑问题的角度体现了舆论监督必备的品质。于右任曾为这位“民国故报人”下过一极精当的评语：“恬淡文人，穷光记者，呕出肝胆。”

③《大公报》“小骂大帮忙”的启示。

a. 新闻媒体的舆论监督是为了让当权者更好地为社会服务，如何能够在维护统治的基础上，对危害国家利益、社会稳定、民众利益的问题进行揭露和批评，坚持民主、公正的原则，这是一个新闻媒体所应该坚持的底线，而不应该以颠覆统治者的统治地位为目的，这样只会引起社会动乱，贻害百姓。

b. “外圆内方”是我国新闻记者在长期而残酷的专制统治中摸索出来的一个处世真理，也是《大公报》能够历时百年而不衰的一条基本经验。报纸服务社会、服务人民，坚持真理的根本底线不可动摇，在此基础上能够为他人着想，这恰好暗合了“和谐”社会的精神。

2. 简要叙述1949年以前中国广播业的发展历程。(人大2011年研)

相关试题：论述20世纪20年代中国广播事业的发展。(中传2014年研)

答：新中国成立前中国广播事业的发展历程主要分为以下几个阶段：

(1)中国广播事业的诞生与初期的发展。

①1923年初，美国人奥斯邦创办的中国无线电公司与英文《大陆报》合作，办起“大陆报—中国无线电公司广播电台”，同年1月23日晚首次播音。该台呼号XRO，发射功率50瓦，这是外国人在中国设立的第一座广播电台。首次播出为1小时，内容以音乐节目为主，也有新闻，包括本埠新闻、路透社电稿、市场与汇兑信息、《大陆报》刊载的消息等。1月25日，广播了孙中山《和平统一宣言》和他祝贺中国引进广播的消息。但是，由于它没有经过中国政府批准，因而被取缔，当年4月间停止播音。同年5月底，美商新孚洋行也在上海办起广播电台，但因经费拮据很快停办。

②1924年5月，美商开洛公司又在上海法租界办起一座广播电台，呼号KRC，发射功率100瓦，这座电台与《申报》合作，在报馆设发音室报告新闻。开洛公司广播电台设的广播节目有汇兑、市价、钱庄兑现价格、新闻、音乐、名人演讲等。这座广播电台是早期外商在上海开办的广播电台中时间最长、影响较大的一座，其播音一直持续到1929年10月止。

③北洋政府交通部于1924年8月公布了《装用广播无线电接收机暂行规则》，这是中国历史上第一个关于无线电广播的规则。规则中明确规定，允许民间装设收音机，从而改变了原来严加禁止的办法。规则还就收音机装设范围、收听内容、收音机收费等问题作了具体规定。这个规则的颁布，客观上促进了中国广播事业的发展。不久，北洋政府责成东北无线电长途电话监督处在一些地方筹建广播电台。

④1926年10月1日，哈尔滨广播电台开始广播，呼号XOH(后改为COHB)，发射功率100瓦(后增加到1000瓦)，每天播音两小时。内容有新闻、音乐、演讲和物价报告等。这

是中国政府自办的第一座广播电台。时隔半年，1927 年 5 月 15 日，天津广播无线电台开始播音。同年 9 月 1 日，北京广播无线电台也开始广播。1928 年初，沈阳广播电台正式广播。

⑤在上海、北京等地很快出现了几座中国自办的民营广播电台，其中最早的一座是上海新新公司广播电台，创办于 1927 年 3 月 18 日。同年底，北京商办的燕声广播电台也开始播音。

初创时期的广播事业，设备简陋、规模很小，收听范围只限于广播电台所在地区附近。特别是由于收音机价格昂贵，广播听众大多是政府官员、有钱的商人以及外国人等。当时全国有收音机一万台左右。

(2)十年内战时期的中国广播事业。

①中央广播电台于 1928 年 8 月 1 日开始在南京播音，全称为中国国民党中央执行委员会广播无线电台，呼号为 XKM，发射功率 500 瓦。1932 年 11 月建成新台，呼号改为 XGOA，发射功率扩至7500 千瓦，为亚洲之冠。

②国民党颁布了一系列针对广播事业的政策法规，如 1928 年 12 月的《广播无线电台条例》、1932 年 1 月 22 日的《限制民营电台暂行办法》(修正案)、1934 年 1 月 15 日的《装设无线电收音机登记暂行办法》等。

③红色中华通讯社，简称“红中社”，是临时中央政府机关通讯社，1931 年 11 月 7 日在瑞金成立，广播呼号为 CSR(Chinese Soviet Radio)，每日发稿一二千字，主要为临时中央政府文告、宣言、红军战报和根据地建设消息。还利用红军电台抄收国民党“中央社”电讯和外国通讯社英文稿，经编辑后油印为“参考消息”(曾用名《无线电材料》《每日电讯》)，供中央机关参阅。1934 年 10 月随红军长征，途中新闻广播中断，但抄报未停，1935 年 11 月在陕西瓦窑堡恢复新闻广播。

(3)抗日战争时期的中国广播事业。

①1940 年 12 月 30 日，延安新华广播电台首次开播，发射功率大约 300 瓦，波长 28 米。电台的呼号为“XNCR”，X 为中国无线电台呼号的第一个英文字母，NCR 是 New Chinese Radio 的缩写。延安新华广播电台是中国共产党领导创办的第一座无线电广播电台，因而该台首次开播的日子后被定为中国人民广播创建纪念日。该台的播音时间为每天上、下午各一次，每次一小时左右，后增至每天两次三小时、三次四小时不等，波长也屡有调整。播出内容主要是中共中央重要文件，《新中华报》、《解放》周刊以及后来创办的《解放日报》的重要社论及各类文章，国内外时事新闻、名人讲演、科学常识、革命故事、日语等，另外还有抗日歌曲、音乐戏曲等文艺节目。由于当时设备简陋，零配件奇缺，因而延安新华广播电台在创建后时播时停。1943 年春，该台因大型电子管被烧坏，不得不暂停播音，直至 1945 年 9 月 5 日才恢复播音。

②在国统区有一座特殊的民营台，就是由上海地下党主持经办的“中联广播电台”，它是中国共产党在国民党统治区创办的唯一的一座广播电台。该台创办于 1946 年 3 月，上海的地下党通过这座电台及时报道国民党统治区人民争取和平、民主，反对内战、独裁的斗争消息和一些重要新闻，在上海有一定影响。同年 7 月，国民党上海军政当局以“整顿”为名查封了这座电台。

(4)人民解放战争时期的中国广播事业。

①日本投降不久，上海、南京、宁波、北平、天津等地陆续恢复和新建了一批民营广播电台，到1946年初，仅上海就有43座。全面内战爆发前，国民党当局为垄断广播，极力限制民营台的发展。1946年2月16日国民党政府交通部公布《广播无线电台设置规则》，规则中虽然明文规定允许民营广播存在，但对民营台的设置、分布、数量、发射功率以及广播内容等一一加以限制，从而削弱了民间办广播的积极性。不仅如此，全面内战爆发后，为了进一步控制上海等地民营台的发展，国民党有关当局还规定民营台三四家合用一个广播频率，轮流播送节目。这种苛刻的规定，使那些靠播送广告为生的民营台每况愈下。

②全面内战爆发后，国民党政府进一步加强了对广播事业的统制。1946~1948年间，国民政府立法规定：严格控制中国公民或华人组织创办广播电台的数量；境外组织不可在国内创办广播电台；广播电台每晚需统一转播国民党中央台新闻节目等。

③解放区的人民广播事业出现前所未有的发展，人民广播电台网初具规模。

a. 1945年8月中旬，延安新华广播电台在抗日战争的胜利声中恢复广播。延安新华广播电台始终与新华社有密不可分的关系。延安台的文字编辑工作从1940年底该台开始播音，到1949年3月迁入北平以前，一直由新华社的有关部门负责。

b. 关内和东北地区内部分中小型城市被收复后，其中的日伪广播电台在大陆的房屋、设备等作为人民新闻事业发展的物质基础被中国共产党所接管，为人民广播电台的创立提供了良好物质条件。1945年起，中国共产党又在东北解放区的哈尔滨、长春、安东(今丹东)、鞍山、抚顺、吉林、通化、齐齐哈尔、承德等地建立了广播电台；在华北，1945年8月23日我军解放张家口，接管了原日伪广播电台，建起张家口新华广播电台(后改名为晋察冀新华广播电台)。以上这些广播电台，是抗战胜利后最早建立起来的一批广播电台。它们的建立，标志着党领导下的解放区的广播事业已经初具规模，并且将随着解放战争的发展而发展壮大。

c. 1946年6月，《语言广播部暂行工作细则》颁布，对编写稿件和节目的要求、稿件处理制度等都做了比较详细、具体的规定，其内容必须经有关部门事先审查。

d. 不久，蒋介石集团发动全面内战。从1946年6月至1947年6~7月间的一年多时间里，人民解放军处于战略防御阶段。战争主要在解放区进行，国民党军队暂时侵占了一部分解放区，解放区刚刚发展起来的人民广播事业有所收缩。

e. 战略反攻阶段，人民广播事业得到了再发展。至1949年3月，解放区已拥有25座广播电台。陕北新华广播电台于1949年3月25日改名为“北平新华广播电台”，成为具有中央台性质的广播电台。同年6月5日，中共中央发出通知，决定将原新华社的“口播部”扩充为“中央广播事业管理处”，管理并领导全国的广播事业，从此，北平新华广播电台从新华社分离出来，成为独立的宣传机构。1949年10月，中央广播事业管理处又扩充为“中央广播事业管理局”。1949年12月5日，北平新华广播电台第一台正式定名为“中央人民广播电台”，第二台改名为“北京市人民广播电台”。

f. 新中国成立时，全国各地广播电台已达49座。从此，报刊、通讯社和广播电台在全国范围内广泛建立起来，党和人民的新闻事业已初步形成规模。

专题十一 基本完成社会主义改造时期的新闻传播事业

11.1 复习笔记

【知识框架(庖丁解牛)】

- 基本完成社会主义改造时期的新闻传播事业
  - 社会主义新闻事业创建与初步发展
    - 公营新闻事业网
      - 公营报刊网 以《人民日报》为中心、党报为主体
      - 国家通讯社网 以新华通讯社为主体
      - 国营人民广播电台网 以中央人民广播电台为中心
    - 私营新闻事业的社会主义改造 私营→公私合营→公营
    - 新闻总署(1949.10)
      - 主持全国各类报纸的社会分工事宜
      - 推出报纸"企业化经营"和"邮发合一"的新办法
    - 新闻法制建设
  - 新闻工作与新闻业务的探索与改进
    - 新闻工作改进要求
      - 联系实际 联系群众 开展批评与自我批评
        - 新闻体制 采编合一与总编负责制
        - 通讯员网和群众性读报小组的建立
        - 新闻报道 《人民日报》的通俗化改革
        - 报纸开展批评与自我批评的特点
      - 学习苏联新闻工作经验
    - 新闻业务建设
      - 端正文风 纯洁语言文字、注重语法修辞
      - 新华社开展练笔运动
      - 促进汉字改革，推广普通话，实现汉语规范化
      - 报纸图片不断改进
    - 新闻教育
      - 改造旧有新闻教育体系
      - 创办无产阶级新闻学校
        - 北京新闻学校 1949 范长江
        - 华东新闻学院 1949 上海
        - 人大新闻系 1955
  - 新闻报道的成就与过失
    - 经济宣传报道 重要成绩
    - 政治宣传报道 抗美援朝报道的特点与主要作品
    - 思想文化宣传报道(错误批判)
      - 批判《红楼梦》研究与胡适派资产阶级唯心论
      - 批判《武训传》
      - 批判"胡风反革命集团"
  - 1956 年社会主义新闻工作改革
  - 历史背景和指导方针(毛泽东的《论十大关系》报告)
  - 《人民日报》改版为中心的新闻改革
    - 改版前的缺点
    - 改版的重点
    - 改版后的面貌：新闻报道增强、言论改进
  - 新闻改革全面展开(收获与意义)
    - 新华社改革
    - 1958 年七八月间第四次全国广播工作会议召开 广播工作改革内容
    - 非党报《新民报》改革 赵超构"短""广""软"
    - 新闻理论与新闻业务研究
    - 继承中国报纸的传统

【专题概要（提纲挈领）】

本专题主要论述了基本完成社会主义改造时期的新闻传播事业相关知识，考点以名词解释、简答题以及论述题为主，在学习时，需要着重对社会主义新闻传播事业的创建与初步发展、社会主义新闻传播事业的探索和改进、1956年社会主义新闻工作改革等内容加以把握，并重点了解新中国成立初期学习苏联新闻工作经验的经过与教训，新中国成立初期创建公营新闻机构和改造私营新闻机构的基本过程，1956年刘少奇有关新闻工作谈话的内容及其意义等内容。

【考点难点归纳（厚积薄发）】

考点一：社会主义新闻传播事业的创建与初步发展（见表11－1） ★★★★★

表11－1　社会主义新闻传播事业的创建与初步发展

要点	具体内容	
公营新闻事业	《人民日报》	①1948年6月15日，《人民日报》作为华北局机关报在河北平山县西柏坡创刊，次年8月改为中共中央机关报。 ②改为中共中央机关报后，发扬战争年代党报的优良传统，在宣传报道中坚持深入群众、深入实际，正确宣传党的方针政策，反映人民群众的意见和要求。《人民日报》重视通联工作，在全国各地发展通讯员，组织读报组，并且在报纸上设立《读者来信》专栏，刊登读者来信。同时，加强报社编辑部的工作，把精干的记者派到采访第一线，写出了许多优秀报道。 ③《人民日报》的规模不断扩大，报纸的发行量迅速增加。1950年《人民日报》发行量为17万份，1955年达71万份。 ④如今，人民日报社在国内设有33个分社，国外设有39个分社。按照构建现代传播体系的要求，初步建成以《人民日报》为主导，以《人民日报》和《人民日报》海外版、人民网为主体，以社属报刊为主体拓展的新闻传播格局，形成公益性文化事业与经营性文化产业相互促进、繁荣发展的事业发展布局
公营新闻事业	中国新闻社（1952）	①创办于北京，以满足海外华文报纸直接从国内获得新闻的需要而创办，宣传对象是海外华侨、港澳同胞、台湾同胞和外籍华人，是一个非官方通讯社，由金仲华担任社长。 ②中新社根据华侨爱国统一战线的基本方针和政策，报道国内各条战线的建设成就和侨乡情况，增进爱国华侨的团结。中新社成立后，每天3次以8个频率口语播发华语记录新闻，供海外和港澳华文报纸抄收，同时向海外航寄新闻稿。 ③其工作机构最初设在新华社内，是新华社的华侨广播组，对外用中国新闻社的名义。1957年脱离新华社，成为单独的一家通讯社
公营新闻事业	人民广播电台	①在全国解放初期，以中央人民广播电台为中心，初步形成全国广播宣传网。党和人民政府为了迅速发展人民广播事业，一方面积极发展全国性的中央人民广播电台，一方面有计划、有步骤地在各地区建立了一批地方广播电台。 ②新中国的广播事业在短短的几年内就具有了一定的规模，一个以中央人民广播电台为中心、自上而下的广播宣传网初步形成

续表

要点		具体内容
私营新闻事业	背景	新中国成立前，对旧社会存留的新闻事业，党和政府开展了一系列清理、整顿与改造工作；新中国成立后，开始进入改造私营新闻事业阶段
	过程	①私营新闻机构可按照公私兼顾的政策，在经济上获得党和政府的一定扶持。 ②私营新闻机构拥有言论出版自由，相关宣传报道活动不进行事前检查，而是通过团结教育的手段，协助私营新闻机构改进宣传报道，但不可损害群众权益。 ③在新的历史条件下，私营新闻事业发展困难重重，对此，党和政府开始以合并改组、公私合营的方式，对私营报纸和私营广播进行社会主义改造。党和政府从 1950 年至 1951 年开始对私营电台进行改造工作，到 1953 年底私营电台经公私合营方式收归国有，顺利地完成对私营电台的社会主义改造工作，私营报纸的经历与私营电台基本相同
新闻法制建设	新闻总署（1949）	①是领导与管理国家新闻工作与全国各类新闻媒介的行政机构，目的是保证新中国的新闻事业健康向前发展，由中央人民政府政务院成立，新闻总署署长是胡乔木。 ②新闻总署成立后，有领导、有计划地贯彻执行中共和中央人民政府有关新闻事业的政策、法令、指示，召集全国性新闻工作会议，调整发展新闻事业，研究指导新闻工作业务的改革等。1950 年 4 月新闻总署在北京召开全国新闻工作会议，研究讨论全国的新闻工作。同年 4 月，新闻总署向全国连续发布了《关于建立广播收音网的决定》《关于改进报纸工作的决定》《关于统一新华社组织和工作的决定》等有关新闻事业的重要决定，这些决定对改进报纸、广播和新华社的工作，加强党和人民群众的联系有着重要意义。 ③1952 年，中央人民政府政务院宣布新闻总署撤销。此后，在相当长的时期中，全国新闻事业由中共的宣传部门直接领导
	“企业化经营”与“邮发合一”	①1949 年，新闻总署召开全国报纸经理会议，决定在报纸经营方面，采取两项积极措施：a. 报纸经营实行“企业化”方针；b. 报纸发行实行“邮（递）发（行）合一”方针。经营“企业化”要求全国报纸特别是公营报纸，转变长期供给制思想，把报纸作为生产企业来经营，逐步实行经济核算制，精简机构，厉行节约，逐步改变依靠政府定期定额补贴状况，达到经费全部或大部分自给。为实现报纸“企业化”，各报采取了一些改进措施和办法。 ②为实行“邮发合一”方针，1950 年邮电部和新闻总署共同发出《关于邮电局发行报纸暂行办法》，从此，人民邮政成为全国最大的报纸发行机构

考点二：社会主义新闻工作与新闻业务的探索和改进 ★★★★

1. 联系实际、联系群众，开展批评与自我批评

（1）党的新闻工作的优良传统促进了新中国成立初期新闻工作的许多重大改进，加强了新闻工作与社会实际和人民群众的联系。1950 年，中央人民政府新闻总署主持召开了新中国成立后的第一次全国新闻工作会议。同年 4 月，新闻总署在北京召开全国新闻工作会议，研究讨论全国的新闻工作。胡乔木在会议上指出，改进报纸工作要做好三方面工作：联系群众、联系实际、批评与自我批评。新闻总署向全国连续发布了《关于建立广播收音网的决定》《关于改进报纸工作的决定》《关于统一新华社组织和工作的决定》等有关新闻事业的重要决定，这些决定对改进报纸、广播和新华社的工作，加强党和人民群众的联系有着重要意义。此后，新闻工作做出了许多改进：

①实施新闻体制改革，推行采编合一制与总编负责制。

②各新闻机构兴起了组建通讯员网与群众读报小组的热潮。

③《人民日报》等报纸积极实施通俗化改革，从而更加贴近读者、引导舆论、反映群众心声。

④广泛建立广播收音网，由此开展广泛联系实际、广泛联系群众的路线。

(2)积极开展批评和自我批评，是新中国成立初期新闻工作联系实际、联系群众的一个重要方面。《中共中央关于在报纸刊物上展开批评和自我批评的决定》，详细阐明了在报纸刊物上开展批评与自我批评的重大意义、应采取的正确立场态度和应该遵循的重要原则、方法。《决定》指出，对于党政领导工作中的缺点错误，如果不公开、及时地开展批评与自我批评加以纠正，党领导的新中国建设事业就会被严重的官僚主义所毒害。

2. 学习苏联新闻工作经验(见表11－2)

表11－2　学习苏联新闻工作经验

要点	具体内容
积极活动	在学习苏联新闻工作经验的过程中，报刊、广播、通讯社注意借鉴其中一些有利的工作方法和制度，例如新闻的编辑、采访、写作以及经营管理等方面的经验。1954年至1955年，学习与交流活动达到高潮。1954年新华社、人民日报社和中央广播事业局分别派出访苏代表团，对口学习苏联塔斯社、《真理报》和莫斯科广播电台的工作经验，并且编印出版了《塔斯社工作经验》《学习“真理报”的经验》《苏联广播工作经验》。同年10月，苏联《真理报》派代表团来我国访问，又出版了《苏联报刊工作经验》一书。这几部书成为我国报纸、通讯社和广播电台学习苏联经验的必读书
消极影响	在学习苏联经验中，不从中国的国情和实际出发，盲目模仿，生搬硬套，犯了教条主义的错误： ①《人民日报》盲目学习苏联《真理报》的“经验”，曾一度每天必有一篇2500字的社论放在头版头条，有些文章由于无的放矢，脱离了我国实际，浪费版面资源。 ②盲目效仿《真理报》不登广告的做法，致使报刊经济利益不断萎缩。 ③在广播方面，为了学习苏联广播工作经验，1954年中央广播事业局专门召开了第二次全国广播工作会议，传达贯彻学习苏联广播工作经验的精神。由于学习上存在生搬硬套、盲目照搬的问题，结果取消了广播中原有的批评性报道，削弱了地方广播电台办广播的积极性。 这些问题直到1956年新闻改革时才得到纠正

3. 新闻业务的建设与新闻教育的发展(见表11－3)

表11－3　新闻业务的建设与新闻教育的发展

要点	具体内容
大力提高新闻工作者的业务水平	①1950年，《人民日报》出版《新闻工作》专刊，成为交流新闻工作经验的园地。 ②1951年，新华社创办内部业务刊物《新闻业务》。 ③1951年，新华社为了提高编辑记者新闻写作水平，开展练笔运动。 ④1951年，在《人民日报》的倡导下，在全国新闻界开展了学习语法修辞的活动。 ⑤注重汉语的规范化，推动汉字改革、推广普通话。 ⑥通过提高报纸摄影采访力量和加强新华社供稿能力，持续改进报纸图片运用水平

续表

要点	具体内容	
高度重视新闻教育工作	创办新型新闻学校	如北京新闻学校、上海华东新闻学院。1949 年，北京新闻学校正式成立，它是新华社在北京创办的新闻训练班的基础上发展起来的。该校成立后附属于新闻总署，新闻总署副署长范长江兼任校长
	在中共和人民政府的领导下改造旧中国遗留下来的新闻教育体系	加强对燕京大学新闻系、复旦大学新闻系、圣约翰大学新闻系、民治新闻专科学校、中国新闻专科学校、苏州的社会教育学院新闻系等学校的政治领导，注意改造原有的教学内容，增设了新的课程，并聘请党报优秀新闻工作者来校任教或讲课。1952 年全国学校院系调整后，圣约翰大学新闻系、民治新闻专科学校并入复旦大学新闻系，燕京大学新闻系并入北京大学中文系，改设编辑专业（后为新闻专业）。经过调整，我国的新闻教育加强了组织领导，办学力量更为集中
	开办新闻班	1954 年，中共中央高级党校开办新闻班，主要培训相当于省委机关报编委以上的新闻干部
	创办新闻系	1955 年，中国人民大学创办新闻系，这是解放后新创办的第一个大学新闻系。它采取理论与业务并重的方针，进行系统的新闻教育。经过几年的建设，新中国的新闻教育进入了以正规大学新闻教育为主的新阶段

考点三：新闻宣传报道的成就与过失（见表 11－4）★★★★

表 11－4　新闻宣传报道的成就与过失

报道类别	具体内容	
经济生产宣传报道	成就	①协助党和政府开展中心工作。 ②重点报道国家经济生产的成就和日新月异，激励民众积极投身经济社会建设的热情。 ③加强宣传人民群众中的典型人物和事迹，把人民群众当作宣传报道的主人公
	问题	①习惯从领导角度出发，报道的思想性和指导性过多，指示、教训的态度太强，而从群众角度看事情、回应群众兴趣和需求的报道少。 ②反映职工生活的报道少，介绍生产过程的报道多
政治外交宣传报道	开国盛典	我国媒体关于开国盛典的报道从第一届中国人民政治协商会议第一次会议开始，到中华人民共和国宣告成立基本结束，这是新中国成立以来第一次圆满的政治活动报道，也是报刊、电台、通讯社第一次大规模协同报道，意义重大、影响深远
	日内瓦会议	①1954 年 4 月至 7 月的日内瓦会议是我国第一次以中华人民共和国的身份参加国际会议，也是我国新闻界第一次重大外交报道工作。人民日报社、新华社、中国青年报社、光明日报社、大公报社和世界知识杂志社等新闻机构组成的大型中国媒体团前往进行采访报道。 ②新闻工作者克服重重困难，顺利完成报道任务，成功地宣传和平共处五项原则，在世界人民面前展示了新中国的崭新形象

续表

报道类别	具体内容		
政治外交宣传报道	抗美援朝	背景	1950年10月中国人民志愿军赴朝作战以后，新华社、《人民日报》、《东北日报》分别派出记者赴朝报道。这些记者在朝鲜前线采访，写出了许多优秀的通讯、特写、报告文学作品
		宣传特点	①我国对内和对国外广播举办专题节目，配合前线的军事斗争。 ②抗美援朝的时事宣传是新中国成立初期新闻工作的重点内容之一。 ③报告文学和战地通讯题材迅速发展。 ④注意利用广播大会来广泛深入发动人民群众支援抗美援朝工作。 ⑤揭露"美国之音"煽动侵略战争的谎言，播送战俘的录音讲话，揭穿美国和当时的南朝鲜李承晚集团叫嚣的所谓朝中方面"虐待"战俘的谎言，在世界人民面前揭露和打击了美帝国主义的侵略行径。 ⑥抗美援朝的宣传报道丰富了我国军事报道的经验。主要有：提高报道的战斗性和思想性；提高报道生动性和多样性；创造新的新闻通讯体裁
		主要作品	《不朽的国际主义战士》《伟大的战士邱少云》《不朽的杨根思英雄排》等。其中，魏巍在《人民日报》发表的《谁是最可爱的人》影响最大，极大地鼓舞了部队，激发了全国人民对志愿军的热爱和尊敬
思想文化宣传报道	①新中国成立初期，为摆脱国内外反动势力错误思想的侵蚀，宣扬无产阶级进步思想，从而巩固和促进社会经济、政治制度的变革，新华社、《人民日报》、中央人民广播电台等新闻机构在党中央的统一领导下，积极开展理论宣传，广泛、系统、深入地报道了马列主义思想。 ②在新中国成立初期，毛泽东以政治斗争方式开展了三次学术批判运动，产生严重问题与失误。 a. 批判电影《武训传》。 b. 批判《红楼梦》研究和资产阶级唯心论思想。 c. 批判"胡风反革命集团"		

考点四：1956年社会主义新闻工作改革(见表11－5) ★★★★

表11－5 1956年社会主义新闻工作改革

要点	具体内容		
历史背景	①由于缺乏社会主义建设时期的新闻工作经验，特别是在学习苏联新闻工作经验过程中出现盲目照搬的教条主义倾向，严重束缚新闻工作者的思想，致使新闻工作中出现了许多问题，如新闻报道面窄，缺少自由讨论以及文风枯燥等等。 ②1956年，新闻工作落后于现实生活的矛盾更为明显，广大新闻工作者迫切要求改革		
指导方针	1956年，毛泽东提出"百花齐放、百家争鸣"的"双百"方针；同年4月，毛泽东发表《论十大关系》的讲话，总的方针是调动一切积极因素，把我们的国家建设好		
改革进程	人民日报	背景	1956年新闻工作改革中，《人民日报》率先进行改版，为全国新闻界做出了榜样。这次改版制定出以扩大报道范围、改进文风为主要内容的改革方案。为了做好这次改版工作，《人民日报》认真听取党中央对改版工作的指示和意见，广泛征求读者的意见，在报社内部发动编辑记者开展讨论，总结经验，另外注意学习、借鉴国内外报纸的长处，吸取有益的经验

续表

要点	具体内容		
改革进程	人民日报	过程	1956年7月1日，《人民日报》改版。在当天发表的《致读者》社论中，阐明了这次改版的目的：①“扩大报道范围”，“多发新闻，发多方面的新闻”，“力求适应读者的需要”。②“开展自由讨论”。在讨论中，“把社会的见解引向正确的道路”。③“改进文风”，“力求言之有物，言之成理，而且言之成章”。并且提倡写短文，形成生动活泼的文风
		意义	①这次改版取得了初步成果。改版后的《人民日报》新闻报道数量增多；新闻报道的题材更加广泛，涉及到人民生活的许多方面；言论质量有所提高。社论注意从实际出发，既有针对性，又有群众性；创办了文学性副刊，受到读者欢迎。 ②1956年，中共中央批转《人民日报》编辑委员会向中央的报告，希望各地党委所属的报纸也能够进行同样的检查，以改进报纸的工作。《人民日报》的改版，带动并促进了全国的新闻工作改革
	新华社	背景	1955年，毛泽东曾对新华社在国外业务工作上存在的思想保守、行动迟缓等问题提出过批评。1956年，刘少奇同志先后两次听取新华社的工作汇报并做了重要讲话，就关于建设世界性通讯社、改进国内和国际新闻报道、新闻报道的基本要求以及学习苏联塔斯社等方面提出了自己的看法和建议。本次改革中，新华社以建设世界性通讯社为目标，进行了多方面的改革
		措施	据1956年的改革形势和中央领导人的讲话精神，新华社制定了改进工作的规划和措施。 ①建设世界性通讯社方面，新华社制定的12年事业发展规划中，提出了具体步骤和办法，争取向世界60个至70个国家派出记者，为了保证规划的实现，新华社积极选调培训干部，不断加强国外分社力量。 ②改进国内报道工作方面，新华社注意提高报道质量，提高工作效率。在全国扩大记者网，在重要城市、工农业重要地区和少数民族地区设立常驻记者或特约记者。另外，对记者实行定额管理，建立好稿和超额奖励制度等
		意义	实行改革后，新华社在报道业务和事业建设上都发生新的变化。仅1956年，新华社建立国外分社10个，在国内36个地方派出常驻记者。新华社的报道坚持真实、客观、自然，同时也注意立场，在国际上的威望越来越高
	广播系统	背景	1956年，刘少奇在听取中央广播事业局党组的工作汇报后，对广播工作发表重要意见，主要内容有发展农村有线广播、对国外广播宣传、开办电视节目、培养广播干部和对内广播宣传要跟人民建立联系的问题
		意义	①根据毛泽东《论十大关系》和刘少奇对广播工作的谈话，1956年，中央广播事业局在北京召开第四次全国广播工作会议，会议着重讨论了广播事业的体制和改进广播宣传等问题。这次会议纠正了学习苏联广播工作经验中的某些错误做法，解除了广播宣传上的一些清规戒律和妨碍事业发展的某些消极因素，调动了中央台和地方台的积极性，对全国广播工作的改革起了重要的指导作用。这次广播工作会议提出了广播工作改革的主要目标是：改进新闻报道，扩大节目取材范围，办好文艺广播，让听众从收音机里听到更多的节目。 ②会后，中央台和地方台根据会议精神改进广播节目，广播宣传取得了很大成绩。各台普遍增加新闻节目的次数和容量，强调了新闻时效，同时扩大报道题材，增强了知识性，关心、解答人民日常生活中的问题。这个时期中央台开办的《祖国建设和人民生活》《科学知识》等节目都很有特点，吸引了大量不同领域且兴趣和爱好不同的听众

续表

要点	具体内容
收获与意义	①在改革中，研究探讨新闻理论和新闻业务的空气很浓厚，例如对报纸的性质与任务、读者观念、指导性与趣味性、中国报纸的传统等问题开展了讨论。新闻工作者业务水平有明显提高，出现一些好作品、好节目，报纸版面与编辑工作都有所改进。 ②这次新闻工作改革，冲破了教条主义的束缚，破除了盲从迷信，注意从中国的实际出发改进新闻报道，注重满足人民群众的需求，为办好社会主义的新闻事业探索了初步经验

11.2 课后习题详解

1. 简述新中国成立初期党和政府创建公营新闻机构、改造私营新闻机构的基本过程。

答：1949年新中国成立以后，为了使我国的新闻事业适应全国解放初期宣传工作的需要，更有效地为经济建设服务，在解放初期的三年国民经济恢复时期，中共中央和中央人民政府对全国新闻事业进行恢复、调整和充实，在较短的时间里，人民的新闻事业有了较快的发展，规模也不断扩大，形成了中央、地方相结合，报纸、杂志、广播和通讯社既有分工又有合作全国规模的新闻事业网。创建公营新闻机构的基本过程和改造私营新闻机构的基本过程参见本专题考点难点归纳相关内容。

2. 在新中国已经建立的历史条件下继续强调发扬党的新闻工作优良传统有何作用与意义？

答：中华人民共和国成立后，新闻业务和工作必须满足时代的新要求、适应时代的新特点。对此，党和政府要求继续强调发扬党的新闻工作优良传统——联系实际，联系群众，开展批评与自我批评。其作用与意义参见本专题考点难点归纳相关内容。

3. 简述新中国成立初期学习苏联新闻工作经验的经过。有何意义与教训？

答：参见本专题考点难点归纳相关内容。

4. 评述1956年社会主义新闻工作改革的经过、重点和收获。

答：全国解放以来，新闻工作确实取得很大成就，社会主义新闻事业体制得到基本确立，但由于缺乏社会主义建设时期的新闻工作经验，特别是在学习苏联新闻工作经验过程中出现盲目照搬的教条主义倾向，严重束缚新闻工作者的思想，致使工作中出现了许多问题，如新闻报道面窄，缺少自由讨论以及文风枯燥等等。1956年社会主义改造基本完成，在我国开始进入大规模的经济建设时期的新形势下，新闻工作落后于现实生活的矛盾更为明显，广大新闻工作者迫切要求改革。

1956年4月，毛泽东提出“百花齐放、百家争鸣”的“双百”方针，这个方针是党促进艺术发展和科学进步，促进社会主义文化繁荣的方针，新闻界积极学习贯彻“双百”方针的精神。同年4月，毛泽东发表《论十大关系》的讲话，总的方针是调动一切积极因素，把我们的国家建设好。毛泽东的讲话，使新闻工作者对社会主义新闻事业充满信心和力量。其经过、重点、收获参见本专题考点难点归纳相关内容。

【真题链接】

(1)简述1956年《人民日报》改版基本情况与影响。(人大2011年研)

(2)1956年《人民日报》改版的背景、内容和意义。(厦门大学2015年研)

(3)简述《人民日报》1956年改版及其意义。(华东师大2018年研)

5. 简述1956年刘少奇有关新闻工作谈话的内容及其意义。

答：(1)刘少奇两次同新华社负责人的谈话(1956年5月28日和6月19日)。

①刘少奇在谈话中重点阐述了“新华社怎样成为世界性通讯社”的问题。

a. 刘少奇在两次谈话中都提到了新华社的性质问题。他注意到新华社的身份太官方了，发表新闻有很多不方便，如果新华社的身份不那么官方，工作上就会比较灵活。在6月19日的谈话中，刘少奇解释道：“新华社是官办还是民办？这不是主要问题。问题是不要老是强调官方身份，更不要把自己束缚得死死的。”

b. 必须“去掉依赖性，增加独立性”。新华社既要学习塔斯社，也不能完全依靠塔斯社，一切照搬塔斯社的做法；可以学习资产阶级通讯社记者的报道技巧，以此来达到我们的宣传目的。

c. 新闻“必须是客观的、真实的、公正的、全面的，同时有立场”。刘少奇指出，“新华社的报道，如果有了片面性，就会丧失一切，对自己不利，对人民不利，就不能成为世界性通讯社”。

d. “应该让人民知道世界上的真实情况”。让人民知道世界包括西方资产阶级、帝国主义的真实情况并非坏事，不会损害我们什么，相反可以教育人民，使他们开阔眼界，增强鉴别能力。

e. 要“在全世界人民中建立起威信”。“我们的报道就是要真实，这就能建立起威信，就能和资产阶级通讯社竞争。”

②刘少奇新闻思想与时俱进，适应1949年以后党作为执政党领导新闻事业的新环境。他关于新华社的谈话，既表现了党性原则，也表现了策略的灵活性。在新形势下过分强调“官方”身份，会“把自己束缚得死死的”，不利于联系群众；群众面对这种鲜明的“身份”，也会产生隔离感。如果以非国家通讯社的形式出现，新闻和评论就可以相对灵活，群众喜欢，也方便党和政府的工作，不必经常为媒介发出信息的些微差误承担责任；而媒介实际上是代表党和政府根本利益的。

据1956年的改革形势和中央领导人的讲话精神，新华社制定了改进工作的规划和措施。一是建设世界性通讯社方面，新华社制定的12年事业发展规划中，提出了具体步骤和办法，争取向世界60个至70个国家派出记者，为了保证规划的实现，新华社积极选调培训干部，不断加强国外分社力量。二是改进国内报道工作方面，新华社注意提高报道质量，提高工作效率。在全国扩大记者网，在重要城市、工农业重要地区和少数民族地区设立常驻记者或特约记者。另外，对记者实行定额管理，建立好稿和超额奖励制度等。实行改革后，新华社在报道业务和事业建设上都发生新的变化。仅1956年，新华社建立国外分社10个，在国内36个地方派出常驻记者。新华社的报道坚持真实、客观、自然，同时也注意立场，在国际上的威望越来越高。

(2)刘少奇听取中央广播事业局负责人的汇报后作了长篇讲话(1956年5月28日)。

刘少奇在听取中央广播事业局党组的工作汇报后，对广播工作发表重要意见，主要内容有发展农村有线广播、对国外广播宣传、开办电视节目、培养广播干部和对内广播宣传要跟人民建立联系的问题。

①内容。

a. 人民广播事业要加强群众性，要跟人民需要、人民生活、人民思想保持紧密联系。要增进对百姓生活琐事的报道，表达对人民生活的关心。

b. 广播电台可以播出广告，人民并不排斥广告。

c. 关于对国外广播宣传，一方面要以亚洲和华侨为重点，但另一方面，也要从全世界着眼，把美洲列入广播计划范围内。

d. 大力发展农村有线广播。但农村有线广播要根据群众积极性和自主性来决定推进进程，群众要搞才搞，群众不要搞就晚点搞。

e. 新闻机构的政治待遇问题上，对《人民日报》、新华社、中央人民广播电台以及各地方报纸一视同仁、平等对待，不存在党报级别高一等的情况。

f. 兴办广播大学来培养和训练广播干部。

②意义。参见本专题考点难点归纳相关内容。

11.3 考研真题与典型题详解

一、概念题

1. 中新社(中央民大2013年研)

答：参见本专题考点难点归纳相关内容。

2. 胡乔木

答：胡乔木是中国新闻事业和宣传教育工作的领导人之一，政论家。1931年“九一八”事变后曾参加领导北平学生和工人的抗日爱国运动，是革命刊物《北方青年》的撰稿人。30年代参加上海的左翼文化运动的组织领导工作和中国共产党地下组织的领导工作，并主编革命小报和刊物。1937年到延安，任中共中央青年工作委员会委员，主编《中共青年杂志》，曾为延安《解放日报》、重庆《新华日报》撰写过一系列评论和新闻。1949年任新华社社长，中央新闻总署署长兼人民日报社长。1950年起，长期任职中共中央，分管新闻宣传工作，为新华社、《人民日报》撰写评论和新闻。

3. 邮发合一

答：“邮发合一”是指报刊发行体制。将报刊发行交由邮政部门办理的发行体制，是邮政业务与发行业务相结合的制度。邮政局承担的责任是：统一办理报刊订购，统一安排发行和传递。早在抗日战争时期，中国在根据地成立的战时邮政，就开始办理报刊发行、传递工作。1952年12月28日，中央人民政府邮电部和出版总署联合发布《关于改进出版物发行工作的联合决定》，规定从1953年1月1日起，定期出版物的总发行由邮政部门负责，报刊一律实行定期定额计划发行制度，形成了邮发合一的发行体制。中国幅员辽阔，邮路四通八达，这种制度有利于报刊迅速、准确送到读者手中。20世纪80年代中期以后。部分报社开始自办发行，邮发合一不再是报刊发行的唯一体制，但它在报刊发行中依然发挥着重要的作用。

4.《人民日报》(大连理工2016年研；厦门大学2015年研；人大2011年研)

答：参见本专题考点难点归纳相关内容。

5. 邓拓(兰州大学2020年研；大连理工2017年研；中央民大2016年研)

答：邓拓是我国著名记者、报刊主编、政论家、杂文作家，是当代中共新闻事业的创建人之一。青年时代受进步书刊的影响，积极参加革命运动。抗日战争爆发后，邓拓进入晋察冀抗日民主根据地，从事党的报刊工作并长期担任主要的负责人，先后任晋察冀中央局宣传部副部长、中央党报委员会书记、《晋察冀日报》社长、新华通讯社晋察冀总分社社长等职务。1949～1958年，任人民日报总编辑、社长。他坚持实事求是的原则，为宣传贯彻中共的路线方针政策，为建设发展党和人民的新闻事业积累了丰富经验。邓拓从事报刊活动近30年，是一位博学多才的新闻工作者。在《晋察冀日报》工作期间，一手拿枪，一手握笔，坚持“马背办报”。在《人民日报》和《前线》杂志工作期间，除担任报刊主编外，还撰写了大量社论，为无产阶级的新闻事业做出了贡献。他为《北京晚报》的“燕山夜话”、《前线》杂志的“三家村札记”等专栏写的杂文，谈古论今，包罗万象，引人入胜，发人深省，具有较高的思想性和艺术性，深受读者欢迎。

二、简答题

1. 50年代初，为什么我国实行对私营新闻事业进行合并改组、公私合营的社会主义改造？(华中师大2010年研)

答：新中国成立前，对旧社会存留的新闻事业，党和政府开展了一系列清理、整顿与改造工作；新中国成立后，开始进入改造私营新闻事业阶段。

(1)对于这些私营新闻机构，党和政府最初主张私营新闻机构可按照公私兼顾的政策，在经济上获得党和政府的一定扶持。私营新闻机构拥有言论出版自由，相关宣传报道活动不进行事前检查，而是通过团结教育的手段，协助私营新闻机构改进宣传报道，但不可损害群众权益。

(2)但是，在新的历史条件下，私营新闻事业发展困难重重。

①私营新闻事业业务难以契合时代新要求。党和政府要求新闻要联系实际，指导工作和社会生活的开展。但大部分私营新闻事业脱离群众，思想性不足，办报方式落后。甚至有些私营新闻事业沿袭旧时的做法，节目中靡靡之音和虚假浮夸的内容还不少，对社会造成很大危害。例如，哈尔滨的《建设日报》、天津的《博陵报》等就因此被责令停刊。

②私营新闻事业缺乏权威性，威信远远低于党报。因此在获取新闻素材、进行新闻采访等方面处于劣势，也难以获得广告，大部分私营新闻事业陷入经济困境。

(3)对此，党和政府开始以合并改组、公私合营的方式，对私营报纸和私营广播进行社会主义改造。党和政府从1950年至1951年开始对私营电台进行改造工作，到1953年底私营电台经公私合营方式收归国有，顺利地完成对私营电台的社会主义改造工作，私营报纸的经历与私营电台基本相同。

2. 抗美援朝时期有哪些重要通讯作品和报告文学?(山东大学2009年研)

答: 参见本专题考点难点归纳相关内容。

三、论述题

1.《解放日报》《人民日报》各自改革的基本要求和共同点。(湖南大学2006年研)

答:(1)1942年《解放日报》改革的基本要求。

①版面安排上。改版前,《解放日报》把国际新闻放在首位,严重脱离了抗日根据地斗争的实际,脱离了党的工作中心,是党八股的一种表现。改版后该报把抗日民主根据地的新闻放在首位,积极配合党的中心工作进行宣传报道,在加强党性、联系实际、联系群众等方面取得了长足的进步。

②在整风宣传方面。《解放日报》把整风运动作为一个宣传中心来抓,进行了集中突出的宣传,发表了大量指导整风运动的文章和社论,同时还办专刊、辟专栏,宣传形式多样,有广度也有深度。

③在社论写作上。《解放日报》改版后注重社论质量,量力而行,大大提高了社论的质量和影响力。

④在改革中提出并解决一系列新闻理论问题。在整风改革中,《解放日报》发表了一系列关于新闻工作的重要文件、社论和理论文章,对党报的性质和作用、全党办报的思想、新闻工作的党性原则、无产阶级唯物主义新闻观和资产阶级唯心主义新闻观的区别,以及文风等基本问题,作了比较系统的论述,初步奠定了中国无产阶级新闻学理论的基础。

(2)《人民日报》改革的基本要求。

1956年7月1日,《人民日报》改版。在当天发表的《致读者》社论中,阐明了这次改版的目的。

①"扩大报道范围","多发新闻,发多方面的新闻","力求适应读者的需要"。

②"开展自由讨论"。在讨论中,"把社会的见解引向正确的道路"。

③"改进文风","力求言之有物,言之成理,而且言之成章"。并提倡写短文,形成生动活泼的文风。

(3)《解放日报》《人民日报》改革的共同点。

①注重加强与群众的联系。《解放日报》改版后将抗日民主根据地的新闻放在头版,宣传为人民服务的思想,批判"无冕之王"观点;反映群众生活,报道劳动模范先进事迹;加强通讯员工作、依靠群众办报。《人民日报》实施改版后,也调整了版面,扩大了新闻报道的题材,开始提倡报道社会生活中的新闻,探讨解决生活中的问题,更加关心和贴近读者的生活。

②促进了新闻理论和新闻观念的革新和发展。《解放日报》提出了新闻的实质和本源,党报、党的新闻工作者是党和人民的耳目喉舌,报纸是人民的教科书、党的教科书等观点;确立"全党办报"的方针;发扬党报的优良作风。《人民日报》在改版后冲破了教条主义的束缚,破除了盲从迷信,注意从中国的实际出发改进新闻报道,注重满足人民群众的需求,为办好社会主义的新闻事业探索了初步经验。

③改革了文风,提高了文章的质量和影响力。

2. 试述从戊戌变法到中华人民共和国成立初期中国报刊文体的演进。

答：中国报刊文体从戊戌变法到中华人民共和国成立初期，经历了不断的变化和发展，其变迁可以从戊戌变法时期、辛亥革命时期、五四时期、抗日战争时期到中华人民共和国成立初期这几个阶段来进行考察。

(1)戊戌变法时期维新派创造了报章新文体，影响了一代文风。

维新派在实践中创造了一种新颖的报刊论述文体。这种文体的代表作是《时务报》上梁启超等人的论说，故称"报章文体"，也称"新文体"或"时务文体"。这种文体是维新派在文风上维新的结果，是适应当时政治斗争和思想斗争的要求产生的。为了开风气、助变法，维新派的报刊政论家们在政论中，大力介绍新思想、新事物、新知识，抨击封建守旧势力，也激烈抨击了"八股八韵考据词章之学"。因此，在政论的写作上，他们冲破了八股文、桐城派古文的"义法""家法"的束缚。梁启超的政论自由奔放，平易流畅，新颖生动，又饱含忧国忧民之情，是报章文体的典型代表。这种文体主要有以下三个特点：

①灵活自由，不拘一格，既不受八股文和桐城派古文的清规戒律的羁绊，又兼收散文、骈文之所长，意至笔随，洒脱奔放。

②浅显流畅，内容、词汇新颖生动。不但不刻意追求古奥深邃，反而大量使用新鲜的俗语和外来语，甚至将西学中的一些自然科学道理和述评用于政论。

③感情充沛，富有鼓动性和感染力。

时务文体是一种在中文报刊上发展起来的文体。戊戌变法时期初步形成，变法失败后，梁启超在日本办《清议报》和《新民丛报》时，才臻于成熟，风靡于20世纪初期，对辛亥革命和五四时期报纸文风产生过很大影响。

(2)辛亥革命时期报刊评论文体的改进。

维新运动时期，报刊评论形式十分单调，大多只有长篇累牍的"论说"。辛亥革命时期，由于政治形势的发展和受到西方报刊的影响，报刊评论的形式日益多了起来。许多报刊设置了"社论""社说""时论""代论"等栏目。这一时期，出现了时事短评这种新的评论体裁。始创者是在日本出版的《清议报》，引起注意并为国内报纸纷起仿效的是上海《时报》。不少报刊都辟有《时评》栏目，有的大型报纸同时设有几个。此外，为新闻配"编者按"的做法也很流行，经常使用文前按、文中按、编后等几种加按语的形式。

(3)五四时期报刊政论文体的改进和自由讨论风气的出现。

五四时期，自由讨论之风兴起，带来了政论的活跃与繁荣。《新青年》发起新文化运动后，广泛采用社论、专论、代论、来论、外论等多种形式，打破民国以来报刊万马齐喑的沉闷局面，政论重新受到重视并发展到一个新的阶段。《新青年》等宣传新文化的报刊，正是通过政论提倡民主、科学，批判旧思想、旧文化。《新青年》发表大量批判尊孔复辟的文字，有力动摇了封建统治。《每周评论》《湘江评论》等常用的述评形式，政论和新闻报道相结合，夹叙夹议，及时评论国内大事。《新青年》的《随感录》专栏发表的短小锋利的时评，又称杂文，是一种"匕首""投枪"式的评论文体，后来逐渐发展成为常用文体之一。各种不同形式的评论，使报刊充分发挥了引导社会舆论的作用，有助于读者明辨是非。

(4)抗日战争时期报刊文体的丰富。

《解放日报》改版后，积极配合党的中心工作进行宣传报道，发表了大量指导整风运动的文章和社论，同时还办专刊、辟专栏以宣传整风运动，并创刊“一得书”杂文专栏，刊登短小精悍、生动活泼的杂文和小品文。《解放日报》的著名专刊“学习”还专门刊登有分量的理论文章。

(5)中华人民共和国成立初期报刊文体的改进。

1956年，《人民日报》进行改版。改版后的《人民日报》新闻报道数量增多；新闻报道的题材也广泛了，涉及到人民生活的许多方面；言论质量有所提高。社论注意从实际出发，既有针对性，又有群众性；创办了文学性副刊，受到读者欢迎。

总之，中国的报刊文体一直在不断地丰富与完善之中，其形式与内容的改进是报刊改革的重要组成部分，推动了中国报刊的发展进程。

专题十二　全面建设社会主义时期的新闻传播事业

12.1　复习笔记

【知识框架(庖丁解牛)】

- 全面建设社会主义时期的新闻传播事业
  - 发展与调整
    - 报纸与期刊　报刊起伏与政治经济发展息息相关
    - 新华社　“消息总汇”目标与《参考消息》的改版
    - 广播与电视　北京电视台的《简明新闻》和“新闻纪录片时代”
    - 新闻摄影与新闻纪录片
    - 新闻教育与新闻学研究　1959　北京广播学院
  - 1957～1960 反右派斗争到“大跃进”运动
    - 大鸣大放中的新闻事业
      - “整风鸣放”中的新闻界
      - 新闻界的反右派斗争
      - 教训
    - “大跃进”与新闻宣传
      - 新闻媒介推波助澜“大跃进”
      - 新闻事业“大跃进”
      - 教训
  - 背景
    - 1957　整风运动、反右斗争扩大化
    - 1958　“大跃进”
    - 1959　庐山会议、反右倾运动
    - 1960～1961　大兴调查研究之风
    - →新闻事业在曲折中发展 在摸索中前进
  - 60 年代初新闻工作的经验教训
    - “左”倾错误　批判吴晗的《海瑞罢官》
    - 全党办报、群众办报
    - 先进典型的宣传　《为了六十一个阶级兄弟》
    - 杂文兴起
      - “燕山夜话”(《北京晚报》的“五色土”副刊专栏)　邓拓
      - “三家村札记”(《前线》半月刊专栏)　邓拓、吴晗、廖沫沙
      - “长短录”(《人民日报》副刊专栏)　夏衍、吴晗、孟超、廖沫沙、唐弢
  - 主要新闻思想评价　毛泽东　刘少奇　邓拓

【专题概要(提纲挈领)】

本专题主要论述了全面建设社会主义时期新闻传播事业在曲折中前进的相关知识，考点以名词解释、简答题以及论述题为主，在学习时，需要着重对通讯社、广播电视以及新闻教育的发展与调整，“大跃进”时期新闻事业的困境及60 年代初新闻工作的经验与教训等内容加以把握，并重点了解毛泽东、刘少奇、邓拓的新闻思想，《为了六十一个阶级兄弟》，杂文的兴起等内容。

【考点难点归纳(厚积薄发)】

考点一：新闻传播事业的发展与调整 ★★★★

1. 报纸与期刊(见表12－1)

表12－1 报纸与期刊

要点	具体内容
《红旗》杂志(1958)	创刊于北京，是中共八届五中全会决定出版的中央理论刊物，初为半月刊，后为月刊
各省、市、自治区党委	《红旗》杂志创刊后，各省、市、自治区党委也纷纷创办自己的理论刊物。如中共北京市委的《前线》、河北省委的《东风》、内蒙古区委的《实践》、黑龙江省委的《奋斗》、广东省委的《上游》等。许多省的市委、地委，甚至县委也出版了自己的理论刊物。这些理论刊物也都主要是1958年"大跃进"的形势下创办的。从中央到地方的一大批党委理论刊物的创办，虽然在当时宣传了不少"左"的思想，但总的来说，它们加强了党的政治理论宣传，是理论宣传的重要阵地
晚报	这个时期晚报主要有四家：《新民晚报》《天津晚报》《羊城晚报》《北京晚报》。60年代初，国民经济调整时，一些省城的市委机关报也纷纷由日报改为晚报，如《长沙晚报》《西安晚报》《沈阳晚报》等十几家。这些晚报在编排方面既具有晚报的特点和风格，又兼负日报的任务

2. 新华社(见表12－2)

表12－2 新华社

要点	具体内容
新华社的创建	新华通讯社的前身是1931年创办于江西瑞金县的红色中华通讯社，1937年，为团结抗日，改名为新华通讯社。社长由临时中央政府西北办事处主席博古兼任，实际工作由向仲华、廖承志等负责
主要发展历程	①1950年3月28日，中共中央发出《关于改新华社为统一集中的国家通讯社的指示》。 ②1950年4月25日，中央人民政府新闻总署通过《关于统一新华通讯社组织和工作的决定》。据此，新华社作为国家通讯社，在首都北京设立总社，并在华北、东北等6个大行政区设立6个总分社，在各省会城市建立分社，原有的支社一律取消，对确需设立相当于支社机构的城市另派驻记者组或记者。各野战军总分社及其所属机构除特殊需要外一律取消，其工作人员或留部队政治部门，或转入新华社的地方分支机构。各地总分社、分社的人事编制和财务管理与地方脱钩，工作人员由总社调动和任免，财务纳入新华社的财政系统。 ③1950年11月21日，新华社第一次全国社务会议的召开，标志着新华社改组为一个集中统一的国家通讯社的任务基本完成。 ④党和国家又提出了新华社要成为"消息总汇"的任务，即将新华社建设成为一个反映各方面的有价值的信息的、具有权威性的消息采集与发布中心。1953年，新华社召开编委扩大会议，明确提出了新华社要成为"消息总汇"的总任务和国内外并重的方针。据此，新华社集国内报道、对外报道、国际新闻报道等多种功能于一身，并主办了《参考消息》《参考资料》《时事手册》《内部参考》《新华社电讯稿》《新闻业务》等一系列报刊。 ⑤新华社的摄影报道工作日益加强，通讯技术手段不断改进，并开始大力发展同塔斯社及东欧社会主义国家通讯社的合作，逐步建立同路透社等资本主义国家通讯社的合作

续表

要点	具体内容
新华社在国外事业的发展	①新华社的国外事业发展较快。截止1966年年初，新华社的驻外分社发展到51个，驻外记者80多人。对外专线广播使用5种文字播发新闻。向60多个国家和地区的报刊供应特稿，新闻照片的发稿对象达到81个国家和地区的240多家报刊。 ②新华社的对外广播网也有很大发展，增开的对外专线电路11条，还增开对外图片传真广播电路4条。为了加强总社与国外分社的联系，到1966年新华社建立了6条自己专用的国际通讯网络和传报站。到60年代中后期，新华社已经基本建成自己的国际和国内的广播网和国际通讯网络，为建设世界性通讯社奠定了基础

3. 电视与广播(见表12-3)

表12-3　电视与广播

要点	具体内容
电视	①1955年，中央广播事业局提出在北京建立电视台，周恩来总理批示：列入文教五年计划中讨论。 ②1956年，刘少奇在同中央广播事业局负责人谈话时，讲了对于建立电视台、生产电视接收机和创办彩色电视的意见。 ③1957年，中央广播事业局组建北京电视实验台筹备处。 ④1958年5月，北京电视台开始试播。9月，该台正式开播。 ⑤1958年试播的还有上海电视台、哈尔滨电视台、天津电视台
广播	①1957～1958年间，广播电台由61座发展至91座。 ②在1961年到1963年国民经济困难时期，广播适当减少播音时间，强调精办节目，提高宣传质量。 ③1964年后广播逐渐恢复与发展，一批中波发射台的建立扩大了广播覆盖面积。 ④1965年，中央人民广播电台共有4套节目，两套对大陆的综合节目，一套文艺节目，一套对台湾的广播节目。 ⑤到1966年年底，我国对外广播语言增加到33种，并且建立了向各语言节目统一提供国内国际专稿的独立发稿部门

4. 新闻摄影与新闻纪录片(见表12-4)

表12-4　新闻摄影与新闻纪录片

要点	具体内容
新闻摄影	20世纪50年代后期，新闻照片开始活跃在报纸上。为了扩大图片宣传，各地举办了多种多样的摄影展览活动，中国的摄影作品也常在国际获奖。随着反右派运动的发展，新闻摄影工作受到了一系列冲击，致使新闻摄影的题材和内容非常有限。这期间的《中国摄影》(双月刊)、《大众摄影》(月刊)、《新闻摄影》(月刊)等，对中国新闻摄影事业的发展起了积极作用
新闻纪录片	新闻纪录片在"大跃进"中获得了一定的发展，1958～1959年，新闻纪录片的产量是前8年的总和，但此期间的新闻纪录片也不可避免地带有浮夸的印迹。1960年，文化部召开第一次全国新闻纪录电影工作会议，强调了党的实事求是的原则，对制止浮夸与虚假起到了一定的作用

5. 新闻教育与新闻学研究(见表12-5)

表12-5　新闻教育与新闻学研究

要点	主要内容
新闻教育	①1958年以后，我国新闻教育事业取得了较好的发展，新创办了一些新闻教育单位。 ②1958年夏，北京大学中文系新闻专业并入中国人民大学新闻系。 ③1958年创办的高等新闻教育单位还有江西大学新闻系、杭州大学新闻系、西安政法大学新闻专业、南京大学中文系新闻专修科。 ④1960年，暨南大学、中央民族学院、安徽大学、吉林大学、山东大学、天津师范大学等都在中文系增设了新闻专业或新闻专修科。一些报纸也相继办起新闻大学。 ⑤“大跃进”时期，我国的新闻教育事业发展较快，取得显著成绩。新闻专业在校学生有1200多人，是全国解放初期的3倍
新闻学研究	①“大跃进”时期，出版了一批新闻教材和有关参考书籍，如《中国现代报刊史讲义》《马克思、恩格斯论报刊》《列宁论报刊》《中国报刊研究文集》《广播稿选》等等。 ②这期间，新闻教育受“左”倾错误影响，也出现了许多问题，如新闻教育发展过快，在教学内容和教学研究中，宣传了许多“左”的错误观点等

考点二：从反右派斗争到“大跃进”运动的新闻传播事业 ★★★

1. 大鸣大放中的新闻传播事业(见表12-6)

表12-6　大鸣大放中的新闻传播事业

要点	具体内容
整风鸣放中的新闻界	①1957年5月，中华全国新闻工作者协会研究部、中国人民大学新闻系和北京大学中文系新闻专业，在北京联合召开新闻工作座谈会。新闻界人士对新闻理论和新闻实际工作中的许多重要问题发表意见，其中有许多意见是正确的，也有些意见有片面性，有的比较偏激，有的甚至是错误的，但总的来看，这些意见对于党改进对新闻事业的领导是有益的。 ②在“鸣放”中，一些报纸还对1957年在全国农业展览会上农业部部长助理左叶与记者发生冲突一事(反右斗争时称“左叶事件”)，刊发了言论和报道
新闻界的反右派斗争	①为使新闻界反右派斗争推向深入，在北京再次召开新闻工作者座谈会，会上重点批判的人物有《光明日报》社长章伯钧、总编辑储安平，《文汇报》总编辑徐铸成、驻北京办事处主任浦熙修，以及复旦大学新闻系主任王中等。 ②1957年7月2日，在新闻界座谈会上，《新民报》负责人赵超构检讨了《新民报》的错误。 ③《北京日报》《大公报》《中国青年报》等诸多报刊纷纷作出检讨。正在北京举行的新闻工作座谈会借此加重了批判，并追查《文汇报》《光明日报》同“右派系统”的关系
新闻界的教训	①错误地估计了斗争形势和知识分子队伍，致使反右派斗争被严重扩大化了，一大批知识分子被错划成右派。在新闻界，许多新闻工作者因发表了不同言论或意见被打成右派。 ②一大批有经验的新闻工作者被迫离开岗位。 ③一些正直的新闻工作者不敢讲真话，人人自危，一些有益的建议和积极的探索受到批判。 ④报纸变成了群众大规模阶段斗争的舆论阵地，其固有的其他功能被忽视

2. “大跃进”与新闻宣传(见表 12－7)

表 12－7 “大跃进”与新闻宣传

要点	具体内容
宣传报道生产建设成就方面严重浮夸	①在报道我国粮食等产量时，不顾事实乱放高产“卫星”。 ②在工业生产“大跃进”上，报纸广播重点报道全民大炼钢铁运动及其成绩，宣传大放钢铁高产“卫星”。 ③报纸广播中的浮夸报道助长了社会上的浮夸风，各地出现了许多弄虚作假的“高产”“高速度”的典型
推广生产经验方面瞎指挥	①报纸广播在宣传农业增产措施时，不顾各地实际情况，普遍号召推广“土地深翻和高度密植”经验。 ②新闻媒介在推广先进生产经验时只注意报道数字、产量和成绩，字里行间都是高产丰收的景象，而对灾情或因灾减产几乎不报道。 ③为了片面追求宣传的直接效果，有的地方甚至把广播电台变成生产指挥部门
在理论、政策宣传上存在主观主义、片面性	①在人民公社化的报道中，报纸广播在政策宣传上片面提倡社有经济的发展，报道的都是条件好、收入多、公积金多的公社典型，而对条件差、问题多的公社很少提及。 ②在宣传人民公社“一大二公”时，就否定多种经济成分的存在，甚至把社会主义阶段某些现行的合理政策都当作“本位主义”“个人主义”加以批判

考点三：60 年代初期新闻传播事业的发展(见表 12－8) ★★★

表 12－8 60 年代初期新闻传播事业的发展

要点		具体内容
新闻宣传中“左”倾错误的发展		①60 年代正当新闻工作经过调整改进蓬勃向前发展时，由于“左”倾错误没有得到彻底纠正，随着国家政治气候的变化，新闻宣传中“左”倾错误也有所发展。 ②在中共八届十中全会上(1962)毛泽东提出“千万不要忘记阶级斗争”，强调要抓好意识形态领域里的阶级斗争，在报刊广播上也开展了许多错误的政治批判。 ③从 1963 年起，批判之风逐渐上升，先是批判昆曲《李慧娘》和评论文章《有鬼无害论》，接着批判电影《北国江南》《早春二月》等，批判它们是“调和阶级矛盾”“抹煞阶级斗争”，搞“修正主义”。以后又批判了杨献珍、孙冶方、翦伯赞等人的学术观点、艺术观点
先进典型的宣传与报道		我国的报刊、广播对在社会主义建设事业中涌现出来的先进个人和先进集体给予充分的宣传报道，雷锋、王杰、欧阳海、王进喜、焦裕禄等人的名字和大庆人、大寨人战天斗地的事迹通过报纸、广播传遍千家万户
杂文的大发展	燕山夜话	是邓拓以马南邨为笔名在《北京晚报》副刊开设的一个杂文专栏。该专栏历时一年半，从 1961 年 3 月 19 日第一篇《生命的三分之一》开始，到 1962 年 9 月 2 日最后一篇《三十六计》止，共计 153 篇杂文。《燕山夜话》的宗旨是“提倡读书，丰富知识，开阔眼界，振奋精神”，多数选题是号召群众读书、学习知识，并且涉及医学、历史、文化、教育等领域，为群众生活提供有益的指导和科学的建议
	三家村札记	由邓拓、吴晗、廖沫沙 3 人负责执笔，3 人的笔名是“吴南星”，这个杂文专栏从 1961 年起至 1964 年共发表杂文 60 多篇。文章内容涉及读书治学、做事做人、从政打仗，说古道今，针砭时弊，受到读者欢迎

续表

要点		具体内容
杂文的大发展	长短录	是《人民日报》于1962年5月4日在副刊上开辟的一个杂文专栏，从1962年5月至这年年底止，共发表杂文37篇。主要作者是夏衍、吴晗、孟超、廖沫沙和唐弢五位杂文作家，专栏主持人是《人民日报》文艺部的陈笑雨。这个专栏的方针是：进一步贯彻“百花齐放，百家争鸣”的方针，表彰先进，匡正时弊，活跃思想，增加知识

考点四：主要新闻思想(见表12－9) ★★★★

表12－9　主要新闻思想

要点	具体内容
毛泽东新闻思想	①党的宣传工作和组织工作必须要依托于党的新闻事业，党报是党的喉舌。 ②报纸是宣传党的路线方针政策的主要途径。 ③坚持“政治第一位”。 ④毛泽东要求新闻工作要向人民群众作真实报道，向广大受众讲述完整真实的新闻事件。 ⑤坚持全党办报、坚持群众办报。 ⑥处理好党报与党委、群众、实际工作的关系。 ⑦新闻宣传要简洁通俗，要有宣传策略和艺术
刘少奇新闻思想	①新闻报道要真实、客观，为读者服务。 ②报纸是党和人民的耳目喉舌。 ③必须把握好新闻舆论的方向。 ④刘少奇十分看重于记者的专业素质。他认为，做记者要有正确的态度，要深入观察问题、要有分析判断能力、要克服报道中的片面性、要坚持真理、要有斗争性，头上要长角
邓拓新闻思想	①邓拓认为，新闻的根本问题在于新闻的真实性，即新闻的生命。 ②新闻记者要做到坚持实践、表现事物最客观的样子、服务于人民大众。 ③办报最重要的就是根据实际情况来决定报道重点

12.2　课后习题详解

1. 1957年至1966年中国新闻事业发展变化有哪些主要特点？请解释这些特点形成的原因。

答：(1)这一时期新闻传播事业发展的主要特点是：

①我国在1957～1966年，随着政治经济形式的变化而变化，发展很不稳定。

②1958年“大跃进”的时候曾经不顾经济条件，出现过全国大办县报的局面。

③在三年经济困难期间，由于纸张供应吃紧，有些报刊不得不合并或者压缩发行数量。完成了经济调整之后，报纸的数量才又缓缓升上来。

(2)这一特点形成的原因：

①新闻界掀起了自身的鸣放和整风运动的宣传报道。

②“以阶级斗争为纲”的反右斗争宣传。这是在我国社会主义制度刚刚建立，国际形势复杂多变的形势下发生的。广大民主党派和无党派人士、广大知识分子出于对国家的热爱提出了大量有益的意见，但由于中共中央片面夸大极少数右派分子的错误言论的严重性，导致反右扩大化。

③“大跃进”时期的新闻工作犯下了严重的左倾主义错误，为“大跃进”推波助澜。第一是总路线宣传的唯意志论；第二是农业生产“大跃进”宣传中的浮夸风；第三是工农业生产宣传中的瞎指挥；第四是人民公社化运动宣传中的共产风。

④60年代初，我国经济出现困难局面，中央实行“调整巩固充实提高”的方针，新闻事业因此也就有了新的发展。新闻工作在探索中前进。

⑤经过60年代初期的调整，国家经济略有好转，但左倾思潮的日益泛滥又对新闻工作造成很大的影响。

2. 通过了解“左叶事件”以及《光明日报》《文汇报》在整风运动中的命运，分析这十年我国新闻事业发展的背景。

答：(1)“左叶事件”及《光明日报》《文汇报》在整风运动中的命运。

①“左叶事件”是1957年新闻界积极“鸣放”、协助共产党整风的时候，发生的轰动新闻界的事件。起因是农业部部长助理左叶与当时的摄影师发生冲突，随后报纸上出现大量批评左叶、讨论新闻工作者地位、反官僚主义的文章，还召开了两次新闻工作者座谈会。但不久《人民日报》发表社论对两次座谈会作了完全不同的评价，还将“左叶事件”说成是“新闻界右派分子向党的新闻事业发动进攻”，一些老同志被迫多次检讨。5月16日至18日，借整风运动的东风，中华全国新闻工作者协会研究部、北京大学新闻专业、中国人民大学新闻系在北京联合召开新闻工作座谈会，与会者以“鸣放”的态度各抒己见，提出了许多新闻理论上或新闻实践中的问题，也出现了一些言辞过激、见解片面甚至观点完全错误的言论。由此，新闻界自身的“鸣放”和整风运动逐渐升温。

②《文汇报》曾于1956年4月28日停刊，工作人员由沪赴京参与创办《教师报》。同年10月1日，《文汇报》在上海复刊。1957年5月整风开始后，该报对北京整风座谈会和上海市宣传工作会议作了重点报道，刊登了许多发言。5月27日发表的《北京大学“民主墙”》报道中，说北大某些场面“就像是海德公园一样”。有的文章还主张“把鸣放重点放到基层去”。这种报道和言论，与整风的方针、方法和步骤不一致，对正在开展的整风运动不利。

③《光明日报》是各民主党派和无党派民主人士主办的报纸。社长是当时中国农工民主党中央主席、中国民主同盟中央副主席章伯钧，总编辑是九三学社中央宣传部长储安平。储安平于1957年4月1日到任。整风开始后，该报大量报道北京和各地整风情况，派出记者赴各地采访。5月26日报道了北大“民主墙”。6月1日，储安平在中共中央统战部召开的座谈会上发言，提出了“党天下”问题。2日，储安平的发言稿以《向毛主席和周总理提些意见》为题，在《光明日报》头版上发表。同日，该报头版还在显著版面发表《复旦大学取消党委负责制》的失实报道。为了纠正这一报道的错误导向，《人民日报》于6月4日发表《复旦大学没有取消党委负责制》消息。次日，《光明日报》也发表了带有更正性质的报道。

(2)1957年至1966年我国新闻事业发展的背景。

此期间，我国在政治上先后发生了1957年的整风与反右斗争扩大化以及1959年庐山会议之后的反右倾运动。每一次运动之后，“左”倾错误虽得到一些矫正，但迫于当时的政治形势，并没有得到彻底纠正，随着国家政治气候的变化，新闻宣传中“左”倾错误也有所发展。

①1956年的新闻改革给正常的学术讨论提供了机会，“百花齐放，百家争鸣”的方针也促进了对新闻理论和实践的探讨。新闻媒体作为党的重要舆论工具，在整风运动中盲目鼓励大鸣大放，充当“引蛇出洞”的工具。

②经过“大跃进”的狂热之后，根据党的调整方针，对新闻工作重新进行了检查和调整，在以后的几年里各新闻单位的工作都有改进和发展，新闻媒体的知识性、趣味性得到了加强，新闻工作进行了一些有益的探索，试图在实践中拓展一条适合中国国情、生动活泼的新闻工作道路。但这些探索和1956年新闻界的改革一样来去匆匆，当政治形势变化时，最终让位于现实的政治需要，淹没在阶级斗争的大潮中。

③由于国际国内斗争的尖锐复杂，加上党还缺乏领导经济建设的经验，50年代中后期“左”的倾向比较严重，致使党的指导思想上有过严重失误，社会主义建设遭受过挫折。

在开始社会主义建设的10年中，我国的新闻事业在中共和人民政府的领导下取得很大成绩。这期间尽管出现了一些“左”倾错误和失误，但是，我国新闻工作的总体方向是正确的。新闻报道和技术力量都有所加强，新闻工作者的业务水平也得到提高，在社会主义建设中，在加强与国内外读者、听众、观众的联系和引导社会舆论方面都起了重要的作用。

3. 1958年的“大跃进”给中国的新闻事业带来了哪些影响？“大跃进”之后，新闻事业从哪些方面进行了改进？

答：(1)1958年的“大跃进”给中国的新闻事业带来的影响

①虚假的生产攀比报道在全国各地的报刊上信手拈来，违反基本的新闻规律，未经过调查研究，极大地损害了报纸的形象，也使得新闻媒介的宣传在促进“大跃进”运动的开展方面推波助澜。

②报纸、通讯社和广播电台纷纷“大跃进”，浪费了人力、物力和财力。

a. 1958年2月27日，《人民日报》编委会制定了《人民日报苦战三年工作纲要》，提出了自己气魄宏大的23条纲要。《人民日报》的“跃进”口号是：苦战三月，使报纸面貌焕然一新；苦战三年，使报社面目大改观。

b. 1958年3月，新华社提出苦战两到三年，把新华社建设成无产阶级的以东方新闻为权威的世界性通讯社。

c. 在“大跃进”形势下，中央人民广播电台的新闻节目从1954年的每天11次增加到1958年的15次。为了配合群众运动，一些广播电台频繁召开现场广播大会，听众动辄几百万甚至上千万，为全国“大跃进”大造声势。

③在理论宣传上，“大跃进”时期的报纸错误地宣传了“唯意志论”，即片面强调人的主观能动作用，而否认客观条件。“人有多大胆、地有多大产”“不怕做不到，只怕想不到，只要能想到，一定能做到”等唯心主义色彩浓厚的句子在报刊中随处可见。

(2)“大跃进”后新闻事业的改进。

“大跃进”运动后，新闻工作者重新认识了新闻真实性。1961年根据党的调整方针，对新闻工作重新进行了检查和调整，在以后的几年里各新闻单位的工作都有改进和发展。

①电视事业诞生。1955 年初，在制定发展文教事业五年计划时就将发展电视列入其中。1957 年 4 月，中央广播事业局组建电视实验台筹备机构。1958 年 5 月 1 日，中央电视台的前身北京电视台开始试播。9 月 2 日，正式播送节目。同年试播的还有上海电视台、黑龙江电视台前身哈尔滨电视台、天津电视台。

②大量创办理论刊物。“大跃进”年代，毛泽东为了从理论上说明他提倡的“三面红旗”的正确性，提高全党贯彻“三面红旗”的自觉性，便向全党提倡学理论。因而，从中央到地方创办起了一批政治理论期刊。

③新闻教育有较大发展。1958 年 6 月，北京大学中文系新闻专业正式并入中国人民大学新闻系，合并后的中国人民大学新闻系阵营强大，迅速发展。1959 年 9 月，北京广播学院正式成立，是我国第一所培养广播电视专门人才的高等学校。“大跃进”年代创办的新闻教育机构还有江西大学新闻系、杭州大学新闻系、安徽大学中文系新闻专业、西安政法大学新闻专业、南京大学中文系新闻专修科、暨南大学中文系新闻专业、吉林大学中文系新闻专业、山东大学中文系新闻专业、天津师范大学中文系新闻专业等。

4. 请说明邓拓杂文的特点以及 20 世纪 60 年代报纸杂文兴起的主要原因。

答：(1)邓拓杂文的特点：

邓拓的杂文博广清新，知识性强，精彩犀利，趣味性强，以读史为主线，融知识性和趣味性为一体，充分发挥了历史学家、哲学家、才子和诗人的潜能特长。

(2)20 世纪 60 年代报刊杂文兴起的主要原因：

①报刊杂文是五四时期兴起的一种重要的报刊文体，尤其是鲁迅在《申报》副刊上发表的杂文，集思想性、文艺性于一体，内容深刻，富有很强的战斗性，深受读者欢迎。在调整时期，杂文写作又出现一个高潮，涌现出一批优秀的杂文作家和一些有影响的杂文专栏。

②作为报纸评论的一种体裁，杂文是“匕首”和“投枪”，论述问题犀利泼辣、发人深省，直击问题本质，具有高度的思想性、灵活性和战斗性。

③杂文配合进一步贯彻“双百”方针，在表彰先进、匡正时弊、活跃思想、增长知识方面起到更大作用。当时杂文专栏都很有影响，办得有声有色，针砭时弊不遗余力，谈古论今包罗万象，深受读者喜爱。

④五四以后，特别是 60 年代，报刊杂文成为一种直接而迅速地反映社会现实生活或表现作者思想观点的文艺性论文。它以论战性、思想性见长；行文情感饱满、艺术上言辞机警，常借助形象比喻来议论人或事，有强烈震撼力。

12.3　考研真题与典型题详解

一、概念题

1.《红旗》杂志

答：《红旗》杂志是中共中央的理论刊物，于 1958 年在北京创刊，由中共中央主办，总编辑是陈伯达。该刊是中共八届五中全会决定出版的中央理论刊物，旨在加强马克思列宁主义和毛泽东思想的宣传，阐述共产主义运动中的思想理论问题和中国共产党的路线、方针、政策，对经济、政治、哲学、历史、科学教育、文学艺术等方面的问题发表评论。读者对象主要是各级干部和广大知识分子。1960年11月起,《红旗》杂志对毛泽东等革命领袖的引文开始使用和正文相区分的黑体字,引得各报纷纷仿效。1988年6月,《红旗》杂志停刊。

2. 穆青

答: 穆青是中国当代著名的新闻记者,曾任新华社社长。从事新闻工作50多年,他勤学苦练,不懈进取,足迹遍及大江南北和世界各地,写了多篇在中国新闻史上具有里程碑意义的新闻佳作。1940年赴延安入鲁迅艺术学院文学系学习。1942年任《解放日报》记者、编辑。1945年10月随解放日报社到东北解放区。1946年任《东北日报》采访部主任。1949年调新华通讯社总社,历任记者、农村组组长、国内部主任、副社长兼总编辑,1982年任社长、党组书记。他以通讯报道尤其是人物通讯出名。他的新闻通讯报道浓缩了伟大时代,多角度、多侧面、全方位地叙写了时代激流,因而读来引人入胜。1986年,国家创办中国新闻学院,穆青兼任新闻学院院长,为中国新闻队伍建设付出了辛勤劳动。代表作有《雁翎队》《一部震天撼地的史诗》等。

3. "左叶事件"

答: "左叶事件"是1957年4~5月新闻界出现的风波。4月17日,苏联最高苏维埃主席团主席伏罗希洛夫元帅在北京参观全国农业展览馆,农业部部长助理左叶负责维持秩序,与现场摄影师发生口角。5月7日,《中国青年报》发表小品文《部长助理与摄影师》,批评左叶,但未点名。8日,《文汇报》发表北京专电《新闻记者的苦闷》,点了左叶的名。同日,该报还发表社论《尊重新闻记者》。10日,《人民日报》副刊发表讽刺诗《官僚架子滚开》、小品文《要学会尊重人》和讽刺漫画。11日,新华社就此事发了通稿。在一些大中城市,新闻工作者举行座谈会,要求尊重新闻记者,改善工作条件。许多报纸都发了消息和言论,"左叶事件"成为轰动一时的社会热点。

4. 中华全国新闻工作者协会(暨南大学2009年研)

答: 中华全国新闻工作者协会,简称"中国记协",是中国共产党领导的中国新闻界的全国性人民团体,是党和政府密切联系新闻界的桥梁和纽带,于1957年3月17日在北京成立,邓拓被选为会长。这个组织的前身是1937年11月8日在上海诞生的中国青年记者协会。它是全国新闻工作者的团体。它主办的《新闻战线》月刊,于1957年12月创刊。

5. "三家村札记"(复旦大学2008年研)

答: 参见本专题考点难点归纳相关内容。

二、简答题

1. 如何理解"全党办报、群众办报"?(中国地大2013年研)

相关试题:"群众办报"的内涵及历史影响。(中传2021年研)

答: 延安《解放日报》改革的时候,确立了"全党办报""群众办报"的路线,1948年毛泽东在《对晋绥日报编辑人员的谈话》中再次强调全党办报、群众办报。这样,"全党办报""群众办报"就进一步成为我们办报的组织路线和工作原则,不仅在当时,而且对以后的社会主义新闻事业也有着深刻的指导意义，这一工作原则的作用和意义主要表现在：

（1）从组织上保证加强了党对新闻事业的领导。

（2）群众参加新闻工作，进一步加强了新闻事业同群众的联系。

（3）推动了新闻事业同实际的联系。

实践证明，社会主义新闻事业，必须植根于人民群众之中，必须直接依靠群众的参与和支持，“全党办报”“群众办报”具有强大的生命力。贯彻“全党办报”“群众办报”方针，不仅是社会主义新闻事业坚持群众观点和群众路线的最生动的体现，也是社会主义新闻事业具有广泛的群众性的重要保证。

2. 简述邓拓的新闻思想。（大连理工 2021 年研）

相关试题：试述解放后毛泽东、刘少奇、邓拓的新闻思想。（论述题，厦门大学 2010 年研）

答：邓拓的新闻思想主要体现在以下几个方面：

（1）邓拓认为，新闻的根本问题在于新闻的真实性，即新闻的生命。他认为“真实性是新闻的最基本条件，失去其真实性，不仅失去了指导工作的意义，而且还会适得其反”。他担心现有报道的夸张和不真实，并建议“我们应该进一步认识到，真正的大众内容是我们和读者沟通的唯一生命力源泉。我们的沟通是有价值的，因为它具有最真实的群众内容”。

（2）邓拓认为新闻记者要做到坚持实践、表现事物最客观的样子、服务于人民大众。“决胜于社门之外”是邓拓的一句名言。报社应将自己的目光做适时调整，将关注的焦点集聚在报社之外，不应该是在报社内部。用尽一切办法从群众中汲取智慧和力量。只有真正深入群众、与群众共进退，才有可能将世界上客观事物原本的样子如实反映。更要加强报纸和群众的那根纽带，结合实际，不断发现新的问题并改正。

三、论述题

1. 试述新华社创建及其 70 余年来的主要发展。

答：新华社是中国的国家通讯社，自创建以来，经历了几十年的风风雨雨。其创建及主要发展历程如下：

（1）新华社的创建。新华通讯社的前身是 1931 年 11 月 7 日创办于江西瑞金县的红色中华通讯社（简称红中社），与当时的《红色中华》报实际上是同一个机构。1937 年 1 月，为团结抗日，《红色中华》报改名为《新中华报》，红色中华通讯社也改名为新华通讯社。社长由临时中央政府西北办事处主席博古兼任，实际工作则由向仲华、廖承志等具体负责。

（2）新华社的主要发展历程。

①抗战爆发后，各抗日民主根据地都被敌人所封锁，党中央的方针、政策及有关指示的传达，各抗日民主根据地的情况与信息的交流，在极大程度上都要依靠新华社向外传播。新华社每天发稿量由原来的一两千字增加到四五千字。在抄收电讯方面，新华社编辑部把收到的国际电讯译成中文，编成油印的《每日电讯》参考资料，每期发行约 400 份，供中央领导及各机关参阅。1938 年底，《每日电讯》改名《今日新闻》。

②1939 年初，新华社与《新中华报》分开，各自成为独立的编辑机构，统属中共中央党报委员会统一领导，结束了报、社一家的历史。新华社改建为独立的新闻通讯机构后，人

员增至三十余人，组织略具雏形。自1939年起，新华社在敌后抗日民主根据地建立分社组织，逐渐形成了一个以延安总社为中心的新华通讯社网络。至抗战胜利之时，新华社在各个抗日根据地已建立了9个总分社和40多个分社。总社人员由几十人发展到124人。

③抗战胜利后，新华社进入了一个新的发展阶段。

a. 在组织建设方面，新华社总社的工作机构较前扩大、充实，分为国内新闻、国际新闻、英文广播、口语广播4个编辑部门。各解放区的总分社，新的解放区和重庆、北平、南京3个大城市的分社也先后建立。此后，中共中央又提出了“全党办通讯社”的口号，对新华社和解放日报社实行报社合一、以通讯社为主的体制，新华通讯社社长与总编辑，分别兼任解放日报社社长与总编辑。

b. 在业务建设方面，新华社总社提出了提高报道水平、改进新闻写作、加紧业务学习等新的任务与要求。

④1947年3月国民党军队对陕甘宁解放区发动全面进攻后，新华社撤出延安。3月27日《解放日报》停刊后，新华社同时担负起党中央机关报、通讯社和广播电台的三重任务，不仅报道新闻，还代表党中央发表时事政治评论。接着，中共中央又把新华社分成两支工作队伍，以适应战时需要。一支队伍由廖承志率领，东渡黄河赴太行山地区，实行战略大转移。另一支队伍由新华社副总编辑范长江率领，留在陕北，在毛泽东、周恩来率领的中央纵队身边从事新闻宣传工作，充当党中央的“耳目”与“喉舌”。其主要任务是：a. 收译国内外通讯社电讯，为党中央及时提供信息。b. 负责党中央同太行新华总社之间的电台联系，传送指示、报告与文稿。c. 抄收新华总社的文字广播，加上外国通讯社的电讯，编印供中央机关阅读的《新闻简报》与《参考消息》。d. 代表总社就近指导新华社西北总分社和西北野战军前线分社的报道工作。

人民解放军转入反攻后，新华总社编辑部门调整建制，将原来的科、组、室调整扩充为部，设立了解放区部、国民党区部、国际部、语言广播部、英文广播部、英译部等。在工作业务方面，加大了抄收外电工作的规模；文字广播增加了“新闻情报”项，供中央领导机关及前方部队指挥员参考；口语广播增加了简明新闻，供行动中的野战部队收听；并且还新增了国内英语口播新闻。在解放战争时期，新华社还发表了大批有影响的军事评论，影响巨大。新华社和新华广播电台还成功地组织了瓦解敌军和争取蒋军家属的宣传报道。这类宣传节目在分化瓦解敌军的作战意志方面，发挥了很大的作用。

⑤全国解放以后，中共中央和中央人民政府明确规定将新华社建设成为集中统一的国家通讯社，真正成为代表国家发布新闻的机关。在业务建设上，新华社担负起国内报道、对外报道和国际报道等多项报道任务。在组织规模上也逐年扩大，形成了比较广泛的记者网。除文字宣传报道工作外，新华社的摄影报道工作也日益加强；通讯技术手段也有了很大的改进；同塔斯社及东欧社会主义国家通讯社的合作也有较大的发展，并同路透社等资本主义国家的通讯社开始建立合作关系。经过几年的建设，新华社已经具备了国家通讯社的规模。

⑥1956年是新闻工作全面改革的一年。在这次改革中，新华社以建设世界性通讯社为目标，进行了多方面的改革。新华社积极选派培训干部，不断加强国外分社的力量，争取向世界60至70个国家派出记者。在改进国内报道工作方面，新华社注意提高报道质量，

提高工作效率。实行改革后，新华社在报业业务和事业建设上都发生了新的变化。仅1956年，新华社建立国外分社10个，在国内36个地方派出常驻记者。新华社的报道坚持真实、客观、自然，同时也注意立场，在国际上的威望越来越高。

⑦新华社的国外事业发展较快。驻外分社发展到51个，驻外记者80多人。对外专线广播使用5种文字播发新闻。向60多个国家和地区的报刊供应特稿，新闻照片的发稿对象达到81个国家和地区的240多家报刊。

⑧新华社的对外广播网也有很大发展，增开的对外专线电路11条，还增开对外图片传真广播电路4条。为了加强总社与国外分社的联系，到1966年新华社建立了6条自己专用的国际通讯网络和传报站。到"文革"前，新华社已经基本建成自己的国际和国内的广播网和国际通讯网络，为建设世界性通讯社奠定了基础。

总之，创建70余年来，经过抗日战争与解放战争的洗礼，新华社逐步走向成熟，并不断地发展壮大。

2．试述"大跃进"运动期间的新闻宣传及其深刻教训。

相关试题：简述"大跃进"时期我国的新闻报道。（北大2018年研）

答：在"大跃进"运动期间，新闻媒介的宣传犯了严重的"左"倾错误。主要表现在以下几个方面：

（1）宣传报道生产建设成就方面严重浮夸。

①在报道我国粮食等产量时，不顾事实乱放高产"卫星"。1958年夏天，安徽台组织了5次《庆丰收特别节目》，亩产早稻万斤的"卫星"一经发出，省广播电台就为其大肆庆贺，结果当地早稻从亩产1万斤浮夸到3万斤。

②在工业生产"大跃进"上，报纸广播重点报道全民大炼钢铁运动及其成绩，宣传大放钢铁高产"卫星"。一些报纸还刊登钢铁生产进度表，使钢铁"卫星"越放越大，越放越高。虽然新闻报道中提到钢的年产量已"胜利实现"，甚至"超额完成"，但实际上炼出的钢中有300万吨是不符合国家标准的土钢。报纸广播中的浮夸报道助长了社会上的浮夸风，各地出现了许多弄虚作假的"高产""高速度"的典型。

（2）推广生产经验方面瞎指挥。

报纸广播在宣传农业增产措施时，不顾各地实际情况，普遍号召推广"土地深翻和高度密植"经验。1958年9月某台在通讯《一个民兵连》中说："为了创造小麦高产纪录，这个连计划种麦600亩，施肥200万斤，地深翻5尺，争取亩产25万斤。"甘肃台报道敦煌县深翻地1丈2尺，令人惊讶。1959年4月早稻插秧季，经广播等新闻媒介宣传的"高度密植"经验，各地都在雷厉风行地硬性推广。"越密越先进，越密越革命"，农民对此实在想不通。这种不顾土质、种子、水、肥等各方面条件，硬性规定强求一致的"瞎指挥"给生产造成很大损失。新闻媒介在推广先进生产经验时只注意报道数字、产量和成绩，字里行间都是高产丰收的景象，而对灾情或因灾减产几乎不报道。另外，为了片面追求宣传的直接效果，有的地方甚至把广播电台变成生产指挥部门，如吉林省台举办《钢铁高产日特别节目》，昼夜24小时连续广播，要求当地在一夜之间就使"钢铁元帅升帐"。

（3）在理论、政策宣传上存在主观主义、片面性。

在人民公社化的报道中，报纸广播在政策宣传上片面提倡社有经济的发展，报道的都是条件好、收入多、公积金多的公社典型，而对条件差、问题多的公社很少提及。另外，在宣传人民公社"一大二公"时，就否定多种经济成分的存在，甚至把社会主义阶段某些现行的合理政策都当作"本位主义""个人主义"加以批判。宣传政治挂帅时，就否定群众的物质利益；宣传群众的创造力时，就否定专家、教授和工程技术人员的作用。在文艺作品中，专家、教授多是反面人物。

对此，可以总结出三条深刻教训：①必须坚持实事求是的思想路线和新闻真实性的原则；②必须具有坚持真理的勇气，把坚持原则性和坚持纪律性结合起来；③要把革命干劲和科学精神结合起来。

专题十三　改革开放以来的新闻传播事业

13.1　复习笔记

【知识框架(庖丁解牛)】

- 改革开放以来的新闻传播事业
  - 回归新闻本位 1978～1992
    - 真理标准问题的讨论
      - “两个凡是”→《实践是检验真理的唯一标准》
      - “四五运动”平反(新华社 1978. 11. 16)；十一届三中全会
    - 新闻属性：①坚持四项基本原则；②党性 VS 人民性；③新闻 VS 信息；④新闻价值；⑤新闻与宣传；⑥新闻的商品性；⑦新闻的功能
    - 农村宣传　对包产到户、长途贩运、专业户雇工等问题的讨论；认可家庭承包经营制度
    - “渤海二号”与舆论监督的恢复
    - 《苦恋》风波
    - 经济类报刊异军突起，晚报复刊　《市场报》《经济参考》《南昌晚报》《春城晚报》
    - 媒体自办发行　事业性质　企业管理　邮发合一→自办发行
    - 周末报与扩版　《南方周末》
    - 新闻管理与新闻立法　新闻出版署　1987　新闻官司
    - “皇甫平”评论与《东方风来满眼春》
  - 市场化 1992～2002
    - 《北京青年报》走向报摊　三十秒效应　新闻纸　打破中央媒体一统天下局面
    - 都市报的崛起　《华西都市报》(市民生活报)《南方都市报》《新京报》
    - 报刊的整治　结构失衡，重复办报；布局分散，质量不高；强行摊派；违法违规
    - 报业集团　1994 年国家出版署提出　报业兼并　1996 年广州日报报业集团成立
    - 电视新闻改革　《东方时空》(1993)；《焦点访谈》(1994)；《新闻 30 分》(1995)；“中国电视直播年”(1997)；收视率调查
    - 加入 WTO 对新闻事业的影响
  - 日渐开放 2003～2012
    - 伊拉克战争与“非典”中媒体表现　快　直播　专刊　特派记者　沉默→公开
    - 新闻发言人制度　上海　2003. 6. 3
    - 文化产业政策　吸收社会资本　经营性报刊转企
    - 舆论监督　孙志刚事件
    - 拉萨事件与“反 CNN”网站　官方媒体→草根力量
    - 中国媒体在汶川地震中　信息公开
    - 北京奥运会对外国媒体开放
    - “封口费”与“纸箱馅包子”：新闻出版总署加强新闻从业人员管理　整治假报刊、假新闻、假记者站、假记者等；保护记者合法采访活动
    - 打通两个舆论场：“民间舆论场”和主流媒体舆论场
  - 改革开放以来的广播电视事业
    - 广播
      - “珠江模式”与地方电台改革　珠江经济台(1986)
      - 以东方广播电台成立为标志的“东广模式”
      - 全国各地频率专业化探索　音乐台、交通台热潮
      - 广电集团的组建
      - 中央台改革　信息、知识、娱乐一体；大众性与娱乐性
      - 广播发展趋势　回流　城市化　地域性　个性化　网络电台
    - 电视
      - 电视事业发展：撤销地县电视台建制，实行制播分离
      - 从《新闻联播》(1978. 1. 1)到新闻频道(2003. 5. 1)
      - 东方卫视、电视“湘军”等地方电视台的崛起
    - 广电开启移动视听新时代
  - 十八大以来的新闻传播事业(2012 年底～)

【专题概要（提纲挈领）】

本专题主要论述了改革开放以来新闻传播事业改革与发展的相关知识，考点以名词解释、简答题以及论述题为主，在学习时，需要着重对关于真理标准问题的讨论、新闻传播事业的市场化改革、国际新闻事业的发展、新闻法规和制度的健全、广播电视事业的改革等内容加以把握，并重点了解加入WTO对新闻事业的影响、舆论监督与信息公开、两个舆论场、“珠江模式”等内容。

【考点难点归纳（厚积薄发）】

考点一：回归新闻本位（1978～1992）★★★★

1978年起，中国的历史进入一个新的时期，中国的新闻事业也翻开新的一页。此阶段，新闻界进行了拨乱反正，新闻工作全面改革。

1. 关于真理标准问题的讨论

真理标准问题的讨论从1978年2月开始引起了巨大的反响和讨论，为中国新闻传播事业的发展打下坚实基础。具体内容见表13－1。

表13－1　关于真理标准问题的讨论

要点	具体内容
经过	①1978年2月，中央人民广播电台停办了《毛主席语录》节目，《人民日报》等报纸也陆续取消了“毛主席语录”专栏。 ②1978年3月26日，《人民日报》发表短文《标准只有一个》，提出“真理的标准只有一个，就是社会实践”，引起较大反响。 ③1978年5月11日，《光明日报》发表特约评论员文章《实践是检验真理的唯一标准》。同一天，新华社向全国播发了这篇文章的全文。引发了一场关于真理标准问题的大讨论。 ④1978年，《人民日报》发表长篇报道《天安门事件真相》，之后新华社向全国播发了中共北京市委为天安门“四五运动”平反的决定。 ⑤1978年12月召开的中共十一届三中全会高度评价了关于实践是检验真理唯一标准问题的讨论，认为这场讨论对于促进全党和全国人民解放思想、端正思想路线具有深远意义。在这场关于真理标准问题的讨论中，新闻界不仅态度鲜明，而且行动积极，做出了重大贡献
意义	①冲破了“两个凡是”的长期禁锢，打破了思想僵化、教条主义的沉重枷锁。 ②为重新确立党的解放思想、实事求是的思想路线，实现全党工作重心的转移奠定了理论基础。 ③为十一届三中全会的召开做好了思想理论与舆论上的准备

2. 关于新闻属性的大讨论

真理标准的讨论打破了思想僵化、教条主义的沉重枷锁，此后人们对新闻属性也进行了讨论，具体内容见表13－2。

表 13－2　关于新闻属性的大讨论

要点	具体内容
坚持四项基本原则	1981 年 1 月 29 日，中共中央颁布了《关于当前报刊新闻广播宣传方针的决定》，就报刊、广播、电视如何开展批评问题作了具体规定，指出新闻界应认真进行关于坚持四项基本原则的宣传
党性和人民性	坚持新闻工作的党性同坚持新闻工作的人民性，在理论上和实际工作中做到统一
新闻和信息	增加新闻的信息量成为新闻改革的方向之一，信息观念对新闻工作的影响越来越大
新闻价值	人们从主观标准的测试转向将新闻价值视作新闻事实内涵的客观素质
新闻与宣传	大多数新闻既有新闻价值又有宣传价值。实现新闻的双重价值，才能获得新闻最佳社会效果
新闻的商品性观念	20 世纪 50 年代，王中教授提出报纸具有“双重性”的观点：一是宣传性，二是商品性。但新闻的商品性问题很难一下子获得普遍认同。社会主义市场经济体制建立后，新闻媒介被推向市场，新闻的商品性再次引起人们的关注。为提高新闻价值，吸引更多读者，新闻事业应做到：①促进新闻工作者努力提高自己的素质，深入实际，不断创新，向读者奉献高质量的新闻产品。②新闻同时具有引导社会舆论的特殊功能，需要承担社会责任
新闻的功能	“报纸是阶级斗争工具”这一论断被弃用，“阶级舆论工具”论与“社会舆论工具”论兴起。新闻事业的多元化功能得到了认可，新闻媒介发布消息、引导舆论、开展批评、沟通情况等功能得到强化

3. 对农村改革的宣传

改革开放初期，新闻界在推进农村改革中起重要作用。如《人民日报》对“包产到组”“长途贩运”等问题进行了讨论。

4. “渤海 2 号”与舆论监督的恢复（见表 13－3）

表 13－3　“渤海 2 号”事件与舆论监督的恢复

要点	具体内容
经过	1980 年 7 月 22 日，《工人日报》和《人民日报》同时发表消息，披露了“渤海 2 号”钻井船翻沉事故，在全国引起强烈反响。事件 8 个月之后这一起重大责任事故的真相和有关领导的错误态度才终于被媒体公之于众。其中，《人民日报》的《从渤海 2 号事故看石油部的领导作风》将批评锋芒指向石油部的主要领导，指出了他们对待这一事故的错误态度和做法。1980 年 8 月 26 日，国务院决定处理“渤海 2 号”事故相关责任人
意义	关于“渤海 2 号”翻船事故报道的成功，不仅在于各新闻单位勇于揭露这起特大事故的真相，发挥了舆论监督作用，而且更由于它突破了新闻宣传过去“只打苍蝇，不打老虎”的状况，从这一事件看到了工业战线的“左”倾流毒，端正了党风，促进了我国的经济建设。新闻界对“渤海 2 号”事件的报道，实现了批评报道的突破：①对重大事故和重大决策失误不公开报道的做法。②对先进典型的缺点错误不公开批评的做法。③对高级领导干部的错误不公开批评的做法

5. 农村改革后的新闻传播事业发展(见表13-4)

表13-4 农村改革后的新闻传播事业发展

要点	具体内容
《苦恋》	①1981年，新闻界就电影文学剧本《苦恋》所出现的资产阶级自由化倾向展开了批评。《苦恋》的争论持续了两年，在文艺界与新闻界激起轩然大波，成为最早的关于资产阶级自由化的讨论。 ②邓小平针对该事件指出，在思想文化的指导工作中存在"左"的倾向必须坚决纠正和防止
经济类报刊兴起	市场经济体制改革的风潮下，各类经济类报刊也逐渐兴起。《市场报》《经济参考报》《经济日报》报道的领域涉及与经济相关的政治、社会的方方面面。1989年，《中华工商时报》创刊，是一份自主经营、自负盈亏、市场化的报纸，总编辑为丁望。该报定位是为市场经济鸣锣开道，关注中国民营经济的成长
媒体自办发行	1985年，《洛阳日报》率先宣布脱离邮局，实行自办发行，一些日报与晚报纷纷加入自办发行的行列。2003年前后，全国自办发行的报纸已突破3000家
周末版大战与扩版热	①周末版关注"软新闻"，纷纷出现于报端，特点是取材轻松、叙述活泼、思辨色彩的语言少。 ②周末版及扩版大战实际是报纸在扩大新闻信息量、提高报纸可读性方面的竞争。 ③20世纪80年代中后期报刊扩版与周末版在新闻界风行一时。深度报道也大行其道
新闻管理与新闻立法	①1987年新闻出版署成立，媒体管理进入专业化归口管理时代。 ②各法律条例已经对新闻传播和出版做出了法律上的规定，基本上满足了当前行政管理和行业发展的需要。 ③1979年《刑法》规定了诽谤罪和侮辱罪。1986年《民法通则》设立了人身权专节并且规定了民事救济措施。 ④20世纪80年代后期，出现了"新闻官司""告记者热"的新闻媒介侵权案件。最高人民法院高度重视此类案件，制定了一系列司法解释，使名誉权案件的审判规则基本系统化
"皇甫平"评论与《东方风来满眼春》	①1991年，邓小平同志发表了一系列有关深化改革的谈话，提出了许多改革开放的新思路和新观点。上海《解放日报》率先在全国报道了邓小平在上海的讲话，并陆续发表署名"皇甫平"的评论文章，这些评论打开了人们的思路，帮助人们明辨了是非，对进一步深化改革起到了积极的舆论导向作用。 ②1992年3月《深圳特区报》发表了陈锡添的长篇通讯《东方风来满眼春》，生动地报道了邓小平在深圳的活动和谈话。新华社向全国转发了这篇通讯

考点二：市场化影响下的新闻传播事业(1992~2002，见表13-5) ★★★

表13-5 市场化影响下的新闻传播事业

要点	具体内容
《北京青年报》	《北京青年报》是北京地区第一份真正市场化的报纸。1991年《北京青年报》创办了《青年周末》和《新闻周刊》，直面北京的报刊零售市场。以《北京青年报》为代表的边缘媒体的市场化对媒体的影响力格局产生了重要影响，逐步打破了中央媒体一统天下的格局
都市报崛起	①《华西都市报》是中国第一份都市报，1995年创刊。以"全心全意为市民服务"的办报方针，创立"区域组合城市"的新型城市报市场策略，推动中国报业的市场化经营和产业化发展。 ②都市报的迅猛崛起，打破了晚报的垄断地位，各地晚报与都市报趋同化竞争。 ③1998年，《华西都市报》旗帜鲜明地提出"迈向主流媒体"的理论观点，同时诉诸办报实践。各地的都市报明显加大言论的力度，逐渐追求影响力，掌握社会舆论的话语权

续表

<table>
<tr><th>要点</th><th colspan="2">具体内容</th></tr>
<tr><td>报刊治理整顿</td><td colspan="2">①1995 年下半年，新闻出版署未批准出版一张新办报纸。次年，新闻出版署决定停止批办新的报纸，停止所有报纸的扩版增期和转换主管部门，以遏制报业数量增长势头。
②1996 年，下发了《关于加强新闻出版广播电影电视业管理的通知》，之后提出了报刊治理的具体措施。经过两年多的治理整顿，遏制了报刊散滥现象，布局结构得到调整</td></tr>
<tr><td>报业集团出现</td><td colspan="2">我国的报业集团是随着社会主义市场经济的发展、社会大众对信息需求的增加、报业经济实力的迅速提高而产生的。
①1996 年，经中共中央宣传部同意、新闻出版总署批准，《广州日报》社进行报业集团试点，同年，广州日报报业集团挂牌，成为中国首家报业集团。
②1998 年，新闻出版总署批准了五家报业集团[羊城晚报报业集团、南方日报报业集团、光明日报报业集团、经济日报报业集团和文汇新民报业集团]，使报业集团的试点工作进一步扩大。
③从 1999 年底到 2000 年 10 月，新闻出版总署先后批准了 10 家报业集团，报业集团成员大量增加，给我国报业集团化发展注入了新的活力，也使我国传媒产业开始“厚重”起来。同时也表明我国报业集团开始从粗放经营型向规模效益型转变，从单位化发展向集团化发展转变，并正在形成跨地区、跨媒体的趋势</td></tr>
<tr><td>电视新闻改革</td><td colspan="2">为了进一步加强舆论监督作用，中央及各地方新闻媒介在原有栏目和节目的基础上，纷纷扩大和增加评论性栏目和节目。
①1993 年，中央电视台开播杂志型栏目《东方时空》。它以现场采访为主，增加了新闻的深度。其中“焦点时刻”为评论节目，勇于评述社会上的热点问题，一经播出深受瞩目。
②1994 年 4 月 1 日，评论节目《焦点访谈》开播。按照“以正确的舆论引导人”的要求，其定位是：“时事追踪报道，新闻背景分析，社会热点透视，大众话题评说。”
③1995 年，中央电视台推出了《新闻 30 分》，以群众关心的问题为核心，组织系列跟踪报道，广受欢迎。
④1996 年起，《新闻联播》由录播改为直播。
⑤1997 年[“中国电视直播年”]，以重大新闻的电视直播为标志，中国电视的新闻传播进入新时代，同时收视率调查开始为人们所熟知</td></tr>
<tr><td rowspan="4">中国加入世贸组织</td><td>概况</td><td>2001 年中国正式加入了 WTO，中国的新闻传播事业将与其他产业一样面临一个更加开放的竞争环境</td></tr>
<tr><td>挑战</td><td>①按照协议，允许外国资本进入我国的电信业和网络业，并占有 49% 的股份，构成了对新闻业的直接冲击。
②西方大量文化产品通过合法渠道进入我国，对具有某种文化产业性质的新闻业更是有着不可低估的影响。
③西方发达国家大批量的物质产品和精神产品的长年累月地涌入，将对国人的价值观念发生巨大深刻的影响，进而改变中国新闻传媒和新闻事业发展的外部条件</td></tr>
<tr><td>机遇</td><td>中国政府承诺加大信息透明度，并规定了相应的制度。政府信息披露、制度的完善，对民主建设、新闻自由度的提高都有很大的推动作用</td></tr>
<tr><td>入世后新闻事业的新进展</td><td>①为了更好地迎接挑战，新闻媒介不断整合，我国的报刊、广播电视、网络媒体以及新兴的手机媒体在不断前进，新闻理念、新闻内容不断创新。
②从媒体间结成战略同盟来看，已出现多边合作和跨媒体、跨区域的趋势。
③从媒体自身的演变发展来看，网络新闻媒体正在稳步发展</td></tr>
</table>

【考点拓展】财经新闻媒体的崛起

我国加入世贸组织后，国家经济以加速度的方式融入世界经济大潮中。经济生活的活跃，使得社会对于国内国际经济信息的需求大幅度增加，媒体审时度势，财经新闻在这一时期迅速崛起。主要表现有：

(1)财经新闻媒体的大量出现。从2001年到2006年五年间，各报业集团开始大量创刊发行专业类财经报纸，改变了以往仅依靠综合类日报财经版进行财经新闻报道的状况，形成了一批新兴的专业财经报纸和杂志。

(2)财经新闻市场化进程的推进。我国的财经新闻长期以来以国家政策为导向，注重宣传导向作用。入世带来的社会环境、经济环境、媒体环境、受众环境的变化，为财经新闻，特别是财经报纸的市场化带来了契机。

(3)鲜明、准确的受众定位。这一时期的财经媒体具有一个显著特征：它们不再以广泛大众为目标受众，而是有鲜明、准确的受众定位。

(4)由周报向日报发展。经济信息的瞬息万变和经济生活的丰富，要求财经类新闻报道准确及时。电视、广播加大了财经新闻在整体新闻报道中的比重，综合性报纸也有步骤地扩大其经济版版面。这一时期最显著的是财经类周报向日报发展。

(5)财经新闻报道的内容国际化和视角的国际化。国际大媒体集团在财经新闻方面的加入促进了我国财经新闻的发展。我国财经新闻报道改变了传统的单纯聚焦国内的模式，开始向国际化的新闻报道方向发展。

考点三：日渐开放的新闻事业(2003～2012) ★★★

从2003年至2012年，是改革开放以来中国新闻传播事业飞速发展的第三个阶段，这个阶段中国传播事业有了新的发展和突破，具体情况见表13－6。

表13－6　日渐开放的新闻事业

要点	具体内容
“伊拉克战争”“非典”的媒体表现	①2003年，新华社抢先报道了伊拉克战争爆发，并提供了视频、音频稿件。中央人民广播电台和中国国际广播电台迅速并连续多日进行直播。 ②“非典”初期，大部分的媒体保持沉默，政府有关部门隐情不报，直接造成了“非典”在北京蔓延的严重后果。“非典”之后，媒体开始注重对人民群众知情权的尊重与保障
新闻发言人制度	①1983年，齐怀远[时任外交部新闻司司长]成为外交部第一位正式的发言人。随后中国记协首次介绍新闻发言人，至此，我国新闻发言人制度正式建立。 ②1991年，我国组建了国务院新闻办公室，更充分地“向世界说明中国”。 ③作为向社会和公众通报政府工作信息的一种经常性制度，建立新闻发言人制度是政府在“非典”期间实行信息公开过程中的一项重要举措。 ④2006年，我国各级政府网站平均拥有率达到85.6%，各级政府网站的“信息公开、在线办事和公众参与”能力保持快速上升趋势。 ⑤2011年的“7·23”甬温线动车事故使关于新闻发言人制度的讨论再次成为热点，推动了政务公开。 ⑥2011年中央印发了《关于深化政务公开加强政务服务的意见》，强调了各级政府要及时回应社会关切问题。同时以微博为代表的新兴媒体的发展，极大地挑战了新闻发言人以及政府新闻发布制度
文化产业政策改革	①2003年开始，我国文化体制改革试点工作进入快车道，中央确定了8家报纸作为改革试点进行合作改制。 ②2004年，《东方早报》《新京报》《第一财经日报》为中国报业的市场运作模式带来新的突破。 ③2005年，国务院发布了《关于非公有资本进入文化产业的若干决定》，提出对非公有资本进入文化产业分成鼓励、限制和禁止三种情况。

续表

要点	具体内容
文化产业政策改革	④2008 年，新闻出版总署提出经营性报刊转企改制“三年三步走”的战略部署，报刊业进入改革的攻坚阶段。 ⑤2012 年，新华社发布了《国家“二五”时期文化发展规划纲要》，强调媒体国际传播能力的增强，逐步提高国家文化软实力和国际竞争力
加强舆论监督	2005 年，中共中央办公厅印发了《关于进一步加强和改进舆论监督工作的意见》，这是中国共产党为加强舆论监督所制定的一个专门性的重要指导文件。此举与 2003 年 12 月中共中央在颁布《中国共产党党内监督条例》中专设“舆论监督”一节相呼应，反映了加强党的执政能力建设和国家民主政治建设的需要
开展“三项学习教育活动”	从 2003 年起到 2004 年年底，在新闻战线广泛深入地开展“三个代表”重要思想、马克思主义新闻观、职业精神职业道德的学习教育活动。以提高新闻从业人员的政治素质、思想素质和道德素质，改变媒体和新闻工作者的社会形象，增强新闻传媒的公信力。打击虚假报道、有偿新闻、低俗之风和不良广告的行业不正之风
打通两个舆论场	新华社原总编辑南振中最早提出“两个舆论场”概念。一个是老百姓的“民间舆论场”；一个是主流媒体着力营造的舆论场。2009 年开始，“打通两个舆论场”成为传播学者们最常讨论的话题

考点四：十八大以来的新闻传播事业（2012 年底）（见表 13－7）★★

表 13－7　十八大以来的新闻传播事业

要点	具体内容
《人民日报》的头版变化	《人民日报》头版上的领导人和重大会议报道呈现逐步减少的趋势，舆论监督稿件在头版的比重显著增加
《新快报》事件	2013 年“《新快报》陈永洲事件”一波三折，引发舆论持续关注。假新闻泛滥引起舆论担忧
全国宣传思想工作会议	2013 年，全国宣传思想工作会议在北京召开。习近平提出，为党性和人民性是一致的、统一的。必须坚持巩固壮大主流思想舆论，弘扬主旋律，传播正能量，激发全社会团结奋进的强大力量
中国传媒变革	新闻出版总署和国家广电总局合并为国家新闻出版广电总局。2013 年，解放报业集团与文新报业集团合并为“上海报业集团”，成为中国最大的报刊集团，上海报业改革的大幕徐徐拉开

考点五：改革开放以来的广播电视事业 ★★

1. 焕发生机的广播事业（见表 13－8）

表 13－8　焕发生机的广播事业

要点	具体内容
“珠江模式”与地方电台的改革	①1986 年珠江经济广播电台开播，广播改革进入全新的阶段。 ②珠江经济广播电台播出综合性内容，大量播出群众来信、发表评论或提出批评意见，大部分为直播。

续表

要点	具体内容
"珠江模式"与地方电台的改革	③珠江经济台改革后的模式被称为"珠江模式",树立全新广播模式,广播宣传方式彻底改变。 ④以广州为中心的珠江三角洲和广东沿海地区出现了"珠江台热"。经济台相继成立打破了过去广播电台的状况。 ⑤1989年以新闻为主的综合性新闻广播电台——广东人民广播电台新闻台正式开播
东方广播电台成的"东广模式"	1992年,东方广播电台成立,践行以提高节目信息量为标志的开放型改革思路,不断优化内容。东方广播电台深化大板块直播节目的内涵,实现了广播节目与社会活动的内外联动,被称之为"东广模式",该模式带来了受众市场的细分,在地区媒体中建立了自己的地位和优势
全国各地专业化探索	①20世纪80至90年代,开办了许多音乐台,地方电台出现"音乐化浪潮"。 ②1991年我国第一家交通广播频率上海交通信息台诞生,后交通台在全国各主要城市集中涌现
广电集团的组建	广电集团组建工作以自上而下的方式由行政手段整合而成。广电集团化历程中,以发展为主题,以结构调整为主线,掀起改革浪潮。但我国的广电集团整合中,大部分并未发挥出显著的合力
中央台的改革	①1983年,中央人民广播电视部召开了第十一次全国广播电视工作会议,以改革新闻节目为突破,带动教育性、文艺性和服务性节目的改革。 ②中央人民广播电台对广播的黄金时段进行了划分,增强了新闻时效,扩大信息量。 ③2000年,中央人民广播电台在第一套早晨黄金时间推出150分钟的大型新闻板块节目《这里是中国》,带动了一批新闻节目。 ④中国国际广播电台经过多年的发展,成为了集音、视、网、报、刊于一体的综合性媒体,每日从世界各地向国内发回各种最新的国际报道,供中央"三台"使用
广播的发展趋势	①广播生存时间变化,黄金时段发生改变。 ②广播生存空间变化,城市化倾向显著,资讯信息高度密集、文化娱乐高度活跃的地区发展更快。 ③广播模式变化,与世界许多国家的广播模式接近,充分运用大板块、主持人、直播运作等手段。 ④新型广播形态网络电台开始出现,即一种为受众提供收听、收看和下载多媒体广播节目的互联网平台,相较于传统广播,在传播途径、接收终端、收听场所及范围等具有明显优势,增强了互动性

2. 改革开放以来的电视发展(见表13-9)

表13-9 改革开放以来的电视发展

要点	具体内容	
改革开放以来的电视	电视事业的发展	①"四级办电视"的方针推动中国电视事业发展的同时,解决了重复建设、重复制作、重复播出、重复覆盖等问题。 ②20世纪90年代,中国电视改革聚焦于撤销地县两级电视台建制和逐步实行制播分离,逐渐集团化发展。 ③1988年,中央台新闻中心正式成立,确定了采、编、播"一条龙"的管理体制,1991年《新闻联播》覆盖全球。 ④1997年,中国电视的新闻传播进入电视直播的新时代。 ⑤2003年,中央电视台新闻频道开播,创办国家级24小时播出的电视新闻频道。2008年年底,中央电视台等50家电视机构成立新闻直播联盟,全国电视实现新闻直播常态化

续表

要点	具体内容	
改革开放以来的电视	东方卫视、电视湘军及地方电视台的崛起	①中央电视台在近10年实现了主导国内舆论、影响国际舆论，电视、网络融合，多元化、多媒体、多领域、集团化发展三个方面的巨大跨越。 ②东方卫视开辟了以“新闻见长、影视支撑、娱乐补充、体育特色”的新路，创造了“东方卫视现象”。 ③湖南卫视对《快乐大本营》的持续培养和经营，逐渐找准定位，将目标确定为“锁定娱乐、锁定年轻、锁定全国”，并在之后提出了“快乐中国”这一口号。 ④2000年以来，30余个省级卫视台的竞争日趋白热化，寻求各自的特色和差异化成共识。媒体融合发展日益广泛的当下，各地方电视台联动合作，形成传播矩阵
广电开启移动视听新时代	①2012年，全国各省(区、市)基本完成有线电视网络整合，各省“一张网”的有线电视网络发展格局基本形成。有线网络数字化、双向化改造步伐进一步加快。 ②网络视听领域迎来“合纵连横”谋求更大发展的全新时代。依托移动互联网和移动终端的迅速普及，中国视听行业开启移动视听新时代	

13.2　课后习题详解

1. 改革开放后我国新闻事业在新闻观念上有了怎样的变化？这些变化在新闻改革的实践中有何体现？

答：改革开放以来，中国新闻传播事业发生的最大变化首先体现在新闻传播观念的变化。从摒弃“阶级斗争工具论”到继承发展“喉舌论”；从承认新闻是一门科学，承认新闻事业具有其自身的传播规律，到引进西方传播学的观念开始舆论学研究、受众研究；在坚持有中国特色的新闻事业的党性原则与喉舌论的同时，我国新闻学也借鉴了许多西方传播学的观点，丰富了新闻事业的思维方式和理论体系。在不同的阶段，新闻观念的革新总是与新闻实践密切相连。

(1)喉舌论的继承与发展。

①真理标准问题的讨论。从1976年10月到1978年底，粉碎“四人帮”后，新闻界为了冲破“两个凡是”的束缚进行了艰苦的努力。1978年5月，《光明日报》发表《实践是检验真理的唯一标准》，引发了全国范围内对真理标准问题的大讨论。12月，党的十一届三中全会召开，中国历史翻开新的一页。

②党性与人民性的争论。新闻界广泛争论报纸的党性和人民性，证明报纸是党的喉舌，也是人民的喉舌，新闻事业的基本方针是为社会主义服务、为人民服务。

③“喉舌论”的继承与加强。坚持新闻事业的党性、把握正确的舆论导向成为新闻界的共识，江泽民进而强调舆论导向正确之重要。“喉舌论”是马克思主义新闻学的基石，新闻媒介不仅要坚持党性原则，而且要坚持人民性、群众性等原则。

(2)新闻本位的回归。

①关于新闻的定义及相关问题。经过探讨，新闻界比较认同陆定一于1943年提出的

"新闻是新近发生的事实的报道"的定义。新闻与信息关系成为热点，增加新闻信息量成为媒介改革的方向之一。有关新闻价值的探讨也在实践中得到认证，新闻的商品性问题被重提。

②新闻事业的性质及相关问题。"报纸是阶级斗争工具"这一论断被弃用，新闻事业现阶段被称为"阶级舆论工具"与"社会舆论工具"。长期以来，中国的新闻事业十分注重宣传功能和宣传价值，在改革实践中，传播知识、提供娱乐等多元功能得到认可。1978年新闻事业还开始了"事业单位，企业化运营之路"。

(3)新闻观念变化对我国新闻事业的影响。

①对传统新闻观念的冲击。研究人员开始把新闻机构称为"新闻媒介""传播媒介""大众传播媒介"，"反馈""把关人""受众""意见领袖"等相关概念随之而来，全新的思维模式和研究方法也给新闻学界带来了前所未有的冲击。1982年，中国社会科学院新闻研究所和首都新闻学会调查组共同发起的北京地区读者、观众、听众调查，被国外传播学者认为"中国传播学研究者在研究方面取得了巨大的进步"。

②"受众"的概念从此为广大新闻媒介从业人员所接受。与"受众"这个概念相关联的是广告市场、发行量大小、收视率高低、潜在的读者市场等概念。随着社会主义市场经济体制的确立，媒体竞争加剧，如何做好受众市场成为大家关心的话题。

③90年代之后，西方媒介经济学的有关理论开始影响中国新闻界，西方传媒的经营管理模式、发行和营销模式、全球化发展的理念，对于正在成长壮大的中国新闻媒介产业和报业集团有着很好的指导作用。

【真题链接】简述新时期关于党性和人民性的争论。(华中师大2008年研)

2. 什么是新闻事业的党性？什么是新闻事业的人民性？应如何理解两者之间的关系？

答：(1)新闻事业的党性，是指新闻媒体是党的舆论机关、是党的耳目喉舌，要严格按照党的路线方针政策进行宣传，必须在政治上与党中央保持一致，对党负责，使上情下达。要求无产阶级政党领导主办的新闻舆论工具在新闻事业中贯彻表达无产阶级利益和意志。

(2)新闻事业的人民性，是指把实现好、维护好、发展好最广大人民根本利益作为出发点和落脚点，坚持以人为本。

(3)党性与人民性的关系。新闻宣传的党性和人民性相统一原则是马克思主义新闻观的核心内容之一，十九大报告也指出，坚持党对一切工作的领导和坚持以人民为中心的两条方略是坚持中国新闻舆论工作的生命线。在2013年8月19日的全国宣传思想工作会议上，习近平同志就已经明确指出，"党性和人民性从来都是一致的、统一的"。坚持鲜明的政治立场即党性，坚持党性和人民性的统一，是马列主义新闻舆论工作的一个基本原则。社会主义新闻事业有鲜明的党性，又具有强烈的人民性，党性和人民性是一致的，离开了人民性就不叫党性。从党的根本性质来看，党性和人民性是一致的，即新闻媒介不仅仅是党的耳目喉舌，也是政府与人民的耳目喉舌，要使上情下达，也要使下情上达，下情互达。

坚持新闻工作的党性同坚持新闻工作的人民性，不仅在理论上是统一的，在实际工作中也是可以做到统一的。一方面共产党代表了广大人民的长远和根本利益，党的利益和人民的利益是完全一致的；另一方面，正是党的先进性使其具有代表性。党性的先进性不是指党凌驾于人民之上，而是为人民服务。

3. 中国的舆论监督与西方媒体的舆论监督有何不同？你认为我国新闻媒体舆论监督的作用在网络时代如何加强？

答：舆论监督是运用大众媒介帮助公众了解政府事务、公共事务和一切涉及公众利益的活动，并用舆论的力量促使它们沿着法制和社会生活共同准则的轨道运行的一种社会行为，是现代文明社会须臾不可缺少的。言论自由、新闻自由是广大人民的民主权利，是实施舆论监督的基本条件。中国舆论监督与西方新闻界所提倡的舆论监督不同，在遵循二者共通的大众传播规律的同时，中国的舆论监督有着自己的鲜明特色。

(1) 中国舆论监督与西方不同之处。

①特性不同。西方的舆论监督具有天生的软弱性。对利润最大化的追求，对垄断资本的依附，使西方媒介对权力的监督具有先天的软弱性。西方舆论监督在将矛头直指社会黑暗与腐败的同时，并没有完全担负起改造社会、服务公众的神圣职责。

中国的舆论监督是一种有领导的舆论监督，是作为某种行政职能的延伸而存在的。这就使它有着与生俱来的两大特点：一是有着极强的解决问题的能力；二是必须坚持以正面报道为主的方针，争取积极的社会效果。中国的舆论监督是党性和人民性高度统一下的舆论监督。

②功能不同。西方媒介机构是设置社会舆论议程者和声音最响亮的喉舌，它在社会生活中发挥更多的是社会调整、社会制衡和动态地平衡舆论监督的功能。与此不同，中国媒介舆论监督的侧重点在于它的社会监测功能和社会控制功能。

(2) 加强网络时代新闻舆论监督的措施。舆论监督是我国进行社会监督一个很重要的方面，但媒体掌控话语权常常会对监督对象产生伤害；同时，舆论监督也常被异化为新闻寻租的工具和吸引受众眼球的手段。网络舆论监督的优势已经日益受到政府和广大民众的重视，其地位的重要性也日益得到提升。在网络时代，我国新闻舆论监督应当适时改进和加强。

①舆论监督应当全面准确、防止偏颇。在引用评判性、结论性语言时，要注重其权威性、正确性。网络受众人数众多，人群复杂，所以要特别仔细考察和核实网络上获取的信息和资源。在采写、编辑舆论监督稿件时，要提供详细准确的事实。在权威部门没有结论之前，不发议论，不作评判，不下结论，不定性定量。

②加强和改进新闻舆论监督的制度建设，形成媒体对政府部门及其工作人员监督的制度。包括加强法律保障、争取领导支持和扩大舆论监督可以利用的其他资源，以及强化媒体自身的机制规范、道德规范建设，同时也应加强法律方面的规范。

③建立和完善舆论监督工作激励和约束机制。对被批评对象接受批评改进工作后出现的正面情况，从正面予以引导和鼓励；完善接受社会监督的机制，向社会公布监督举报电话，接受对新闻采编人员违纪违规行为的举报，调查核实并作出相应答复；因报道失实侵犯他人合法权益的，应及时公开更正和道歉；造成严重伤害的应承担相关法律责任。

④建立舆论监督违纪违规责任追究制度。对舆论监督稿件顺向把关，逆向查究。严格实行稿件传递过程中的审查签字制度，一般性舆论监督报道由值班总编和部门主任审签；重大舆论监督报道由社(台)主要领导审签；拿不准的要送有关部门审签。这些制度同样适用于网络新闻媒体和机构，网络编辑及其他相关的网络新闻从业者。

⑤新时期我国舆论监督的发展，需要加强互联网技术与传统媒体的合作。网络舆论监督力量的充分发挥依然有赖于传统媒体的支持和帮助，事实证明，只有加强二者的合作才能使我国的舆论监督事业得到长足的发展。

网络与传统媒体在监督过程中都具有自身的独特优势，在对共同关注的事件的监督过程中，二者有相互取长补短的需要。为了使监督效果最大化，二者也应当在监督过程中相互配合。因此，要把互联网在监督初始的即时揭露功能、传统媒体报道的深入发掘功能和扩大影响的能力、网络交流平台在大众言论信息方面的整合功能三方面更好地结合在一起，努力促进新老媒体更默契的合作，共同促进我国舆论监督事业的发展进步。

4. 请简要评析我国新闻事业的管理体制，你认为我国新闻事业的宏观管理体制应进行怎样的调整?

答: (1)我国的新闻事业是党和政府领导的社会主义新闻事业。根据邓小平同志建设有中国特色社会主义的理论，我国新闻事业管理体制可以概括为党的领导和五种管理机制。

①党的领导是我国社会主义新闻事业最强大的政治优势和整个管理体制的可靠保障。党的领导问题应从三方面来理解：

a. 坚持党性原则，即以建设有中国特色社会主义的理论为指针，积极宣传马列主义、毛泽东思想，宣传党的基本路线，以经济建设为中心，大力宣传改革开放以及党和政府各时期的中心任务和政策方针，始终坚持四项基本原则，坚持“二为”方针，以社会效益为最高标准，更好地动员、引导、团结、激励群众投身到社会主义现代化建设中来，按照党的民主集中制原则办报，办新闻事业，严格遵守党纪国法。

b. 坚持以正面报道为主，掌握正确的舆论导向，全面发挥社会主义新闻事业的各项功能。

c. 党组织、党的宣传部门对新闻工作的领导，也应该视为“管理”。党的管理不仅是政治方向性的、理论性的、思想性的，也是有一定行政效力的。

②我国的新闻事业的宏观管理体制主要是五个方面的调控：政党调控、政府调控、法律调控、集团调控、行业调控。

a. 政党调控，长期以来，党委主管新闻媒介，并已形成较为齐全的政策及规定，这是我国新闻传播事业的传统。

b. 政府调控，是指政府通过行政执法、物资分配、广告管理、财政拨款、新闻审读等对新闻传媒进行调控和管制。

c. 法律调控，虽然我国没有一套完善的新闻法，但是监管新闻传播的相关法规已经不少。

d. 集团调控，我国新闻媒介受到各种社会集团的调控监管，如各民主党派、人民团体等。

e. 行业调控，在新闻媒介的行业管理作用日益显现。随着科技的进步和新闻事业的发展，我国新闻事业的宏观体制应当转变为：报业，除了对报刊内容的管理，报刊的经营管理也是非常重要的；广电事业，提高电视法制建设，加强法制化管理水平，建立条块管理体系；互联网新闻，由国家相关部门进行宏观管理。

(2)调整。

①应加强新闻事业管理体制的法律调控。仅有的监管新闻传播的相关法规不足以应对突飞猛进发展的新闻事业，要使新闻事业健康稳步发展，健全的法律是不可缺少的。

②政党调控和政府调控应抓大放小，搞好舆论引导。目前我国政党调控和政府调控比较开明，但是依然存在“大事小事一把抓”的个例。政党和政府在进行新闻事业管理的时候，更应当着重抓好主要方向，传达主流意见进行社会舆论引导。

5．请介绍改革开放以来我国新闻法制工作的发展历程。《新闻法》是不是我国新闻事业发展所必需的？

答：(1)改革开放以来我国新闻法制工作的发展历程。

改革开放以来，中共中央宣传部制定了相应的宣传纪律，国家有关行政主管部门也制定了相应的行政法规，新闻单位根据实际情况重新制定了一系列的规章制度。

80年代初，我国有关部门就开始酝酿《新闻法》，曾经起草过多种供立法部门参考的《新闻法》草稿。1982年第五届全国人民代表大会通过的《中华人民共和国宪法》对新闻事业有过相关规定。但立法机关非常谨慎，经过多次讨论，但是目前尚未定稿。

从1978年至1999年7月，全国人大及其常委会制定通过的法律、决定以及国务院发布的行政法规中，许多同新闻活动密切相关。《中华人民共和国刑法》《中华人民共和国民法通则》等为新闻法制提供了法律依据。

根据有关部门制定的《新闻出版业2000年及2010年发展规划》，建立《新闻法》《出版法》《著作权法》为主题的新闻出版法律体系预计要到2010年才能实现。新闻事业的管理最终应该走上法制化轨道。

(2)我国新闻立法并不一定要制定一部专门的《新闻法》。

我国尚未出台专门的《新闻法》，但新闻传播法制建设已取得巨大进展。这是因为：

①尽管《新闻法》历经二十多年的曲折历程尚未面世，但我国社会主义民主与法制建设所取得的巨大成就必然影响新闻传播活动，使新闻传播领域的法制建设逐步发展。

②即使在英国、美国等西方发达国家，其法律体系详尽、完备，也并非都有专门的新闻法，事实上，世界上多数国家都没有专门的《新闻法》，而对新闻传播事业的法制化管理是通过其他相关法律实现的。

从我国的新闻工作实践来看，一方面，记者和人民群众利用新闻手段发表意见、开展批评的权利很多时候得不到保障；另一方面新闻侵权现象也大量发生。保护新闻自由和限制滥用新闻自由都是现实对法律所提出的必然要求，新闻立法必须提速。新闻立法是新闻体制改革的核心内容，对于推进政治文明意义重大。新闻体制改革作为政治体制改革的一部分，是对社会既定利益关系的调整，其难度不言而喻。对待新闻立法，我们也应该像对待其他部门立法一样，抱着慎重、积极而宽容的态度。不能奢望有了一部新闻法，新闻自由就有了彻底的保障。新闻自由是一个历史范畴，它存在于一定的历史阶段。新闻自由的历史发展过程总是和社会发展的总趋势密切联系着的，以保障新闻自由为宗旨的新闻立法也必然有一个不断完善的过程。

6. 你认为新闻事业是不是产业？它与其他产业有何不同？我国目前的新闻产业化进程有什么不足之处？

答：(1)新闻事业的产业问题。

1978年国家实行改革开放以来，社会开始实现转型，中国传媒业的功能和属性开始逐步发生变化，新闻事业隶属信息产业的认识逐步被确认，进入20世纪90年代后，这种产业属性日渐明显。1992年党的十四大确立我国要建立社会主义市场经济以后，新闻界逐渐达成一个共识：在社会主义市场经济条件下，新闻事业不但是一支强大的精神上、道义上的力量，而且还是一支强大的经济力量。

广义来讲，新闻事业具有产业特性。在新闻市场上，只有具有新闻价值的新闻产品才会受读者欢迎。随着广告营业额的不断提升和对经济的巨大促进作用，可以说新闻事业是产业。

(2)新闻事业与其他产业的区别。

①传媒业与其他传统产业相比，具有相对垄断性。传媒业的文化属性使得它往往要受到相关政策的制约而形成政策性垄断，这使得传媒具有相对较强的垄断性。

②传媒业有良好的增值性和独特的盈利模式。传媒具有成本低、速度快、影响广泛的特点，能够迅速形成规模效应和盈利。

③新闻事业具有意识形态属性。新闻事业属于上层建筑的意识形态领域，由于其在社会中的巨大影响力，通常是“阶级舆论工具”和“社会舆论工具”，受到政治和经济制度的制约。

(3)我国目前的新闻产业化进程的不足之处。

由于新闻单位仍属于实行企业化管理的事业单位，而非企业，因此新闻单位的资产仍是全额的国有新闻资产。虽然新闻媒体的实际操作有了许多尝试，现实情况发生了变化，但是新闻媒体作为事业单位，仍由国家拨款维持运营，实行预算管理制。虽然新闻单位实行企业化管理的独立核算制是从事业单位的自收自支发展过来的，而至今大多数新闻媒体仍然接受国家财政预算的拨款。这样即使是一些企业通过协办、理事会、赞助等方式对新闻单位投入资金，这些资金也不能作为资本投入，通常是作为广告费用，新闻单位只能刊登广告作为回报，出资人并不具有投资人的资格，因此也无法享有投资人的权益。

7. 我国已经成为世界贸易组织成员，加入这一组织对我国新闻事业产生了哪些影响？

答：2001年12月11日，中国正式加入了WTO，成为世界贸易组织的正式成员。中国承诺逐步减让和降低与新闻传播业务有关物品的进口关税；逐步开放广告市场，允许外资与国内企业合作，开展广告代理和广告服务业务；开放电信服务市场，允许境外资本进入互联网市场。

通过对我国新闻传播业近期发展情况的考察，“入世”对我国新闻传播业的影响可以划分为4个层次：

(1)“入世”以后，我国国民经济中的某些重要的物质生产部门以及与新闻传播业有着较为密切关系的产业，首当其冲地受到巨大影响，由此必然对新闻传播业造成相应的间接影响。

(2)“入世”以后，对国内电信业、网络业这些信息产业形成不小的冲击，会在较大程度上直接冲击新闻传播业。

(3)由大量西方文化产品涌入国门而造成的西方思想文化影响，由此对我国的新闻传播业将形成强有力的冲击。

(4)“入世”以后，社会公众的价值观念受到巨大冲击，由此必然全面地影响我国的新闻传播业。

以上四个层次，当然是人为划分的，但大致体现了“入世”对我国新闻传播业的影响由较浅层次向较深层次、由间接层次向直接层次的递进。其根本性的影响，是对各种社会活动的主体——人的影响，尤其是对人们价值观念的深深影响。由此，“入世”足以使我国新闻传播业产生难以想象的深刻变化。

“入世”带给我们的主要是媒介生态的改变。中国媒介在“入世”后的最大的任务，就是要适应改变了的社会生态环境。尽管我国在入世之后没有承诺新闻媒介将向外资开放，但是与国外媒体的竞争是必然趋势。在新经济时代，世界范围内的传媒领域的融合与兼并愈演愈烈，而要与国外媒体进行较量，我国媒体的分散、低效、结构不合理，将会大大影响媒体的竞争力。目前我国在保证新闻媒介作为党和人民耳目喉舌的基础上，不断壮大新闻媒体的经济实力，提高经济效益，增强在新闻信息传播及相关领域的竞争力，以实现社会效益与经济效益的双丰收。

8. 改革开放以来，我国报业结构发生了怎样的变化？如何看待主流媒体与非主流媒体？党报的主流地位面临哪些挑战？

答：(1)改革开放以来，我国报业结构的变化。

随着改革开放的迅速发展，报纸的发展也非常迅猛，我国的报业机构也发生了很大的变化。

①20 世纪 90 年代都市报异军突起，网络新媒体出现并快速发展。

②报纸的市场需求和市场规模逐渐缩小。报业的增长点向中等城市、小城市和城市社区次递转移。中心城市的报纸市场持续萎缩，都市报为生存而进行的竞争更加残酷。

③报纸市场的集中度大大提高，报纸间的贫富差距越拉越大，区域市场一家独大的格局必将形成。

④在报业集中度大大提高的过程中，集团化建设进一步加强，报纸的并购时代也随之到来。

⑤多媒体的渗透和融合是大势所趋，报业的集团化不再是报纸品种的单一组合，而应该向网络媒体进军，并通过网络向音频、视频等领域进军。

(2)主流媒体与非主流媒体。

①主流媒体是以主流群体为核心受众，通过理性报道传播社会主流价值观，产品链符合媒介融合趋势，并在公众中具有巨大公信力和影响力的权威性媒体。在我国，主流媒体一般是指中央、各省市区党委机关报和中央、各省市区广播电台、电视台，以及其他一些大报大台。相对而言，其他的媒体就是非主流媒体。

②不论是主流媒体还是非主流媒体，它们都构成了我国社会主义新闻传播事业的一部分，是进行舆论监督、传播信息、普及知识、提供服务、刊登广告的机构。两者互为补充，不可割裂。在具体的传播过程中，它们基于自身不同的性质所发挥的作用不同。

(3)党报主流地位面临的挑战。

①发行数量持续下滑。随着市场化程度的不断提高，传统的公费订阅报纸资金额度不断萎缩，而党报目前对自费订阅市场又开拓不力。

②广告收入增长迟缓。目前，市场空间和成长性较好的新经济领域，投放党报广告的积极性不高，商业广告、消费产品广告数量也很少，党报单靠自身经济收入生存和发展面临沉重的压力。

③采编队伍不稳定。一些党报从业人员年龄结构偏大，知识结构老化，队伍稳定性差。大量骨干力量加盟新兴媒体或改行转业，导致党报人才流失，后继乏人。

④社会影响有所下降。服务功能的弱化及监督功能的异化，党报人均拥有量和阅读率欠佳，读者自费订阅党报的意愿和认同度不高，使区域性党报在人民群众中的吸引力、号召力和影响力有所降低。

9．你如何看待虚假新闻和新闻界的“潜规则”？

答：虚假新闻是指未能真实反映客观事物本来面貌，带有虚假成分的报道。“潜规则”是指不成文的、见不得光的、一些暗箱操作的规定和原则，新闻界的“潜规则”包括“封口费”“车马费”等。

虚假新闻和“潜规则”都是新闻界丧失和违背职业道德的表现，这些新闻的出现，其产生归根结底是因为少数媒体及新闻工作者无视自己的社会使命与道德责任，滥用新闻自由权利，贪图个人私利和小团体利益造成的。

(1)虚假新闻和新闻界“潜规则”的危害。

①破坏了真实性、客观性、公正性的原则。不少虚假新闻和“潜规则”为了达到某些个人或者集团的利益，不惜夸大、歪曲事实，混淆黑白，颠倒是非，严重损害了公众利益。

②降低了新闻报道的质量。大众传媒判断信息的取舍取决于新闻价值。虚假新闻和“潜规则”将一些虚假的或者毫无新闻价值的东西充塞版面和节目，挤占了真正有新闻价值报道的时间和空间，从而影响了新闻宣传报道的质量。

③腐蚀了新闻工作队伍。虚假新闻和“潜规则”使一些新闻工作者腐化堕落，蜕化变质，既是个人道德的沦丧，也使所在媒体的公信力遭到破坏。

(2)治理虚假新闻和新闻界“潜规则”的做法。

①加强新闻工作的行业自律，树立正确的新闻道德观。新闻单位的行业自律是自我行为约束的表现之一，它要求新闻工作人员不仅要承担契约性的责任，更要承担一定的社会性责任和法规性责任。

②规范全社会对新闻单位和新闻工作者的监督体制。新闻单位和新闻工作者常常被誉为“无冕之王”“布衣宰相”，他们是为人民大众监督社会环境的公器，但同时也应受到社会的监督和控制。

③提高编外新闻工作者的地位和待遇，完善考核制度。近年来，各家媒体招收了大量没有编制的合同工，他们没有职称，甚至没有新闻出版总署颁发的记者证，权益得不到应有的保障。对利益的需求会促使他们制造虚假新闻和接受“潜规则”，提高他们的地位和待遇有利于减少新闻腐败。

④推动新闻立法，运用法律武器，同通过假新闻谋私的不良现象做斗争。建立健全治

理虚假新闻的约束机制，尽快建构起制度化的、来自传媒外部的新闻监管体系，包括主管机关的行政监督、新闻行业协会的行业监督、新闻评议会等对新闻媒体的社会监督。

10. 奥运会后中国继续实行对外国传媒的开放制度是否有助于中国国家形象的提升？

答：国家形象是一个国家综合实力的真实表述，体现了国家的政治、经济、社会、文化各方面的发展状况。一个民主、开放、和平、自信的国家形象是中国要向全世界昭示的最真实的国家形象。

(1)奥运会期间，我国实行对外国媒体的开放制度吸引了无数来自外国的媒体记者的眼球。现如今，奥运会已经闭幕，在各国媒体疑惑的声音中，我国宣布继续实行对外国媒体开放制度，这一制度在国际上有着重要意义，有助于树立一个开放、自信的国家形象。

(2)在如今全球化的背景下，在中国走向世界的过程中，实行新闻开放已是大势所趋。从汶川大地震报道的经验和奥运会的新闻开放制度看，新闻的开放、透明，有助于人们了解事实真相，也有助于戳穿谎言和欺骗，能够体现中国政治、经济、社会等各方面发展的真实情况。

(3)实行对外国媒体开放制度有助于中央各部门和地方政府充分认识到对外宣传工作的重要性，制定突发事件处理、舆论引导的应急预案，增强我国政府对外宣传的经验，有助于树立一个有信心、有能力的政府形象。

(4)传媒开放制度是外国记者了解中国、摆脱对中国的固有看法、战胜偏见的一个好机会。

(5)在未对外媒实行开放制度时，外媒报道中的中国形象往往带有主观色彩与刻板印象。实行对外媒的开放制度可以向世界传达真实鲜明、丰富立体的中国形象。

(6)我国传媒的开放制度有赖于双方的共同合作，比如希望外国记者在华采访期间能够“遵守中国法律，客观公正地报道中国”。新闻传播要遵守中国法律，恪守职业道德，遵循职业规范，不能越过道德和行为的底线。

11. 中国的电视新闻改革今后将如何进行？中央电视台的新闻频道与西方的新闻频道相比还有哪些差距？

答：(1)相比其他媒体，电视新闻前进的步调明显滞后，尤其是一些地方电视台，电视新闻的制作水准低，在信息传播的广度、深度及表现形式等方面，无法适应时代的要求，迫切地需要进行改革。

①要从根本上重新定位电视新闻。媒体的本质就是要将社会各个角落的消息回馈到信息中心。新闻的制作其实是一个典型的将消息序化成信息的过程，而受众愿意接受那些在浮躁的世间能带给自己序化的信息。因此，电视新闻需要对信息做出“澄清”和“解惑”，积极引导受众，告诉受众这些信息与他们有什么样的关联。

②要使用真正的电视语言进行信息传播。电视新闻要能做到“用情境说话”，让声音影像而非主观的解说词来叙述事件。

③改变观念，电视新闻要以受众为本位。形式上，必须符合观众的收视习惯。内容上，应该使受众获得信息、产生兴趣，并力求对其产生有效影响。形式和内容可以结合起来，从人的本能、个人经验、生存利益等多重需要方面凸显电视新闻与观众之间的关联性。

④在根本处重新定位、使用真正的电视语言、以受众为本位，这三者缺一不可、不能割裂，是电视新闻改革的核心环节。电视新闻改革是一个系统、动态的复杂进程，我们既要不断进行实践的探索和尝试，又要积极寻求理论的创新和突破。

(2)尽管近年来我国电视新闻进行了诸多改革，但不可否认的是我国的电视新闻与西方仍然存在一定的差距。

①真正意义上有影响力的专业化新闻频道并未实现。专业化频道是电视传播市场中形成传播个性以及品牌特征的最佳途径，专业化的信息采集、加工、传播模式，是寻求媒体与受众最佳结合点的基础，同时也是我国电视媒体能与境外媒体在受众市场竞争中赖以取胜的锐利武器。目前，国内众多电视媒体，在媒介节目经营和受众市场竞争中，依然在很大程度上依赖于非新闻类节目，进而造成节目同质化严重，浪费了宝贵的传播资源。

②在新闻节目中，属于现场直播的内容还太少。现场直播不仅是当今电视新闻传播的发展潮流，更是境外诸多媒体占领传播市场的成功之道。而目前我国对动态性较强的新闻或突发事件的新闻直播还极为薄弱，要使中国电视在激烈的媒介市场竞争中占有更多的先机，要让世界更多地听到来自中国的真实声音，电视新闻的现场直播是必不可少的。

③深度报道与新闻评论节目的发展还远未满足社会与受众的需求。新闻评论节目并未创造出自身的良好“生态环境”，而深度报道节目更存在着节目本体方面的缺陷。所以就迄今为止的整体状态而言，报道与言论的深度还远远不够，媒介对社会舆论的巨大引导作用还没有得到充分的发挥，节目的形态从理论到实践都远未达到理想的成熟度。

凡此种种现象都向中国电视人表明，中央电视台的新闻频道与西方的新闻频道相比还有较大差距，中国电视新闻的改革之路，还未有穷期，任重而道远。

12. 你看好传统媒体的未来吗？传统媒体该如何转型？

答：(1)我看好传统媒体的未来。随着信息技术的不断进步，新媒体的发展已经成为一种不可阻挡的趋势，它的出现极大地改变了人们的生活和工作方式，然而新媒体的出现并没有导致传统媒体的消失，传统媒体仍有着其不可替代的优势与价值：

①虽然传统媒体对于信息发布的及时性不能与新媒体相比，但其信息的质量和有效性是新媒体所远远不及的。新媒体在网络传播技术的助力下，高速率的传播速度、庞大的新闻容量、丰富的信息类型使得新媒体迅速成为具有数字阅读习惯“Z世代”的首要选择，各类新媒体账号也层出不穷。但针对新媒体的法律滞后、新媒体不具备系统完整的审核机制等因素也使得新媒体信息泥沙俱下、质量参差不齐，读者在庞大的信息流中也面临着“信息迷失”的困境。而传统媒体经过多年的发展，线下已形成了严密的选题策划机制、审核机制以及配套适应的法律机制，使得新闻内容质量具有极大的保障，能够满足读者寻求有效信息的需求。另外，传统媒体的长期运营也使得传统媒体形成了固定的用户群，具有生存的基础与土壤。

②新媒体虽然涵盖的信息量极大，但大多不是信息的初始来源，而是对传统媒体信息的二次加工，信息的原创者大多还是来源于传统媒体。有报道指出，即使是在新媒体高度发展的美国，其新媒体原创性的、独立生产的优质内容依然十分有限，这充分表明新媒体对传统媒体有着极强的依赖性，并不能脱离传统媒体而独立存在。

综上可知，传统媒体作为高质量、原创性的信息来源具有新媒体无法取代的生存优势，在可预见的未来里，传统媒体并不会因为新媒体的冲击而彻底消失。但传统媒体也不应该松懈，要充分观察市场的发展特点，确保及时针对变化做出有效的应对策略，从而使其优势能够得到保持，得到长期而稳定的发展。

(2)传统媒体的转型。

①以开放的平台思维，再造资源聚合力。互联网的平台思维是开放、共享、共赢的思维，其精髓在于多主体共赢互利。体现在媒体信息传播上，就是“一次采集、多种生成、多元传播”，形成具有强大整合效应的信息集群。

②一体化的整合策略，拓展传播广阔度。一体化发展，是媒体融合的内在要求和基本方向。而一体化不是简单的加法，而是有机整合的乘法。要实现各种媒介资源、生产要素的有效整合，实现信息内容、技术应用、平台终端、人才队伍的共享融通，形成一体化的组织结构、传播体系和管理体制。这就要求，自媒体与社交媒体势必要成为新闻生产的一部分，打破传统思维中对新媒体的调度都置于内容生产之后的惯性，改变新媒体只是延伸平台和延长价值的工具定位，必须要使新媒体的功能得以前置、内容得以渗透，让公众对于某些问题的理解变成一个过程，而不是一个结果。

③变革生产模式，创新产品形态。随着信息技术的快速发展，新闻事业新的生产方式正在突破封闭的报道模式，主要体现在三种变化上：

a. 新闻的产品形态发生变化，“新闻报道 + 社交媒体”将构成动态扩展的新闻产品，受众在接受信息过程中产生的大量互动信息将迅速汇聚并且反哺传统媒体内容。

b. 新闻的生产形态发生变化，媒体内外广泛的公众参与将被纳入专业化新闻的内容生产中，同时通过用户需求而产生精准内容定位正在成为现实。

c. 新闻的表达形态发生变化，新闻的专业选择和公众的个性观点，将共构新闻的表达形态，同时传统新闻对信息甄别、选择和解读的优势将发挥更大作用，并且“社交化”的运用将兼顾人们对信息的丰富性与信息的准确性的需求，报道内容也将不仅仅停留在“信息”上，关系、情感、行为都可以是内容的一部分。

13.3 考研真题与典型题详解

一、概念题

1.《实践是检验真理的唯一标准》(人大 2019 年研；清华大学 2009 年研；中传 2008 年研)

答：《实践是检验真理的唯一标准》是 1978 年 5 月 11 日《光明日报》上刊发的特约评论员文章，它引发了一场对中国历史产生重大影响的关于真理标准问题的讨论。该文阐述了马克思主义关于真理标准问题的重要原则，即“思想理论本身不能成为检验自身是否符合客观事实的标准，只有千千万万人的社会实践，才能完成检验真理的任务”，还对“两个凡是”提出了尖锐批评，5 月底，全国共有 30 家报纸转载了这篇文章。这篇文章的发表打破了思想僵化、教条主义的沉重枷锁，为重新确立解放思想、实事求是的思想路线，实现全党工作中心转移奠定了理论基础，为具有划时代意义的十一届三中全会的召开完成了思想理论与舆论上的准备。

2.《经济日报》

答:《经济日报》是由国务院主办、中宣部领导和管理的中央级党报。1983年1月1日创刊，邓小平题写报名。1978年7月以原《大公报》一部分工作人员为主，创办《财贸战线》报，1981年改名《中国财贸报》,《经济日报》是在此基础上创办的。该报以经济界和关心中国经济发展的国内外读者为对象，以指导经济工作、提供情况、提供经验、提供信息、指导消费、推动社会主义经济建设为宗旨，已成为在国内外具有较大影响的以经济报道为主的综合性权威报纸。还出版《中国花卉报》《经济日报·英文周刊》《中国经济新闻》《中国企业家》《全国新产品》等报刊。经济日报报业集团1998年6月8日成立。集团主办18种报刊，两家出版社和中国经济网。

3.“三色报道”

答:“三色报道”是指1987年6月24日至7月4日刊登在《中国青年报》上的三篇整版的调查性报道，分别是:《红色的警告》《黑色的咏叹》《绿色的悲哀》。这三篇文章对新中国成立以来最大的一起森林大火进行了深度报道，从多层次、多角度报道了火灾的前因后果以及带给我们的教训，是中国灾难新闻报道的里程碑，引发了新闻界中深度报道的高潮。这三篇报道披露官僚主义、触及体制弊端，在全国人民心中激起的震撼和思考，已远远超过了森林大火本身，获得了读者和新闻界同行的高度肯定，获得当年的全国好新闻特别奖。

4. 报业集团(山东大学2009年研)

答:报业集团是报业联合企业，又称报系，由两种以上日报或多种报刊的报业公司合并组成，一般跨地区经营。大的报团还拥有通讯社、特稿辛迪加、电台、电视台等。20世纪50年代以后，随着竞争和垄断的加剧，大型和超大型甚至国际性的报团出现。报团的经营除了出版发行业，也进入传媒业的其他领域，还掌握其他大型的工商企业。当代著名报团有美国的甘尼特报团、赛西尔·金报团，法国的埃尔桑报团，欧洲的施普林格报刊出版业集团，国际性的有汤姆森报团、默多克报团等。报团逐渐发展壮大成为大型的国际传媒集团。中国的报业集团一般以党委机关报为核心组建，拥有其他相关实业。

5. 新闻发言人制度(暨南大学2021年研)

答:新闻发言人制度是指政府部门任命或指定新闻发言人，通过举行新闻发布会或约见记者，发布内容涉及政府的重大事项、重要活动、社会关注的热点问题、海内外关注的问题、重大突发事件、公共政策、公共服务、政府决策等所有与公众利益直接相关的问题的新闻，并针对这些内容接受公众公开咨询、质询和问责的制度安排。该制度主要是以政府为传播主体，以新闻媒体和社会公众为传播客体，通过发布、传播与公众利益相关的政务信息和重要新闻来实现政府与社会的沟通，是一种相对稳定和规范的公共信息传播机制。

二、简答题

1. 简述中国新闻界在“真理标准”大讨论中的作为。(复旦大学2018年研)

答:1976年10月，中央政治局执行党和人民的意志，一举粉碎“四人帮”，举国欢腾，人心思变，百业待举，党面临着思想、政治、组织等各个领域全面拨乱反正的任务。但是，这一进程受到“两个凡是”错误方针的严重阻碍，党和国家的工作在前进中出现徘徊局面。

针对这种状况，邓小平多次旗帜鲜明地提出，“两个凡是”不符合马克思主义，我们要完整准确地理解毛泽东思想。新闻界对于真理标准问题的讨论经历了以下几个阶段：

(1)1978 年 2 月中央人民广播电台停办了《毛主席语录》节目，《人民日报》等报纸也陆续取消了“毛主席语录”专栏。

(2)1978 年 3 月，《人民日报》发表文章《标准只有一个》，指出：“真理的标准只有一个，就是社会实践。”当时引起较大反响。

(3)1978 年 5 月 11 日，《光明日报》发表特约评论员文章《实践是检验真理的唯一标准》，在全国范围内引发了一场关于真理标准问题的大讨论。《实践是检验真理的唯一标准》一文，阐明了检验真理的标准只能是社会实践，理论与实践的统一是马克思主义的一个最基本的原则。这就从根本理论上否定了“两个凡是”。文章在党内外和广大干部群众中激起了强烈反响，同时也遭到一些人的非议和指责。

(4)1978 年 6 月 2 日，邓小平在全军政治工作会议上讲话，针对当时的形势再次精辟阐述了毛泽东的实事求是、一切从实际出发、理论与实践相结合的这样一个马克思主义的根本观点、根本方法。12 月，党的十一届三中全会召开，邓小平发表了《解放思想，实事求是，团结一致向前看》的讲话，中国历史翻开了新的一页。

(5)1979 年 2 月，中央电视台对电视节目中突出个人、神化领袖以及标语口号式的内容进行清理。

在关于真理标准问题的讨论中，新闻界旗帜鲜明地进行了宣传。1978 年 6 月至 11 月，中央和地方报刊发表了一批阐述实践是检验真理唯一标准的文章。这场真理标准问题的讨论，冲破了个人崇拜和“两个凡是”的束缚，推动了各行各业拨乱反正的顺利开展。从某种意义上讲，这是 20 年来最响亮、最具关键意义的口号。这一口号的提出，并不是单纯地向毛泽东不容置疑的权威提出挑战，而是向新的探索扫平道路。

2. 社会主义市场经济体制的提出，对我国新闻事业产生了哪些深刻影响?

答：社会主义市场经济体制的提出，对中国新闻事业产生了以下深刻影响：

(1)市场经济成为新闻事业发展新动力。改革开放政策和市场经济体制的确立带来了经济的繁荣发展和国家的对外开放，人们对国内外各种经济、政治、文化与科技信息的需求日益加大。为适应人们各种不同的信息需求，各类媒体如雨后春笋般迅速发展起来。以报业发展为例，报业改革者们解放思想，探索前进，先后实现了广告经营、发行经营等五个方面的突破。从而使得新闻传播能够建立在更加科学，更加规范，更加讲究效益和效果的基础上，有力地促进了国家的改革开放和社会主义建设事业。

(2)市场经济为我国新闻事业营造了发展环境。社会主义也可以搞市场经济，也可以借助市场来配置资源，来引导生产、流通和消费，这就为企业摆脱计划经济体制的某些束缚，按照市场经济体制运行和发展提供了润滑剂和推动力。

在建立市场经济大潮中，人们深切地感受到自身的生产劳动、日常生活与市场之间密切的关系，以及市场各类信息对自身的重要性。正是市场经济条件下急剧增长的社会信息需求，带动和促进了新闻事业新一轮的发展。

(3)市场经济体制的确立，给新闻事业带来的最主要的特征就是竞争。在新闻传播领域引进竞争机制，以增强自身的生机和活力，这已成为一种共识。相同媒体的市场竞争表现得最为激烈。各家电视台为抢夺全国市场的“上星之争”就是范例。不同媒体间的竞争也是各显神威，如火如荼。如广播、电视、报纸之间的竞争。

(4)市场经济也不可避免地为我国新闻事业带来一定的负面影响。在市场经济的洪流冲击下，新闻事业出现了恶性竞争、有偿新闻、虚假新闻等现象，新闻广告化的倾向也有所强化，为了消除上述负面影响，在建立市场经济体制的同时，要健全道德规范和法律规范。但就总体而言，市场经济为我国新闻事业带来的正面影响远远大于负面影响。

三、论述题

1. 论述中国新闻媒体的“双轨制”，结合中国传媒改革实践进行分析。(复旦大学2013年研)

相关试题：简述新闻媒介的双重属性。(复旦大学2019年研)

答：中国新闻媒体“双轨制”这一概念是在我国新闻媒体固有的“双重属性”基础上提出的，我国新闻媒体具有“事业性质，企业管理”的双重属性，即作为精神产品的生产者，新闻媒体既属于上层建筑范畴，又属于信息(娱乐)产业。这在西方发达国家已经是一个常识。但在中国，对此认识得较晚。

(1)中国新闻媒体“双轨制”的发展。

①长期以来，我们把新闻媒体的属性定位在上层建筑内，认为新闻媒体是上层建筑的一个组成部分，并确认中国共产党领导的新闻媒体是党和人民的喉舌，即党的宣传工具。这一认识从我们党的报刊一开始创办就确立下来。

②1949年12月，新闻总署曾召开全国报纸经理会议，决定报纸实行企业化经营，但没过几年就停止执行。1978年，财政部批准《人民日报》等首都报纸试行企业管理，但实际也没有真正推行。

③一直到党的十四大召开，确立我国要建设社会主义市场经济以后，新闻界逐渐达成一个共识：在社会主义市场经济条件下，新闻媒体不但要促进社会主义市场经济的发育，而且本身就是社会主义市场经济不可或缺的有机组成。进而形成新闻媒体具有双重性的新认识，即新闻媒体具有形而上的上层建筑属性和形而下的信息产业属性。

④“事业性质，企业管理”是上述双重属性在当前我国新闻媒体中的外在表现形式。这意味着，新闻媒体的性质是党和政府的喉舌，它不能像一般企业那样可以自由出入市场，可以自定方针，而必须服从党和政府的领导。但在管理上采取企业方法，新闻媒介是独立法人，在经济上必须自主经营、自负盈亏、依法纳税。

(2)新闻媒体“双轨制”带来的变化。

确立新闻媒体的双重属性，“事业性质，企业管理”，极大地解放了新闻媒介的生产力，给新闻媒介带来许多积极的变化。

①新闻媒介形成了积极竞争的态势。竞争的直接目标是争取更多的受众——报纸要扩大发行量，电台要提高收听率，电视台要提高收视率。为了吸引受众，就要不断下功夫改进版面、改进节目，从而使宣传、新闻报道更加生动活泼，广播电视节目更加丰富多彩，从而使新闻媒介更加注重塑造自己鲜明的个性特点。

②新闻媒体更加注重人才的培养和设备的更新。竞争，归根到底是人才的竞争，也是

设备的竞争。为了更真实、更迅速、更深刻、更生动地反映现实，制作受众喜闻乐见的节目，新闻单位需要方方面面的人才，需要不断更新设备。从1993年以来，中国各大报社实现了办公自动化，电台、电视台的设备基本达到或接近国际水平。

③新闻媒体更加注重受众的反馈。媒体竞争态势的形成标志着中国新闻媒体从过去的以传者为中心向以受者为中心过渡，新闻媒介比以前更加重视受众的需要，媒介内容向贴近生活、贴近群众倾斜。重视媒体的受众定位，不断进行受众调查。新闻媒介栏目不断变化，热点追踪不断转移，其轴心就是受众需要。

④新闻媒体更加重视自身管理，重视投入产出的效益，开源节流，发展壮大。新闻媒介在做好宣传党的方针政策的同时，放开手脚搞活经营、使得国家利税收入增加，新闻媒体实力壮大，新闻从业人员收入增长。

(3)中国新闻媒体的“双轨制”带来的问题。

①指导和迎合的矛盾。一方面，新闻事业生产和传播的是精神产品，强调对受众、对社会生活广泛的指导性；另一方面，作为经济实体的媒介要考虑投入与产出的问题，要确立以受众市场为核心的基本原则。少数新闻媒介面临竞争压力，一味地迎合受众的猎奇心理，使得媚俗、浅薄的内容大量增加，出现了报格下滑现象。

②增加信息量与煽情的矛盾。新闻事业是以传递各种各样的信息为其主要任务的，并主要以信息量来满足受众的需要；但是现在，迫于商业竞争的压力，极少数新闻媒介走上了一条通俗化乃至庸俗化的道路，不追“新”，一味地追“星”、追“腥”、追“性”，煽情主义一发而不可收拾，“炒”新闻的现象时有发生，造成当今新闻传播中硬新闻不硬，软新闻低俗化的倾向。

③新闻和广告的矛盾。新闻事业双重性决定了新闻媒介具有双重的出售方式：出售新闻给读者和出售广告版面、时间给广告客户。从理论上看，新闻事业作为广告媒体的地位应该是由其作为新闻媒体的地位决定的。但现在，广告和新闻争版面、争时间的现象时有发生；广告版面、时间，在少数新闻媒介那里，大大超出规定标准，一些新闻媒介扩版、增加节目时间，往往新闻性的内容少，增加的大都是广告；有些情况下，广告主凭借其经济实力，甚至对新闻的内容和播发权形成压力和影响；以及出现了广告客户出高价买下版面吹嘘自己，或以新闻的面目做变相广告误导消费者等现象。

上述问题概括起来就是相当数量的新闻媒介在向经济效益倾斜。为了改善这种局面，需要将政企责任清晰化，产权明了化；建立健全相关法制；提高新闻从业人员职业道德，加强行业自律；树立正确的新闻道德观等等。

2．试论中国当代新闻体制的变迁。(清华大学2011年研)

答：(1)中国当代新闻体制变迁的过程。

1949年新中国成立以来，中国的新闻体制经历了一系列变迁，变迁的过程可以简单划分为以下几个阶段：

①对私营媒体的改造和社会主义新闻体制的全面确立。

新中国成立之初，部分私营新闻事业被保留，允许其继续存在。然而在新的政治环境下，私营媒体失去了赖以生存的社会根基。与此同时，政府管制的计划体制开始建立，私营报业的发行被纳入公营报业的“邮发合一”体系，导致依靠发行和广告收入的私营报业面临“断炊之灾”，停刊或公私合营成为私营报业面临的最后选择。到1952年底，全国私营报社全部实行了公私合营，私营广播电台也于1952年底全部实现国有化。从私营到公私合营再到国营，私营新闻事业由被控制到被改造，一步步退出了历史舞台。公营、私营、公私合营的并存局面很快被单一公有制的社会主义新闻事业体系取代。这从所有制层面上解决了中共对全国新闻媒体的控制和管理问题，正式建立起了高度集中的社会主义新闻体制。这次大变革成为近代以来中国新闻事业发展史的一个重要里程碑，标志着中国新闻事业一个新纪元的开始。

②社会主义新闻体制的初次改革与调整。

新中国成立初期，通过社会主义改造，效仿苏联建立起来的高度集中的新闻体制所带来的泛政治化的办报思维和僵化的办报方式等与社会主要矛盾转变，和国家中心工作转移的新环境不相适应。1956年春夏之际，包括体制改革在内的新闻改革展开了。这次新闻改革在新闻体制方面强调新闻媒体从单纯党的喉舌向同时承担群众喉舌转变，媒介的性质虽然没有发生根本改变，但是媒体却改以更有利方便的形式为人民服务，多方面满足人民群众的需要。这次新闻体制改革是探索完善社会主义新闻体制的一次有益尝试，它不仅触动了高度集中的新闻体制，更重要的是它在新形势下把媒体的党性和群众性统一起来。然而这次开端良好的新闻体制改革于1957年6月随着“反右”斗争扩大化而中断。

③改革开放以来新闻体制的改革。

十一届三中全会召开后，新闻媒体的新闻传播、信息服务、文化娱乐、引导舆论等功能被重新认识，广告再次成为媒体的宠儿，媒体经营意识觉醒。

1992年中共十四大确立了社会主义市场经济体制的改革目标，新闻媒介的双重属性也被正式确认。在“事业单位、企业化管理”机制下，新闻管理体制有了一定的变革，新闻媒体的部分业务逐步走向市场。新闻体制的改变带来了新闻事业与传媒产业的巨大变化：20世纪90年代初期出现了扩版热、周末报热，90年代中后期，都市报群体异军突起；广播电视不断增设财经、影视、体育、音乐、新闻等频率和频道以增强竞争力；传媒企业提出了集团化发展战略。

党在保持现有新闻体制基本原则不变的前提下，对新闻体制也进行了一些改革，以保障公民的知情权。如近年来逐步完善的各级政府新闻发言人制度，2008年5月1日开始实施的《政府信息公开条例》等。

(2)对新闻体制变迁的思考。

①新闻制度的选择关系到社会的安定团结甚至国家的兴衰存亡。对社会具有广泛而深刻影响力的新闻传媒对促进社会的安定团结有特殊的功能和作用，如果运用得当，它可以促进社会的安定有序；如果发挥不当，它将对社会安定局面产生消极的负面效应。

②判断一种制度优劣，既不能以西方制度模式为标准，也不能以某些抽象理论为依据，而应该从国家民族利益出发，只有那些促进国家发展、社会进步、民族繁荣的制度才是真正适合本国的最优制度。

③任何新闻体制都不是凭空产生的。特定新闻体制的形成取决于特定国家的历史文化传统、国民素质、经济发展状况等。

④技术革新和国际化趋势将促进新闻体制改革。随着科技的发展，以数字信息技术为

支撑的新媒体形态不断涌现。网络信息传播具有高度的开放性、互动性、便捷性、相对的自由性等特点，这导致网络时代舆论的影响和作用越来越大。在这种背景下，技术因素可能成为倒逼新闻体制改革的重要力量。国际化趋势、全球化浪潮也将促进新闻体制改革。

3．试述“珠江模式”对中国广播事业改革的启示。（南开大学2010年研）

答：（1）“珠江模式”。

1986年4月，珠江经济广播电台在广州地区公开招聘各类新闻人才。同年12月，珠江经济广播电台开播，广播改革进入全新的阶段。

“珠江模式”是对珠江经济台实行一系列广播改革措施的统称。这一模式将听众置于节目的核心位置，强调与听众的平等双向交流，极大地变革了传统广播模式，被广播电视界广泛引用。其具体做法包括：①开发大板块、综合性的内容节目，所有节目均采用主持人直播的形式进行。②增强听众参与感。一方面，在节目中大量播出群众来信与讲话录音；另一方面，开通听众热线，实现与听众进行实时的双向互动。③实施全天滚动式新闻播出，整点播信息，半点播新闻。

（2）“珠江模式”对我国广播事业改革的启示。

①改变传统的广播模式，充分运用大板块、主持人、直播运作、群众参与等手段，增加听众黏性。

②增加信息量。广播的优势在于听众可以在动态下收听而不受空间限制。对流动听众的开发是争取广播听众的重点。为此，要满足听众的需要，重视新闻资讯的播发，为听众了解外界、日常决策提供帮助。

③将受众概念“小众”化。随着市场经济的发展，受众对信息量和娱乐欣赏需求量以及传播速度的要求越来越高，因而广播的地域性概念越来越强化，同时广播的分类即对象化越来越清晰，广播变成了某种意义的窄播。因此，广播需要根据所在地区、听众的不同的年龄层、不同的需求来细分市场。

专题十四　网络媒体的崛起

14.1　复习笔记

【知识框架(庖丁解牛)】

- 网络媒体的崛起
  - 网络媒体格局的初步形成（1995～2000）
    - 报纸
      - 《神州学人》　1995.1.12　国内第一份上网的中文电子刊物
      - 《杭州日报·下午版》　1993.12.6　拉开了中国报纸电子化的序幕
      - 《中国贸易报·电子版》　1995.10.20　国内第一家电子日报
      - 《人民日报》　1997.1.1　正式推出网络版
    - 杂志：《中国集邮》《大众摄影》等 1997 年开始发行电子版
    - 广播电视
      - 中央电视台　1997 年注册顶级域名：www.cctv.com
      - 中国国际广播电台　1997 年在互联网上设立网址
      - 广东人民广播电台　1996 年成为国内第一个上网的广播电台
    - 新华社：1997.11.7　开国内新闻网站收费服务先河
    - 媒体整合
      - 千龙新闻网　2000.5.8　整合北京主流媒体新闻资源
      - 东方网　2000.5.28　上海　华东最强
      - 南方网　2001.12.13　广东新闻门户网站
  - 网络媒体舆论影响力日增（2000～2009）
    - 时效性：美国“9·11”事件(2001)
    - 网络媒体与传统媒体较量：伊拉克战争(2003)
    - “中国互联网站为十七大召开铺上了红地毯”(2007)
    - 网络媒体成主流媒体：拉萨“3·14”事件和汶川“5·12”地震(2008)
    - 舆论监督
      - 广西南丹矿难 联手传统媒体(2001)
      - “史上最牛钉子户”、山西“黑砖窑”“周老虎”(2007)
      - 传统媒体与网络媒体互动；传统媒体舆论监督弱化
      - 贵州瓮安暴力事件(2008)
      - 网络成为舆论监督的排头兵、重要线索库
  - 互联网的微博时代
    - 微博客 2007 年兴起，流行于 2009 年　新浪微博(2009.8.14)
    - 微博对新闻和舆论传播产生了革命性影响
    - 《人民日报》法人微博开通(2012.7.21)
    - 民生问题和个人权益保护是网络舆情的热点领域
    - 2013 年微博客的公众意见平台→私人化的微信朋友圈
  - 网络媒体发展纳入国家战略
    - 法律法规
      - 江泽民讲话　网络媒体地位上升　1999.2.26
      - 中国首届互联网工作会议　2000.1.27～28
      - 国务院新闻办网络新闻管理局　2000.4
      - 《国际互联网新闻宣传事业发展纲要》　2000.5.9
      - 《互联网站从事登载新闻业务管理暂行规定》　2000.11.7
      - 《互联网新闻信息服务管理规定》　2005.9.25
      - 国家互联网信息办公室正式设立　2011.5.4
      - 《互联网行业“十二五”发展规划》　2012.5
      - 《关于加强网络信息保护的决定》　2012.12
      - 全国宣传思想工作会议提出坚守“七条底线”　2013.8
      - 第 13 届中国网络媒体论坛　2013.10.30
      - 《中共中央关于全面深化改革若干重大问题的决定》　2013.11.9～12
      - 中央网络安全和信息化领导小组举行第一次会议　2014.2.27
    - 网络发展：网络编辑员成新职业(2005)、网络新闻作品纳入评奖(2006)

【专题概要(提纲挈领)】

本专题主要论述了网络媒体兴起与发展的相关知识。本专题考点以名词解释、简答题以及论述题为主，在学习时，需要着重对网络媒体格局的建设、网络媒体的影响力与舆论监督、微博的兴起与发展、网络媒体立法等内容加以把握，并重点了解“9·11”事件报道、汶川地震、“周老虎”等网络媒体报道案例，微信朋友圈与微博的区别与联系等内容。

【考点难点归纳(厚积薄发)】

考点一：网络传媒格局的初步形成(1995~2000，见表14-1) ★★

表14-1 网络传媒格局的初步形成

要点	具体内容
报纸	①1993年，《杭州日报·下午版》通过联机服务网络，拉开了我国报纸电子化序幕。 ②1995年，互联网上出现了一份从中国大陆登陆的中文电子杂志——《神州学人》电子版。同年发行的《中国贸易·电子报》是国内第一家正式在网上发行的电子日报。 ③1997年，《人民日报》正式推出网络版。 ④1998年开始，《人民日报》、新华社等传媒网站加快发展，我国网络媒体的阵营和格局初步形成
杂志	《中国集邮》《大众摄影》等近20家发行了电子版
广播电视	①中央电视台于1997年重新注册了顶级域名：www. cctv. com。 ②中国国际广播电台也于1997年在互联网上设立网址。 ③广东人民广播电台于1996年建立网站，是国内第一个上网的广播电台
新闻网站	①1997年，新华社开辟新闻网站收费先河。 ②1997年，中国新闻社“《华声报》电子版”推出，是国内首家以电邮方式免费提供新闻服务的新闻网站。 ③2000年，千龙新闻网开通，整合北京主流媒体新闻资讯，形成了北京地区的新闻信息网络门户。 ④2000年，东方网成立后，迅速发展成整个华东地区最强势的新闻网站。 ⑤2001年，南方网正式开通，成为广东省新闻门户网站

考点二：网络媒体舆论影响力日增的具体表现(2000~2009，见表14-2) ★★

表14-2 网络媒体舆论影响力日增的具体表现

要点	具体表现
概况	随着信息技术的发展，网络媒体改变了我国整体的媒介生态，对社会文化、经济、政治以及社会舆论产生了巨大的影响。无论是从重大突发事件的表现还是网络舆论的新态势都可以看出网络媒体与日俱增的影响力，从信息量到观点数量，互联网都无可争议地压倒了传统媒体，已经成为社会舆论最重要的发源地
突发事件	①美国“9·11”恐怖事件发生后，网络成了大众获取信息的最佳渠道。 ②人民网与《人民日报》联手的对广西南丹矿难揭露性报道(2001)成为网络舆论监督的典型案例。 ③2003年，伊拉克战争引发了传媒大战，给了网络媒体与传统媒体较量的机会。

续表

要点	具体表现
突发事件	④2007年是人民网、中国网、新华网创建十周年，意味着第一波创办的网站已经走过十年。此期间，新闻网站的影响力不断扩大。 ⑤中共十七大召开，网络媒体的报道被誉为"中国互联网站为十七大召开铺上了红地毯"。 ⑥拉萨"3·14"事件和汶川"5·12"地震标志着网络媒体正在成为当今中国社会的主流媒体
网络舆论与监督	①2007年的"史上最牛钉子户"、山西"黑砖窑"事件、"周老虎"事件，在网络上掀起舆论热潮，网民间互动推进事件的发展与解决。 ②2008年，"贵州瓮安事件"中，网络媒体作了及时准确的公布，化解了瓮安危机。 ③2008年，胡锦涛总书记视察人民网，提出要正视舆论"新格局"，充分认识以互联网为代表的新兴媒体的社会影响力。 ④2016年，习近平总书记提出党的新闻舆论工作是党的一项重要工作，是治国理政、定国安邦的大事

考点三：互联网的微博时代(见表14-3) ★★★

表14-3 互联网的微博时代

要点	具体内容
概述	2009年是以Twitter为代表的微博客流行年。从个人的生活琐事至体育运动盛事，再到全球性的灾难事件，微博客已经成为全世界的网民们集体娱乐和讨伐的新战场。微博客不仅在各类突发事件的报道中充当首发者，而且以其多元信息的传递为优势，推动诸多现实问题的解决
微博的兴起	国内的微博兴起于2007年。2009年开始，大量微博网站相继上线，用户呈现爆发性增长，微博成为我国互联网发展的新切口和新路径。同年，新浪网推出新浪微博，其特点是用一句话随意记录生活，用手机随时随地发微博，迅速占领市场先机
对新闻和舆论的影响	在新闻和舆论传播方面，微博起到了关键性作用，中国社会科学院发布的《新媒体发展报告(2011)》显示，在2010年引起社会关注的50起重大案例中，微博首发的有11起，占22%。目前，微博已经成为媒体获取第一手信息的重要来源之一
传统媒体强势入驻微博	①2012年，《人民日报》法人微博开通，关注度迅速攀升。到2013年，《人民日报》粉丝量达1058万，成为中国第一个千万级的媒体微博账号。截止到2021年，《人民日报》粉丝数已达一亿三千万。 ②众多媒体入驻微博，形成行业规范，并逐步建立起协作机制，改善网络舆论环境
舆情热点在微博场域的转换	网络舆情的热点议题集中在民生问题和个人权益保护上。2013年，司法舆情逆势上扬，陕西"房姐"龚爱爱案、"高铁一姐"丁书苗案引发网络辩论热潮，司法公正成为空前集中的网络议题
再发展	①2013年，微信崛起，众多网友从微博场域转向私人化的微信场域之中。从2012年下半年开始，微信分走微博用户流量。 ②与此同时，新闻客户端也迅速崛起，它是一种基于手机的信息供给，囊括了热点新闻、体育、军事、娱乐、网友评论，用户可自主订阅感兴趣的内容或板块，开启了移动互联网社交阅读新时代

考点四：网络媒体发展纳入国家战略 ★

(1)早在2000年，江泽民同志就指出，"我们的党建工作、思想政治工作、组织工作、宣传工作、群众工作，都应该适应信息网络化的特点"。之后，又进一步指出了应对信息网络化问题的方针："对信息网络化的问题，我们的基本方针是积极发展，加强管理，趋利避害，为我所用"。

(2)2000年，信息产业部制定《互联网站从事登载新闻业务管理暂行规定》，这是国内涉及网络新闻传播最直接的法规，一直执行到2005年。2005年，《互联网新闻信息服务管理规定》发布，将互联网新闻信息服务单位分为三类。同年，网络编辑员成为新职业。

(3)2001年，政府工作报告指出，"高度重视新的信息媒体的建设和管理"。次年，又指出，"高度重视互联网的作用和管理"。

(4)2002年，十六大报告认识到，"新闻出版和广播影视必须坚持正确导向，互联网站要成为传播先进文化的重要阵地"。

(5)2004年，《中共中央关于加强党的执政能力建设的决定》指出要"高度重视互联网等新型传媒对社会舆论的影响，加快建立法律规范、行政监管、行业自律、技术保障相结合的管理体制，加强互联网宣传队伍建设，形成网上正面舆论的强势"。

(6)2008年，胡锦涛总书记在人民日报社考察工作时作了讲话："互联网已成为思想文化信息的集散地和社会舆论的放大器，我们要充分认识以互联网为代表的新兴媒体的社会影响力，高度重视互联网的建设、运用、管理。"

(7)2011年，国家互联网信息办公室正式成立，标志着中国互联网信息服务和管理工作进入新阶段。

(8)2012年，工业和信息化部发布《互联网行业"十二五"发展规划》。我国互联网行业第一次有了政府层面的发展规划。同年，全国人大常委会通过了《关于加强网络信息保护的决定》，首次以立法的形式对保护网络信息安全，保障公民、法人和其他组织的合法权益等作出了明确的规定，为互联网企业提供了净化网络环境、提高优质服务的坚实保障。

(9)2013年，全国宣传思想工作会议提出，要把网上舆论工作作为宣传思想工作的重中之重来抓。随后，《最高人民法院、最高人民检察院关于办理利用信息网络实施诽谤等刑事案件适用法律若干问题的司法解释》出台，这一解释对诽谤罪的构成进行了量化，即"同一诽谤信息实际被点击、浏览次数达到5000次以上；同一诽谤信息实际被转发次数达到500次以上"。

(10)2014年，中央网络安全和信息化领导小组举行第一次会议，网络安全和信息化上升到国家安全战略高度。习近平总书记特别指出，做好网上舆论工作是一项长期任务，要创新改进网上宣传，运用网络传播规律，弘扬主旋律，激发正能量，大力培育和践行社会主义核心价值观，把握好网上舆论引导的时、度、效，使网络空间清朗起来。

14.2 课后习题详解

1. 目前中国网络媒体的基本格局是怎样的?

答：总体来看，在当前的传媒格局中，网络媒体逐渐占据主导地位，传统媒体整体上仍处于下滑趋势。与此同时，央级媒体(如《人民日报》)和省级传媒集团(如浙报集团)开始在媒介融合和多元经营上奋起直追，深度融合效果初现。

2. 中国对网络的管理与世界其他国家相比有什么特点?

答:(1)互联网管理的基本模式。

①国外典型的互联网管理模式。

a. 新加坡是政府主导型网络管理模式的典型，政府对网络的监管采取相对严格的态度。

b. 法国是政府和行业协调管理模式的代表，1999年初提出并开始执行“共同调控”的管理政策。“共同调控”是建立在政府、网络技术开发商、服务商和用户多方经常性的协商对话基础上的。

c. 美国也是多方协调型网络管理模式的代表。美国政府于1997年宣布对互联网采取“不干预政策”，原因有二：一是政府认为只有自由、不受管制的宽松环境才能刺激互联网的发展；二是没有一个管制机构享有对因特网进行全面管制的法律授权。

②我国政府主导型管理模式的确立。

如果将互联网管理分为政府主导型管理模式与多方协调型管理模式的话，我国目前的互联网管理显然是典型的政府主导型管理模式。在我国，采用这一管理体制的必要性体现在：首先，政府主导型管理最适合网络发展的基本规律。其次，政府主导型管理最适合将网络做大做强，增强国际竞争力。最后，政府主导型管理能最有力地维护国家主权。因此，在特定的环境之下，经过不断的探索与实践，我国对互联网的管理选取政府主导型管理模式。

(2)我国网络媒介管理的主要手段。

目前我国互联网管理的主要手段可以归结为两种，一是控制，一是导向。具体而言，可以细分为四种：即网络立法管理、行政手段的监督、技术手段的控制、行业自律的约束。

(3)我国互联网管理的基本特征。

我国以政府为主导的互联网管理体制具有自己鲜明的特色。这些特色可以归结为四点：

①发展与控制并行不悖的管理思想。自网络媒体开放之初，我国政府就积极介入互联网从市场调控到内容控制的不同层面的管理。对互联网既控制又发展，在操作层面必然会面临一定的冲突。为了协调好两者的关系，达到既控制又发展的双重目的，我国政府管理部门采取了一些相应的配套措施。一方面，组织并参与互联网理论层面的研究探讨，出国考察发达国家的网络管理经验；另一方面，与大型网站联手在实践中进行相关课题的开发。

②政策与法规相结合的管理依据。在我国，新闻导向必须首先解决意识形态问题，因此，对大众传媒的管理必然是采取以灵活性、阶段性为特色的新闻政策管理最为合适；对于网络媒体，由于其主体的多元化，传统政策以抓源头为主的管理方式显然会有挂一漏万之忧，因此更为稳定的立法管理显得尤为重要。

③社会监督与个体自律并重的多元管理手段。网络传播以去中心的分散性结构为特点，单纯的金字塔式的纵向管理显然力不能及。为了适应网络自身运作的规律，政府在网站创办上从最初沿用传统媒体的审批制，最后确立为审批、登记制并行的多元管理方式。加之对个体媒介素养的提升，推动网络管理朝着引导与管控并行的方位发展。

④适应网络经营者成分多元的分类管理方式。网络媒体在构成成分上较为复杂，除政府主办的网站之外，还有外资、合资、民营资本的网站。网站创办的准入门槛较低，使个

人建站也极为方便。这些成分众多的网站不可能再以党和政府的“喉舌”一概而论，因此政府在网络管理中摸索出了分类管理的管理方式。在媒介经营上，将经营性网站与非经营性网站分别对待，经营性网站备案即可，非经营性网站则实行许可制。除了区分经营性网站与非经营性网站之外，政府管理部门为了加强内容管理，还将媒体网站与非媒体网站进行区分。

3. 网络进行舆论监督的优势在哪里?

答: 舆论监督是指公众通过舆论这种集合性意见形态，对各种权力组织和其工作人员以及社会公众人物自由表达看法所产生的一种客观效果。换言之，有了舆论才能监督。传统媒体在舆论形成的过程中发挥着不容忽视的作用，但同时也存在一定的局限性。与传统媒体相比，网络进行舆论监督的优势是明显的，主要表现在:

(1)网络使普通百姓真正拥有了话语权，打破了所谓精英阶层对媒体话语权的垄断。

传统媒体上出现的“舆论”，多是知名人士的言论或媒体自身的意见，普通百姓的观点难得一见。尽管从理论上来讲，媒体应该代表公众，成为公众的代言人，但在现实运作中，受各种现实因素的制约，媒体的言论有时并不能如实地反映公众的意见和呼声。而网络公共论坛(BBS)、新闻反馈板块及聊天室的出现，则为普通百姓提供了一个无限宽广的话语平台，任何一个会打字的人，只要拥有一台连通网络的电脑，就可以顺利地发表自己的意见、看法。通过网络，来自社会底层的信息、观点、声音找到了一个“出口”，普通公众借助网络拥有了表达权，避免了传统媒体作为中介代言人的独断专行。

(2)网络具有强大的聚合力，推动事件更快解决。

受到各种现实因素的制约，传统媒体时代民众的呼声很难通过媒体得到充分表达，而作为一种信息交流平台，互联网为民众提供了一个相互交流、自由发表个人观点的虚拟社区，用共同的兴趣爱好、信息关注点等，将各地的民众汇集到一起，通过共同交流观点，在短时间内最大范围地凝聚起多数民众，为进一步形成强大的舆论创造基本条件。互联网的高时效性使得舆论迅速聚焦，从而推动事件更快解决。

(3)网络具有良好的交互性使人们在“脱域”环境下实时交流。

互动是网络最为鲜明的特征，它将传统媒体与受众的传播关系转变为双向或多向互动的传播关系。传统媒体的报道一般呈单向性，来自各方面的评论、反馈、辩解及信息不能及时沟通交流。而开放的网络平台则使得任何人都可以在同一时间对同一问题大胆地发表看法，做到人与人之间的实时相互交流；同时，这种交流形式使相互间身距千里的民众有种面对面、身临其境的感觉，真正做到“众声喧哗”，受众得益于网络的交互性，可以在第一时间对某一信息进行反映、参与传播，从而顺利实现意见的交流和自由碰撞，并最终促成舆论的形成。

(4)借助网络这个平台，公众的意愿和看法可以更真实、充分地表达。

传统媒体对民情、民意一般都有一个加工、筛选的“把关”程序，有时一些更真实的一手舆论、呼声却得不到传达，而互联网就取消了这道“工序”。同时，网络的匿名功能使得网民在表达个人意见时不必有所顾忌、有所担忧。网络的匿名性在很大程度上保障民主，这种“无记名投票”式的宽松、自由的环境，便于人们畅所欲言、直抒胸臆。

(5)网络舆论具有广泛的代表性。

中国互联网络信息中心（CNNIC）于2021年2月发布的第47次《中国互联网络发展状况统计报告》显示，截至2020年12月，我国网民规模达9.89亿，普及率达70.4%，较2020年3月提升5.9个百分点。我国手机网民规模达9.86亿，网民通过手机接入互联网的比例高达99.7%。互联网具有广泛的群众基础，可以说网络舆论在很大程度上代表了民意。

（6）网络在传播速度上远远超过传统媒体。

报纸内容更新的周期以天来计算，电视以小时来计算，网络则是以分秒来计算。可见，网络在时效性上占有绝对的优势。舆论的形成是一个不间断变化的过程，而网络却能从始至终地反映这种变化，舆论监督的广度和力度也就随之提高。网络的时效性是报纸、电视等传统媒体所不可比拟的，高效率、低时延的传播使得广大网友能即时参与传播链条，促成舆论的生成和发展，舆论监督的影响力也随着网民的积极性而迅速提高。

（7）网络监督的方式灵活多样。

不同思想观点的人可以在互联网中直抒胸臆，自由交流，丰富的信息内容和多样化的报道方式使得上网浏览和发布信息成为很多人的日常习惯。网络类型的多样性，如人民网的"人民热线"和"强国论坛"、新浪、网易等也都通过专题论坛提供舆论空间，供网民广泛传播信息、发表意见。同时，表现形式的多样性也使得舆论监督报道更为立体、形象和直观。

4．你如何看待微博对于网络生态的影响？

答：（1）微博的含义。

微博，是基于用户关系的信息分享、传播以及获取平台，也被戏称为"围脖"。用户可以通过手机、电脑等各种通信和互联网终端，方便地组建个人社区，并实现即时分享。微博最大的特点就是集成化和开放化，建立了手机和互联网应用的无缝连接，用户可以通过手机短信、手机网络、客户端等各种途径向自己的微博发布消息，大大降低了用户参与的技术门槛。微博不仅创造了人际和群体间新的传播模式，也对社会关系的互动结构产生了深远影响。

（2）网络生态系统的含义。

网络生态系统的组成分为"网络环境"和"主体群落"两部分，"网络环境"是网络生态系统的基础，包括一切构建网络的硬件环境和软件环境，也可以称为网络资源和网络工具的组合；而"主体群落"则是作用于网络环境中的行为主体，主动性、意识性及目的性是主体群落的行为特征，"主体群落"包括个人主体和机构主体。

（3）微博对于网络生态的积极影响。

①网络生态系统的信息量增大。微博加快信息传播，成为重要的消息来源。微博具有病毒式的传播速度，信息被瞬间传播扩散，具有爆发式的影响力。媒介发达最直观的表现就是信息量的激增。这种病毒式的传播速度，使得信息从一个信息节点迅速传播到无数的信息节点，蔓延扩散为大众传播，有病毒性蔓延的速度，有传感器传播的多渠道，这些都源于工具的便捷、社交群的错综复杂、传播信道的多元整合。

②网络生态系统的互动性增强。传统的大众传播属于单向性很强的传播活动，互动机制较弱，只有简单的读者来信、热线电话等形式进行信息反馈，并且反馈大多是滞后的，缺乏即时性和直接性。而微博的信息传播互动性极强，互动过程基本跟随新闻事件发生的

始终，这种互动不仅客观真实地传递了信息，也容易在信息传递的过程中形成意见领袖。意见领袖往往能主导某一群体的互动机制，从而形成更为紧密强大的“舆论场”。

③网络生态系统的舆论环境得到改善。众多媒体入驻微博，形成行业规范并逐步建立起协作机制，改善网络舆论环境。以新浪平台为例，报纸、广播、电视台以及通讯社先后入驻微博，多媒体的矩阵步伐开启了传统媒体在互联网领域的强势拓展，既推动传统媒体的话语权进一步扩张，同时提供了强有力的信任背书，深刻改变了网络舆论生态。在信息传递时更好地相互支持，形成传播矩阵；在谣言传播链条中有效地控制谣言传播。

(4)微博对于网络生态的消极影响。

①网络生态系统中谣言泛滥。微博在带来便捷、即时的信息传播的同时，也不可避免地为谣言的滋生提供了温床。如“抢盐”事件对我们的生活造成了很大冲击，也让我们对微博信息传播产生了质疑，正是由于其及时性、公开性、匿名性、平等性等特点，微博成了谣言滋生和传播的土壤，造成对网络生态的负面影响。

②网络生态系统的信息爆炸。微博所带来的信息来源的多样性，信息内容的碎片化使得网络信息带来史无前例的激增，在这样的网络生态下，几乎每个人都在信息的洪流之中，处于信息冗余的状态之下。加之网络生态的复杂性使得信息内容良莠不齐，个体极易沉溺于虚拟信息的表层娱乐中而忽略了现实交往。

(5)微博对网络生态的影响。

微博的快速发展给整个网络生态带来新的发展动力、发展方向和发展路径，同时也产生了一些消极的、负面的影响。面对这样利弊交织的情形，我们要厘清积极影响，从而更好地利用新事物发展带来的增量，同时，规避消极影响带来的弊端，促进网络生态健康良性地发展。

5. 你如何看待报网融合？

答：(1)进行报网融合的必要性。

当前，信息技术的迅猛发展，网络媒体的快速崛起，已经将传统报业推向了历史性的变革关头。纸质媒体纷纷在与网络联姻“触网”中寻找新的出路。报网融合是最好的出路，让网络服务于报纸，让网络吸引读者阅读报纸，报纸应该成为网站的“活招牌”和“导航站”，而网站也应是报纸电子化、视觉化的延伸。报网融合能使传统媒体与新媒体实现相互延伸、相互补充，这既是传统媒体未来发展的唯一出路，也是新媒体寻求品牌与内容深度的必然选择。

(2)报网融合的三种模式。

依据理论界探讨和当前全媒体运作实践，报网融合目前探索的模式有以下三种：

①以报纸为核心的报网融合模式。这种模式的核心是“一报一网，报即是网，网即是报”。它是传统媒体与新媒体融合的初级阶段。它主要是由报纸主导的线上线下的整合与融合，线上是以网络为代表的新媒体；线下是传统报业所积累的各种各样的资源。线上线下在人力资源上配合、在内容上整合、在传播上融合。线上网络依托报业积累的内容资源和长期建立起来的采编力量资源，不断扩大新兴媒体的规模和影响；线下纸媒依托网络新兴媒体的新技术传播手段，实现延伸传播和叠加传播，进一步扩大宣传效应。

②报网一体化融合模式。这种模式使报纸母体与其网站紧密嵌入，最大限度地实现报

纸与网络从形式到内容的深度融合。报纸尽量刊发深度报道，报纸稿件末尾都有指向相应内容的网络链接路径，编辑把记者发回的文字稿件、图像，甚至音频、视频等内容第一时间链接到网络上。

③由网站主导的报网融合新模式。这种模式将实现新闻内容生产到发布和互动链条的全面融合。以互联网为中心，信息的生产与传播，在内容采集—内容编辑加工—内容多途径发布—内容数据存储—内容多次应用等多个环节上将实现全媒体融合，新闻事件、新闻策划以及传播渠道也将融合，平面媒体、网络媒体、手机媒体等相互补充，以互联网为中心，发布融合式新闻。这种模式，将是传统媒体与新媒体携手融合走向全媒体时代的新形象。这种模式将可能成为报网融合的最佳表现形式。

(3)报网融合的意义。

①报网融合很大程度上避免了选题的重复操作，初步实现了人力资源的优化。报网融合的过程中，一方面，当日指挥编辑通过即时交流工具，执行预报选题制度，并严格按照先报选题者优先操作的原则分派选题，很大程度上避免了重复派出记者、重复出稿的情况。另一方面，在以前的采访中，有时报社考虑到网站多媒体的需求，在派出报纸记者采访后，还会通知网站另派1名记者前往，主要负责图片、视频的拍摄。报网融合期间，通过对报纸记者多媒体的培训以及多媒体设备的配置，报纸记者基本掌握了新媒体技术的运用。

②报网融合实现了报网资源的优化，进一步扩大了稿件的影响力。报网融合后，报道力度加大，再经过网站、微博上的同步推送和更大范围内的推广，实现了在传统读者群以及在网络上的多维度传播，加大了稿件的影响力和辐射面。

(4)关于报网融合的再思考。

传媒无论如何发展都是内容为王，我们可以更多、更方便地根据信息内容传播需要来选择和决定使用什么样的媒介。如果读者希望看到报纸形式的，就将内容放在纸上；如果读者希望看到网络形式的，就将内容放到网络上；如果读者希望随时看到，就将内容发送到手机或其他形式的终端上。总之，读者喜欢什么形式，就尽力以那种形式呈现和传播，从而使信息资源配置达到最优化。

14.3　考研真题与典型题详解

一、概念题

1. 强国论坛

答：人民网的“强国论坛”是新闻网站中最早开办的时政论坛，创办于1999年5月9日。当时，为表达广大网友对以北约为首的美国袭击中国驻南斯拉夫大使馆的野蛮行径的强烈愤慨，人民网开通“强烈抗议北约暴行BBS论坛”。论坛开通一个多月即在海内外产生了重大影响，同年6月19日更名为“强国论坛”。论坛的开通不仅实现了网友间跨时空式的交流互动，还为其提供了一个可以对世界大事、国家大事发表看法的空间场所。2005～2006年，“强国论坛”“强国社区”连续当选“中国互联网站品牌栏目”。

2. 千龙新闻网

答：千龙新闻网是由北京青年报社、北京日报社、北京人民广播电台、北京电视台、北京晨报社等共同发起和创办，北京青年报社控股的综合性新闻网站，于2000年开通。首创整合地方新闻资源、组建专业新闻网站的千龙模式。2001年首开新闻网站驻会报道地方党代会和国家两会的先河。2003年"非典"疫情中，成为北京抗击"非典"的网络宣传平台，形成地方政府处理重大突发事件同步采用网络发布的方式。率先应用动漫新闻、网络音频新闻、新闻社区等内容形式。现有频道50多个。

3. 微博

答：微博(MicroBlog)是一种非正式的迷你型博客，是基于Web 2.0平台的一种可以发布即时信息的系统。微博的概念最早出现于2006年，2010年被称为中国的微博元年。微博可以使用户通过网页、手机、IM软件和API等方式发送图片和文字信息，不受任何时间地点的限制。其传播特点有：①短小精悍，信息量密集，更契合人们快节奏的生活；②实现跨平台数据交换，使用户摆脱了工具的限制；③准入门槛较博客低，实现了话语权的平民化。

4. 政务微博(复旦大学2013年研)

答：政务微博是指中国政府部门推出的官方微博账户，主要指代表政府机构和官员的、因公共事务而设的微博，力行"织博为民"。政务微博在社会管理创新、政府信息公开、新闻舆论引导、倾听民众呼声、树立政府形象、群众政治参与等方面起到了积极的作用。其目的主要在于通过与公众的良性互动，搭建一个社会化参政、议政、问政的网络交流模式与平台。政务微博关注的对象分为两类：①关注其他省、市、自治区的相同部门的微博，及时获取同行的信息，充分借鉴经验、做法，来改进本部门的工作；②关注与自己所分管业务和行业相关领域的意见领袖的微博。

5. 三网融合(湖南大学2019、2014年研；湖南师大2018年研；北大2016、2013年研；西南大学2016年研；西安工程大学2015年研；复旦大学2011年研)

答："三网融合"是指电信网、互联网和有线电视网三大网络，经过技术改造、业务流程再造和运行体制改革，达到基于一个网络就能实现多媒体传播功能的过程。目标是通过同一条网线(或无线接入)提供包括语音、数据、图像等综合的多媒体通信传播业务，从而使消费者能够既经济又有效地完成包括打电话、看电视和上网等各种媒介消费行为。三网融合的动因主要来自传播技术的创新和演进，尤其是互联网技术的兴起更是直接推动了网络融合的进程。在中国，涉及电信、广播电视等行业的体制改革也为三网融合提供了必要的政策依据。三网融合对于形成信息传播领域新型的服务体系、运营机制以及商业模式，对于促进信息传播产业结构的优化以及产业规制的调整和完善都具有重要的意义。

6. 媒介融合(云南大学2018年研；华东师大2016年研；重庆大学2016年研；西北大学2016年研；北大2015年研；复旦大学2015年研；华科2015年研；南京大学2015年研；华南理工2015年研；上海交大2014年研；清华大学2013年研；中传2013年研；暨南大学2011年研；北师2010年研)

答：媒介融合是指数字技术和网络技术等推动下实现的，内容、渠道、终端、组织等不同层面相互渗透和相互交融的过程。既包括不同媒介之间在内容和技术方面的互动配合，也包括不同的传播渠道、传播网络和传播终端的有机结合，还包括不同的媒介在所有权和组织结构方面的市场整合。表现形态也是多种多样的：报纸与互联网融合，创办网站和电子报；电视与互联网融合，创办视频网站；报纸与电视融合，开办报纸电视版；建立全媒体数据库，实现文字、图片、音频和视频的全媒体共享等。数字化和网络技术的发展是媒介融合的主要驱动力量，市场需求的变化、媒介竞争的加剧以及媒介产业的制度创新也是重要的推动因素。媒介融合可以降低媒介市场的进入壁垒，提高媒介市场的集中度；促进不同媒体之间的竞争与合作，形成资源配置的协同效应；推动媒介产业价值链的重组与完善，节省交易费用并分散经营风险。媒介融合对新闻生产形态也会产生深刻影响，使之从传统的分散型新闻采编向新型的系统型综合信息管理方向转变。

二、简答题

1. 与传统媒体相比，新媒体的特征有哪些？(中央民大2017年研)

相关试题：

(1)简述新媒体的基本特点。(华南理工2011年研)

(2)简述新媒体的定义及其特点。(西南大学2008年研)

答：(1)新媒体的定义。

新媒体是相对于传统媒体而言的，是指继报刊、广播、电视等传统媒体之后发展起来的以手机为代表的新的媒介终端。它是利用数字技术、网络技术和移动技术，通过互联网、无线通信网、有线网络等渠道以及电脑、手机、数字电视等终端，向用户提供信息和娱乐的传播形态和媒体形态。

(2)新媒体的特征。

①即时。新媒体的即时性，首先与互联网在传播技术上的优势相关，但更重要的是，网民的积极参与。Web 2.0时代使用户成为生产内容的主体，并向其提供即时传播与共享的渠道，使得新媒体信息体量庞大。Web 3.0则在此基础上引入第三方在线服务应用程序和网站，即时向用户提供更为精确与有效的信息，减少用户寻找信息的时间，从而使"即时"这一特性有了更深刻的内涵。

②海量。新媒体通过技术使得空间无限扩大，信息内容丰富多元，海量信息得以呈现和储存。面对海量信息，搜索引擎、云方式等针对海量信息管理的各种应用，先后被开发出来。

③互动。新媒体的出现，尤其是Web 2.0的到来，使受众反馈与传、受互动问题得到解决。借助数字化技术，传、受双方不再固定，而是可以随时进行角色置换。在网上，人们不再是大众传媒的信宿，他们既可以自由选择信息来阅读、收听、收看，也可以自主创造、编辑、发布信息，还可以和其他人讨论互动。传统的权威被颠覆，每一个终端都有望成为中心。受众的需求——互动和个性——已不再是技术进步的牺牲品，而是技术进步的原动力。Web 3.0时代在继承Web 2.0强大的互动特性的基础上，将重点聚焦于打造可持续性的“良性互动”机制，因此，人与人、人与互联网背后的“隐私”“数据”“权利”“审查”“身份”“去中心化”等成为这一阶段的关键词。

④个人化。网络建立的初衷，是为了资源的共享。共享需要一个平台，即电脑必须相

连，并保持开放。网络的兼容性和多样性使得网络成为一个没有中心的世界，因为没有中心，它自然是一个分权的社会。

⑤融合。新媒体拥有几乎所有的传播形式：文字、图片、音频、视频、动画等，这种多媒体性，极大地丰富了新闻的表现力和感染力，使报道更为生动形象、直观具体。它还综合了传统三大媒体的传播手段，在一个平台上实现了点对点、点对面、面对面的同时传播。以往基于媒体特性，将受众分割成读者、听众、观众等三大群体的界限被打破了，人们有了“用户”这样一个统一的身份，从而实现了对上述三种身份的融合。

⑥共享。新媒体具有信息资源共享的特点，即信息资源可以被许多用户所共同使用。新媒体时代的信息资源不存在利用者的竞争关系，信息资源被置于新媒体上，不同的利用者会根据自己的需求对该信息进行加工和处理，从而产生新的信息资源。

2. 简述手机媒体的传播优势。（华南理工 2013 年研）

答：随着技术的发展，手机在通信与收发短信的功能之外，衍生出了手机视频、手机上网、手机频道等诸多产品形式，从而将通信功能、新闻功能、娱乐功能和金融功能集于一身，形成了一个新的大众化媒体——手机媒体，被人们誉为继报纸、广播、电视、网络之后的“第五媒体”，在一定程度上与报刊、网络、广播、电视等媒体相互渗透。手机媒体的传播优势集中体现在手机媒体的特征和它的传播特点上。

(1) 手机媒体的特征。

①互动性强。手机媒体是一种开放的互动式传播。传播者与受众之间可以随时随地进行双向交流，表达想法和意愿。在大数据、用户画像等技术的支持下，传播者不仅可以向用户发送个性化的“定制”内容，也可以实现材料收集、读者调查、读者评论等多方面的功能。受众则可以选择自己所需要的信息，定制手机报、手机杂志等，可以及时地向传播者进行信息的反馈，还可以从受众的角色转换为传播者，相互交流，实现更广泛、更迅速的互动。

②信源内容多样。手机媒体是以实现个人的信息需求为传播核心的，在打破制作周期、获取地点、利用公共信息等方面限制的同时，更打破了信息采集者的限制，几乎每一个人都可以成为这一媒体的记者，这使得信息的来源更加多元化、全面、快捷。而其信源内容则涵盖人们工作和生活的方方面面，有实时的、海量的社会新闻播报，也有随意的、娱乐性资讯快报；有正式的、严肃的商谈沟通，也有私下里的恳谈交流；有目的明确的联络，也有无聊的调侃。这直接导致在以后的新闻事件中，尤其是突发事件的报道上，手机将扮演重量级的角色。

③传播与更新速度快。作为一种移动的数字化传播形式，手机传播速度快、时效性强、范围广、限制因素少，在遇到突发事件时，手机媒体可以像互联网一样随时更新新闻动态，可以向人们提供刚才发生的或者是正在发生的新闻信息。由于手机用户数量庞大，机身小巧便于携带，人们随时都是机不离身，因此信息能及时抵达受传者。

④传播形式多样。在 4G 业务的催生下，手机媒体可以实现文字、图片、音频、视频、网页、电子邮件、实时语音、实时影像等功能，可借助文字、图片、图像、声音等任何一种或几种的组合来进行传播活动。这种具有立体效应的多媒体传播组合可以更加真实地反映所报道的对象，给受众带来逼真而生动的感觉。具体而言，有手机报、手机广播、手机

视频（电影）、手机电视、手机小说、手机互联网等传播形式。5G时代下更大的数据传输量和更快的数据传输速度，可以使新闻的传播形式从“平面信息”转向技术要求更高、以全息影像信息传播为代表的“三维信息”。同时，5G技术的出现将会使得信息传播不再局限于人和人，还会将信息传播范围扩展到人和物，实现人和物的互联。这为手机媒体的传播提供了更大的发展空间。

（2）手机媒体的传播特点。

①打破时间、空间的限制，实现信息的即时交换。手机媒体依托4G/5G无线网络和数字技术等手段，使手机用户能随时随地地使用手机媒体上网获取信息，加上手机小巧便于携带，可以机不离身地随身携带，任何时间、任何地方都可以打开手机，通过无线网络和移动通信系统来阅读新闻，了解刚刚发生的或者是正在发生的事情，从而实现实时数据传输和即时的交互性信息传递。

②受传交互式的信息传播。手机媒体在传播信息时，发送双方兼备传者、受者双重身份，始终处在不断转换的过程中。信息接受方式由静态向动态演变，受众的自主性、信息选择性得到提高。个体既是信息的发送者，又是信息符号的还原者，使传受主体多元化。信息的传送与接收之间没有第三者的介入，因此传送、接收、反馈的过程十分迅速，双方的地位也是平等的。

③分众传播的信息更具有针对性。人们在面对互联网上的海量信息时，需要花费时间去选择所需要的和关注的信息。手机媒体可以有针对性地定制各种服务，如手机报、新闻资讯、股市行情等。手机内容服务商也可以为受众提供各种个性化的服务，针对不同的受众，满足受众个性化的需求。

④传播模式发生改变。过去的手机功能仅限于语音通话和短信，传播方式是一对一或是一对多，但信息的流向与选择往往是不受控和单向的。具备上网功能的手机媒介，其传播模式增加了多对多的大众传播，从而使手机从单一的人际交流向大众传播领域进行拓展。

⑤融合多种媒介的特点。手机除拥有传统媒介的特点和功能外，还融合了现代通信技术、计算机技术和网络技术等多种新技术。它融合了各种媒介的优点，开创了将人际传播、组织传播、大众传播相互叠加、有机结合而成的多维传播时代。

3. 网络的发展对传统报业造成了严重的冲击，有人预测2040年最后一个报纸读者将会阅读最后一份报纸，你认同这种观点吗？你认为数字化对报业的冲击涉及哪些方面？未来报业可能的形态会是怎样？（中山大学2014年研）

相关试题：新媒体冲击下，有人认为传统媒体即将消亡，请叙述你的观点。（上海交大2015年研）

答：（1）我不认同这一观点，我认为纸媒不会消亡。不可否认的是，网络媒体自诞生以来，庞大的信息体量、去中心化的内容生产、便捷多元的传播渠道、跨越时空的互动特性等特点给传统媒体带来了近乎“毁灭性”的打击。但随着长期的发展，网络媒体的局限性逐渐暴露，对比之下，传统媒体的优势也在不断显现。例如传统出版物具有良好的阅读优势和普及优势，读者群广泛。纸张具有便于书写、印刷、阅读的良好性能。较之数字出版产品的读屏阅读方式，纸质书刊阅读过程具有无障碍、无干扰、无消耗、无噪音、对身体无辐射、相对保护视力的绝对优势。事实上，新媒介的出现一般并不会即刻给原有的媒介带来颠覆性的改变，而是在长期的共存中，实现竞争性生长、相互融合发展。

(2)数字化对报业的冲击。

①报纸发行量和广告收入下滑。在当前蓬勃发展的网络化、数字化时代，传统报业遭遇了新媒体的巨大冲击。在以互联网为代表的新兴媒体的冲击下，媒体的生态环境和基本格局发生了重大变化。新兴媒体不断瓜分广告市场份额，逐渐压缩传统报业的市场空间。报业利润日见微薄，报纸为生存而进行的竞争将更加激烈，整合和转型势在必行。

②对传统报业产业运行和控制机制的冲击。互联网等新兴数字化媒体很大程度上消解了传统报业对信息渠道和平台的垄断，导致传播资源和话语权的再分配。另一方面也造成了报纸的内容与版面的分离，人们可以在网上免费获取报纸上的内容，使得报纸这个平台的价值丧失了。

③报业的管理方式遭遇挑战。报业的数字化转型以及新媒体业务的发展，打破了行业的变革，增加了发展的难度。传媒业之间的相互融合与渗透，以及传媒业与其他行业之间的融合与渗透，也给报业的管理者制定政策带来了挑战。

(3)未来报业的可能形态。

从当前来看，报纸经营除采取多元化发展、多媒体融合的战略外，未来的“全真电子版”报纸的推出与发展，将成为报刊发行的最新形态。

①“全真电子版”报纸，简单说就是“无纸化”的“新平面”报纸。“新平面”正是指替代了纸张的“电子(屏幕)平面”。美国的研究者提到，储存在电子阅读器中的“全真电子版”报纸，可称为“电子便携式”报纸。

②目前，网络使民众的传统阅读习惯已经有所改变，上网人群增多，年轻人正“远离”报纸。在世界范围内，研究学者正在研发的两种新产品——便携式阅读器与电子纸，可能会加速民众传统阅读习惯的改变，推动“全真电子版”报纸的发行推广，会让传统媒体形式渐渐失去固有的优势。

4. 与传统新闻媒体相比，网络新闻媒体有哪些优势和不足?

答：传统媒体区别于基于互联网的新媒体，是指具有传统互动形式与传播渠道的媒体。它包括电视、广播、唱片(各类碟片、磁带等)、图书、报刊和其他印刷类出版物。网络媒体是指通过计算机网络传播信息(包括新闻、知识等信息)的文化载体，又被称为“第四媒体”。简单而言，网络媒体即在网络上运作的媒体。

(1)与传统新闻媒体相比，网络新闻媒体具有的优势。

①信息量大。网络媒体通过技术使得空间无限扩大，信息内容丰富多元，海量信息得以呈现和储存。面对海量信息，搜索引擎、云方式等针对海量信息管理的各种应用，先后被开发出来。Web 2.0 时代使用户成为生产内容的主体，并向其提供即时传播与共享的渠道，使得新媒体信息体量庞大。Web 3.0 则在此基础上引入第三方在线服务应用程序和网站即时向用户提供更为精确与有效的信息，减少用户在海量数据中寻找有效信息的时间。

②信息的时效性大大增强。信息的时效性集中体现在其即时性。网络媒体的即时性，首先与互联网在传播技术上的优势相关，但更重要的是，网民的积极参与，尤其是 Web 2.0 时代下 UGC(用户生成内容)的出现，进一步发挥了互联网在即时传播上的特色。

③多元化。网络传播是一个声音、图像、文字等各种传播符号综合运用的媒介，增加

了信息的接收性。

④网络媒体具有强大的存储功能，以及搜索功能，可以对过去的、相关的信息进行快速查询，基于此，受众选择的范围扩大，自主性不断增强。

⑤网络 BBS、Blog、微博的广泛运用，使传统的新闻控制的界限变得模糊，普通受众不仅是信息的接收者，而且还成了信息的传播者。

⑥由于网络传播的广泛性和快速性，一些问题一经网络传播，便迅速在社会上造成强大的舆论攻势。

(2)与传统新闻媒体相比，网络新闻媒体的不足。

①新闻真实性受到了很大的挑战。网络上人人都是传播者，新闻的把关人消失，虚假信息也随之传播，受众有时难以区分，同时信息量的加大，带来的也可能是信息垃圾的泛滥，很多重要信息就可能淹没在这些信息当中。

②对网络新闻传播的控制也成为令人头疼的事情。这两年不断有人利用互联网传播不健康的信息，煽动群众的情绪等。

三、论述题

1. 请结合微笑局长、“表哥”杨达才一事，论述网络媒体的作用及价值。(北大2013年研)

答：(1)微笑局长、“表哥”杨达才事件是指原陕西省安监局局长在惨烈的车祸现场露出不恰当的笑容，引起了网友们的不满并对其进行了“人肉搜索”，随后杨达才被扒出具有多块名表，最终引起当地纪委调查。杨达才也由于这一事件被人称为“微笑局长”与“表叔”，充分表现了网络的反腐能力和舆论监督能力。

①网络反腐，是互联网时代的一种群众监督新形式，借互联网人多力量大的特点，携方便快捷、低成本、低风险的技术优势，更容易形成舆论热点，成为行政监督和司法监督的有力补充。

②网络的舆论监督。随着网络在全球范围内的高速发展，网络媒体在国家政治生活中发挥的作用也越来越大。网络媒体的突出优势表现在其时效性高、公众参与度高、影响广泛。民众有了表达意愿的更便捷、更隐蔽的途径，网络舆论监督也就日益成为一种新的有效的监督形式。近几年，网络舆论监督的巨大功效逐渐得以显现，“虐猫”事件、南京“天价烟”和“天价表”事件、“湖南耒阳高考舞弊”事件等都是网络舆论监督的成功案例，通过这种新式的舆论监督形式，浩大的民意得以聚集，对政府权力运作、腐败问题以及公共决策的制定和执行等进行监督。

(2)网络媒体的作用和价值。

①网络媒体的作用。

a. 网络反腐在本质意义上整合了三方面的内容，即网络、民意、执政能力。网络以其独有的特征，吸纳了民意表达，有效整合了民众的智慧和意见，形成了一个良性互动的社会民主环境，从而对执政、施政行为产生了无所不在的监督和约束。尤其是微博、论坛等网络民意汇聚的地方，成为很多新闻事件的发源地。

b. 网络颠覆了信息传递的不对称性，使腐败无处可藏。网络媒体传递信息的最大特点是信息传递路径的交互性。在网络信息传递过程中，任何一个信息节点既是接收器又是发射塔，既是观众又是演员。信息在网络节点间传递时，任何一个网民都可以在接受信息的同时将此信息向任何方向传递出去。在这种新的信息传递路径中，政策信息从上往下传递时可以从中央直接通达民众，消除了腐败分子肆意歪曲政策惠民本质的可能性，从而降低了腐败分子在政策实施过程中寻机腐败的可能性。在网络上，任何人都可以成为公民记者。

c. 网络改变了权力运行上下脱节的异化困局，使腐败无力可为。网络信息传递的交互性，使处于权力顶层的中央权力机关和底层的普通民众之间的交流不再依赖于处于中层的各级权力机构，因而膨胀起来的中层权力结构逐渐被压缩，原来被中层权力结构分隔造成的上下脱节的权力运行结构逐渐转化为上下交融的权力运行结构，上下交融的权力运行结构符合权力委托代理的本性。

网络监督和权力监督部门的互动正悄然改变着我国现有体制下的权力监督模式，公众参与的网络监督在社会中发挥着越来越重要的作用。舆论反腐已经被推到前台，成为约束权力、反腐倡廉的一种手段，这是公众力量积极参与政务的一种体现，也是民众对法律法规按照既定程序运行的监督。

②网络媒体的价值。

a. 汇集信息。网络以其公开、透明、快捷、低成本的特性成为各种信息的汇集地。网络媒体及时、丰富的“信息超市”提供了大量有价值的新闻报道，使网络监督具有便捷性和广泛性，让公众多了一个自由表达的空间。尤其是在加强对官员监管、做好当前形势下的反腐工作方面，利用好网络是最有效的办法。杨达才从成为舆论焦点到最终被撤职，每一个环节都有网民参与推动。

b. 搭建了反腐举报平台。随着互联网突飞猛进的发展，通过网络发现腐败线索、查处腐败案件，成为各级纪检监察机关一项重要工作内容。不少地方建立完善了举报网站，有的地方还开通了工作 QQ，鼓励网上举报。如杨达才在网民的共同努力下被人肉搜索出名表、眼镜、腰带。

c. 提高了案件查办效率。人们通过正常程序举报和曝光腐败分子，往往遭遇官官相护，举报信经常在多次批示后最终落到被告手中。网络举报成本低、速度快、影响大，既利于举报，也利于有关部门调查反馈。杨达才事件得到了网络的强大支持和监督。

d. 发挥了教育警示作用。网络反腐不但让贪腐分子被绳之以党纪国法，还让不少“官员”受到警示与教育。网络舆论的警示、教育和启发，极大地促成或正在促成相当一批党员干部转变作风。网络信息容量大，一些案例直观生动，极具震撼力和警示效果，部分党员干部亲见“人肉搜索”的巨大威力，目睹枉法者声泪俱下的痛悔，他们常常反思，从而受到教育。杨达才事件并非巧合，在网络时代，媒体和社会舆论得以更轻易地形成强大合力，直接带来的结果是言行举止恶劣的官员无处藏身，抽着名烟招摇过市的“杨达才”们，成为舆论监督这一第四权力的祭旗者。

2. 微博在公共管理和社会舆论方面的作用，结合实例加以分析论述。（复旦大学 2013 年研）

答：（1）微博在公共管理方面的作用。

微博已成为一种社会不可或缺的舆论工具，成为政府社会公共管理体系的一部分。在公共管理方面，微博，尤其是政务微博发挥着越来越重要的作用。

①微博上的公共事务治理。

政务微博在微博场域中起到公共事务治理的作用，从“温州7·23动车事故”到“小悦悦事件”，在一系列社会公共事件中，政务微博在其中扮演了解释、引导、疏解等重要作用，这种信息与意见的及时沟通，很大程度上起到了平息舆论风波、安定社会公众心态的作用。

政务微博借助微博平台为公众提供公共性的事务信息，引导公共舆论，管理社会公共事务，同时，微博作为新媒体传播技术也是以政府为主体的公共管理的客体对象，政务微博是政府应对新媒体的舆论形式，是积极渗入的媒介管理活动，换言之，政务微博本身就是公共治理的具体行为。

②从提供公共信息到为公众服务。

a. 政务微博为社会及时提供了许多公众迫切想要了解的公共信息。政务微博提供的公共信息有些是按主题发布的，有些是在与博友的交流互动中应公众的要求而提供的。这些公共信息的提供，促进了公众对一些法律、政策、制度以及政府运作等方面的了解；解答了公众提出的事关切身利益的一些疑虑，比如房价、养老金发放、医疗福利等。许多政务微博将天气、交通、商务或者民间重要活动都列入微博发布内容，逐渐将微博从单纯的信息提供引向社会服务的方向。

b. 利用政务微博应对社会突发公共事件。转型期的中国，社会突发公共事件频繁，除了不可避免的自然灾害，社会矛盾、经济冲突、交通意外等都可能演变成大规模的社会突发公共事件。如果社会突发公共事件不能得到及时有效的处理，会使公众对社会管理者失去信心，甚至引发社会剧烈动荡。因此，利用微博主动介入重大的社会突发公共事件，是解决公共事件矛盾冲突的重要途径。

c. 利用政务微博解决社会实际公共事件。任何一个领域或者行政区域内，公众事务都十分繁杂，虽然政务微博不可能介入每一个具体的社会事务中去，但政务微博可以通过有意识地选择有代表性的社会公共事务，主动介入社会事务的解决处理过程中，通过对具体事务的解决满足社会公众中某一群体的合理诉求，这样的方法不仅促进了社会公共事务的解决，促进了社会的和谐，还可以进一步深化政务微博的影响力，有利于政务微博在更深层次上、更广范围内发挥社会公共管理的职能。

(2)微博在社会舆论方面的作用。

在社会舆论方面，微博开始成为引发舆论、引导舆论的先锋和集散地。

①微博的即时性使其成为触发舆论的先锋。即时性是微博所具有的最显著特征。当突发事件发生时，传统媒体要经过一系列程序才能将事件新闻发布出去，而微博用户通过手机短信就能将身边发生的事情随时、动态地传播出去。微博用户发布的消息不但会在自己的页面上显示，还会自动发送到关注该微博的其他用户的页面上，其他用户又可以转发或者回复，这样可以使消息在人际网络中迅速扩张，呈现出病毒式的传播，微博就成了触发舆论的先锋。例如，在“7·23”温州动车追尾事故中，微博是最早的信息来源。

②微博的集成性使其成为酝酿舆论的广场。

a. 微博的集成性使其形成广泛的舆论圈。微博是一个开放的平台，在微博中用户没有任何信息接入的门槛，用户不需要经过其他微博主的同意就可以对其添加关注，而且微博主发布的信息会自动在关注者的页面上显示，关注者看到信息后也可以同时成为发布者，将自己获得的信息或者评论实时发布，从而轻松使一个“点”与互联网上的无数个点相连接，最终形成“一对多”“一对一”“多对多”“多对一”等多种传播组合方式。由于这种信息具有集成性、互动性特征，当某一事件发生时，微博用户通过关注相关信息，就极易分辨出它的受关注程度，以及人们对它的倾向性态度，通过转发和回复，又容易形成滚雪球效应，使与这一事件相关和不相关的人都参与到事件的讨论中来，这样在微博中就形成了广泛的舆论圈。

b. 微博的集成性使其形成多元的舆论圈。在微博的传播环境下，人人都可以发声，人人都可以选择自己想要听取的和不想听取的意见，受众接收到的意见有来自传统媒体设定好的，而更多的是来自其他微博用户，受众不是单纯地接收媒体或者其他用户给予的意见，而是可以直接参与到意见的讨论中，发表自己的意见，根据自己的思想倾向形成自己的舆论圈。在微博传播时代，处于舆论报道尾部的普通大众越来越有力地影响着人们的意见选择和舆论走向，而处于舆论报道头部的主流媒体则受到冲击，难以成为绝对的“意见领袖”。

③微博的草根性使其成为舆论集散的中心。微博的发布方式很方便，只要会发手机短信就能发微博，这样就降低了对用户的技术要求。微博的内容并不一定要涉及社会稳定、经济增长等宏大问题，可以是发布者当时的心情或所见所闻。所以，有很多博文只是用户的个人私事和感受，可能完全不能引起其他微博用户的注意，但是有些个人事件被“晒”出来之后，可能升级为大家广泛关注或参与的社会事件，引起轩然大波。因为微博的草根性、简易性特征，它成了网民意见的集散中心，在微博中普通百姓也可能成为舆论中心，引起广泛关注，微博用户的个人事件也有可能成为备受关注的社会事件。网络舆论并非一定围绕重大事件或突发事件展开，如“郭美美事件”，起初只是一个女孩儿的炫富事件，由于其微博认证身份是“中国红十字会商业总经理”，引起广大网民对中国红十字会的非议，最后引发公众对中国红十字会等慈善机构的信任危机。

3. 以7·23动车事故、郭美美等热点事件为例，分析报道与舆论，以及中国网络舆论的特点。（复旦大学2012年研）

答：(1)7·23动车事故的报道与舆论。

在7·23动车事故中，网络舆论的压力和影响，及其推动微博问政等特征表现得淋漓尽致。这个事件中，网友现场微博报道比所有传统媒体的报道早了一小时，全民微博对全部事件的过程、当事人和相关制度进行了全球大搜索，网络舆论迅速形成并推动事件向前进展。随后的传统媒体的调查报道、深度报道则进一步影响网络舆论走向，如7月27日，《中国青年报》冰点特稿发表题为《永不抵达的列车》的文章，缅怀在“7·23”甬温线特大铁路事故中罹难的两位大学生。该文在网络引发了强烈反响，无数人为之感动。

(2)“郭美美”事件的报道与舆论。

“郭美美”事件最早的关注点是美女、炫富、豪车，慢慢牵涉到社会机构、高官、富二代，加上现场直播式的人肉搜索。久不回应和相对无力的官方表态等诸多因素把这一事件推向了舆论的漩涡。这一事件中，天涯论坛充当了人肉搜索大本营、信息公开的发源地和网友娱乐的公开舞台。而微博则提供了一个信息快速扩散，形成事件引力的急速传播平台。微博在汇聚意见领袖观点的同时，也给各行各业的专业人士提供了一个发声平台，起到了挖掘机和放大器的作用。甚至该事件基本没有上各大门户网站，而是依靠社交网络互动进行信息的交流和演进，充分发挥了微博的轻快和天涯论坛的围观特点，初步形成了碎片化传递和深度挖掘的微博和天涯论坛的媒体紧急合作模式。

(3)中国网络舆论的特点。

网络舆论是在互联网上传播的公众对某一焦点事件所表现出的有一定影响力的、带有倾向性的意见或言论。网络舆论主要产生于与公众利益密切相关，具有重大社会影响的新闻话题。中国网络舆论呈现出以下特点：

①中国网络舆论具有巨大影响力。中国的互联网可能是世界上最热闹、最嘈杂、最舆论化的网络。从以上两个以及其他热点事件中，可以感受到网络舆论的强大势头，论坛、微博、博客成为网民表达自己呼声的场所，各大论坛、微博是主要的网络舆论集散地。如7·23动车事故中，微博不仅是事故最早的信息来源，还是寻亲信息平台、辟谣阵地、献血倡议发出者和提倡慈善的平台等。

②中国网络舆论推动事件进展，线上舆论发展为线下解决问题。网络舆论随着技术的普及和发展，其传播方式和传播速度都发生了根本性的变化。网络舆论对于社会热点问题的参与已经大大超过了传统媒体，网络舆论在中国当前社会转型和矛盾凸显的情况下，影响力越来越大。在这两个事件中，都是在网民的穷追猛打的舆论压力下，事件的原委才被报道出来，还民众一个真相，给民众一个交代。网络舆论涌现的每一个热点话题背后，质疑声无疑都考验着有关部门面对网络舆情危机的应急、应对能力。

③中国网络舆论具有多元化、冲突性、群体极化的特点。由于网络自身的虚拟性、把关人的缺位、管理者的技术弱势以及网络信息“蛛网”状传播方式，网络舆论呈现出难控性、冲突性、多元性的特征。一方面，公众获得了前所未有的舆论空间和言论自由，话语权得到极大释放；另一方面，网络舆论冲击着传统的宣传管理体制，网络言论的社会责任弱化，监管缺失。中国网络舆论群体极化现象严重，表现为民族主义和批判现实主义两种倾向，并且常常是负面舆论压倒正面舆论。

④中国网络舆论存在混乱、非理性的特点。网络舆论通常比较感性化、情绪化、简单化，具有明显的非理性色彩。网民作判断、下结论，往往仅凭个人好恶和直观感受，缺乏深入的思考。7·23动车事故中，7月25日和26日是舆论对事故关注度最高的两天，也是各种信息高速聚集、谣言和辟谣相互交织、谩骂攻击和温情传递同时充斥于网络的两天。

4. 如何提升机构(政府和企业)官方微博的影响力。(人大2013年研)

答：继2011年被称为中国“微博应用元年”后，以微博为代表的新媒体发展迅猛，已成为人们生活中不可缺少的一个媒介使用平台。其中，政府和企业的微博，亦可被称为“政务微博”，在传递政府和企业信息方面发挥了重要作用。如何提升官方微博的传播效果，笔者认为可以从以下几个方面入手：

(1)政务微博应学会直面负面信息，继而实现自我批判。

政务微博特点之一是报喜不报忧，对负面的曝光信息唯恐遮掩不及。随着民间舆论场日益强大，民间监督的不断加强，政务微博应该敢于向公众自我揭短，勇于承认工作不足，并在公众的督促下不断完善和提高，从而拉近与普通网民的距离。

(2)政务微博可以形成政府舆论场，抢占舆论引导权。

北京“7 · 21”特大暴雨自然灾害发生后，北京消防、水润京华、平安北京、交通北京与16区县政务微博持续不断发送官方消息、雨情信息，合力形成了官方舆论场。暴雨过后，有谣言称房山一养老院200名老人死于暴雨灾害，房山区政府官方微博第一时间发布调查结果，敬老院死亡人数为零，有力地澄清了事实。作为此次灾害较为严重地区的政务微博，房山区政府官方微博在微博中直播救灾工作，时时播报灾情，做到信息公开透明，为政府应对灾害赢得了主动。

(3)提高活跃度。

提高政务博文的数量与质量，时时发布民众最关心的最新政务微博，关注周围热点，回答民众关切的问题，增强与民众的互动性。

(4)筛选、整合传统媒体信息及公信力资源，构建多级传播体系。

微博上虚假信息泛滥，对于虚假信息，真实客观恰恰是官方微博的优势所在。官方微博可将自身的信息筛选能力、累积的公信力和微博的快速、互动、便利等传播特点相整合，可以在真伪莫辨的海量微博信息中占据制高点，将个人力和群体力相结合，构建多级传播体系。

(5)广泛采用“微访谈”“微直播”等技术。

微访谈是指建立在微博基础上的访谈类节目。与传统访谈不同，微访谈的所有问题都来自普通网友，并且由访谈嘉宾直接回答，真正做到嘉宾与网友之间零距离交流。政府和企业可以通过官方微博进行直播，或参加访谈节目，直面群众关心的热点问题，回应社会关切。

(6)为微博增加独特原创内容，提高传播力。

多发精彩的原创微博，用有趣的内容吸引微博用户的关注，同时多转发图文并茂的微博，将图片和视频的优势组合起来发挥作用。根据本地的特色和网民所关注的当地热点话题，多发一些本地内容微博，从心理和地理接近性入手，吸引本地微博网友。

5. 关于大V责任运动，说说你的看法。（清华大学2014年研）

答： 网络名人社会责任论坛日前召开，众多“大V”齐齐聚首，纷纷发言。名气越大，责任越大，越要善用自己的影响力，积极在网上传播正能量——这样的观点得到了普遍认同。

“大V”是指微博上十分活跃、又有着大批粉丝的“公众人物”。业界通常把粉丝在50万以上的微博账号称为“大V”。网络“大V”是典型的意见领袖。

(1)网络具有公共性和社会性。

网络空间是现实生活的另一种形态，虽为虚拟世界，但公共性和社会性一点也不虚拟。“人人都有麦克风”，意味着人人都得承担相应责任。特别是当下，一批名人“大V”的粉丝动辄以几十万、上百万乃至上千万计，往往“鼠标轻点、应者如云”，说什么话做什么事，带头“挺”什么“踩”什么，当然应该有更多思考、更多承担。

(2)网络“大V”作为典型的舆论领袖，在信息传递、信息解读等方面发挥着重要的影响。

相信不少人都有这样的感受：同样寥寥几句话，若由千万粉丝级的“大V”发布，瞬间就会推送到网络的各个角落。而某条假消息，一经多位“大V”转发，立呈燎原之势，即便不久被证伪，恶劣影响也已造成，辟谣成本极高。尽管我们不应夸大“大V”们呼风唤雨的能力，但无论从哪个角度看，既然享有更大话语权，那么在众声喧哗、泥沙俱下之时，“大V”们都更有理由遵规守法；在弘扬美德、倡导诚信之时，“大V”们都更有理由一马当先。如果每每自居“意见领袖”，享受着影响力带来的种种好处，却认为没有任何传播正能量的义务，恐怕实在说不过去。

(3)网络“大V”需承担社会责任。

对“大V”们而言，承担社会责任有着十分丰富的内涵。比如，多几分慎重，对那些明显可疑，又不在自己专业领域和熟悉范围的“爆炸性信息”，想一想、查一查、缓一缓再发再转，不抢着架秧子起哄，更不明知多半是谣言还故意加上“求辟谣”的标签扩散；比如，论事多讲点客观理性、多讲点建设性意见，不预设立场或道德绑架式拍砖，更不为了个人扬名立万而语不惊人死不休；比如，自觉抵制“有损他人名誉和利益的行为”，不发偏激泄愤之语，更不煽呼拥趸投入党同伐异、叫阵约架、人身攻击；再比如，多传递积极向上、自尊自信的声音，让大家特别是年轻人多看到我们身边那些温暖、美好的东西，多看到我们这个时代那些充满希望并值得为之奋斗的东西。

网络平台，需要清新空气，需要一方明亮湛蓝的天空。有了网上的公序良俗，对创造网下的社会福祉也将带来莫大帮助。而这一切，要靠法律红线规制，也要靠我们每个人，尤其是名人“大V”们共同来珍惜、来维护。

6.《人民日报》2013年4月30日头版发表评论《网络舆情并不完全等同现实民意》，你怎么看待网络舆论与现实民意之间的关系？如何看待网络世界的“众声喧哗”？如何改善网络舆论生态，使其成为社会进步的动力？请结合具体实例，谈一谈你对上述问题的看法。(中青政治学院2014年研)

答：(1)网络舆论与现实民意之间的关系。

①网络舆论虽然不能等同于社会整体的意见与情绪，但它是一种比较广泛的民意表达，具有一定的代表性，反映了某些社会群体或阶层的意愿。网络首先提供了让人民充分表达意见和看法的平台，人民有权了解事情的真相，可以充分进行沟通。网络也通过比较宽范围的信息沟通，能够很好地吸引更多人的参与，从各人不同的知识、需求出发进行深入讨论，往往能够得到更为全面的判断。

②网络所代表的民意是有偏差的，并不完全等于现实民意。一方面，网络人口群体本身是有偏性的，具有网络知识和网络应用能力的人口群体和非网络群体有很大差别。高知识群体使用网络的比例显然远高于农民和工人，经济富裕群体对网络的使用会高于社会弱势群体，青年群体的网络应用率也显著高于中老年群体。而差别性的社会群体具有显著不同的集体利益和集体需求。因此，网络固然能够成为某些社会群体成员进行互动和表达利益的场所，但不能代表整个社会最大多数人的根本利益。另一方面，网络具有的匿名性特点，会造成个人道德风险的暂时脱离，使个人在网络中的态度表达和观念陈述也往往会扩大情绪性和非理性，带来行为主体的非理性倾向。

(2)网络世界的“众声喧哗”分析。

网络世界的众声喧哗，是因为网络重新构造了社会结构和社会利益的沟通模式。传统体制下的信息沟通和利益表达是垂直性的，通过金字塔型的工作体系实现由上到下和由下到上的转换。高层信息落实到基层，也有可能会发生执行面上的扭曲。反之，基层的利益表达也存在高成本和由下到上利益表达的困难。依靠网络来表达民意往往能够突破传统体制，并突破空间场地等有形世界对利益表达的限制和约束。网络基本上实现了超越空间性和跨越层次性，有助于社会结构从纵向金字塔形态向横向的扁平化改变，由上到下的信息渠道可能更直接，会削弱传统等级体制的功能，也同时促进了基层社会利益的直接表达，从而出现了网络世界的众声喧哗。

(3)改善网络舆论生态的措施。

蓬勃生长的互联网，是今天中国面临的一个“最大变量”。进一步改善网络舆论生态，使这个“最大变量”真正成为社会进步的动力，需要更专业化、精细化的治理。

①要构建一个健康文明理性的网络环境。网络管理层要依法、科学有效地管网用网。要加快形成法律规范、行政监管、行业自律、技术保障、公众监督、社会教育相结合的互联网管理体系，规范网上信息传播秩序，建立网络安全评估机制，维护网络信息安全，培育文明理性的网络环境。

②进一步加厚互联网的文化土层，推动更多教育科学文化资源上网。吸引各个领域的专家如院士、名家、作家等主动进入网络舆论阵地，发出权威之声，让更好的智慧、见识引导大众，使互联网成为增强社会凝聚力的黏合剂。要始终保护好互联网“植被”，让普通网民的“沉没之声”，成为政府决策的一个重要民意参考。要鼓励专业人士理性建言。

③强化媒体责任，传播社会“正能量”。主流媒体特别是其法人微博，要勇于发声，释放正能量。多元舆论场上，传统媒体需要发挥“专业队”角色，恪守政治大局观和新闻专业精神，审慎用好媒体的话语权，增强社会黏合度，而不是加剧社会分歧。《人民日报》新浪官方微博粉丝群体庞大，在引导舆论，释放正能量上具有重大影响。

④大力发展政务微博和设立政府网络新闻发言人，打通体制内和民间“两个舆论场”。建立网络新闻发言人制度，把党和政府的决策、社会主义主流价值观等，传播到微博、微信朋友圈等新媒体上。权威性言论的第一时间发布，有利于避免谣言、流言等的泛滥，维护社会稳定。

⑤维护信息秩序，打击不良信息。现今，一些别有用心的“水军都督”及“网络喷子”在网络上肆意传播虚假消息，掀起“网络骂战”、操控网络舆论，严重践踏了社会底线和公众道德良知。因此，以社交媒体为代表的网络平台要加大内容审核与责任追究制度；而相关部门则应依法遏制散布恶意抹黑的网络谣言，净化舆论环境，加大对不良信息的惩处力度。

⑥要提高网民素质和法律意识。加强对网民有关网络使用规范的宣传教育，强化其主体责任意识。同时，在群众内部建立对跟风转帖、传谣这类行为的正确认知，明确这类行为即便法律上能够脱责，在伤害别人的同时最终也会让自己成为受害者。同时，应完善互联网管理制度和惩处办法。不管对网站还是网民都要制定切合实际的管理办法，做到行得通、可操作、能落实。

专题十五 1949 年以来台湾、香港、澳门的新闻传播事业

15.1 复习笔记

【知识框架(庖丁解牛)】

1949年以来台湾、香港、澳门的新闻传播事业

- 台湾
  - 报业
    - 1951.6 开始“报禁” “限证、限印、限张” 1987.12 解除
    - 报禁时
      - 国民党的《中央日报》《台湾新生报》《中华日报》一统天下
      - 民营《联合报》《中国时报》 70 年代后居上 发行量最大
      - 台湾第一家、也是影响较大的晚报 《自立晚报》 1947 台北
    - 解禁后
      - 新办报纸的几种情况
        - 《自立早报》 1988.1 台北 解禁后第一份
        - 《联合晚报》《中时晚报》《台湾立报》(成舍我) 1988
        - 《自由时报》 1988.1
      - 解禁后台湾报业的变化:报价上调、竞争激烈、言论开放
  - 期刊
    - 五六十年代 时事政治类《自由中国》
    - 60 年代 《文星》《东方杂志》和《政治评论》
    - 《美丽岛》 1979.8 当时影响最大
  - 广播
    - 公营:中国广播公司
    - 民营:多层次、多种类、多功能、多元化
  - 电视
    - “台视”“中视”“华视”三大台垄断
    - 三大台之外:有线电视“第四台”和卫星电视
- 香港
  - 报业
    - 太平洋战争结束到 60 年代末(第一阶段) 政治立场“左、中、右”
    - 最著名英文报纸:《南华早报》《虎报》
    - “左”派报纸:《大公报》《文汇报》《晶报》《香港商报》《新晚报》
    - “右”派报纸:《香港时报》(《工商日报》《华侨日报》《星岛日报》)
    - 70 年代末到 80 年代末(第二阶段)
    - 《信报》 1973 第一家财经专业中文日报
    - 香港三大中文报纸
      - 《成报》《东方日报》 大众化报纸的霸主
      - 《明报》 1959 查良镛 严肃质报
    - 20 世纪 90 年代至今(第三阶段)
    - 周刊热:《亚洲周刊》《壹周刊》《苹果日报》
  - 广播 香港电台(政府电台)和香港商业电台、新城电台(商业电台)
  - 电视
    - 无线电视 无限电视台(HK-TVB)、亚洲电视台(ATV)
    - 有线电视和卫星电视 1990“亚洲卫星一号”升空
- 澳门
  - 报业
    - 新中国成立前 中文《大众报》《华侨报》《市民日报》 葡文《号角报》
    - 新中国成立后 中文《澳门日报》(1958) 葡文《澳门人报》(1963)
    - 1979 年中葡建交后 葡文报刊增加 《澳门晚报》《澳门论坛报》等
  - 广播电视
    - 澳门广播电台 1933
    - 澳门广播电视公司 1982 “澳广视”
    - 澳门有线电视 2000
    - 澳门卫星电视亚洲台 2000 大陆、香港、澳门三地投资

【专题概要（提纲挈领）】

本专题主要论述了新中国成立后港澳台新闻传播事业发展的相关知识，考点以名词解释、简答题以及论述题为主，在学习时，需要着重对台湾的报业禁令与解禁前后的新闻传播事业、香港报业发展的三个阶段、澳门的中文报刊与葡文报刊等内容加以把握，并重点了解台湾电视三大台、香港代表性的“左”派和“右”派报纸与周刊热、澳门的广播电视事业等内容。

【考点难点归纳（厚积薄发）】

考点一：1949 年以来台湾的新闻传播事业　★★★★

1．1949 年以来的台湾报刊（见表 15－1）

表 15－1　1949 年以来的台湾报刊

要点		具体内容
报禁		1951 年，台湾当局以全省报纸、杂志“已达饱和点”和“节约用纸”为由，开始对新申请创办的报纸、杂志、通讯社实行“从严限制登记”
报禁三限	限证	限制报纸、杂志、通讯社创办登记
	限张	限制报纸版面及张数
	限印	限制报纸印刷地点和发行场所
禁期代表报纸	《中央日报》	“国民党中央委员会”的机关报，1928 年创刊，1948 年迁台。在台湾有五个分版，在香港和世界其他几十个城市发行航空版。该报社出版《中央星期杂志》和旧金山的《少年中国晨报》。在台北出版的《大华晚报》实际上是它的晚刊。台湾官报报业集团以《中央日报》为核心，直接控制了台湾 1/3 的报纸，是当局控制舆论的基本力量
	《自立晚报》	1947 年在台北创刊，创办人是周伯庄，为台湾第一家晚报。报头刊有“无党无派、独立经营”，标榜“纯民间报纸”和“公正客观、不偏不倚、无隐无讳”，集中反映台湾地方非国民党人士和台南大财团的观点和意见
	《联合报》	中国台湾地区发行的中文报纸，由报人王惕吾于 1951 年创立。初期原为由《全民日报》《民族报》及《经济时报》所组成的联合版，至 1953 年三报正式合并为《联合报》，以“客观报道新闻”“独立评论时事”“忠诚服务大众”为办报原则，是台湾三大报系之一
	《中国时报》	中国台湾地区综合性中文报纸。简称为《中时》，由中国时报社编辑发行，与《联合报》、《自由时报》、《苹果日报》台湾版并列为台湾四大报。由报人余纪忠创办于 1950 年。报社经营权于 2008 年移转至旺旺蔡家后，有专门报道中国大陆新闻的姊妹报《旺报》。电子报于 1995 年创立，是台湾地区历史最悠久的网络媒体网站。初期着重于新闻信息与理财服务，为网友提供各项网络商业活动的动态信息。2009 年《中时》电子报改版，网站整合了各项网友互动功能，并导入了关系企业媒体的许多信息，活化中时报系的整体形象

续表

要点	具体内容
解禁后的报业	解禁后到21世纪前的台湾报业有两个明显的变化：①市场竞争日益加剧；②新闻报道与言论逐渐开放
21世纪后	①受娱乐八卦内容冲击，如香港《壹周刊》《苹果日报》进入台湾。 ②国民党党营报纸经营状况继续恶化，如《中央日报》停刊。 ③免费报纸兴起，如《爽报》《Upaper》《Nownews今日新闻网》创刊
台湾的期刊	①20世纪50～60年代，时事政治类刊物较为畅销，如《自由中国》《中国一周》《时与潮》等。 ②1979年3月，杂志登记开禁，涌现一批党外杂志，其中《美丽岛》杂志影响最大。 ③20世纪90年代中期以后，外国著名杂志进入台湾。 ④台湾的杂志出版位居华人地区杂志种类和发行数量的前列

2. 1949年以来的台湾广播电视事业

(1)1949年以来的台湾广播事业，见表15－2。

表15－2　1949年以来的台湾广播事业

时间	代表事件
1928年	第一家广播电台“台北放送局”建立
1949年	国民党政府所属的广播机构“中央广播电台”等先后迁往台湾。11月，建立了“中国广播公司”(简称“中广”)
20世纪50年代	台湾当局以“电波干扰严重”为由，停止广播电台创办申请。军公营和国民党党营电台优势凸显，“中广”一家独大
20世纪90年代	1990年起，开始出现“地下电台”，即未经批准而设立的电台； 1993年，“新闻局”正式受理新电台的申请，被称为“电波开放政策”； 1994年，正声广播电台台北生活资讯调频台开播，成为首家合法开放电台
21世纪以来	2005年，中时集团控股的荣丽投资公司收购“中广”； 2006年，飞碟电台前任董事长赵少康集资收购“中广”

(2)1949年以来的台湾电视业，见表15－3。

表15－3　1949年以来的台湾电视业

要点	具体内容
无线电视	包括“台视”“中视”“华视”“民视”“公视”，其中“中视”“台视”“华视”合称“三大台”，长期垄断着台湾电视业
有线电视	现有数百家有线电视台，如东森、中天、纬来、三立、联意(TVBS)等。数量众多，但普遍规模较小
卫星电视	1988年，台湾“新闻局”宣布开放卫星电视KU频道； 1991年后，台湾全面开放卫星电视市场
移动电视和数码电视	网络媒体迅速发展，冲击电视业，电视广告连年萎缩。台湾电视业者和政府采取了发展移动电视和数码电视的两大举措
互联网	1994年，台湾开始建立大型互联网络，推进了台湾网络化的进程。进入21世纪，台湾互联网发展迅速；台湾掀起了社交媒体和社交网站的使用热潮

3. 台湾的“新闻法”与台湾当局的新闻政策

(1)报禁解除前，管理台湾报业的有：“国民党文化工作委员会”；按照“戒严法”和“台湾地区出版物管理办法”执行公务的“警备总司令部”；“新闻局”和“法务部”的调查局。分别代表了国民党的党、政、军、法四大势力，严密监控新闻舆论界。

(2)报禁解除后，当局废除了与戒严令相关的行政命令与政令法规，台湾新闻传播事业改变对新闻媒介的控制方式，间接控制党营和部分民营的媒介，步入商业化自由竞争时期。“行政院”的“新闻局”代替警备部门负责对新闻事业的管理，“新闻局”的功能依次是服务、沟通和管理，且从宏观上进行管理。

(3)2006 年，“国家通讯传播委员会”(NCC)正式成立，成为“独立于行政部门之监理机关”，负责此前由“行政院新闻局”“交通部电信总局”等单位负责的审查业务。

考点二：香港的新闻传播事业 ★★★★

1. 香港的报业(见表 15-4)

表 15-4 香港的报业

时间	发展情况	具体内容	
太平洋战争结束到20世纪60年代末的香港报业	“两头小中间大”格局	受政治因素影响，分左中右三派，以中间路线居多： ①左派：高举爱国旗帜，政治态度鲜明，如《大公报》《文汇报》。 ②右派：国民党创办，宣扬三民主义，如《香港时报》。 ③中派：占大多数，以盈利为目的，如《东方日报》《明报》《成报》	
太平洋战争结束到20世纪60年代末的香港报业	英文报纸得到发展	《虎报》：星岛新闻集团主办的香港销量第二的英文报纸。主要竞争对手为《南华早报》。2000 年，互联网热潮期间，曾改名为《香港邮报》，2002 年改回原名。2007 年改为免费报纸，成为香港首份免费英文日报	
20世纪70年代末到80代末的香港报业	各类报纸快速发展	《信报》	中国香港特别行政区首份以财经新闻为主的中文报纸。全名《信报财经新闻》。1973 年由林行止创办。该报以经济为主，文化副刊为辅，撰稿人多为高级知识分子，内容丰富，可读性较高。1988 年，香港《经济日报》出版，《信报》的销量亦不断萎缩。该报排版方式独特而页数和广告也较少，当香港各大报章都以图片多而大、色彩鲜艳、娱乐消闲、内容丰富为卖点时，该报却文字丰富，欠奉娱乐新闻及赛马消息而别具一格
20世纪70年代末到80代末的香港报业	各类报纸快速发展	《成报》	香港出版的大众化报纸。1939 年在香港创刊，创办人何文法。1977 年被《东方日报》超越后，发行量开始走下坡路。几经易主，现由阳光文化媒体集团控股
20世纪70年代末到80代末的香港报业	各类报纸快速发展	《明报》	香港出版的中文报纸，1959 年创刊。创办人为查良镛(金庸)和沈宝新。从初创时侧重武侠小说、煽情新闻和马经的“小市民报章”转变为一份为读书人、知识分子接受的报纸。20 世纪 60～70 年代，《明报》开辟“北望神州”版，树立了“言论独立”形象，成为严肃新闻的高质量大报。1966 年创办《明报月刊》。1968 年又创办《明报周刊》，成为香港知名娱乐周刊之一。还办有《明报晚报》、明报出版社、明窗出版社、明报财经网。1991 年注册成立明报企业有限公司并在香港联合交易所上市。2007 年明报企业有限公司宣布与马来西亚两大主要中文报业集团——星洲媒体集团及南洋报业控股合并

续表

<table>
<tr><th>时间</th><th>发展情况</th><th>具体内容</th></tr>
<tr><td rowspan="2">香港20世纪90年代至今的报业</td><td>“黄色新闻”蔓延</td><td>①1994年，随着全球纸价上涨，香港报业进入衰退期，行业恶性竞争加剧，“黄色新闻”蔓延，并影响至今。
②1990年，商人黎智英创办了《壹周刊》，该杂志集娱乐、财经、时事于一体，大肆炒作各种“奇闻逸事”。其报道手法颇受争议，在一定程度上带动了香港报业黄色新闻的泛滥。
③1995年，《苹果日报》创刊，“内容上追求煽情、窥探隐私、声色犬马、无所不包”。
④1999年，《太阳报》问世，仿效《苹果日报》初期的策略，以低价打入市场，引发减价大战</td></tr>
<tr><td>传统报业受到网络和免费报纸的双重冲击</td><td>21世纪后，网络和免费报纸发展迅速，冲击了香港传统报业。《都市日报》是香港第一份免费日报</td></tr>
</table>

2. 香港的广播电视业及新闻政策(见表15－5)

表15－5 香港的广播电视业及新闻政策

<table>
<tr><th>要点</th><th colspan="2">具体内容</th></tr>
<tr><td rowspan="2">广播电视业</td><td>广播事业</td><td>目前香港有香港电台、香港商业电台、新城电台共三家电台。当前，香港的电台都致力于拓展网上广播业务</td></tr>
<tr><td>电视事业</td><td>①香港最早的有线电视台是民营的“亚洲电视有限公司”(ATV，简称“亚视”)，成立于1957年。最早的民营无线电视台是“电视广播有限公司”(简称“无线电视”)，于1967年正式开播。
②无线电视台在80年代初期重创“丽的电视”。“丽的电视”为求发展，数易其主后更名为“亚洲电视”(ATV，简称“亚视”)。
③香港有线电视于1993年启播，是香港第一家多频道的收费电视公司。
④香港“卫星电视有限公司”，于1990年由和记黄埔公司成立，1991年正式启播。
⑤1998年香港特区政府全面开放电视广播，解除发牌上限，以增加市场竞争。
⑥数码电视和IP电视业发展迅速，now宽频电视为香港首个IPTV电视台，于2003年9月启播</td></tr>
<tr><td>新闻政策</td><td colspan="2">①香港没有成文新闻法，其新闻政策由政务司负责制定，政府通过新闻处向媒介发布消息提供服务，间接引导舆论，政府与传媒相互依存、相互监督。
②香港的新闻传媒除香港电台以外，均为私营，市场化经营。港英政府曾经通过招标发牌经营等措施，对电台和电视台进行总量控制。节目无须事先送审，但下设投诉委员会，处理市民对电视台的投诉，再由管理局酌情向电视台进行警告或罚款。
③近年来，香港低俗媒体泛滥，传媒公信力受损</td></tr>
</table>

考点三：澳门的新闻传播事业(见表 15－6)　★★

表 15－6　澳门的新闻传播事业

要点	具体内容	
报刊	新中国成立之前	主要有三家中文报纸和一家葡文报纸： ①《大众报》：澳门历史最长的中文报纸。 ②《华侨报》：香港《华侨日报》的澳门版，60 年代中期后与《华侨日报》分离。 ③《市民日报》：娱乐性较强的日报。 ④《号角报》：葡文周报，为澳门天主教会机关报
	中华人民共和国成立后	《新园地》：澳门爱国团体新民主协会的会刊，积极拥护新中国
	1979 年中葡建交	①葡文报刊增加了 5 家，总数达到 7 家。 ②《大众报》葡文版：当时唯一的中葡双语报纸
	1999 年澳门回归	①概况：报业空前繁荣。截至 2011 年年底，全澳门拥有 9 份中文日报，总印数超过 10 万份。 ②《澳门日报》：澳门特别行政区第一大报，被特许在珠海、中山等沿海城市发售
广播电视	澳门广播电视公司，是澳门地区主要的电子传媒机构。简称澳广视。1984 年创办，1997 年澳门葡萄牙当局政府占有其 50.5% 股份。现拥有中文、葡文播出的广播电台、电视台各两座。中文广播电台每天 24 小时播出新闻、资讯、娱乐、文化、教育等节目。中文电视台大量采用中央电视台和广东电视台的节目。葡文电台、电视台主要对象为葡语听众，除本地及国际新闻外，还转播葡萄牙电视台的节目	
新闻管理机构	①澳门回归以前，“澳门政府新闻司”是唯一的新闻管理机构，其权力很有限，主要为澳门新闻事业提供支援和负责政府公关工作。 ②回归以后，掌管新闻的职权由隶属于行政长官办公室的“新闻局”负责。 ③随着澳门有线及卫星电视频道增多，牌照的审理及批准由行政长官办公室直接负责，内容及营支监管由新闻局负责，监管频谱的动用由电信暨资讯科技办公室负责	

15.2　课后习题详解

1. 台湾的“报禁”为什么持续了 30 年之久？“报禁”对台湾新闻传媒事业发展有哪些影响？

答：(1)台湾“报禁”概况。

1951 年开始，台湾“国民政府行政院”以报纸、杂志“已达饱和点”和“节约用纸”为理由，宣布对新办报纸、杂志、通讯社“从严限制登记”。次年，升级为“停止报纸登记”。上述禁令被称为“报禁”。报禁包括“三限”——“限证”“限张”和“限印”，即限制登记、限制版面、限制印刷地点。

(2)台湾“报禁”持续 30 年的原因。

①政治环境：1949 年国民党战败迁台，开始实行严厉的军事戒严体制，实行党禁、报

禁。当局在言论出版、游行、集会等方面实行严格的管制制度，避免给局势增添动荡和不安。

②监管措施：台湾当局在各种报馆设立安全局，对报社的记者、编辑等进行核查，严查新闻稿件。

(3)台湾“报禁”的影响。

①报纸数量极少。从1952年到1987年，台湾一共只有31种报纸。

②报纸种类单一。其中包括25家日报，6家晚报。除两家是英文报纸外，其余都用中文出版。且均由国民党党政军机关或与之关系密切的团体以及台湾地方人士主办，导致这一时期台湾报纸的种类单一，民营报纸的发展步履维艰。

③新闻自由受限。报禁开放前的台湾，国民党政府一直维持着军事戒严体制，在言论出版、游行、集会等方面实行严格的管理制度，压缩新闻自由空间，削弱新闻自由品质。

④新闻事业完全受国民党的控制。国民党一党专政，不能容忍反政府反国民党的思想观点自由传播。新闻事业受制于国民党统治，毫无独立精神可言。

2. 台湾的新闻事业一直存在着公营与民营势力的竞争，试析公营与民营两股势力在报纸、期刊、广播、电视等不同领域的力量对比。

答：(1)报纸领域。

20世纪50年代，国民党三大报《中央日报》《台湾新生报》《中华日报》一统天下，台湾民营报纸艰难度日。70年代后，民营报纸后来居上，如《联合报》《中国时报》发行量均在百万以上，而《中央日报》仅为55万份。报禁解除后，《中国时报》《联合报》《自由时报》民营三大报鼎足而立。

(2)期刊领域。

长期以民营期刊为主。五六十年代，胡适与雷震主办的《自由中国》、张其昀主办的《中国一周》、兰文征主办的《时与潮》等影响巨大。七八十年代，杂志成为台湾媒体广告的季军。90年代中期以后，外国著名杂志进入台湾，冲击本土杂志。

(3)广播领域。

公营的“中国广播公司”是台湾最大的广播机构，长期以来一家独大。到1987年，台湾全省共有21家民营广播电台，多集中于台北，发射功率总计不过40千瓦，其中正声广播公司规模最大。90年代，民营电台大幅增加，出现大批系统电台。

(4)电视领域。

从20世纪60年代到90年代，“中视”“台视”“华视”三家电视台垄断经营电视事业，分别由国民党当局、台湾省政府、台湾“国防部”控制。1993年有线电视集团开始出现，1998年非商业性的公共电视台开播。目前已形成无线电视与有线电视、卫星商业电视并存的体制。

3. 试析不同历史时期，“左”“中”“右”三派报刊在香港新闻事业中的变迁。

答：从太平洋战争结束到1997年香港回归，香港报业大致可以分为三个阶段：

(1)第一阶段：太平洋战争结束到60年代末。

①“左”“中”“右”三派格局形成。受政治因素影响，报刊的新闻报道与言论立场大相径

庭，被分为“左”“中”“右”三种。“左”，即拥护中华人民共和国的，如《大公报》《文汇报》等；“右”，即由台湾国民党主办与倾向国民党的，如《香港时报》等；其余的多为中间报纸。人们用“两头小中间大”来形容香港的报纸结构。

②“左”“右”两派报纸都有一定发展。“左”派主要有《大公报》《文汇报》《新晚报》《晶报》《香港商报》5种。“右”派有《香港时报》《工商日报》《华侨日报》《星岛日报》等。

③60年代后期，“左”派报纸销量暴跌。由于港英政府抑“左”护“右”、亲美拥台，“左”派报纸常常与港英当局发生冲突。1967年香港的“反英抗暴”更使“左”派报纸遭受巨大挫折，元气大伤。

④50年代末到60年代中期，综合性的大报和晚报引人注目。主要有《明报》《新报》《快报》等。1970年香港报刊数达70多家，种类繁多。

(2)第二阶段：70年代末到80年代末的香港报业。

“左”“中”“右”报业格局被打破。进入70年代后，香港经济开始起飞。中间路线的报纸发展迅速，发行量大，代表有《东方日报》《成报》《明报》。“右派”的《香港时报》开始衰退，1991年停刊，再加上亲台的《工商日报》《工商晚报》的停刊，“左”“中”“右”鼎立的报业格局终于被打破。

(3)第三阶段：香港回归前后的报业发展。

1992年调查显示，香港居民平均阅报量位列世界第三。1994年，随着全球纸价上涨，香港报业开始进入衰退期，行业恶性竞争加剧，“黄色新闻”潮流大肆扩展。进入21世纪，香港传统报业受到网络和免费报纸的双重冲击。

4. 澳门的新闻事业最显著的特点是什么？

答：澳门的新闻事业最显著的特点是本土媒体竞争力不强，长期以来难以摆脱香港传媒的强势影响，如今正积极开拓独立的市场空间。

(1)澳门报业长期受香港报纸挤压，一定程度上限制了澳门中文报纸的发展。香港的《苹果日报》《东方日报》《太阳报》在澳门发行量远超本地报纸。为了加强竞争力，澳门报纸开始走向电子化和网络化。

(2)70年代末中葡建交后，澳门报纸的种数增加，内容亦有大的提升。特别是澳门回归后，政府希望淡化香港传媒影响，澳门传媒获得更多的发展机会。

(3)电视业发展缓慢。澳门于80年代才结束没有电视台的历史，居民长期接收香港电视台的节目。“澳广视”的电视台开播后，收视率低，长期亏损。2000年，大陆帮助投资澳门开播有线电视和卫星电视。

15.3 考研真题与典型题详解

一、概念题

1. 台湾“报禁”(华中师大2015年研)、**报禁**(华中师大2007年研；郑州大学2007年研)

答：台湾“报禁”是指台湾当局为加强对新闻事业特别是报刊的控制。中国国民党政府迁至台湾后，1951年根据《出版法实施细则》第二十七条“战时各省政府及直辖市政府为计划供应出版品所需之纸张及其他印刷原料，应基于节约原则及中央政府之命令，调节辖区内的新闻纸、杂志之数量”之规定，1951～1987年逐步对报纸实行限征、限张、限印政策。1951年6月10日起实行报纸登记限制，停止新报纸登记，此后，任何要办新报纸的人都必须向经营不善的报纸业者购买登记证，方可发行。1951～1987年，台湾一直只有25家日报和6家晚报。1956年起实行的报纸增张限制，规定每家报纸每天出版不得超过1张半(6版)，1967年起放宽至2张半(10版)。限张的同时，还实行限印，指报纸只能在登记发行处所在地印刷。1987年12月1日台湾“新闻局”宣布，自1988年1月1日起，接受新报的登记与增张。解除报禁是台湾地区政治史上一件划时代的大事。

2. 开放报禁

答：开放报禁是中国台湾国民党当局于1988年起执行的一项政治措施，又称解除报禁。至1988年4月2日止，已有33家新报社办妥登记，另有20家亦在申请中。旧报纸普遍改版和增加篇幅，由三大张增加为四至六大张。内容也增加了国际新闻、大陆新闻和香港新闻。“开放报禁”是台湾民主化进程中的重要步骤，在一定程度上扩大了读者的视野，同时使得台湾报业的竞争加剧。

3.《台湾新生报》

答：《台湾新生报》是中国国民党台湾政府机关报。1945年10月25日创刊于台北。前身为日本在台官报《台湾新报》。内容以报道地区建设为重点，注重地方通讯。1949年成立新生报股份有限公司，并成立高雄分社，发行南部版。50年代中期在台湾最先印出彩色报纸。1961年改组为台湾新生报业股份有限公司，将南部版更名为《台湾新闻报》，单独发行，成为同属一家公司的两份报纸。历任社长及发行人有谢然之、王民、沈岳先、李白虹等，总编辑为许昶、石永贵等。

4.《中央日报》

答：《中央日报》是“国民党中央委员会”的机关报，于1928年2月1日在上海创刊，曾先后随国民党政府迁往重庆、台湾。主要在台湾地区发行，在港、澳及美、欧华侨华人社区亦有国际版，1997年起推出网络版。以《中央日报》为核心的台湾官报报业集团，直接控制了台湾三分之一的报纸，是当局控制舆论的基本力量。

5.《南华早报》

答：《南华早报》是中国香港销量最大的英文报纸。1903年创刊。读者以政界、商界的高层人士为主，主要提供国内国际新闻报道及商业和金融分析。日报包括要闻版、经济版、城市版；每周出版科技版、地产版、教育版、体育版。每周日出版Sunday Morning Post及Post Magazine。集团是一家多元化传媒公司，主要业务包括报章杂志、传媒出版、网上互动式服务、录像影片后期制作。公司在香港联交所上市，大股东为马来西亚糖王郭鹤年家族。其旗下嘉里集团包括嘉里粮油、嘉里建设、香格里拉酒店和《南华早报》。

6.《星岛日报》

答：《星岛日报》是中国香港出版的综合性报纸。由胡文虎于1938年8月1日创办。香港沦陷期间，该报被日军接管，与《香港华字日报》合并改名为《香岛日报》，抗战胜利后恢复原名。1948～1951年间由林靄民任社长，后又由胡文虎第三女胡仙主持，命名为星岛报业有限公司，业务向多元化发展。销量、影响力和公信力在香港同业中处中上游。2000年前后，胡仙把《星岛日报》股权辗转卖给烟草大王何英杰的孙子何柱国，再由其建立星岛新闻集团。星岛新闻集团除了印刷《星岛日报》及海外版外，还印刷英文《虎报》和免费中文报纸《头条日报》，以及多份杂志。

7.《成报》

答：《成报》是指香港的一份较重要的商业报纸，1939年由何文法、何文允、汪玉亭、李凡夫、陈平等人合股创办。该报初期每天一大张，以副刊取胜，出版半年后，在香港已经十分畅销。香港沦陷后停刊。抗战胜利后复刊，初创就很畅销。该报的经营宗旨是“在商言商”，读者主要是文员、职员等白领阶层。1954年起，《成报》连续20多年成为香港销量最大的报纸。该报目前在美国、加拿大、欧洲、澳大利亚发行海外版。

8.《香港商报》

答：《香港商报》是中国香港出版的报纸，于1952年创刊。以“为商界代言，为商家服务”为办报宗旨，是香港特别行政区政府指定刊登法律广告的有效报刊。1999年，深圳报业集团入股香港商报有限公司，开创内地对港报参股第一范例。《香港商报》新定位可概括为“商、港、通、帮”，致力于打造全球经济评论权威、经济信息权威之媒体。

9. 星岛新闻集团

答：星岛新闻集团是以中国香港《星岛日报》为旗舰组建的媒体内容及服务企业。前身是2000年由何柱国创办的香港泛华集团控股有限公司。2005年易名星岛新闻集团。主要业务为媒体及相关业务，包括报纸、杂志、招聘媒体、媒体服务、图书与内容服务。同时从事贸易和远程教育及企业培训。在香港交易所主板上市。业务覆盖中国、美国、加拿大、欧洲及澳洲等多个国家的主要城市。旗下有《星岛日报》、免费报纸《头条日报》、免费报纸英文《虎报》和娱乐刊物《东周刊》《东Touch》《PCM计算机广场》，并主办有星岛环球网。是香港唯一同时出版中英文报纸的传媒机构。

10. 香港报业公会

答：香港报业公会是中国香港报纸出版业公会组织。1954年5月10日成立，由《星岛日报》《南华早报》《工商日报》《华侨日报》联合创办。现成员包括《明报》《香港商报》《大公报》等14家报社。宗旨为致力促进香港新闻业界之合作，并推动一切有关香港报业事宜及会员利益。对政府一些有关传媒法例及条例的草拟，公会更起了积极的作用，设小组研究，向当局提供业界的意见，如近年的版权法等草拟案。另对创立香港报业评议会亦作出不少努力。

11. 香港电视广播有限公司

答：香港电视广播有限公司简称无线电视台、“无线电视”或“港视”、TVB，是香港著名电视台之一。该台于1967年由香港利氏家族的利孝和同邵逸夫等香港知名人士以及一些外资财团合股创办。无线电视设有中、英文两台，分别称为“翡翠台”和“明珠台”。初期是黑白电视，1971年开始用彩色发送。该台每天都有1/3以上的自制节目，安排在黄金时间播出，收视率遥遥领先。该台的收入大部分源于广告。

12. 澳门广播电视公司

答：澳门广播电视公司简称“澳广视”，1982年由澳门广播电台改组而成，分为中文台和葡文台两部分。1984年，该公司筹建的电视台正式开播，从而结束了澳门没有电视台的历史。创建之初每周只播40小时，仅有本地覆盖面。由于收视率太低，难以拉到广告，开办之初就亏损1000多万澳元。经过四年多的经营，“澳广视”接收私人股份，转为私营公司，政府拥有半数以上的股份，同时延长播放时间，推出新鲜节目，直播大型活动等。

二、简答题

简述解禁后的台湾报业的变化。

答：解禁后的台湾报业与解禁前相比，有了许多明显的变化，具体表现在以下两个方面：

(1)报业市场竞争渐趋激烈

①以晚报为代表的原有报业市场受到强烈冲击。老牌晚报民族和大华相继停刊，取而代之的是《联合晚报》与《中时晚报》。解禁后的报业涌入数量庞大的中小报刊，导致市场竞争空前激烈，但这类实力薄弱的新创刊往往创办不久便停刊。

②《中国时报》与《联合报》成为台湾报业“两大巨头”。两家报刊在相互合作、相互竞争中共同发展，报系联合的优势逐渐凸显，在解禁后的整个台湾报业内，两大报系的发行量与广告分别占据了80%以上与70%以上的市场份额。

③官营、党营报纸逐渐淡出视野。报业解禁后，原来稳定的报业发展格局被新涌入的丰富多元的报刊打破。《中央日报》这类“头部”老牌官营报刊逐渐被《中国时报》《联合报》等新兴报刊取代。

(2)言禁政策逐渐放宽。报禁解除后，台湾报业群雄毕至，“百家争鸣”，打破了“一言堂”的局面，政论、社论受到重视，且报道更为自由，对当局的指摘也逐渐增加。同时也提高了透明度与公开度。